国家与文明

| 第二辑 |

主编　李禹阶　常云平

科学出版社
北京

内 容 简 介

本书通过历史学、考古学、社会学等多学科研究，对国家与文明问题进行思考、探讨。本书共收录 19 篇相关研究论文，这些研究从多维度、多学科、多角度，探讨了我国从古代至近代关于国家起源、文明发展，以及相关的思想、制度等问题。本书对马克思主义历史唯物主义与西方流行的新进化论理论，对历史时期的政治制度与国家治理、经济政策与社会生活、思想与文化、社会整合与控制、民间风俗与信仰等重要问题进行了理论与实证的研究，对深化我们对国家与文明的认识，有着较为重要的学术价值和理论意义。

本书可供历史学、考古学、社会学及相关学科研究者参阅。

图书在版编目（CIP）数据

国家与文明. 第二辑 / 李禹阶，常云平主编. —北京：科学出版社，2020.11
ISBN 978-7-03-066323-8

Ⅰ. ①国… Ⅱ. ①李… ②常… Ⅲ. ①中国历史–古代史–文集 Ⅳ. ①K220.7-53

中国版本图书馆 CIP 数据核字（2020）第 194371 号

责任编辑：王 媛 杨 静 / 责任校对：韩 杨
责任印制：张 伟 / 封面设计：黄华斌
联系电话：010-64011837
电子邮箱：yangjing@mail.sciencep.com

科学出版社出版
北京东黄城根北街 16 号
邮政编码：100717
http://www.sciencep.com

北京虎彩文化传播有限公司印刷
科学出版社发行 各地新华书店经销
*
2020 年 11 月第 一 版 开本：787×1092 1/16
2020 年 11 月第一次印刷 印张：18 1/4
字数：378 000

定价：168.00 元

（如有印装质量问题，我社负责调换）

《国家与文明》编辑委员会

前　言

文明起源与国家产生是目前我国学术界关注的重大课题，也是建设中国特色中国风格中国气派的中国学派，更好认识源远流长博大精深的中华文明的前沿性基础问题。从历史哲学的角度看，文明与国家总是在互动中不断演进、发展，文明起源与国家产生往往对一个民族、国家的历史进程方向有着重要指引作用。从世界范围看，正是在不同的生存土壤与历史演进模式中，形成了古代地中海、两河流域、印度等各大古老文明的特色，也形成了不同的国家形态、民族认同。可是，历史演进之路又是反复、曲折的。尽管历史起源有着十分重要的定向作用，但在波澜壮阔而又绵延曲折的历史长河中，其每一个曲折、蜿转亦会对历史发展进程产生重要影响。

所以，本专辑在深入探讨文明起源与国家产生的同时，也对在历史演进过程中出现的每一个重要节点进行分析、研究，以展现历史进程的复杂特征。这些节点既包括影响历史发展的各个重要时期，也包括对各个时期的政治制度与国家治理、社会整合与社会阶层的研究，等等。而进行这种历史时期的探讨、分析，需要通过历史学、考古学、哲学、人类学、社会学、政治学等多学科探讨，由此形成对这些问题研究的深度与广度。本专辑正是本于这个宗旨，从多维度、多学科、多角度的方面探讨我国历史各个发展阶段的一些问题，其中既包括马克思主义历史唯物主义研究、西方近当代新进化理论的探讨，也对我国各个历史时期的政治制度与国家治理、经济政策与社会生活、思想与文化、社会整合与控制、民间风俗与信仰等问题进行了理论与实证的分析、阐述。我们相信，这些问题的深入探讨，对深化我们对古代中国历史演进道路的认识，有着一定的学术意义。

值得指出的是，本书撰稿者，大多为当前在史学论坛比较活跃、有着学术追求与抱负的中青年学者。他们对于学术的热情、敏锐的学术眼光、富于思辨的研究方法，使相关问题的研究进一步深化，也为史学的发展增添了活力。我们也衷心祝愿这些中青年学者在今后的学术路途上不断发展。

编者

2020 年 9 月

目　录

马克思主义与新进化论

——国家起源理论的比较*

苏家寅

（西南大学历史文化学院民族学院）

关于早期复杂社会的研究，成为战后迄今人类学及考古学界的一类热门话题，包括酋邦在内，各种新锐理论层出不穷。但从学术发展史的角度来看，所有这些新近创制的体系，其实都渊源有自，并非凭空而来的无源之水、无本之木。换言之，遵循科学研究的一般规律，新进化论（Neo-evolutionism）在这个方面所取得的成就，乃至仍然存在着的不足之处，实际上都带有某种继承性。其所继承的，同时也是作为一支新理论在其早期创建过程中，受到其猛烈抨击的，正是与人类学本身同时诞生的古典进化论。

作为一个学术名词，"古典进化论"一称并不经常见诸国内关于此类问题的讨论之中。这主要是因为东西方学界有着不同的研究传统，或者说经历了不同的学术思想演替过程。首先，我们没有像西方学者那样经历过由古典进化论而新进化论这样一个历时近百年的完整的学术思想的洗礼，所见到的只是一些吉光片羽，也就是说，只是因一时需要从其中采撷一些片段或孤立的概念而已。当然，在此过程中，我们也有创造，但与考古学研究不同的是，我们的创造更多的是来源于历史学而非人类学的。在国内，考古学与人类学的研究几乎是两条平行而不可相交的直线，这也是关注本领域动态的研究者大多对于学术研究本身所经历的演替历程不甚敏感的另一个原因。

* 本文为国家社科基金青年项目"秦、汉简牍所涉民族史料的搜集、整理与研究"（18CMZ006）的阶段性研究成果。本论文得到中国国家留学基金资助。

一、古典进化论：摩尔根与恩格斯

19 世纪美国人类学家路易斯·亨利·摩尔根（Lewis Henry Morgan）的理论，其实就是古典进化论兴盛时期的一个代表。摩尔根的理论本身也经历过一个演变过程，最终沉淀在他的代表作《古代社会》一书中。在这部作品中，摩尔根系统地提出了人类社会先后经历蒙昧及野蛮阶段，最终步入文明社会这样一个演进体系，其中前两个阶段又可各自细分为低、中、高三个时期，因此如果算上以希腊人与罗马人为代表的文明社会，人类组织的演变总共经历过前后 7 个时期。在这 7 个时期中，摩尔根认为，人类的婚姻家庭形态、社会组织方式以及政治结构等都经历过一系列的变化。具体而言：在婚姻方面，先是血婚制家族，由此产生马来亚式亲属制度，随后是伙婚制家族，这产生了土兰尼亚及加诺万尼亚式亲属制度，最后产生为文明社会所熟悉的专偶制家族，因此也就有了雅利安式、闪族式及乌拉尔式亲属制度。在专偶制完全得到巩固之前，还曾存在过偶婚制及父权制家族，但这两类家族形态均未产生独立的亲属制度。[①] 而在社会组织方面，最主要的就是氏族制度在蒙昧阶段中期的兴起，一开始是母系氏族，之后逐步演变至父系氏族。[②] 政府的构成形式，则由低级野蛮社会的一权政府，步进至中级野蛮社会的两权政府，最后形成高级野蛮社会中的三权政府，所谓一权系指酋长会议而言，两权就是还要加上最高军事统帅，三权则还有人民大会。当政治结构中这三大要件都具备的时候，人类也就走到了文明社会的门槛了，之后，以希腊及罗马社会为例，酋长会议演变为元老院，人民大会变为公民大会，最高军事统帅则变为希腊人的巴赛勒斯及罗马人中的勒克斯，最终产生了中世纪的国王、皇帝，以及近代以来的美国总统。[③]

摩尔根的体系甚为宏富，以上仅是撮其概要而言之。在文章的最后，摩尔根预言道，古代氏族中所见到的那种自由、平等、博爱的社会将在未来以一种更高级的形式重现[④]，因此他的作品被看作是从一个独立的角度支持了马克思主义关于人类社会演进趋势的构思[⑤]。也正是通过经典作家，特别是恩格斯，摩尔根的体系在国内相关领域的

---

① ［美］路易斯·亨利·摩尔根：《古代社会》，杨东莼、马雍、马巨译，北京：商务印书馆，1979 年，第 381 页。

② ［日］绫部恒雄编：《文化人类学的十五种理论》，中国社会科学院日本研究所社会文化室译，北京：国际文化出版公司，1988 年，第 85—86 页。

③ ［美］路易斯·亨利·摩尔根：《古代社会》，杨东莼、马雍、马巨译，第 116—117，140—141 页。

④ ［美］路易斯·亨利·摩尔根：《古代社会》，杨东莼、马雍、马巨译，第 556 页。

⑤ ［德］恩格斯：《家庭、私有制和国家的起源》，中共中央马克思恩格斯列宁斯大林著作编译局译，北京：人民出版社，1999 年，第 3、18 页。

研究中曾产生过巨大的影响。

但实际上，我们应该注意到：首先，《家庭、私有制和国家的起源》虽因摩尔根对于印第安人的研究而作，但在某些重要问题上，经典作家却有着与摩尔根不尽相同的看法。譬如，在何为文明社会这样的问题上，从摩尔根对于希腊人的叙述中可以看出，他显然是把文明与狭义的历史时期等同了起来，也就是说文明起于“标音字母的使用和文献记载的出现”①，因此《荷马诗篇》与《希西阿德诗篇》的最终问世，就被看作是爱琴海两侧的希腊人先后步入文明社会的标志。②但实际上，在具体叙述中，摩尔根有的时候并没有严格遵从自己早先设定的标准，比如，一方面，他认为文明社会之下有所谓古代的与近代的之分，但同时又将“古代社会”等同于“野蛮世界”，“近代社会”等同于“文明世界”，并将地域制对于氏族制的取代当作是“野蛮”与“文明”的分界线③，而在另外一些地方，这种分界线又被定在类别式与说明式两种亲属制度之间④。所以严格地来讲，当摩尔根使用“文明的”一词来指称某一社会，某一民族或亲属制度时，这其中并没有整齐划一的标准。但这类标准在恩格斯那里就要清晰简明许多，众所周知，它被与国家的出现联系在了一起，因为“文明时代的基础是一个阶级对另一个阶级的剥削，所以它的全部发展都是在经常的矛盾中进行的”，“而为了使这些对立面，这些经济利益互相冲突的阶级，不致在无谓的斗争中把自己和社会消灭，就需要有一种表面上凌驾于社会之上的力量……这种从社会中产生但又自居于社会之上并且日益同社会相异化的力量，就是国家”，所以说“国家是文明社会的概括”。⑤

另外有一些看似是细节问题，但实质上也反映出了两者之间认识上的差异。比如，随着人类学及历史学研究经验的积累，恩格斯已经意识到了摩尔根的一些看法正日益受到挑战⑥，尤其在将易洛魁人的氏族与古代希腊人的氏族做类比的地方。例言之，摩尔根认为，在高级野蛮时代的希腊部落中“不大可能存在世袭制”⑦，而这句话在恩格斯那里，则被改为了“不大可能有严格的世袭制”。“严格的”一词是在1891年增订时，恩格斯专门添加的。⑧之所以有这个必要，显然是因为恩格斯意识到了，在这一阶段，世袭王权与世袭贵族的基础已经奠定下来了，而原来氏族制度的各机关也

① ［美］路易斯·亨利·摩尔根：《古代社会》，杨东莼、马雍、马巨译，第11页。
② ［美］路易斯·亨利·摩尔根：《古代社会》，杨东莼、马雍、马巨译，第216页。
③ ［美］路易斯·亨利·摩尔根：《古代社会》，杨东莼、马雍、马巨译，第145页。
④ ［美］路易斯·亨利·摩尔根：《古代社会》，杨东莼、马雍、马巨译，第394页。
⑤ ［德］恩格斯：《家庭、私有制和国家的起源》，中共中央马克思恩格斯列宁斯大林著作编译局译，第177、183—184页。
⑥ ［德］恩格斯：《家庭、私有制和国家的起源》，中共中央马克思恩格斯列宁斯大林著作编译局译，第19页。
⑦ ［美］路易斯·亨利·摩尔根：《古代社会》，杨东莼、马雍、马巨译，第141页。
⑧ ［德］恩格斯：《家庭、私有制和国家的起源》，中共中央马克思恩格斯列宁斯大林著作编译局译，第103页。

正在经历着从“人民意志的工具”逐步蜕变为“自己的对立物”，即“独立的、压迫和统治自己人民的机关”这样一个过程[①]，也就是说，不平等正在发生并已部分地成了现实。所以，像摩尔根那样将平等社会与国家这样两种截然对立的社会形态直接连接起来是有问题的，从经济发展的角度看，这其中至少也应该存在有一个过渡阶段。换言之，正是因为恩格斯要完善摩尔根未尽的关于“经济方面的论证”[②]，才促使他觉察到了这其中存在的问题，使他意识到了摩尔根的体系虽然“在基本的要点上，今天仍然有效”[③]，但从阶级关系的发生直至这一关系的内在矛盾终于变得不可调和进而导致国家机器的建立，这其中必然要有一个过程。

二、古典进化论与新进化论：恩格斯与塞维斯

在这个过程中所要完成的，无论对于恩格斯或是新进化论者来讲，最主要的都是年龄与性别之外的分工体系的深入发展。当然，正如已有研究者指出的那样，恩格斯早先提出的三次社会大分工理论，只能被看作是当时条件下的一种科学假说。[④]但如果除去细节问题不谈，我们应该注意到，在三次大分工中，至少有两次是发生于文明时代之前的，而塞维斯（Elman R. Service）亦认为，酋邦的时代，也正是生产技术譬如专业化的手工业技艺等获得显著提升的时代。[⑤]我们知道，阶级和所有制都是分工的结果[⑥]，因此弗里德（Morton H. Fried）认为在社会分层，即对于生产资料的私人占有关系未建立之前，社会关系中还谈不到有阶级存在[⑦]，这种观点是我们不赞同的。实际上阶级社会的历史要比社会分层和国家这样的概念久远得多，因为最初的分工正是发生于家庭内部，所以最早的管理者与被管理者，剥削者与被剥削者之间的这类关系正产生于家长与家庭成员，譬如丈夫与自己的妻妾，岳父与女婿以及养父与养子等人物之间，同时也产生于家庭与家庭乃至世系与世系之间。[⑧]所以在酋邦中，酋长及其

---

① ［德］恩格斯：《家庭、私有制和国家的起源》，中共中央马克思恩格斯列宁斯大林著作编译局译，第 171 页。

② ［德］恩格斯：《家庭、私有制和国家的起源》，中共中央马克思恩格斯列宁斯大林著作编译局译，第 5 页。

③ ［德］恩格斯：《家庭、私有制和国家的起源》，中共中央马克思恩格斯列宁斯大林著作编译局译，第 19 页。

④ 王震中：《中国古代的国家起源与王权的形成》，北京：中国社会科学出版社，2013 年，第 25—28 页。

⑤ Elman R. Service，*Primitive Social Organization*，2nd Edition，New York：Random House，Inc. 1971，p.138.

⑥ 中共中央马克思恩格斯列宁斯大林著作编译局编：《马克思恩格斯选集》第 1 卷，北京：人民出版社，1995 年，第 83—84 页。

⑦ Morton H. Fried，*The Evolution of Political Society*，New York：Random House，1967，p.187.

⑧ ［英］利奇（Leach E. R.)：《缅甸高地诸政治体系：对克钦社会结构的一项研究》，杨春宇、周歆红译，北京：商务印书馆，2010 年，第 156、162—164、243、286 页。

近亲的地位要高于远支亲属，而这一支世系的地位又要高于其他各支，与此同时，酋长正是包括再分配在内的各类政治、经济及宗教活动的组织者与管理者。对于这两类现象之间的关系，我们必须强调的是，世系之间地位的分化是分工的结果而不是原因，换言之，这是以等级形式表现出来的阶级关系。

所以虽然我们不能将两者的观点完全等同起来，但恩格斯与塞维斯，当然也包括萨林斯等人，因为他们都把自己的研究首先建立在人类群体如何在现有的技术及环境条件下维持生计[①]，因此，经济发展的刚性规律必然促成他们相继发现摩尔根体系在平等社会与国家之间的断层。与此同时，我们或许更应该意识到，从恩格斯到塞维斯，甚至包括更早的摩尔根在内，在他们思想的深处，其实都存在着一种两分法式的认识倾向。[②]那就是在人类历史上确曾存在过相对立的“两种政治方式”，一种在先，一种在后[③]，前者可以被形容为是低级的、野蛮的或简单的，而后者则是高级的、文明的或复杂的，等等。区分这两者的标准，在从摩尔根直到塞维斯的百余年间，虽在具体表述方面历经变化，但基本固着在地缘性对于血缘性原则的替代，以及公共权力的强化这样两点上。在摩尔根笔下，人类历史上第二种伟大的政治方式以地域与财产为其基础，而恩格斯则称之为“按地区来划分它的国民”以及“公共权力的设立”，之所以更换了第二项标准，主要在于，恩格斯对于经济生活的分析更进了一步，透过财产上的差别他看到了氏族内部正在发生着的阶级分化，而这种分化所带来的原本平等的氏族成员之间的利益冲突，最终必然要求设立一种控制争端无限恶化下去的公共权力。而到了塞维斯那里，除了继续保留地缘性原则之外[④]，国家与酋邦之间的界线则被定于统治者是靠权威还是真正的权力来维护现行制度的，两种方式的区别涉及是否动用强制性力量。而这一点其实已经被包括在恩格斯所谓的“公共权力”之中了，也就是说恩格斯所谈到的公共权力，本身就是与国家联系在一起的强制性的权力，“构成这种权力的，不仅有武装的人，而且还有物质的附属物，如监狱和各种强制设施，这些东西都是以前的氏族社会所没有的”，而氏族社会“除了舆论以外”，“没有任何强制手段”，酋长们依靠“不是用强迫手段获得的，无可争辩的尊敬”来维护对于氏族生活的管理。[⑤]可以看出，这些出现在恩格斯作品中的描述与塞维斯对于酋邦的理解，两者之

---

① Marshall D. Sahlins，*Social Stratification in Polynesia*，Seattle：University of Washington Press，1958，pp. 5，234，236，247，249-250，253.

② Susan Keech Mcintosh，“Pathways to Complexity：An African Perspective”，*in* Susan Keech Mcintosh，ed.，*Beyond Chiefdoms：Pathways to Complexity in Africa*，Cambridge：Cambridge University Press，1999，p.4.

③ ［美］路易斯·亨利·摩尔根：《古代社会》，杨东莼、马雍、马巨译，第61页。

④ Elman R. Service，*Primitive Social Organization*，2nd Edition，p.159.

⑤ ［德］恩格斯：《家庭、私有制和国家的起源》，中共中央马克思恩格斯列宁斯大林著作编译局译，第177—178页。

间有着明显的共通性。当然区别也是有的，这其中除了塞维斯因晚后多半个世纪，因而得以沾濡人类学新近发展成就的恩惠之外，主要还在于双方的写作目的不同。酋邦显然是塞维斯关注的焦点，但对于恩格斯来讲，参阅摩尔根的著作并不是为了站在纯学术的角度来向一般读者或大学学生普及一项新知识，而是有着更重要同时也是更紧迫的政治斗争方面的原因，那就是为了反击当时“猖獗一时的国家社会主义”思潮，破除关于超阶级的国家政权的迷信。[①] 因此他必须把论述的重点放在国家这种阶级斗争的极端形式上来，向读者解释从无阶级到有阶级进而到阶级矛盾不可调和这样一个演变过程，而当塞维斯初次提出自己的演进体系的时候，国家作为一种政治组织形式还没有像酋邦或游团那样在他的作品中被列为独立的一章去讨论。[②]

三、新进化论：塞维斯与弗里德

和古典流派一样，在新进化论者群体内部，譬如塞维斯与弗里德之间，他们的理论体系同样存在着值得注意的区别。总体来讲，虽然不能将两个体系各自所构建的四个阶段一一对应起来，但同样也不可否认，这两个体系有相当一部分其实是重合的。譬如弗里德提出的阶等社会，其实就是酋邦，而且是酋邦发展的较低级阶段，至于分层社会，这一概念的定位就显得有些模棱两可了。实际上弗里德也承认，它很难获得实证材料的支持[③]，原因是“分层”这一概念的核心在于所有制尤其是对于生产资料的私人占有关系的确立，但所有制关系其实是民族学研究中最难准确厘定的主题之一，因为它经常与对于生产资料的管理权纠缠在一起，或者说，所谓的所有权通常正是通过人与人之间管理与被管理这样一对关系来体现的，而酋长恰恰正站在管理者这样的位置上。即便他不是所有者，但他仍有权对于他人对公共资源的使用情况进行监督，并有权制止那些他认为不当的使用行为，拥有这种规范他人使用行为的权力本身就是管理权一词的当然内涵。尤其是当这种排他性的管理权世代相袭为长子一支所垄断的时候，管理者与所有者之间的身份区别就不再显得像理想状态下那样清晰可辨了。[④] 再者，如弗里德所言，分层社会只是对于那些原生型国家（pristine state）而言才是必

---

① 中共中央马克思恩格斯列宁斯大林著作编译局编：《马克思恩格斯选集》第 4 卷，第 660—661 页；涂赞琥：《恩格斯家庭、氏族和国家理论的研究——学习〈家庭、私有制和国家的起源〉》，武汉：武汉大学出版社，1986 年，第 2—5 页。

② Elman R. Service，*Primitive Social Organization*，2nd Edition.

③ Morton H. Fried，*The Evolution of Political Society*，pp.185，224.

④ Elman R. Service，*Profiles in Ethnology*，Revised Edition，New York：Harper & Row，Publishers，1971，p.214.

要经历的一个阶段，而当这样的国家首次出现在人类历史上的时候，往往还没有与之并行的文献记载，所以对于它们的研究也只能委托给考古学界去主持。[①]这就等于给考古学家出了一个极大的难题，因为传统农业社会中最重要的生产资料就是土地，这其中就包括可耕地、牧场、山林以及鱼塘，等等，而这些材料一方面极难保存于地层之中，再者，即便是有，多半也不能辨识出社区居民对于它们的私人占有关系。与生产活动相关且较易于辨识出个人所有关系的，主要就是见于墓葬或居址环境中的生产工具，个别情况下还可能包括牲畜骸骨或植物种子等生产对象，但一个人对于这些资料的占有并不能必然指示出他对于与此相关的生产资料，譬如播撒种子的土地或放牧牲畜的牧场等就享有所有权。所以分层社会之难于获得实证材料的支持，除了这本身被认定为是一个较为短暂的过渡阶段之外[②]，还因为可与管理权相分离的所有权，无论对于民族学或考古学研究来讲，要准确予以辨识都是一个相当棘手的问题。其实不仅仅是分层社会，即便是对于阶等社会而言，同样也难以获得考古材料的积极支持。因为弗里德主张，将阶等体系与经济分层这样一个政治一个经济领域内的现象相分离，也就是说高阶等的人不一定是社区中的富人，但在考古实践中，我们却甚少能够见到与经济地位分化无关的阶等现象，相反地，“富”“贵”相随倒是常有的事。[③]所以当弗里德的体系被译介到国内来的时候，除了在当初翻译的过程中存在一定的混乱之外，这一体系之所以日后没有获得普遍应用，降及今日，一般也只出现于学术史回顾的过程当中，这其中还有一个根本的原因，那就是承担国内早期复杂社会研究的主力是考古学家，基本的方法都是考古学的，任何新锐理论如果不能适应这个现实，在经历最初的喧嚣之后必将被束之高阁，而弗里德的体系中两个最具独创意义的阶段“阶等社会”与“分层社会”恰恰都存在着这样水土不服的问题，这也难怪如今鲜有人问津了，其遭受冷遇的境况较之“酋邦”更甚。

四、理论与实证研究的结合

关于酋邦的认识，在塞维斯之后，又经历了一系列新的变化，主要是在这一概念之下，又有更多的所谓“亚型”被分离了出来，同时概念本身也经历了不断简化的过程。造成这种趋势的原因是多方面的，除了在世界各地广泛开展的民族学研究发现了

① Morton H. Fried，*The Evolution of Political Society*，pp.185，232-233.

② Morton H. Fried，*The Evolution of Political Society*，p.185.

③ 王震中：《中国古代的国家起源与王权的形成》，第 45 页。

日益增多的显现出地方特色的案例之外，还在于进化论体系本身要求研究策略要具备一定的历史纵深，而这一点正是考古学而非民族学研究的强项，所以酋邦等虽为民族学或人类学的概念，但在提出之后，仍很快就引起了考古学界的注意并被应用到对于早期复杂社会的研究中去。而在借用的过程中，考古学家必然要结合自己手中的材料，重构原有概念在人类社会早期阶段的具体表现形式，也就是找出与这些概念相对应的物质遗存组合形式。

譬如厄尔（Timothy K. Earle）认为，酋邦可以大致分为“简单的”与“复杂的”两类，两者之间的差别既是量方面的，像是人口规模从数千到数万，更是质方面的，譬如行政层级由少到多，前者在村落之上仅有一层，而后者则有两层管理结构，厄尔自己研究的夏威夷社会就是复杂酋邦的一个代表。① 表现在考古材料上，就是从简单酋邦到复杂酋邦，聚落的规模以及聚落的层级都在增长，由于基层村落往往不设行政管理机关，所以聚落层级应较行政层级多一级，也就是说，简单酋邦应当有两级聚落，而复杂酋邦则有三级。在这里，聚落等级一般也是根据聚落之间在规模上的差异来划定的。②

伦福儒（Colin Renfrew）则提出，酋邦中有所谓“个人取向的”（individualizing）与“集体取向的”（group-oriented）之分，前者可以公元前第3000年爱琴地区的部分等级制社会为例，后者可以大约与此同时的马耳他群岛及不列颠南部的同类社会为例。虽然双方都是等级制社会，都可以被归入酋邦这一范畴之内，但从考古活动的发现来看，彼此之间又有着明显的差别，主要是：对于前者而言，贵族个人在社会中的地位比较突出，这一点可以从墓葬之间的等级差别得到验证，以新技术制作的奢侈品明显富集于高等级墓葬中，与此同时，公共设施的遗存比较少见；相反地，在后一种酋邦中，虽然存在着据信服务于公众的公共设施，譬如石质神庙或巨石阵等，但可以表征个人财富及地位差别的现象却很少见。虽然并不认可其为平等社会，但伦福儒也承认，在集体取向的酋邦中，政治活动中往往显现出更多的平等色彩。③

这也就是日后为什么会有研究者主张，集体取向的酋邦可能代表着循环阶序社会的一种古代形式。④ 提出这类看法的着眼点在于，循环阶序社会中的政治体系具备更

---

① Timothy K. Earle，“Chiefdoms in Archaeological and Ethnohistorical Perspective”，*Annual Review of Anthropology*，vol.16，1987，pp.279-308.

② ［澳］刘莉：《中国新石器时代：迈向早期国家之路》，陈星灿等译，北京：文物出版社，2007年，第145—147页。

③ Colin Renfrew，“Beyond a Subsistence Economy：the Evolution of Social Organization in Prehistoric Europe”，*Bulletin of the American Schools of Oriental Research. Supplementary Studies. no. 20，Reconstructing Complex Societies：An Archaeological Colloquium*，1974，pp.69-95.

④ Nikolay N. Kradin，“Heterarchy and Hierarchy among the Ancient Mongolian Nomads”，*Social Evolution & History*，vol. 10，no.1，March 2011，pp.187-214.

趋平面化的结构，相关各方在其中的地位可高可低，彼此制衡，重大决策往往以协商一致的方式取得。在这里，可能有酋长，也可能没有酋长，但某种形式的集体会议总是政治架构中不可或缺的组件，是集体而非个人，才是权力的中枢。① 这明显有别于奉行金字塔形等级制度的一般酋邦社会，也就是塞维斯在他的四阶段社会演进体系中所规划的那种理想的酋邦社会。这种社会奉行与血缘关系紧密结合的等级制度，而随着世代的演替，血缘关系网最终就会形成基希霍夫（Paul Kirchhoff）所讲的那类圆锥形结构，这也是一种垂直化的结构。因此，与之相结合的等级制度以及政治结构也都显现出这类垂直化的色彩，也就是通常所讲的，在酋邦中，每位社会成员都可以通过计算自己这一支与酋长世系之间关系的远近从而获知本身在社会上地位的高低。这种以某一支世系为计算基准而通行于全社会的血缘及政治等级，在循环阶序社会中往往是没有的。通常情况下，那里的血缘杂居情况已大为复杂化，基本上形成了大杂居与小聚居并存的局面，各世系之间既没有实际的血缘关系，也不认可某位传说中的人物为共同祖先，所以这样一个个碎片化的亲属集团很难被安排进基希霍夫所讲的那类圆锥形结构中去。②

至于说造成两者之间这类差别的具体原因，现在已经很难知道。因为当民族学家开始关注并研究这类社会的内部结构时，在它们的周围已经存在有许多高度发达的近现代社会了，双方之间也早已发生密切的联系，因此很难准确评估这种外部影响到底对原有结构造成过多大的更动，很可能我们在这里见到的只是当地社会运动过程中的一类次生形态。实际上，从碎片化的亲族结构看去，已有研究者推测，这可能是族群迁徙的结果。也就是说，循环阶序社会或许有着更为古老，同时也是更单一的起源。譬如波利尼西亚的系谱组织（Descent-line System）可能起源于早先的枝族组织（Ramage System），并在蜕变为系谱组织之后，仍普遍残留有一些枝族组织的特征，像是长子对于父亲的头衔虽无必然的继承权，但长子的降生仍不失为家中一件大事，并被精心庆祝③；而非洲的伊博人（Igbo）与雅科人（Yakö）等内部包含有多个委员会与秘密会社的族群，可能是在土地资源较宽裕的条件下，各自有着独立起源的数个世系先后迁入未获开发的新地区并重新组合为社区而形成的④；至于说亚洲的阿帕塔尼人

① Daryll Forde，“The Governmental Roles of Associations among the Yakö”，*Journal of the International African Institute*，vol.31，no.4，October 1961，pp.309-323；Christoph von Fürer-Haimendorf，*The Apa Tanis and Their Neighbours*，Abingdon，U.K.：Routledge & Kegan Paul，1962，pp.61-73.

② Elman R. Service，*A Century of Controversy：Ethnological Issues from 1860 to 1960*，Cambridge，M.A.：Academic Press，1985，pp.127-128.

③ Marshall D. Sahlins，*Social Stratification in Polynesia*，pp.190，217.

④ Susan Keech Mcintosh，“Pathways to Complexity：An African Perspective”，*in* Susan Keech Mcintosh，ed.，*Beyond Chiefdoms：Pathways to Complexity in Africa*，p.22.

（Apa Tani），在他们的传说中就有着关于各村寨的祖先沿着不同路线先后来到谷地定居的内容，可以说，跨地区迁徙以及在迁徙过程中祖先们同所面临的各种艰险条件做斗争，正是阿帕塔尼传统叙事中的一个重要主题①。因此，如果从相对重要性来讲，血缘联系的下降与地缘联系的上升，这一趋势是社会在不断趋向复杂化过程中的一类普遍表现的话，那么在血缘上及文化面貌上都显得更多元化的循环阶序社会，有可能属于一类相对更晚近的政治组织形式。当然，从目前已有的证据来看，这还只是一种推测。

其实不仅循环阶序社会，民族学研究中的许多案例，包括酋邦以及部落社会，当初在被树立为一种社会类型时，都曾遭到许多就其原生性所发出的质疑。也就是说怀疑它们是在更先进社会，主要就是西方殖民势力的影响下而对于原有社会结构做出适应性调整之后才形成的，因此不宜于被树立为具备普遍意义的人类社会演进体系中的一个阶段。这也是弗里德在自己的体系中去掉“部落”以及有一个时期，塞维斯自己否认了酋邦在早先提出的四阶段说中的地位的原因。② 但这个问题几乎是民族学研究所无法克服的，因为民族学家所接触到的都只是晚近的社会实例，正如考古学家所见到的也只是跨越极长时段而得以留存于地层中的部分物质遗存，许多重要的社会内容，譬如亲属结构或所有制关系等，都很难准确地体现在这些遗存中，因此自然也就成了考古研究中所面临的难题。

---

① Christoph von Fürer-Haimendorf, *The Apa Tanis and Their Neighbours*, pp.62-64.

② Morton H. Fried, *The Evolution of Political Society*, pp.170-174; Aram A. Yengoyan, “Evolutionary Theory in Ethnological Perspectives”, *in* A. Terry Rambo & Kathleen Gillogly, eds., *Profiles in Cultural Evolution: Papers from a Conference in Honor of Elman R. Service*, Ann Arbor, M.I.: the Regents of The University of Michigan, The Museum of Anthropology, 1991, p.9.

滇文化瘤牛形象研究

俞方洁
（四川美术学院通识学院）

滇文化以其丰富的动物装饰艺术闻名于世，其中瘤牛为最具代表性的动物图像。瘤牛（*Bosindcus*），英文名 Zebu，因其鬐甲前上方有一大的瘤状突起而得名，营养良好时，瘤的尖峰可向后或两侧倾斜，有的中间呈一凹槽。瘤高一般为 12～15 厘米，高者可达 18～20 厘米。目前，可以确认的我国最早的瘤牛形象出现于云南滇文化的青铜器上，年代为春秋战国时期。据文献记载，我国迟至汉代引进瘤牛，亦称“犦牛”①、“封牛”②和“犏牛”③等。基因研究证实，瘤牛起源于印度次大陆，是由当地的野生牛——印度原牛（*Bos primigenius namadicus*）驯化而来。《汉书·西域传》有“罽宾地平，温和……出封牛”④ 的记载。罽宾即犍陀罗（Gandhāra），在今巴基斯坦白沙瓦一带。⑤ 到东汉时期，瘤牛在云南地区已较普遍，并作为贡品进献给朝廷。⑥

滇文化中的瘤牛，鬐甲有高而隆起的肉瘤，发达的垂皮，结实的体态和粗长的尾巴，除了两只向上内弯的大角，整个形态与印度瘤牛相差无几。从体态特征看，它与印度瘤牛可能有直接的亲缘关系。尽管考古界对滇文化瘤牛偶有提及，但多语焉不

---

① 《尔雅·释畜》“犦牛”条，郭璞注曰：“即犎牛也。领上肉犦胅起，高二尺许，状如橐驼，肉鞍一边。健行者日三百余里。今交州合浦徐闻县出此牛。”参见（清）郝懿行：《尔雅义疏》，上海：上海古籍出版社，1983 年，第 1330 页。

② 《汉书》卷 96 上《西域传上》罽宾条，颜师古注曰：“封牛，项上隆起者也。”参见《汉书》，北京：中华书局，1962 年，第 12 册，第 3885 页。

③ 《史记》卷 117《司马相如列传》：“其南则隆冬生长，踊水躍波；兽则犏旄貘犛”，郭璞云：“犏，犏牛，领有肉堆，音容。”索隐案：今之犎牛也。参见《史记》，北京：中华书局，1959 年，第 9 册，第 3025 页。

④ 《汉书》卷 96 上《西域传上》，第 12 册，第 3885 页。

⑤ 余太山：《罽宾考》，《西域研究》1992 年第 1 期。

⑥ 《后汉书》卷 86《南蛮西南夷列传》：“永初元年，徼外僬侥种夷陆类等三千余口举种内附，献象牙、水牛、封牛。”参见《后汉书》，北京：中华书局，1965 年，第 10 册，第 2851 页。

详。滇文化瘤牛与印度瘤牛关系如何，印度瘤牛是怎样进入云南以及中印交通的路线如何等，都是值得我们深入探讨的问题。由此，我们将结合滇文化、印度河文明以及周边地区的资料，对以上问题进行一番考察，以窥其来源、分布、传播路线等。

一、滇文化中的“瘤牛”形象

滇文化青铜艺术中的瘤牛形象，以其组合形式和表现题材可以划分为三类。这里选取最具代表性、数量最多的种类进行介绍。

第一类是圆雕塑像或者绘于青铜器上的装饰纹饰。它们有的伫立于青铜容器的顶部，有的绘于铜器器表，还有的成对立于铜器左右两端。江川李家山一件铜啄（M13：25），顶焊铸两只朝向一致的瘤牛，全长 26.6 厘米，肉瘤微凸，垂皮纹理清晰可见，年代为战国时期。[①] 石寨山出土一青铜立牛，高 17 厘米，健壮丰肥，肩隆起高封，颈部肉垂甚长，两巨型角高高竖立，双目圆瞪，长尾夹于股间，形象生动写实，年代为西汉时期（图 1，a）。[②] 还有以群体形象出现的瘤牛，它们一般焊铸于铜容器器盖或器座四周。晋宁石寨山一件四牛骑士贮贝器，高 50 厘米、盖径 26 厘米，器盖中央铸一鎏金骑士，四周绕一圈瘤牛，年代为西汉时期（图 1，b）。[③] 还有的为青铜器上的纹饰，如李家山铜鼓（M24：42a），高 33 厘米、鼓面 37.5 厘米、足径 47 厘米，鼓身侧面第七晕，分八格，其中五格作立牛、飞鸟图案，牛肉瘤高高隆起而向后倾斜，牛角粗大向上内弯，体格强壮，具有印度瘤牛的典型特征，年代为战国时期（图 1，c）。[④] 关于瘤牛形象统计表如表 1 所示。

表 1　第一类瘤牛形象统计表

序号	载体	雕塑技法			瘤牛形象	年代	实物出处
		圆雕	透雕	雕刻			
1	铜啄顶端	2 头			肉瘤微突，身上有斑纹，体态较瘦削	战国	云南江川李家山[⑤]
2	贮贝器器盖	1 头			肉瘤微突，身体刻弦纹和菱形纹	战国	云南江川李家山[⑥]

① 云南省博物馆：《云南江川李家山古墓群发掘报告》，《考古学报》1975 年第 2 期，第 112 页。
② 中国青铜器全集编辑委员会编：《中国青铜器全集・第 14 卷・滇昆明》，北京：文物出版社，1993 年，第 136 页。
③ 中国青铜器全集编辑委员会编：《中国青铜器全集・第 14 卷・滇昆明》，北京：文物出版社，1993 年，第 25 页。
④ 云南省博物馆：《云南江川李家山古墓群发掘报告》，《考古学报》1975 年第 2 期，第 134 页。
⑤ 云南省博物馆：《云南江川李家山古墓群发掘报告》，《考古学报》1975 年第 2 期，第 112 页。
⑥ 中国青铜器全集编辑委员会编：《中国青铜器全集・第 14 卷・滇昆明》，北京：文物出版社，1993 年，第 28 页。

续表

序号	载体	雕塑技法			瘤牛形象	年代	实物出处
		圆雕	透雕	雕刻			
3	铜鼓鼓身侧面			5头	肉瘤高高隆起而向后倾斜，牛角粗大向上内弯，体格强壮	战国	云南江川李家山①
4	青铜塑像	1头			健壮丰肥，肩隆起高封，肉垂发达，两巨型角向上	西汉	云南晋宁石寨山②
5	贮贝器器盖	4头			中间一骑士，周围牛体格健硕，肉瘤向突起明显	西汉	云南晋宁石寨山③
6	贮贝器器盖	8头			中间一大牛，四周一圈小牛，肩部有高起肉瘤	西汉	云南晋宁石寨山④
7	贮贝器器盖	7头			牛肩部有明显隆起，牛角长而上立	西汉	云南晋宁石寨山⑤
8	贮贝器器盖	5头			中间一大牛，四周四小牛，雄壮丰满，肉瘤高高隆起	西汉	云南晋宁石寨山⑥
9	器盖	2头			中间一牧人，两侧各跪坐一牛，其肉瘤向后突起	西汉	云南晋宁石寨山⑦
10	扣饰		2头		两牛相背而立，体格强壮，肉瘤明显	西汉	云南江川李家山⑧
11	权杖头	3头			三头立牛背对而立，强健，瘤状突起高立，肉垂发达	西汉	云南晋宁石寨山⑨

第二类是兽博（即牛与虎豹之类食肉兽的搏斗）图像。这类形象主要表现为圆雕、浮雕和透雕，有的为青铜扣饰，有的作为装饰纹样雕铸于器身。李家山的牛虎铜案，长 76 厘米、高 43 厘米，牛腿作案腿，背呈下凹状案面，腹部下横铸一小牛，立于大腿之间的横梁上，尾端攀爬一虎，虎口紧咬牛尾，前爪抓牛臀，后腿力蹬牛腿，年代为战国晚期（图 2，a）⑩；同类题材也见于晋宁石寨山的一件三虎噬牛扣饰，高 9 厘米、宽 13 厘米，表现一虎背负一瘤牛，口咬牛尾，两小虎紧随大虎两侧，仰头翘尾，年代为西汉时期。⑪ 石寨山牛虎搏斗扣饰，高 9.7 厘米、宽 15.3 厘米，一虎与巨

① 云南省博物馆：《云南江川李家山古墓群发掘报告》，《考古学报》1975 年第 2 期，第 134 页。
② 中国青铜器全集编辑委员会编：《中国青铜器全集·第 14 卷·滇昆明》，北京：文物出版社，1993 年，第 136 页。
③ 中国青铜器全集编辑委员会编：《中国青铜器全集·第 14 卷·滇昆明》，北京：文物出版社，1993 年，第 25 页。
④ 中国青铜器全集编辑委员会编：《中国青铜器全集·第 14 卷·滇昆明》，北京：文物出版社，1993 年，第 31 页。
⑤ 中国青铜器全集编辑委员会编：《中国青铜器全集·第 14 卷·滇昆明》，北京：文物出版社，1993 年，第 32 页。
⑥ 中国青铜器全集编辑委员会编：《中国青铜器全集·第 14 卷·滇昆明》，北京：文物出版社，1993 年，第 33 页。
⑦ 中国青铜器全集编辑委员会编：《中国青铜器全集·第 14 卷·滇昆明》，北京：文物出版社，1993 年，第 48 页。
⑧ 玉溪地区行政公署编：《云南李家山青铜器》，昆明：云南人民出版社，1995 年，第 106 页。
⑨ 中国青铜器全集编辑委员会编：《中国青铜器全集·第 14 卷·滇昆明》，北京：文物出版社，1993 年，第 143 页。
⑩ 云南省博物馆：《云南江川李家山古墓群发掘简报》，《文物》1972 年第 8 期，第 10 页。
⑪ 中国青铜器全集编辑委员会编：《中国青铜器全集·第 14 卷·滇昆明》，北京：文物出版社，1993 年，第 123 页。

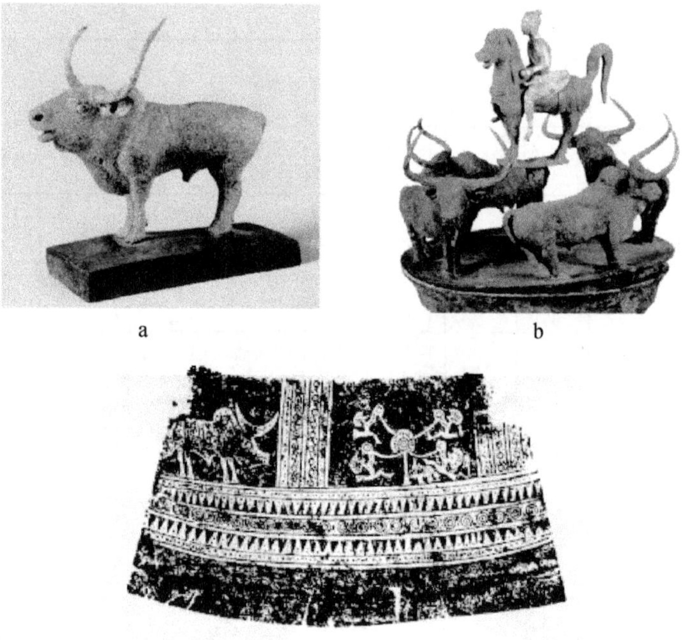

图 1

a 石寨山青铜立牛；b 石寨山四牛骑士的贮贝器器盖；c 李家山铜鼓（M24：42a）鼓身侧面

型牛搏斗，牛肩脊有高大肉瘤状突起，体格健硕，虎被牛撞倒在地，腹部为牛角戳穿，其下有一蛇，口咬牛腿。年代为西汉时期（图 2，b）。①瘤牛形象统计，详见表 2。

表 2　第二类瘤牛形象统计表

序号	载体	雕塑技法			瘤牛形象	年代	实物出处
		圆雕	透雕	雕刻			
1	青铜案	1 头			牛背爬一虎，口紧咬牛尾，肉瘤微突，体态雄壮	战国	云南江川李家山②
2	铜啄	1 头			虎爬于牛背作噬牛状，牛肩部肉瘤微突	战国	云南江川李家山③
3	青铜扣饰		1 头		一虎背负一瘤牛，口咬牛尾，两小虎紧随大虎两侧	西汉	云南晋宁石寨山④
4	青铜扣饰		1 头		牛虎搏斗，虎被牛撞到，牛肩部有高高的瘤状突起	西汉	云南江川李家山⑤

① 中国青铜器全集编辑委员会编：《中国青铜器全集·第 14 卷·滇昆明》，北京：文物出版社，1993 年，第 124 页。

② 云南省博物馆：《云南江川李家山古墓群发掘简报》，《文物》1972 年第 8 期，第 10 页。

③ 云南省博物馆：《云南江川李家山古墓群发掘报告》，《考古学报》1975 年第 2 期，第 112 页。

④ 中国青铜器全集编辑委员会编：《中国青铜器全集·第 14 卷·滇昆明》，北京：文物出版社，1993 年，第 123 页。

⑤ 中国青铜器全集编辑委员会编：《中国青铜器全集·第 14 卷·滇昆明》，北京：文物出版社，1993 年，第 124 页。

续表

序号	载体	雕塑技法			瘤牛形象	年代	实物出处
		圆雕	透雕	雕刻			
5	青铜扣饰		1头		一豹一虎在牛前后作噬牛状，牛肩部肉瘤突起明显	西汉	云南江川李家山①
6	青铜扣饰		1头		四虎噬牛，牛角高高竖立，肉瘤较大	西汉	云南江川李家山②

a

b

图2

a 李家山的牛虎铜案；b 石寨山牛虎搏斗扣饰

第三类是以人牛为主题的图像。这类图像表现为透雕的形式。根据内容题材，可分为人缚牛、剽牛祭祀和掳掠等不同类型。其中，缚牛图是最常见的类型，表现为多人捆缚瘤牛的场景。李家山一铜扣饰（M14：2），表现一巨型瘤牛旁有二人共挽其尾，一人持绳索站于牛头旁，年代为战国时期。③剽牛祭祀场面也是最常见类型之一。云南广南阿章寨出土的铜鼓，高 48 厘米、面径 68 厘米，第一晕分为十四格，格内有两带羽冠者驱赶一瘤牛至一柱旁边，似乎与祭祀活动有关，年代为西汉时期（图 3，b）。④石寨山一鎏金掳掠扣饰，高 9 厘米、宽 15 厘米，一武士立于最前方，戴盔着甲，左手提人头，右手牵一绳，绳系一身背幼童的妇女、一头瘤牛、二羊，最后一人与最前面一人打扮相同，左手提人头，右手执斧，其下有一尸体和蛇，年代为西汉时期（图 3，a）。⑤第三类瘤牛统计，详见表 3。

① 玉溪地区行政公署编：《云南李家山青铜器》，昆明：云南人民出版社，1995 年，第 94 页。
② 玉溪地区行政公署编：《云南李家山青铜器》，昆明：云南人民出版社，1995 年，第 101 页。
③ 云南省博物馆：《云南江川李家山古墓群发掘报告》，《考古学报》1975 年第 2 期，第 135 页。
④ 中国青铜器全集编辑委员会编：《中国青铜器全集・第 14 卷・滇昆明》，北京：文物出版社，1993 年，第 171 页。
⑤ 中国青铜器全集编辑委员会编：《中国青铜器全集・第 14 卷・滇昆明》，北京：文物出版社，1993 年，第 116 页。

表 3　第三类瘤牛形象统计表

序号	载体	雕塑技法	瘤牛形象	题材内容	年代	实物出处
		浮雕				
1	青铜扣饰	1 头	瘤牛旁二人共挽其尾，另一人持绳索站于牛头旁	缚牛图	战国	云南江川李家山①
2	青铜扣饰	1 头	五人缚牛，一人抱牛头，一人牵牛尾，三人抱牛身	缚牛图	西汉	云南江川李家山②
3	青铜扣饰	1 头	一武士戴盔着甲立前方，绳系一身背幼童的妇女、一头瘤牛，后有一武士	掳掠图	西汉	云南晋宁石寨山③
4	青铜扣饰	1 头	牛立于柱旁，四人抱牛结绳系牛	剽牛祭祀	西汉	云南晋宁石寨山④
5	铜鼓鼓身侧面	1 头	两带羽冠者驱赶一瘤牛至一柱旁边	剽牛祭祀	西汉	云南广南阿章寨⑤

a

b

图 3

a 石寨山鎏金掳掠扣饰；b 云南广南阿章寨出土的铜鼓侧面

以上三类瘤牛图像，可分早晚两期，早期为战国时期，晚期为西汉时期。早期以圆雕、雕刻形式为主。瘤牛体格较瘦削，牛角粗短，肩部向后突起的肉瘤和垂皮不太明显，身体有阴刻花纹，整体风格古朴、简洁。内容题材为兽搏形象和缚牛形象。晚期以浮雕形式为主，圆雕次之。瘤牛体态较早期更健壮，肉瘤状高高突起，牛角变长

① 云南省博物馆：《云南江川李家山古墓群发掘报告》，《考古学报》1975 年第 2 期，第 135 页。

② 中国青铜器全集编辑委员会编：《中国青铜器全集 • 第 14 卷 • 滇昆明》，北京：文物出版社，1993 年，第 109 页。

③ 中国青铜器全集编辑委员会编：《中国青铜器全集 • 第 14 卷 • 滇昆明》，北京：文物出版社，1993 年，第 116 页。

④ 中国青铜器全集编辑委员会编：《中国青铜器全集 • 第 14 卷 • 滇昆明》，北京：文物出版社，1993 年，第 117 页。

⑤ 中国青铜器全集编辑委员会编：《中国青铜器全集 • 第 14 卷 • 滇昆明》，北京：文物出版社，1993 年，第 171 页。

向上弯曲，垂皮特征明显，晚期的艺术手法和细部表现更加精细，形象也更写实、逼真。尽管滇文化的瘤牛表现了印度瘤牛的基本特征，但体态特征上依然有一些细微的差别，因此，不排除印度瘤牛引进云南后与当地普通牛杂交的可能性。晚期内容的题材更加丰富多样，新出现了剽牛祭祀图。剽牛祭祀图表现了人数众多、场面复杂的缚牛祭祀场景。此类图像记录了瘤牛很可能与滇人的宗教信仰密切相关，是滇文化中最具地域代表性的文化符号之一。晚期的兽搏图多以浮雕形式出现的扣饰为主，与中国北方草原“斯基泰”动物纹饰相似，是北方草原文化影响下的产物，但就其选取瘤牛、孔雀等内容题材看，极有可能是云南本地生产的。

二、瘤牛的起源与考古发现

目前，研究家养动物起源的方法主要有动物考古学研究和分子遗传学分析。动物考古学家通过对动物骨骼的观察和测量、病理现象、年龄结构、性别特征、数量比例以及结合考古学文化来探讨其起源的问题。① 分子遗传学则通过 DNA 序列从分子水平上揭示家养动物的野生祖先、起源地、起源时间、扩散路线等问题。② 一般来说，在探讨家养动物起源问题时，两者需要相互结合，才更具有说服力。尤其是在家养动物起源阶段，往往很难通过动物的形体特征进行区别，现今公认的方法是提取动物的母系遗传标志——线粒体基因组（mitochondrial DNA，mtDNA）③ 以揭示家养动物的起源与驯化。

黄牛包括普通牛和瘤牛两个牛种。一方面，从动物的身体特性来看，瘤牛不同于温带地区的普通牛，它在热带地区及亚热带炎热气候条件下，能够维持正常体温。所以普通牛与瘤牛之间在调节体温方面是很不相同的，这种差别决定于品种的属性。④ 另一方面，分子遗传研究表明，瘤牛的线粒体 DNA 是由两种不同的基因群组成，即 I1 和 I2 单倍型基因群⑤；普通牛为四种单倍型群：T，T1，T2，

---

① 袁靖：《中国古代家养动物的动物考古学研究》，《第四纪研究》2010 年第 2 期，第 298—306 页。

② 李晶、张亚平：《家养动物的起源与驯化研究进展》，《生物多样性》2009 年第 4 期，第 319—329 页。

③ 动物细胞内存在两套基因组，即核基因组（nuclear DNA）和线粒体基因组，而线粒体 DNA 研究动物起源的母系遗传标志，相对于核基因组，它具有多拷贝数、极少发生重组、进化速率是核基因组 5—10 倍等优点。同一个母系祖先的后代，其 mtDNA 都是一样的。蔡大伟、孙洋：《中国家养动物起源的古 DNA 研究进展》，《边疆考古研究》2012 第 2 期；David A. Magee，Hideyuki I. Mannen，Daniel G. Bradley，Duality in Bos indicus mtDNA diversity：Support for geographical complexity. *in* Michael D，Petraglia，B. Allchin，etal. *The Evolution and History of Human Populations in South Asia.* Berlin：Springer，2007，p.385.

④ ［苏］З.К.Вердиев：《瘤牛的生物学特性》，邹霞青译，《中国良种黄牛》1983 年第 2 期，第 76—82 页。

⑤ Baig M，*et al.*，Phylogeography and origin of Indian domestic cattle. *CurrSci*，vol.89，no.1，2005，pp.38-40.

T3。[①] 由于线粒体 DNA D-Loop 碱基突变存在不同序列，瘤牛和普通牛分别起源于不同的野牛祖先，它们至少在 20 万年前就已分化（更早在 1000 万年前也出现了分化的证据），且这是两者独立进化的证据。[②] 最近研究表明，普通牛来源于 1 万年前或稍晚的近东和欧洲，然后迁徙至世界各地。[③] 再者，有学者对西亚、南亚和东亚的 19 个国家的 844 头瘤牛的线粒体 DNA 测定发现，南亚的单倍群 I1 和 I2 的核苷酸最多样，而其他地区 I1 和 I2 多样性与距南亚的距离呈负相关，这就说明了印度河流域是瘤牛的驯化中心，瘤牛从印度河流域逐渐扩散到其他地区。[④] 印度河流域是瘤牛的起源地，现有考古资料证明印度河流域是出现瘤牛形象最早的地方，往后按时间早晚依次为西亚[⑤]、非洲[⑥]和东南亚以及中国南部[⑦]（图 4）。有学者根据印度河流域出土的大量考古资料指出，巴基斯坦的梅尔伽赫地区可能是瘤牛的起源中心。[⑧]

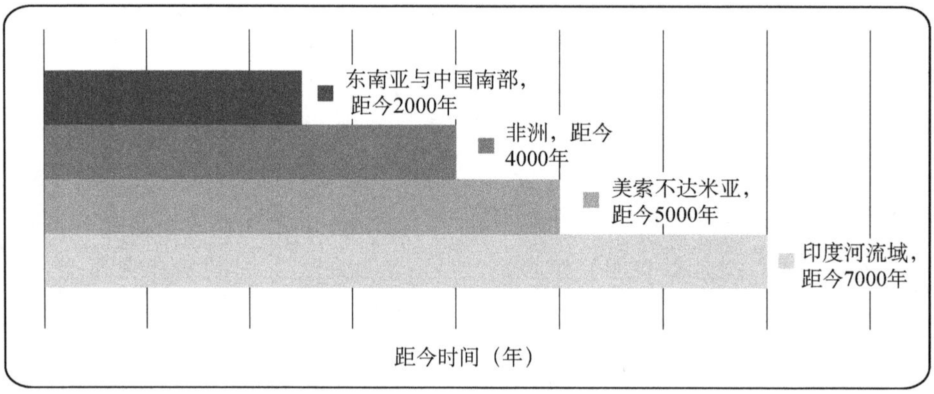

图 4 世界各地考古发现最早瘤牛时间表

从世界范围看，最早的瘤牛形象出现于巴基斯坦俾路支斯坦的梅尔伽赫III期

① Troy C S，et al.，Genetic evidence for Near-Eastern origins of European cattle. *Nature*，2001，vol.410，no.6832，pp.1088-1091.

② R.T.Loftus，et al.，Evidence for two independent domestications of cattle. *Proc Natl Acad Sci USA*，1994，vol.91，no.7，pp.2757-2761.

③ Troy C S，et al.，Genetic evidence for Near-Eastern origins of European cattle. *Nature*，2001，vol.410，no.6832，pp.1088-1091.

④ Chen S Y，Lin B Z，Baig M，et al.，Zebu cattle are an exclusive legacy of the South Asia Neolithic. *Molecular biology and evolution*，vol.27，no.1，2010，pp.1-6.

⑤ http://www.nineveh.com/Food%20and%20Diet%20in%20Assyria.html.

⑥ Marshall F，Rethinking the role of Bos indicus in Sub-Saharan Africa. *Curr. Anthropol*，1989，vol.30，no.2，pp.235-240.

⑦ Higham C，*The Bronze Age of Southeast Asia.* London：Cambridge University Press，1996，p.142.

⑧ Meadow R H，Animal domestication in the middle east：a revised view from the Eastern Margin，Possehl G L，editor. *Harappan Civilization.* New York：Oxford and IBH Publishing，2003，pp.295-320.

（Mehrgarh III），年代为距今 7500 年。这里不仅发现了大量牛、山羊、绵羊和鹿等骨骼，而且还出土了瘤牛、野猪、羊和鹿等动物陶塑和陶器彩绘（图 5，a）。[1] 同时期的克奇·贝格 I 期（Ketch Beg I）、图镐 I 期（Togau I）和基利·古尔·穆罕默德 III 期（KiliGgul Muhammad III）也发现了身绘竖条纹的瘤牛陶塑和瘤牛形象的陶器。这时期的瘤牛形象古朴，但除了凸显的肉瘤外与普通牛几无区别。有意思的是，这些瘤牛陶塑的肉瘤处有一小孔，应该是作为护身符佩戴方便之用。彩陶上的瘤牛形象采用剪影式的表现方式，颜料平涂出轮廓，风格比较抽象。梅尔伽赫 III 期残碗内壁上的一只奔跑的瘤牛，身体呈横长方形，肉瘤与牛角相连，牛角上伫立三只展翅欲飞的鸟，整个画面的艺术构图别出心裁，充满了自然主义的趣味（图 5，b）。[2]

随着新石器时代进入尾声，印度河文明在距今 5000 年左右迎来了铜石并用时期。这一时期包括梅尔伽赫Ⅳ期（Mehrgarh Ⅳ）、基利·古尔·穆罕默德Ⅳ期（KiliGgul Muhammad Ⅳ）以及旦博·萨达特 II 期（DamberSadaat II）都出土了大量瘤牛彩陶塑像。[3] 铜石并用时期的瘤牛塑像一改过去古拙、抽象的艺术风格，以写实、生动的新风格更加细致地表现了其体态特征。如梅尔伽赫Ⅳ期出土的一件瘤牛陶塑像，上下起伏的线条塑造出健硕的躯体，颜料勾画的眼睛表现出安然自若的神情，其栩栩如生的形象预示着新风格的出现（图 5，c）。[4] 更为重要的是，铜石并用时期的艺术风格为印度河文明鼎盛时期——哈拉帕时期新艺术风格的出现奠定了基础。

a　　　　b　　　　c

图 5

a 梅尔伽赫III瘤牛陶塑；b 梅尔伽赫III期残碗内壁；c 梅尔伽赫Ⅳ期瘤牛陶塑

---

① Catherine Jarrige et al., *Mehrgarh-Field Reports 1974-1985 From Neolithic Times to the Indus civilization*. The Department of Culture and Tourism, Government of Sindh, 1995, pp.137.

② Catherine Jarrige et al., *Mehrgarh-Field Reports 1974-1985 From Neolithic Times to the Indus civilization*. The Department of Culture and Tourism, Government of Sindh, 1995, pp.171.

③ Bridget, Raymond Allchin, *The rise of civilization in India and Pakistan*. London: Cambridge University Press, 1982, pp.136.

④ Catherine Jarrige et al., *Mehrgarh-Field Reports 1974-1985 From Neolithic Times to the Indus civilization*. The Department of Culture and Tourism, Government of Sindh, 1995, pp.350.

哈拉帕时期（Harappa）以公元前2600年至前1900年的哈拉帕和摩亨佐·达罗遗址最为著名。这一时期是印度河文明的全盛期，瘤牛不仅成为标志性的图案遍布于陶器，而且是印章上最常见的动物形象。20世纪20年代，哈拉帕因一枚印章的发现引发了人们对印度次大陆史前文明的重新认识。其中有一枚最具代表性的滑石印章，其上雕刻一头体型健硕的瘤牛，颈部耷拉厚重的垂皮，高过头部的肉瘤以及朝上内弯的牛角，形象生动逼真，表现了极高的艺术水平（图6，a）。在这之前，具有写实主义风格的瘤牛图像已有发现。相当于哈拉帕Ⅰ期的纳沙罗（Nausharo）出土了许多绘有瘤牛图案的彩陶罐，其中最有特色的彩绘图案是一株小菩提树上拴系一头体型巨大的瘤牛（图6，b），其体态特征与今天印度西北部古吉拉特邦的瘤牛相差无几（图6，c）。同期的梅尔伽赫Ⅶ期（Mehrgarh Ⅶ）出土的瘤牛陶塑继承并发扬了Ⅳ期的写实风格，体态的塑造更趋于完美。除了单一形象以外，哈拉帕时期还发现了牛兽搏斗为题材的图像。同时期的梅尔伽赫Ⅷ期（Mehrgarh Ⅷ）出土了两件圆筒印章，一件为一瘤牛与前方一狮子搏斗，牛踩在一条蛇身上，身后有一猎人和两匹狼（图6，d）。[①]另一件为一瘤牛与一狮子相斗，底部为蝎子（图6，e）。[②]这两件印章无论从形制还是内容看，明显属于西亚风格，它们很可能来源于美索不达米亚。牛兽搏斗与滇文化第二类图像虽在表现形式上存在差异，但都表达了相同的主题。

7000多年前，印度河早期文明驯化了世界上最早的瘤牛，在之后几千年时间中，瘤牛成为印度次大陆最重要、最具代表性的动物之一。前哈拉帕时代，瘤牛形象的识别主要依靠突起的肉瘤。从哈拉帕时期起，瘤牛除了有明显的瘤状突起外，发达的垂皮和健壮的体格是瘤牛的标志性特征。这一时期的表现手法娴熟，不仅做工精细，而且刻画细致入微，代表了印度河文明艺术的最高峰。滇文化瘤牛虽然保留了哈拉帕瘤牛形象雄壮的体态特征，但两地的文化内涵和年代相去甚远，因此很难说哈拉帕文化对滇文化产生过影响。滇文化的牛兽搏斗图与印度河流域的无论在艺术表现还是主题内容上都存在较大差异，后者出现于圆筒印章上，显然不是印度本土传统，很可能是美索不达米亚的风格。而滇文化的兽搏图扣饰与北方草原文化——斯基泰文化的动物搏斗图更相似，这很可能与当时北方游牧民族斯基泰人从西北南下至云南有关。滇文化的缚牛图、剽牛祭祀图在印度河文明以及西亚、东南亚等地未发现相似图像，这很可能与当地人以牛祭祀的仪式活动有关。

---

① Catherine Jarrige et al., *Mehrgarh-Field Reports 1974-1985 From Neolithic Times to the Indus civilization.* The Department of Culture and Tourism, Government of Sindh, 1995, pp.377.

② Catherine Jarrige et al., *Mehrgarh-Field Reports 1974-1985 From Neolithic Times to the Indus civilization.* The Department of Culture and Tourism, Government of Sindh, 1995, pp.360.

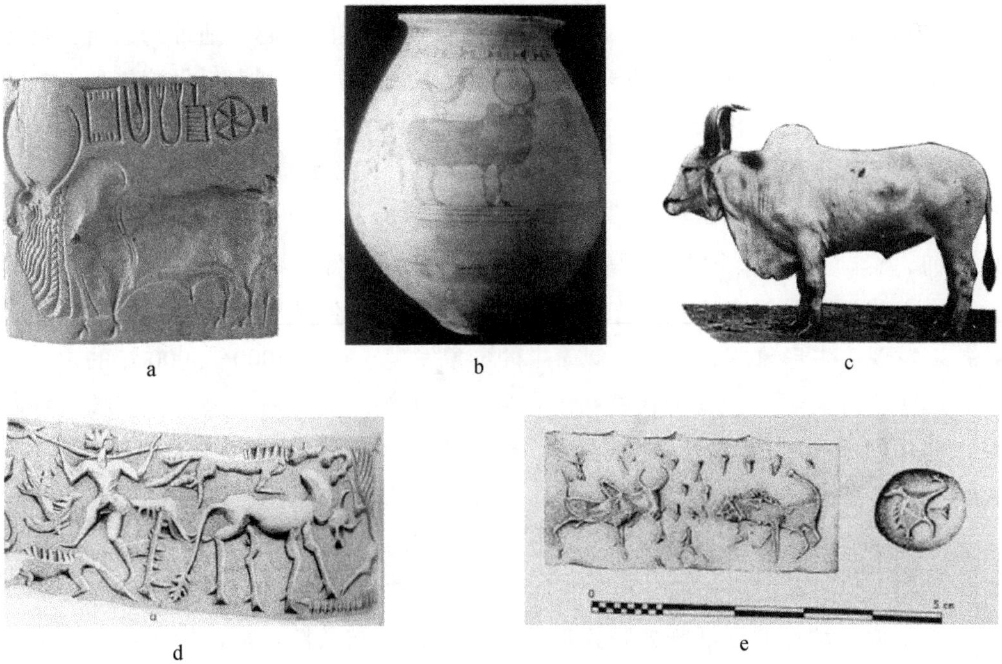

图 6

a 哈拉帕滑石印章；b 纳沙罗彩陶罐；c 印度西北部古吉拉特邦的瘤牛；

d 梅尔伽赫Ⅷ期牛狮搏斗猎人印章；e 梅尔伽赫Ⅷ期牛狮搏斗印章

现代生物研究表明，非洲东部、东南亚以及中国西南地区（云南和广西）饲养的瘤牛，线粒体 DNA 单倍群 I1 出现频率很高，这就意味着它们与从印度引进的第一批瘤牛有直接的亲缘关系。[①] 有学者指出，考古学上证明瘤牛到达东南亚和中国西南地区的时间不会早于公元前 2000 年或者更晚一点的公元前 1500—前 1000 年。[②]

三、中国及周边地区所见瘤牛形象及传播通道

近年来，对大量的中国地方黄牛品种进行的线粒体 DNA 分析表明，中国黄牛是普通牛和瘤牛混合起源。[③] 目前基本可以肯定的是我国最早的家养黄牛发现于距今

---

① Chen SY，Lin B Z，Baig M，et al. Zebu cattle are an exclusive legacy of the South Asia Neolithic. *Molecular biology and evolution*，2010，vol.27，no.1，pp.1-6.

② Higham C，*The Bronze Age of Southeast Asia.* London：Cambridge University Press，1996，pp.142.

③ Lai S J，Liu Y P，Liu Y X，Li X W，Yao Y G. Genetic diversity and origin of Chinese cattle revealed by mtDNA D-loop sequence variation. *Molecular Phylogenetics and Evolution*，vol.38，no.1，2006，pp.146-154；雷初朝、陈宏、胡沈荣：《Y 染色体多态性与中国黄牛起源和分类研究》，《西北农业学报》2000 年第 4 期，第 43—47 页。

5000—4000 年的青海河湟地区[1]，以距今 5400—4700 年的师赵村遗址马家窑文化层出土的牛骨为依据[2]。但动物考古研究也并未发现瘤牛的化石，或者提供瘤牛最早的基因证据。这是由于从地下化石找到的牛亚科化石中，瘤牛与黄牛原始祖先的化石较难区分，我国丰富的牛科化石中，至今未见瘤牛的祖先——原始瘤牛的化石。[3]

有国外学者认为，中国瘤牛最初是从西亚向东进入中国，而后再经东部和西南部进入缅甸、泰国、越南、老挝和马来西亚的。[4] 众所周知，北方丝绸之路是从西亚、中亚东进入我国新疆沿青藏高原东部南下至西南地区。但从考古学资料看，青藏高原地区并未发现瘤牛形象。有一例类似瘤牛的形象发现于距今 4000—3000 年的卡约文化墓葬。这头牛焊铸于一件青铜杈杖头上，它处于鸠头之上，与一只立在鸠嘴的狗四目相对，搏斗似乎一触即发。[5] 总体来说，这头牛虽具备了牛肩胛部隆起和牛角长而弯曲的特征，但竖立的扇形状尾部以及无垂皮的颈部却是高原牦牛的特征。公元前一世纪，克什米尔的拉达克（Ladakh）岩画上也刻绘有肩胛隆起，角长而弯曲的牛[6]，与卡约文化相似，但扇状尾巴和部分有长毛腹部，说明它们是牦牛而非瘤牛。

一般来说，动物的存活需要特定的自然环境和气候条件。哈拉帕文化就出土了大量有峰牛和无峰牛的印章和陶塑像，有峰牛为瘤牛，无峰牛为普通牛。在印度次大陆的其他地区，无论是雕像还是彩绘陶器，只见瘤牛形象。有学者指出，在印度河流域存在两种驯化动物的人群：一种是旧石器时代晚期以来分布在印度次大陆全境，以打猎和采集为生的人群，他们驯化了当地动物；另一种是来自西亚的游牧人群。普通牛可能由西亚的游牧人群带入印度河流域，哈拉帕早期的无峰牛可作证。由于无峰牛无法适应热带环境，不能抵抗热带疾病，因此很快消亡，考古也证实它们没有到过印度南部。[7] 这也就意味着，距今 5000—4000 年我国青藏高原发现的最早家养黄牛很可能是从西亚引进的普通牛。

国内有学者根据大量中国现代黄牛的单倍群组和线粒体 DNA 分析指出，北方的

---

① 袁靖：《中国新石器时代家畜起源问题》，《文物》2001 年第 5 期，第 51—58 页。

② 周本雄：《师赵村与西山坪遗址的动物遗存》，中国社会科学院考古研究所编著：《师赵村与西山坪》，北京：中国大百科全书出版社，1999 年，第 335—339 页。

③ 冯中源、刘召乾：《中国瘤牛》，《中国畜禽种业》2011 年第 1 期，第 57—59 页。

④ Mukherjee T K，Animal Genetic Resources in Malaysia，Proceedings of Sabrao Workshop on Animal Genetic Resources in Asia and Oceania. *Tropical Agriculture Research Center*，1980，pp.261.

⑤ 青海省湟源县博物馆等：《青海湟源县大华中庄卡约文化墓地发掘简报》，《考古与文物》1985 年第 5 期。

⑥ Quentin Devers，Laurianne Bruneau et Martin Vernier. An archaeological survey of the Nubra Region（Ladakh，Jammu and Kashmir，India），*Étudesmongoles et sibériennes，centrasiatiques et tibétaines*，2015，vol.46，no.1，pp.22.

⑦ Allchin F R，Early domestic animals in India and Pakistan. Ucko，Peter J，Dimbleby G W，et al，*The Domestication and Exploitation of Plants and Animals*，New Jersey：Aldine Transaction，1969，pp.317-322.

黄牛种中并未发现瘤牛类型，普通牛的迁徙早于瘤牛的迁徙，而且存在两条迁徙路线，分别是自西向东的东迁和自北向南的南迁，瘤牛则是自南向北的北迁……云南、广西及其附近地区瘤牛的单倍型如此之多，结合以往的研究结论，物种发源地往往保留的基因类型最丰富……推测云南以及附近广西、西藏等地区可能是中国瘤牛的发源地。[①]瘤牛线粒体DNA频率呈现由南到北递减的分布，而对于这种现象，大概只能解释为瘤牛从印度引进云南后，在潮湿炎热的环境下生存繁殖，而继续向北方扩散时受到北方寒冷气候阻碍，数量逐渐减少。[②]从考古资料来看，我国最早的瘤牛出现在战国时期的云南，除了滇文化的青铜器外，云南西南边境的沧源县崖画和广西的铜鼓上也有大量发现。根据前面的讨论，瘤牛最早引入中国的地方很可能是西南边境的云南。因此，从西亚经青藏高原南下云南甚至东南亚可能性不大。那么，下面我们有必要对瘤牛从印度传入云南的通道讨论一番。

我国正式开通西南地区至印度的通道是东汉时期。早在西汉武帝时期，张骞通西域，闻大夏商人说蜀商人贩运蜀布和筇竹至印度，回国禀报武帝，可惜并未打通蜀身毒道。其后武帝虽平滇，仍未打通印度通道。其主要原因是滇西有尚未归属的哀牢国，它是缅甸、印度的必经之路，直至东汉平哀牢后，经滇缅道从印度输入中国的奇珍异物包括瘤牛才见于官方记载。《后汉书·南蛮西南夷列传》："永平十二年，哀牢王柳貌遣子率种人内属……显宗以其地置哀牢、博南二县，割益州郡西部都尉所领六县，合为永昌郡。……永初元年，徼外僬侥种夷陆类等三千余口举种内附，献象牙、水牛、封牛。"[③]虽然中印的官方通道正式开通于东汉，但民间的接触与交往可能早已存在，且远远早于官方记载。事实上，大多数学者倾向认为，至迟公元前4世纪末，连接中国西南与印度的通道便已开通。[④]滇文化中大量战国时期的蚀花肉红石髓珠、琥珀、海贝等，很有可能来自印度。

虽然学界对蜀身毒道是否存在多有争论，但从现有的考古材料来看，蜀身毒道作为汉以前连接中印交通的民间通道，还是一种推测，目前还缺乏中间环节将这些道路衔接起来。无论如何，从云南至印度的交通道路应该是存在的，但是对于这条路的起点、终点以及路线等仍有值得探讨的余地。从地理上分析，蜀身毒道需要横跨横断山

---

① 贾善刚：《中国部分地方黄牛品种母系起源进化分析》，西北农林科技大学硕士论文，2007年，第47页。

② Lei C Z, Chen H, Zhang H C, et al., Origin and phylogeographical structure of Chinese cattle. *Animal Genetics*, 2006, vol.37, no.6, pp.579-582.

③ 《后汉书》，北京：中华书局，1965年，第10册，第2849—2851页。

④ 方国瑜：《中国西南历史地理考释》上册，北京：中华书局，1987年，第7页；陈茜：《川滇缅印古道初考》，《中国社会科学》1981年第1期；周智生：《中国云南与印度古代交流史述略（上）》，《南亚研究》2002年第1期。

区，仅大江大河就横穿水流湍急汹涌的澜沧江、怒江、伊洛瓦底江等，更别说跨越横断山脉的高山险阻。这里高山与谷地的平均高差在1000米以上，亚热带森林遍布凶猛野兽以及弥漫各种瘴气，翻越横断山区非常困难。更何况古人的交通工具有限，进行远距离的陆路交通异常艰难。一般来说，有大江大川的高山深谷，运用顺江顺水的交通优势，能够节省大量时间和人力物力。有学者认为我国西南地区与印度的交通通过缅甸连接东印度阿萨姆地区。这条路从成都出发，经云南过缅甸抵达印度，在云南境内的基本走向是从大理渡澜沧江、怒江，到腾冲，经盈江，上入至缅甸密支那，经过掸高地的各个山口，特别是曼尼坡高地一带，穿越帕脱开山和阿拉干山脉之间的盆地，直接进入阿萨姆地区，到身毒（印度）。[①] 事实上，横断山区抵达印度的通道不仅可以水陆兼程抵达缅甸，或可以顺水路到泰国经海路抵达印度。

泰国东北部的班普地区（Ban Phu district），发现了一批与班清（Ban Chiang）文化同时期的岩画。一个叫牛洞（Tham Wua）的岩棚上方绘有六头不同大小的牛。它们朝北方前行，从左到右依次为一只小牛、三只瘤牛和一只母牛和一只小牛（图7，a）。岩壁中间位置有七八个人，正朝瘤牛前进方向而来，他们身姿舒展，挥舞手臂，好像正进行祭祀舞蹈（图 7，b）。[②] 岩画上的瘤牛意味着泰国与印度存在远距离的商贸关系。在泰国北部的乌泰他尼府（Uthai Thani）发现了比班普地区更类似于印度拉贾斯坦邦（Rajasthan）洞穴岩画的瘤牛。这一岩画的时代大致为公元前 1000 年—前 500 年。[③] 早在公元前两千年中期，印度岩画就发现了与班普岩画类似的瘤牛形象。换言之，瘤牛很可能被印度商人经缅甸运至泰国。此外，瘤牛作为装饰纹样还出现在泰国中部北碧府的班东塔碧（Ban Don Ta Phet）的铜碗上，时代为公元前1世纪至公元 1 世纪。事实上，泰国与印度的商贸关系早已存在，远距离的文化交流远远超乎我们的想象。例如，班东塔碧墓葬出土了大约 3000 颗珠子，其中包括不计其数的玻璃珠和50多颗蚀花肉红石髓珠，这显然是印度生产输入至泰国的。

有学者曾对泰国的班清文化、中国的滇文化和越南的东山文化三者关系做过细致的比较，认为云南澜沧江中、下游青铜文化与班清文化有密切的关系。[④] 青铜时代，云南除了与泰国文化互动外，与缅甸也有着千丝万缕的联系。《华阳国志》记载永昌郡曰："永昌郡，古哀牢国。……明帝乃置郡，以蜀郡郑纯为太守。属县八。户六万。去洛

---

① 陆韧：《云南对外交通史》，昆明：云南民族出版社，1997年，第35页。

② Hiram Woodward，*The art and architecture of Thailand*，Dutch：Leiden，2005，pp.20-23.

③ Compare Erwin Neumayer，*Prehistoric India Rock Paintings*，Oxford：Oxford University Press，1983，pp.181-182.

④ 王大道：《云南青铜文化及其与越南东山文化、泰国班清文化的关系》，《考古》1990年第6期，第531—543页。

a　　　　b

图 7

a 泰国班普地区瘤牛岩画；b 泰国班普地区舞蹈人岩画

六千九百里。宁州之极西南也。有闽濮、鸠獠、僄越、裸濮、身毒之民。”① “僄”通“骠”，公元 3 世纪汉人就知道有骠国了，那时云南保山的骠人可能既到永昌也可能到印度或其他地方，印度人到永昌大致经过骠国，印度可能通过缅甸与云南互通有无。骠国的历史不只可追溯到三国，也可追溯至公元一、二世纪。② 缅甸历史学家丹东推断：“骠族……曾经在中缅边境的永昌（今保山）生活了很长时间，大约在公元3世纪前后进入缅甸。”③ 云南与缅甸的文化交流远远早于文献的记载。从考古发现来看，早在新石器时期，印度东部的阿萨姆、孟加拉、锡金一带出土的稻米碳化壳、有肩石锛（石斧）、有段石锛（石斧）以及粗绳纹陶与我国南方和东南亚关系密切。有学者认为稻米、有肩石锛（石斧）和有段石锛（石斧）都是中国南方的新石器文化向南亚次大陆扩散的结果。④ 考虑到云南与阿萨姆、孟加拉、锡金毗邻，而且同时期也出土有肩石斧、有段石锛、绳纹陶等器物，我国南方新石器文化很可能是通过云南传播至东印度地区。还有学者注意到，滇西南靠近缅甸的临沧市新石器遗址石佛洞类型所见一种形体很小、磨制精细的梯形斧别具特色，缅甸靠近中国云南西南部边境地区亦有类似石器，就文化因素而言，这两个类型很可能是本地文化与中国内地文化、缅甸史前文化之间衔接交融的系统。⑤ 这也就是说，缅甸在中印之间的交流中起到了重要的中介作用。

早在印度河流域哈拉帕时期，利用航海技术实现远距离的交通已非常发达了，印度商人的足迹已遍布世界各地。公元前 3000 年，印度河文明通过航海建立了横跨伊朗高原与美索不达米亚的商贸联系。美索不达米亚的南部城市乌尔（Ur）、基什（Kish）

---

① （晋）常璩撰，任乃强校注：《华阳国志校补图注》，上海：上海古籍出版社，1987 年，第 284—285 页。

② 陈序经：《骠国考》，中山大学东南亚历史研究所：《东南亚历史论丛（第一集）》，广州：中山大学东南亚历史研究所，1979 年，第 51 页。

③ 转引赵瑾：《骠族的起源及其文化特征》，《东南亚研究》2013 年第 6 期，第 97 页。

④ Jane R. Mcintosh，*The Ancient Indus Valley：New Perspectives*，California：ABC-CLIO，2008，pp.113.

⑤ 王大道：《再论云南新石器时代文化的类型》，《西藏考古》第 1 辑，成都：四川大学出版社，1994 年，第 104 页。

等地均发现了与印度河文明相似的滑石印章。[①] 哈拉帕文明还发现了海船的实物资料。根据形制不同，可分为两类海船：一类是以印度河南部港口罗索尔（Lothal）为代表的海船，船尾呈方尾平底；另一类是以印度河南部昌胡·达罗（Chahu-daro）为代表的海船，船首上翘。[②] 实际上，印度商人的足迹并不仅限于"中亚互动圈"。4000年前，埃及的墓葬彩绘就出现了瘤牛形象。[③] 有学者根据基因遗传学分析，发现瘤牛从印度进入非洲的航线是从印度洋到非洲之角，而非由陆路输入非洲。[④] 20 世纪 30 年代，昌胡·达罗出土的一件人头盖骨，根据美国人类家的人骨测定表明，此头盖骨并非昌胡·达罗人，很可能是东非的努比亚人或埃塞俄比亚的东非人。[⑤] 另一方面，缅甸、泰国与印度同在孟加拉湾，依靠印度当时的航海技术，航海经孟加拉湾抵达缅甸、泰国是完全有可能的。此外，在泰国、越南均发现了用木料做的船棺葬，这在我国的四川、印尼以及菲律宾也有类似的发现。[⑥] 用木船作为葬具，并不一定是某个文化的特定葬俗，而可能是把水运作为主要交通方式的民族的共同文化现象。由此大胆推测，青铜时期的泰国、越南航运交通可能已非常发达，印度、缅甸、中国云南间的交通很可能以水路为主。从横断山区的地理特点分析，南北走向的江河大川恰好为中南半岛的交通提供了便利，从印度经孟加拉湾航海至缅甸、泰国，顺伊洛瓦底江、萨尔温江、怒江可抵达云南省保山一带。

四、结　语

滇文化的瘤牛形象，由于过去缺乏必要的重视，尤其是国外资料的匮乏，我们长期以来对这一形象背后的信息缺乏基本的认识。瘤牛究竟是什么时候引进中国的，现在还难以论定。但至少在公元前 4 世纪，云南地区出现了中国最早的瘤牛形象。从体

① Marshall J，*Mohenjo-Daro and the Indus civilization*，London：Arthur Probsthain，1931，pp.104-105.

② Elisabeth C L，Harappan trade in the Arabian Gulf in the third millennium B.C.，*Proceedings of the Seminar for Arabian Studies*，vol. 3，Proceedings of the Sixth Seminar for Arabian Studies held at the Institute of Archaeology，London 27th and 28th September，1972（1973），pp.3-20.

③ Marshall F，Rethinking the role of Bosindicus in Sub-Saharan Afirca，*Curr.Anthropol*，1989，vol.30，no.2，pp.235-240.

④ Hanotte O et al.，African pastoralism：genetic imprints of origins and migrations，*Science*，2002，vol.296，no.5566，pp.336-339.

⑤ Kenneth A R Kennedy，Gregory L. Possehl，Were there commercial communications between Prehistoric Harappans and African populations?，*Advances in Anthropology*，2012，vol.2，no.4，pp.169-180.

⑥ Hiram Woodward，et al.，*Archaeological Excavations in Thailand：Surface Finds and Minor Excavations*. Dutch：leiden，1988，pp.95-133.

态上看，滇文化的瘤牛与中原地区汉代出土的黄牛形象[①]存在较大的差别，其中最大的差别是肩部有瘤状的突起，体格更为强壮雄健。滇文化的瘤牛形象与印度河流域的瘤牛形象存在一定差异，原因有可能是时间相去太远，或印度河流域艺术由于交通不便并未影响至我国云南地区。滇文化的瘤牛原型很可能来源于云南当地的瘤牛。迄今为止，大量中国现代黄牛的单倍群组和线粒体 DNA 数据表明，我国的云南、广西等地瘤牛保留的基因类型最为丰富，最有可能是中国瘤牛的起源地。因此我们有理由认为，云南地区很可能是我国最早引进瘤牛的地方。

尽管文献记载的中国与印度的“蜀身毒道”在东汉时期才正式开通，但中印之间的商贸往来和文化交流远远早于文献记载，甚至可以追溯至新石器时代。蜀身毒道不仅要横穿青藏高原东南部的横断山脉的高山深谷，而且需横跨澜沧江、怒江、伊洛瓦底江等湍急的河流，虽然行程最短，但却困难重重。我们更倾向认为，横断山区独特的地形地貌不适宜东西方向的横跨，而更适合利用大河大川的水运之便南北向通行。东印度阿萨姆、孟加拉、锡金新石器时期的有肩及有段石锛（石斧）、缅甸新石器时代的梯形石斧、泰国班清文化以及青铜时期的岩画进一步肯定了中缅印之间顺江跨海通行的可能性。从印度海航行至缅甸、泰国，顺怒江、伊洛瓦底江、萨尔温江，可抵达云南境内。这条道路应该引起我们的重视，当然更需要今后更多材料作为支撑。

① 王蔚波：《略述河南古牛雕塑艺术》，《上海文博论丛》2009 年第 1 期，第 37—45 页。

论《商君书》到《韩非子》政治思想的转型*

李禹阶
（重庆师范大学历史与社会学院）

在战国中期至后期，古代中国的政治格局发生了重大变迁，这种变迁也导致战国中后期的法家思想发生了深刻的转型，这就是由《商君书》所代表的国家本位政治思想向《韩非子》所代表的君主本位政治思想的转变。这种转型也导致战国中后期社会政治思潮的变革。

一、战国时代政治格局的变迁

春秋、战国时期，政治格局凡三变。即春秋时代，西周以来的宗法分封制呈现“礼崩乐坏”局面，出现上下陵替、阶层变异的政治格局大变迁。大夫凌诸侯，陪臣执国命，各诸侯国内部的宗法等级与社会秩序处于颠覆、动荡之中。这导致西周以来诸侯分封结构体制向以诸侯国君主（及公族）为核心的、初具国家一体化特征的政治新形态转化。战国前中期，随着兼并战争导致的对各诸侯国的巨大挑战，各国在巨大的外在压力下，国家内部政治等级的一体化机制不断强化，国家本位思想凸显，以国君（及公族）为主干的政治等级制度成为相对稳定的政治形态。同时，拓土灭国的兼并战争，使各诸侯国不得不想方设法，加强农、战，集中全国资源应对战争。这种状况加速了国家一体化机制发展。战国末期，随着秦在兼并战争中的胜利，全国统一大趋势的显现，在国家一体化机制日益强化过程中，一方面，莅临“天下”的君主一统思想开始出现；另一方面，各国统治集团内部君主与宗室、公族、大臣、将军、内宫之间

* 本文为国家社会科学基金重大项目“秦汉时期的国家构建、民族认同与社会整合研究”（17ZDA180）的阶段性研究成果。

的矛盾也逐渐尖锐。例如，在秦国，从秦昭王时期始，庶长壮及诸公子的叛乱，宣太后与外戚魏冉掌握国家权柄，使秦君主与公族、大臣、外戚、内宠、军功将领之间的权力斗争激化。这样，在君主集权背景下，如何掌控中央权力，使君主大权在握，就成为当时需要重点解决的问题。在这种背景下，国家本位格局开始向君主本位政治格局转化，君主集权体制逐渐成为其时国家的主体性政治形态。

所以，战国是一个在中国历史上十分重要的时代，它确立了中国古代统一国家演进的大趋势。而从春秋到战国中后期政治格局的变化，不仅导致战国时各诸侯国政治、经济、军事的发展，亦对各国的人文、风俗有极大影响。顾炎武曾总结春秋至战国的变化时说："春秋时犹尊礼重信，而七国则绝不言礼与信矣。春秋时犹宗周王，而七国则绝不言王矣。春秋时犹严祭祀，重聘享，而七国则无其事矣。春秋时犹论宗姓氏族，而七国则无一言及之矣。春秋时犹宴会赋诗，而七国则不闻矣。春秋时犹有赴告策书，而七国则无有矣。邦无定交，士无定主，此皆变于一百三十三年之间。史之阙文，而后人可以意推者也。不待始皇之并天下，而文、武之道尽矣。"[①] 顾炎武尽管是谈"周末风俗"，但实际上谈到了自春秋至战国时代政治格局的演变趋势。这种演变的大趋势，一方面是周代"文武之道"在战国时期已经不复存在，并由西周分封体制向各自独立的一体化国家发展；另一方面则是各诸侯国经过一百余年公、私宗族的上下陵替、礼仪崩坏，各国在国家关系、政治制度、宗法祭祀、道德伦理等方面发生巨大变化。这种变化本质上是国家机制的改变。确实，经过春秋时代激烈的弑杀公族、宗氏相争、上下陵替后，一批强宗世卿被铲除，而以国君（及公族）为中心的独立的国家体制继以产生。而西周以来的尊天子、严祭祀、论宗姓氏族、宴会赋诗、赴告策书的广域"天下"的层级性政治礼仪仪式一变而为"邦无定交，士无定主"的霸国时代。过去的宗姓氏族，则在这种霸国时代逐渐成为国君治下的食土之附庸或领主。从春秋到战国的这一变化，一方面凸显了各诸侯国独立的国家主体地位；另一方面，兼并战争的外在压力则导致各国内部一体化政治机制的不断成熟。许倬云先生曾经评价曰："战国的社会结构，与春秋不同，已经逐渐抽去了世袭贵族一层，剩下的只是君主与被统治者两橛，没有中间许多阶层的逐级分权。"[②]

但是，历史总是波浪式前进的。战国时代的国家本位体制，仍然保存了不少旧制度的影子，这就是宗室、公族的辅政。例如，在政权形式上，君主为了打击政敌，依靠、重用自己的宗室、亲族，导致各国公族在权力分配上的优势化及政治权力重心的

---

① （清）顾炎武著，黄汝成集释，栾保群、吕宗力校点：《日知录集释》卷 13《周末风俗》，上海：上海古籍出版社，2006 年，第 749—750 页。

② 许倬云：《历史分光镜》，上海：上海文艺出版社，1998 年，第 46 页。

公族化。例如，魏国信陵君魏无忌，齐国的田忌、田婴、田文、田单，赵国的平阳君赵豹、平原君赵胜，韩国的公仲、公叔等就先后掌握着国家大权，并在国家政治中产生了重要影响。其实，各国公族势力对政治权力的操控，既是在从春秋到战国新旧体制转换中，诸侯国君依靠宗室、亲族掌握、巩固权力的一种必要举措；也是从春秋到战国至秦，由宗法血缘分封制向君主专制政体过渡的必然性中介环节。它也说明，在战国政治格局中，一体化国家机制的发展与国家政治权力由国君与公族分享是当时并行不悖的现实。

兼并战争的压力，也导致各诸侯国开始了以富国强兵为目的的变法运动。这一时期各国的变法，不论是魏国李悝、楚国吴起，还是秦之商鞅变法，都是试图集中国家财力、军力而图强自保的表现，因此这些变法总是以经济与社会改革为先导。但是由于改革涉及范围广泛，尤其是触及旧的宗法贵戚的利益，因此各国改革很快演变为一场覆盖政治、经济、文化、思想的广义的变法，并且来自统治阶层内部既得利益集团的各种阻力甚大。它使各国改革有的中途而夭，有的则获取功效。由于改革目的都是为了富国强兵，因此当时几乎所有的改革、变法都是在国家本位思想指导下进行的，并且其趋势是向国家一体化机制演进。其时，各诸侯国对富国强兵、开疆拓土、光耀先祖的期望甚大。《史记·秦本纪》记载秦孝公所曰："昔我缪公自岐雍之间，修德行武，东平晋乱，以河为界，西霸戎翟，广地千里，天子致伯，诸侯毕贺，为后世开业，甚光美。……献公即位，镇抚边境，徙治栎阳，且欲东伐，复缪公之故地，修缪公之政令。寡人思念先君之意，常痛于心。"①此明确表达了秦孝公等人强兵拓土、辉煌祖业而深达心底的愿望。

《商君书》所记载的商鞅思想及变法举措，正是在这种国家本位思想支配下的产物。在当时，各国领土、财富的开拓，是与广域"天下"分封体制下的"王道"相异的，这就是战国时代常被提及的"霸道"。据《史记》卷68《商君列传》记，公孙鞅西入秦，曾以三代"王道"说孝公，"语事良久，孝公时时睡，弗听"。后商鞅复见孝公，说以强国之术的"霸道"，"公与语，不自知膝之前于席也。语数日不厌"。②商鞅对孝公所说"王""霸"之道，应是当时现实政治形态及其施政意识的理论总结，也是自天子、公卿、大夫、士的周代宗法等级的"家""国"系统向独立、强大的国家一体化机制转化的反映。因为在战国残酷的兼并战争中，列国战争中的胜负直接关系到各国的生死存亡。因此，凸显各诸侯国家的本位意识，以"强国之术"为主线来开展富国强兵的"霸道"，也就成为各国变法图强的核心。所以，客观而论，商鞅向孝公所曰

① 《史记》卷5《秦本纪》，北京：中华书局，1959年，第1册，第202页。

② 《史记》卷68《商君列传》，第7册，第2228页。

之“霸道”，是以“国家”作为本体的政治形态的产物，也是在诸侯争霸战中的各国统治者所需要的政治理论及实践。

正因如此，以秦国家利益为中心，以富国强兵的“农”“战”为主题，就成为贯穿商鞅变法的主线。这根主线决定了变法的目的、内容与举措，即集中全国人力、财力等资源用于农、战之中，由此将国家纳入战争的军事化轨道。而要达到这个目的，就必须改革现有政治体制，使国家体制高度一体化，社会整合、控制全面化。而实现这个目的的基本国策，就是商鞅变法中所主张的“壹民”“壹教”“壹法”“壹赏”的极权政治，而《商君书》中所提倡的法治思想，则是为这种极权政治服务的。

二、《商君书》“尊国”“崇法”理论特征及其实践

《商君书》所反映的变法思想有着显著的理论特征。从目前《商君书》内容来看，其基本代表了战国中期以降法家学派的思想是无疑义的。[①]从当时局势来看，要使秦国迅速富强，形成国家对社会、民众的“壹治”即国家一体化治理目标，就必须集中全国人力、物力等资源运用到战争中去，这就需要国家采取超常规的带有极权性质的一体化政策。

以国家为本位的一体化政治是《商君书》倡导的核心理论及潜在主线。这种法家理论的社会背景是和秦国特殊的政治、社会环境与戎夏交错的民众习性相关的。例如，秦人与西戎相互交杂的传统民风、习俗及秦人社会组织中宗法血缘传统的脆弱，战国兼并战争中秦国内外的紧迫形势等。正如《史记・秦本纪》记秦孝公所说：“往者厉、躁、简公、出子之不宁，国家内忧，未遑外事，三晋攻夺我先君河西地，诸侯卑秦，丑莫大焉。”[②]即指秦自厉公后，至躁公、怀公、灵公、简公、惠公、出子时期，秦国内政混乱，国君、宗室、公族的斗争十分激烈，削弱了秦的政治、军事、经济实力。而在对外战争中则屡次失败。尽管在献公时期，秦进行了“为户籍相伍”、迁国都、推广县制等措施，但在当时环境中，这些举措还不足以使秦达到国富兵强的程

① 《商君书》，旧题“商鞅撰”，文献记 29 篇，现存 24 篇。对于《商君书》作者，学术界曾经有所争议，但是目前主流学术观点认为《商君书》是商鞅遗著与其他法家遗作的合编，持这种看法的主要有高亨等人。《韩非子・五蠹》篇说：“今境内之民皆言治，藏商、管之法者家有之。”这说明商鞅确著此书并在当时十分普及。据近当代学者考订，《商君书》中的一些重要篇章如“垦令”“靳令”“外内”等为商鞅自撰，一部份篇章系商鞅后学乃至战国时期法家人物所著。但通观《商君书》全书，其思想内容及文义前后大致贯通。因而可以认为，我们以《商君书》来研究战国时期以商鞅为代表的法家思想，应是无大问题的。

② 《史记》卷 5《秦本纪》，第 1 册，第 202 页。

度。秦孝公即位后，希望“复穆公之故地，修穆公之政令”，通过改革，建立一个强大、集中的国家一体化机制，就是当时形势下的必然结果。

秦国的商鞅变法，建立起在中国历史上极其特殊的一体化国家管理体制。它的特殊性就在于，以国家对社会极端干预的“壹治”式的方法来进行管理，并使用“法”作为实现国家“壹治”的工具，达到“壹法”“壹民”“壹教”“壹赏”，由此使秦国成为一个极端尊“国”崇“法”的国度。在理论上，由于商鞅为代表的法家人物对“国”“民”关系的极端认知，而极端放大了秦的“国”“民”关系中的对立、互胜因素，强调要富国强国，就须建立以“弱民”为先决条件的集权政府。由此，《商君书》中提出了国、民“交相胜”中的“弱民”理论。“民弱国强；民强国弱。故有道之国务在弱民。”[①] 而要达到“弱民”，就需要在国家的政治、经济、法律、文化政策方面作民之所恶，倡民之所厌，行苛暴之政，制酷重之刑。“政作民之所恶，民弱；政作民之所乐，民强。……故以强重弱，削；以弱重强，王。”[②] 正因如此，《商君书》从维护秦国家利益、富国强兵的理想出发，但是却由于对社会、民众本质的悖谬认识，而从理性走向非理性的政治趋势。这种政治思想导致商鞅变法的根本特征是：以一种符合国家利益的方式完成对整个官僚、贵族体系的改造，并通过重新整合社会阶层及社会结构，完成了对社会各个场域的系统性整合，由此打破传统宗法制下国家与社会的“治理”边界，使国家力量不仅垄断着政治权力和社会资源、财富，并且还全面控制着整个社会的政治与非政治领域的整个“空间”，其统治具有空前的强度、弥漫性和渗透性。可以说，商鞅变法正是在完成秦国对社会最广泛、最有深度的传统“治理”边界的延伸中，模糊或者消除了除国君外的“统治”者（包括秦公族）与“被统治”者的界限，使作为“被统治者”的民众也通过农、战与军功，成为参与国家分配、治理的重要因素。所以，《商君书》中的尊“国”崇“法”思想，实际上是商鞅变法后秦国通过二十等爵制系统，重新建构国家治下的包括城市和乡村的社会结构的现实状况。

关于《商君书》中的政治、法律、文化等方面思想，目前学术界已有许多讨论，本文不再重复。这里主要是探讨《商君书》中所载商鞅变法中以尊“国”崇“法”而形成的国家本位政治趋势及其两重性，以及国家、君主与“法”的关系问题。

应该说，秦由一个普通的宗法制国家过渡为一个严整的极权国家，商鞅变法是其转折点。商鞅变法在秦国新旧交替的发展道路上，帮助秦国迅速走上国富兵强的道路，同时也使国家力量在对社会的全面渗透和控制中，颠覆了以往的许多社会习俗与道德观念，改革了过去宗法村社的血亲传统，使国家处于整体性的结构转换状态。这

① 石磊译注：《商君书·弱民》，北京：中华书局，2009 年，第 170 页。

② 石磊译注：《商君书·弱民》，第 174—175 页。

种状态有着鲜明的二重性：其一，它打破社会各层级的特权，主张以农、战，以军功赐以爵级、田宅，并通过与之配套的军功爵等级体制来展现国家所垄断的分配权力，使国家君主治下"统治"者与"被统治"者的界限被打破，官吏与平民处于相对平等的竞争态势中，由此产生出古代中国由国家直接控制的编户齐民及层级流动社会。其二，由于商鞅等法家人物对于国家与民众在价值取向中尖锐的理性与非理性的矛盾，出于维护秦国家意志和取胜战争的目的，商鞅极力主张政治上的"壹民"与法律上的"刑律"精神，将法律视为整合军民行为，进行社会控制的重要手段。而采取的基本形式就是通过严刑峻法的"重刑"，使基层社会官吏、民众在国家力量与"法"的刑治精神的震慑下，与国家意志达成完全的一致，来达到驱民于农、战的目的。这种思想强烈地体现在《商君书》中。所以，客观地说，《商君书》所体现的变法正反两个方面，既有着积极意义，亦有着消极内容。

从第一点来看，《商君书》所载的商鞅变法中所制定、推行的法律制度是一次具有公平意义，符合战国时国家一体化趋势的改革运动。商鞅大力推行的二十等爵制，规定爵位依军功授予，成为秦国进行社会整合的极其重要的措施。军功爵制一方面将民众从宗法世卿世禄制下解放出来，同时也将强悍、散漫的边域之民组织起来，使之成为可以按照军功大小予以统一授爵的有爵位的国民；同时爵位基本按照军功授予，而不分身份贵贱，使国君治下的官僚系统和统治对象之间的等级差异反而变得不那么明显了，社会阶层的上下流动大大加速。"明尊卑爵秩等级，各以差次名田宅，臣妾衣服以家次。有功者显荣，无功者虽富无所芬华。"①应该说，从商鞅变法起始，由于平民依靠功绩可以进入统治阶级和官僚、属吏的队伍之中，秦国家在结构上才得以真正进行新的转换，真正成为一个"逐渐抽去了世袭贵族一层，剩下的只是君主与被统治者两橛，没有中间许多阶层的逐级分权"②的社会。这种情况，也易于导致广大民众处于与国家意志和统一战争进程同步的自信与亢奋中。这种社会状态在当时无疑是进步的，它是在国家本位基础上产生的古代中国最早的国家与社会的全面融合，是国家直辖式的按照军功进身的军事型社会。它极大地吸引了关东六国有志改革或在他国不得志的颇有才干的士人、说客纷纷进入秦国，也大大激发了民众从事农、战的积极性。所以，不可否认，《商君书》所载变法举措在秦国是富有号召力，具有公平意义的社会政策与改革措施。

从第二点看，当时以国家本位为目的，全面控制社会的做法，又是在一种藐视、压抑国民的令人恐怖的"重刑"制度下进行的。《商君书》所载的商鞅变法，目的是为

---

① 《史记》卷 68《商君列传》，第 7 册，第 2230 页。

② 许倬云：《历史分光镜》，第 46 页。

了使国家获得政治、经济、文化独断的权力，因此它所主张的法制，也是与不断强化国家权力的政治结构有关。我们应认识到，由于商鞅在政治哲学上所倡导的“国民交相胜”理念，因此当他沿用这种理念到法治理论与实践中时，其所倡行的法，就变为一种巩固秦国家政体的令与规，一种为秦国农、战而建立的工具性、功利性的统一政令制度。[①] 所以这个法，既是商鞅革除旧法，打击贵族世卿世禄特权，“破胜党任”的政治工具；也是促使秦国加速走上农、战合一的战时军事体制路径的必要举措。“故有明主忠臣产于今世，而欲领其国者，不可以须臾忘于法。破胜党任，节去言谈，任法而治矣。……臣故曰：法任而国治矣。”[②]

正因如此，《商君书》的思想，从维护秦国家利益、富国强兵的理想出发，但是却由于对社会、民众本质的悖谬认识，而从理性走向非理性。因为片面强调国家对民众的“壹民”“壹教”“壹法”“壹赏”，就会采取极端手段，打破古代中国自西周以来国家对社会管理中的“治理”边界，将国家权力演化为国家对整个社会“空间”的渗透、垄断、控制，使国家本位的氛围笼罩在人们全部的社会生活中。这种情况，使维护国家利益的本初的、至上的目的走向了对人们社会生活极端干预、控制的界域。它的蔓延，就会使商鞅为代表的法家所提倡的“法”，沦落为驱民农、战，加强国家一体化统治的工具。所以，《商君书》所载法家人物在国家治理策略即“法”观念上，具有如下特点：

（1）尊“国”崇“法”是商鞅变法的核心。从《商君书》反映的国家思想看，商鞅认为变法最重要的问题是重新建构国家体系，突出国家的威权。而重新建构国家体制的重要手段就是“法”。“国之所以治者三：一曰法，二曰信，三曰权。法者，君臣之所共操也；信者，君臣之所共立也；权者，君之所独制也。人主失守则危。”[③]“法”是治国之根本，治民之命脉。“法令者，民之命也，为治之本也，所以备民也。”[④]而民众要遵从国家号令，以国家为尊，则必须以法律来确定上下名分，形成新的政治等级秩序。“故法者，国之权衡也。”[⑤] 在国家与法律的地位和关系上，要想使国家稳定、强大，就必须要推行法治。所以，《商君书》所载变法中，尊“国”崇“法”是十分重要的。

（2）尊“国”崇“法”与尊“君”尚“主”。在《商君书》中，尊“国”崇“法”

---

① 请参见李禹阶：《论商鞅、韩非的国家思想及“法”理念——兼论商、韩法家理论的结构性缺陷》，《暨南学报（哲学社会科学版）》2015 年 1 期。

② 石磊译注：《商君书・慎法》，第 196—197 页。

③ 石磊译注：《商君书・修权》，第 121 页。

④ 石磊译注：《商君书・定分》，第 205 页。

⑤ 石磊译注：《商君书・修权》，第 122 页。

是重点，而尊“君”尚“主”则是尊“国”崇“法”的自然结果。在商鞅等法家人物看来，国家既代表着秦国统治阶级的整体利益，更代表了秦国君及宗室、公族的利益。在激烈的兼并战争中，国家就好像一只船。统治者，包括国君及其宗室、公族都会随船沉浮。因此在尊“国”崇“法”与尊“君”尚“主”的关系上，商鞅更加主张以尊“国”崇“法”为先。《商君书》记载：“明王之治天下也，缘法而治，按功而赏。”①“故明主慎法制。……故国治而地广；兵强而主尊。此治之至也，人君者不可不察也。”②当国家成文法一旦制定，国家臣民都应该服从这个成文法，包括国君也不得例外。“故明主慎法制。言不中法者不听也，行不中法者不高也，事不中法者不为也。”③国君需要按照已经制订的成文法，去统一政令、刑赏、思想、文化。为此，商鞅主张将法律置之于王宫殿堂之上，作为君主与官吏共同循守的制度。他说：

> 天子置三法官：殿中置一法官，御史置一法官及吏，丞相置一法官。诸侯、郡、县皆各为置一法官及吏，皆比秦一法官。郡、县、诸侯一受赍来之法令，学并问所谓。吏民欲知法令者，皆问法官。故天下之吏民，无不知法者。④

从王宫殿堂直到郡、县，皆置法官及法吏，使天下之吏民都能够遵循国家颁布的成文法。同时，除了在王宫殿堂设置一法官外，御史、丞相府亦皆置法官，以督促国君、官僚、吏民去按照成文法执行。而法律一经制定，就不能随意改动。

> 法令皆副，置一副天子之殿中，为法令为禁室，有键钥，为禁而以封之，内藏法令一副禁室中，封以禁印。有擅发禁室印，及入禁室视禁法令，及剟禁一字以上，罪皆死不赦。一岁受法令以禁令。⑤

在这里，如果有随意改变者，以皆死不赦的重罪论处。这里所谓需遵守的成文“法令”的范围，实际上包括上至天子殿堂，下至御史、丞相和各级官吏的广域定义，所以，商鞅主张君主也要按照颁布的成文法去治理国家，统一赏罚。“故有明主忠臣产于今世，而欲领其国者，不可以须臾忘于法。”⑥这种将法律置之于王宫殿堂之上，要求作为君主与官吏共同循守的律令的做法，使秦之国家成文法有着一种通法的意义。即

① 石磊译注：《商君书·君臣》，第185页。
② 石磊译注：《商君书·君臣》，第187—188页。
③ 石磊译注：《商君书·君臣》，第187—188页。
④ 石磊译注：《商君书·定分》，第203—204页。
⑤ 石磊译注：《商君书·定分》，第203页。
⑥ 石磊译注：《商君书·慎法》，第196页。

尽管按照国家利益及君主思想去制定法律，但是一旦制定、颁布，就要求从君主到吏民按照这个法律去执行，不得随意改变。所以，在尊“国”崇“法”与尊“君”尚“主”的关系上，商鞅是主张前者为重的。

（3）崇“法”是以执行国家意志、达到上下统一的壹赏、壹刑、壹教、壹治为目的。《商君书》中所主张的“法”，基本点是维护国家和君主的意志，是一种驱民于“农”“战”的“律”“刑”“令”。因为在商鞅看来，法的理念与精神，是以维护秦国家利益为主，而不主要是调节各阶级、阶层的关系，所以它不以超越两大阶级或各阶层间的矛盾、冲突的“中立性”面目而呈现（即使是表面上的），由此其“法”不具备法律通常意义上的超越性、中立性、群体性特征，而是以一种赤裸裸的国家与阶级的专断性、功利性和狭隘性表现出来的。例如，商鞅就认为：“官修，则有常事；法制明，则民畏刑。”①“故胜民之本在制民，……民本，法也。故善治者，塞民以法，而名地作矣。”②而法的形式则通过严刑峻法的“重刑”，使基层社会和民众在这种“重刑”震慑下，控制官吏和民众的身体言行，构成其“法”理念和刑治精神的核心。“……刑生力，力生强，强生威，威生惠。惠生于力。”③“行罚，重其轻者，轻者不至，重者不来。此谓以刑去刑，刑去事成。”④正因如此，《商君书》主张通过严刑峻法，来威慑戒惧民众。

《商君书》认为，秦僻居西域，如果要在对六国的战争中取胜，就需要运用举国之力于战争。如此，就需要壹赏、壹刑、壹教、壹治。“圣人之为国也，壹赏，壹刑，壹教。壹赏，则兵无敌；壹刑，则令行；壹教，则下听上。夫明赏不费，明刑不戮，明教不变，而民知于民务，国无异俗。”⑤这种“壹治”理念，实际上是在国家本位思想指导下的一种政治思想与举措，是希望通过农、工、商、学四民为“壹”的途径而将国家纳入军事化的战争轨道，使民众完全按照国家意志统一其思想、行为。所谓“治国者贵民壹，民壹则朴”⑥，即是指的这一点。因此商鞅的崇“法”，由于是制民之所恶，驱民于农、战中，因此在本质上是以“重罚”为基础的一种贯彻国家意志的律治、刑治。“凡治国者，患民之散而不可抟也。是以圣人作壹，抟之也。”⑦它将秦的国家的政治、经济、文化要求，作为一种单向的、要求人们必须服从、遵循的律规，

① 石磊译注：《商君书·君臣》，第185页。

② 石磊译注：《商君书·画策》，第150页。

③ 石磊译注：《商君书·去强》，第49页。

④ 石磊译注：《商君书·靳令》，第118页。

⑤ 石磊译注：《商君书·赏刑》，第138页。

⑥ 石磊译注：《商君书·壹言》，第89页。

⑦ 石磊译注：《商君书·农战》，第36页。

通过严刑峻法的“重刑”与“壹治”，达到统一教化、刑赏、法令的目的，确保国家意志的最大执行力。

（4）商鞅变法中的尊“国”崇“法”，是国家对传统社会结构全面的、重新地改造，对社会公共或私有“空间”及“场域”的全面渗透和控制。在统一法制的基础上，《商君书》所载商鞅等人主张打破传统的宗法血缘关系及亲族界限，将国家这只“有形之手”延伸到人们社会生活的各个方面，保证国家对社会和民众人身的绝对控制。它主要包括：

第一，二十等爵制。二十等爵制是秦自战国中期开始实行的一种爵禄制度。商鞅变法极力倡导二十等爵制，并且将之与国家的农、战相结合。《商君书》记当时“能得甲首一者，赏爵一级，益田一顷，益宅九亩，除庶子一人，乃得入兵官之吏”①；农民种植粮食有余，可以“以粟出官爵”②。睡虎地秦简《军爵律》有：“隶臣斩首为公士，谒归公士而免故妻隶妾一人者，许之，免以为庶人。”③ 奴隶有战功也可以获得爵位，并可以此爵位来解除“故妻”的“隶妾”身份。《里耶秦简》有“卅五年……贰春乡守辨敢言之：上不更以下繇（徭）计二牒”（8-1539）。④ 说明不更以上爵者可以免于徭役，这印证了秦时的爵与民众社会生活的关系。

二十等爵制的重要特点，是爵位下移，爵秩成为社会各阶层民众都可以进身的台阶。民众取得爵位，并不仅仅是一种荣誉，它还包含诸多方面的实际利益如人身权利及经济利益等。更重要的是，它使整个社会处于国家的掌控之中，往日宗法贵族奴役下的民众，以及社会各阶层的官、吏、民，统统转化为国家的流官及编户齐民，其隶则可以军功取得平民身份。这种转换使国家的“有形之手”延伸、控制到社会的各个角落。它不仅是一种国家剥夺、控制宗法世家财富及特权的手段，也调动了官、吏、民、隶效忠秦国家的积极性，将举国上下的吏、民由过去的宗法世家的层级分治转化为秦国在农、战中广泛而坚实的政治基础。

第二，国家对基层社会的渗透、控制。《商君书》载商鞅等人极力主张国家对于社会的全面治理，尤其强调对散居各地的基层乡村社会的控制。“治国者贵下断，故以十里断者弱，以五里断者强。家断则有余，故曰：日治者王。”⑤“国治：断家王，断官强，断君弱。……治，则家断；乱，则君断。……官断则不足，故曰：夜治者强。君

① 石磊译注：《商君书·境内》，第165页。

② 石磊译注：《商君书·靳令》，第113页。

③ 睡虎地秦墓竹简整理小组编：《睡虎地秦墓竹简·释文》，北京：文物出版社，1990年，第55页。

④ 陈伟主编：《里耶秦简牍校释·第1卷》，武汉：武汉大学出版社，2012年，第353页。

⑤ 石磊译注：《商君书·说民》，第61页。

断则乱，故曰：宿治者削。”[①]在商鞅看来，国家的法令应该贯彻到秦国的每个村庄、家庭，使各个村庄、家庭都能够按照国家的法令去言语、行动。同时这种对国家政令的执行，应该尽快、迅速，当日之事不过夜，“夜治者强”。因此，纠纷、诉讼和是非，能够在民众家庭中决断的，就是称霸天下的霸国；上诉到官府决断的，就是强国；而要由国君来决断的就是弱国。不管中心或者偏远地区，执行国家政令的效率最重要。因此，实行法治的国家，社会上下如一，内外如一，这样的国家不想强大都不行。

《商君书》所载的商鞅变法，正是将这种国家对社会的全面渗透、控制贯彻到始终。说客赵良曾谓：商君治秦，其“教之化民也深于命，民之效上也捷于令”。《史记·商君列传》记，孝公死，公子虔之徒告商君欲反，“发吏捕商君。商君亡至关下，欲舍客舍。客人不知其是商君也，曰：‘商君之法，舍人无验者坐之。’商君喟然叹曰：‘嗟乎，为法之敝一至此哉！’”[②]这正是商鞅变法后秦国之社会实况，由此可见商鞅变法后秦国政令、法网之严密。

第三，举国的准军事化。《商君书》所载商鞅变法，还主张将全民纳入军事化轨道的兼并战争中去。《商君书》记载了这种全民军事化的具体做法：将民众按照男、女、老弱分为三军。其中“壮男为一军，壮女为一军，男女之老弱者为一军，此之谓三军也。壮男之军，使盛食、厉兵，陈而待敌。壮女之军，使盛食、负垒，陈而待令……老弱之军，使牧牛马羊彘，草木之可食者收而食之，以获其壮男女之食”[③]。这种全国民众总动员的做法，由于史料无载，其执行情况如何不得而知。但是在秦国实行的“重刑”、爵制的赏罚政策下，改造基层社会和乡村组织结构，驱使全体吏民编练成伍，参与到战争中去，无疑是当时国家统治者的一种希望达到的目的。

为了能使这种军事化组织严密、规范，《商君书》载商鞅等人还提出了男、女、老弱分治即“无相过”的策略。“三军：壮男为一军，壮女为一军，男女之老弱者为一军。……而慎使三军无相过。壮男过壮女之军，则男贵女，而奸民有纵谋，而国亡；……壮男壮女过老弱之军，则老使壮悲，弱使强怜；悲怜在心则使勇民更虑，而怯民不战。故曰：慎使三军无相过。此盛力之道。”[④]在《商君书》作者看来，要让三支军队不互相往来。壮男到壮女的军中，就会使一些人放纵淫荡，军纪松弛，国家军队就会削弱；壮男到老弱军中，老人、弱小会让他们悲伤、怜悯。这种悲伤、怜悯之

① 石磊译注：《商君书·说民》，第61页。
② 《史记》卷68《商君列传》，第7册，第2236—2237页。
③ 石磊译注：《商君书·兵守》，第109—110页。
④ 石磊译注：《商君书·兵守》，第109—110页。

情会让勇敢的士兵多虑，胆小的士兵怯战。《商君书》所载这种全民准军事化的社会组织结构，无疑是将民众当成战争的工具。在中国古代历史上，这种情况尚属首次。它是以一种超越现实的乌托邦式的战争理想，而走向人性反面的典型例子。

第四，吏民的相互监视、连坐。《商君书》所载商鞅变法中，基层城、乡社会的连坐与告密是其实现国家极权的重要手段。在商鞅看来，国家对民众社会生活的控制，不仅需要法令，而且需要民众的广泛动员与参与，这就是连坐制与告密制。《史记·秦始皇本纪》所附《秦记》中有献公十年（公元前375年）“为户籍相伍”的记载，商鞅则发展了这个制度。据《史记·商君列传》记，卫鞅为左庶长，“卒定变法之令。令民为什伍，而相牧司连坐。不告奸者腰斩，告奸者与斩敌首同赏，匿奸者与降敌同罚”[①]。在《商君书》作者看来，连坐与告奸，是实施基层社会控制的重要手段。而这种办法必须和以“奸民”治“善民”“良民”相结合。“国以善民治奸民者，必乱至削；国以奸民治善民者，必治至强。”[②]在《睡虎地秦简》中，有多条关于告奸和邻居连坐、亲属连坐的刑律处罚条文，如“夫有罪，妻先告，不收”[③]；“‘盗及者（诸）它罪，同居所当坐。’可（何）谓‘同居’？·户为‘同居’，坐隶，隶不坐户谓殹（也）”[④]等，它说明商鞅变法中制定的法律条文，在秦是普遍实行着的。

商鞅所谓“奸民”，则指不顾宗法情谊、社会道德，为了获取重赏、官爵，不惜出卖、告发他人甚至亲属的不仁不义之人。其所谓“善民”，则是指循守传统礼仪，注重家族、宗族私情的民众。在商鞅看来，这些顾及宗族私情的所谓“善民”“良民”，实际是轻国家之令，藐视国家赏赐，沽名钓誉的人，是与国家法治相违之民。《商君书》对此论述曰：“合而复者，善也；别而规者，奸也。章善则过匿，任奸则罪诛。过匿，则民胜法；罪诛，则法胜民。”[⑤]这里，“复”为“覆”，隐匿也；“规”读为“窥”，窥测偷视也，“奸民”虽然无德无行，但是有助于国家法令的实行及其对基层社会的控制。因此，国家要依靠这种“奸民”去监视、告发“善民”，达到“法胜民”的目的。所以，“用善，则民亲其亲；任奸，则民亲其制”[⑥]。任用“奸民”，则民间罪恶无所藏匿，民众就会转而依附国家，达到“以奸民治善民者，必治至强”的效果。

因此，《商君书》所载商鞅等人提倡的连坐制与告密制，以及“以奸民治善民”，

---

① 《史记》卷68《商君列传》，第7册，第2229—2230页。

② 石磊译注：《商君书·去强》，第45页。

③ 睡虎地秦墓竹简整理小组编：《睡虎地秦墓竹简·释文》，第133页。

④ 睡虎地秦墓竹简整理小组编：《睡虎地秦墓竹简·释文》，第98页。

⑤ 石磊译注：《商君书·说民》，第54—55页。

⑥ 石磊译注：《商君书·说民》，第54页。

是对传统“善”“奸”伦理概念的一种新的价值判断。一方面，这种制度将在国家和社会治理的理论实践上产生结构性偏颇的危害作用。在一个社会控制系统中，单纯强调功利原则，而忽略社会伦理规范的合理性；建立法外监控系统，鼓励人们互相揭发，以对付或威胁潜在的敌人，把整个社会控制在国家机器之中，对人的非政治生活进行无孔不入的政治统治。这容易形成人的社会性的道德缺失与信仰偏歧，容易形成一种系统性的信仰危机。另一方面，不可否认，这种体制也有力维护了国家对于基层乡村社会及边域地区的控制，使国家能够集中各种资源、财力用于兼并战争中。

关于《商君书》所载的法家思想在秦国范围内的实现程度，可以基本肯定的是，在秦国核心地区，包括都市、交通要道及周围的基层乡村，是严格加以实行的。[①] 但是，由于技术条件限制及秦国土的迅速拓展，商鞅等人所实施的秦法，在秦国的一些偏僻地域或新开辟地区，则可能因旧有社会习俗的抵抗而实行不彻底，需要一定时间来加以实施。例如，在《睡虎地秦简》中，同时发现有秦法制资料与占卜书《日书》。工藤元男先生认为，这两种内容不同的简牍资料反映了墓主喜时代对秦法实施的两种态度。“一种态度是在宽容基层社会习俗的同时，推进秦法的渗透。另外一种态度是拒绝基层社会的习俗，推进一元化统治。……是因为随葬秦简的墓主喜的时代正好相当于秦统治体制的转换期。”[②] 而喜是楚都陷落，秦设置南郡（公元前 278 年置）以后任命的官吏，死亡时间为秦王政三十年（公元前 217 年）。在设置南郡 61 年后，吏民仍然存在对秦法实施的不同态度，可见秦法在新占领区域的实施仍然有着阻力。

但无论如何，商鞅变法中所实施的国家对传统社会结构的全面改造，对社会公共或私有“空间”的全面渗透和控制，在秦地是颇有成效的。这种政治具有空前的强度、弥漫性和渗透性，它使社会彻底政治化，没有任何东西存在于国家政治之外。这种社会组织结构的改造方式在古代中国社会中绝无仅有，亦是中国古代政治史上的一朵奇葩。在这种结构中，国家以法为治，不仅官民之间因军功、农、战可以互换身份，形成上下流动性，由此颠覆了过去不平等的宗法等级制度和相应的等序分配关系；同时，官吏治理民众，而民众也可以随时检举、揭发官吏的不法行径，并取得犯法官吏的爵位、财产、田宅，形成所谓“靳令，则治不留；法平，则吏无奸”[③] 的状况。因此，《商君书》所载商鞅等人所塑造的这种国家治理社会的组织结构与措施，对

① 例如前述《史记·商君列传》所记，秦孝公死后，商鞅逃亡而欲舍客舍，“客人不知其是商君也，曰：‘商君之法，舍人无验者坐之”。可见当时商鞅倡导的法制在秦许多地区实行着。

② ［日］工藤元男：《睡虎地秦简所见秦代国家与社会》，［日］广濑薰雄、曹峰译，上海：上海古籍出版社，2010年，第 362 页。

③ 石磊译注：《商君书·靳令》，第 113 页。

于过去受宗室领主奴役的农民是很有吸引力的，也极大提高了民众参与战争的积极性。但是，这些举措的目的是达到国家对政治、经济、文化及社会生活的高度组织化与极权化，它对民众，尤其是陷于残酷的统一战争中的民众的伤害也是非常严重的。这种举措为秦国在统一战争中的最终胜利打下了坚实基础。《史记·李斯列传》曾记曰："孝公用商鞅之法，移风易俗，民以殷盛，国以富强，百姓乐用，诸侯亲服，获楚、魏之师，举地千里，至今治强。"①

三、《韩非子》与战国后期政治思潮

在战国中期以后，随着兼并战争日趋激烈，各国也不同程度地对其政治、军事、经济制度进行改革。这种改革的趋势，主要表现为各诸侯国内的政治体制、经济制度及一体化进程在不断加快。这种一体化机制主要体现在君权扩大，旧的宗法贵族政治向官僚政治的演进。例如，在官僚体制上，一个重要转折便是旧有卿权向相权转化。晁福林曾认为："战国时期社会结构的大变动反映在政治方面，一个重要的标识便是由卿权到相权的转化，从一个角度而言，可以说相权的发展实为战国时期政治发展的枢纽。"② 许倬云先生亦认为，"战国卿相更迭频繁，可看出国君权力大增……卿相权力大减"③。所以，战国相权与君权的强化是同步并进的。尽管其时相权发展与君权扩展存在着矛盾，但是这种政治体制的转型毕竟在君权和官僚制度的发展中起到重要作用。

所以，战国时代的一个重要特点，便是各国在政治，甚至包括军事体制上纷纷向以中央集权为核心，以官僚制度为基础的方向发展。这种发展包含着两种趋势：其一，在激烈的兼并战争中，这种国家本位的一体化趋势蕴含着在古代中国大陆区域内的"天下"一统的大势；其二，在"天下"统一趋势中，随着中央集权发展，君权的提升，"天子"与国家的关系也在发生变化。过去以体现君主、宗室、显贵等整体利益的国家本位，逐渐凸显为以君权为主，以"天子执一"为特征，以郡县制为基础的官僚政治体系。"天子"既是新的"天下"一统国家的象征，同时又凌驾于整个官僚体系之上，成为天下的独尊者，国家政治、经济、文化、法律的裁断者，其地位俨然凸出于国家之上。

---

① 《史记》卷 87《李斯列传》，第 8 册，第 2542 页。

② 晁福林：《试论战国相权的若干问题》，《史学月刊》1999 第 5 期，第 26 页。

③ 许倬云：《求古编》，北京：新星出版社，2006 年，第 248 页。

在韩非的时代，天下统一大势更加明显。工藤元男主张秦昭王四十九年（前 258 年）为秦法治主义的分界与转换期。自此之后，秦即开始规划统一天下的一元化统治。[①] 从诸子书中，我们可以不断看到一统天下的大“九州”“天下”一体的思想理念。如《荀子·王制篇》所谓“四海之内若一家”；齐邹衍所谓：“中国名曰赤县神州。赤县神州内自有九州……中国外如赤县神州者九，乃所谓九州也。”[②] 吕不韦集门客撰《吕氏春秋》，就公开倡扬天子执一、天下一统的理论。“王者执一，而为万物正”，“天下必有天子，所以一之也；天子必执一，所以抟之也。一则治，两则乱”。[③] 这种思想在秦国尤其突出。因为在六合一统、“四海之内若一家”的态势日益明显的情况下，只有秦国具备消灭齐、楚、魏、赵等敌国，统一天下的能力。《荀子·强国篇》曾论述当时的天下大势，认为“人君者隆礼尊贤而王，重法爱民而霸，好利多诈而危，权谋、倾覆、幽险而亡”，“力术止，义术行。曷谓也？曰：秦之谓也。威强乎汤、武，广大乎舜、禹，然而忧患不可胜校也，諰諰然，常恐天下之一合而轧己也，此所谓力术止也”。[④] 在荀子看来，一方面，秦已具备天下一统之大势，其国力、军力远超三代之舜禹、汤武，天下各诸侯国对秦之强力畏而事之；另一方面，君主集权政治已经成为政治发展的主流。君主的思想、道德、操守对于国家、天下的利、义转换，国家兴亡具有重要价值，它直接导致天下、国家的王、霸、危、亡。尤其是秦这种国家，君主对天下形势更具有重要意义。所以，在荀子看来，“故曰：粹而王，驳而霸，无一焉而亡。此亦秦之所短也”[⑤]。即能崇尚道义、任用贤人的就能称王天下，驳杂地义利兼顾、贤人亲信并用的就能称霸诸侯，这两者一样也做不到的就要灭亡。这也正是秦国的短处。荀子这种天下一统、君主秉权执中的思想，正是当时天下政治态势的反映。

实际上，在战国中后期，法家人物中关于君主集权及君主如何驾驭群臣的术、势思想也在不断发展。例如，法家崇“势”的代表人物慎到，齐宣王时曾长期在稷下讲学，是稷下学宫中最具有影响的学者之一。慎到重“势”，把君主和权势分别比喻为飞龙和云雾，飞龙依靠云雾腾飞，云雾散去，飞龙就成为地上的蚯蚓。所以，有“势”，即使夏桀也可以号令国家；没有权势，即使尧也不会命令超过十人。再如，法家崇

① 工藤元男先生认为，昭王四十七年（公元前 260 年）的长平之战，秦灭了赵降兵 40 余万人，因此秦统一六国迅速成为现实。公元前 259 年，秦采用帝号。这一称号虽然没有对外公布，但是在秦内部一直保持着。昭王四十九年（公元前 258 年），因为帝号的采用，秦即开始规划一元化统治。参见［日］工藤元男：《睡虎地秦简所见秦代国家与社会》，［日］广濑薰雄、曹峰译，第 365 页。

② 《史记》卷 74《孟子荀卿列传》，第 7 册，第 2344 页。

③ 陆玖译注：《吕氏春秋·审分览第五·执一》，北京：中华书局，2011 年，第 620 页。

④ （清）王先谦撰，沈啸寰、王星贤点校：《荀子集解》，北京：中华书局，1988 年，第 291、300 页。

⑤ （清）王先谦撰，沈啸寰、王星贤点校：《荀子集解》，第 304 页。

“术”人物申不害，就十分提倡君主集权并以“权术”巩固权力、驾驭臣下的道理。申不害认为，在战国诸侯争霸的情形下，君主专制是国家一体化政治的最佳形式，但是由于君臣之间的离心力，君主必须通过“权术”即“阳术”和“阴术”来控制臣子，防止权臣揽权、篡权、专权。慎到、申不害重“势”“术”的理论，是君主集权政治在当时的反映，它表现了战国中后期在国家一体化过程中法家人物对中央君主权力掌控问题的关注。同时，这些学派的思想也为其后君主本位的政治思想奠定了基础。

因此，在战国末期，当具备一统意义的现实的“天下”国家即将诞生时，中央权力的掌控和君主集权政治就成为当时政治家们关注的焦点。尤其是随着君主集权的不断发展，围绕君主权力而展开的统治集团最高层的权力纷争与皇位篡夺也在不断发生。这种君权与相权、君主与大臣、将军、内宠的矛盾的不断发展，引起了不少思想家的忧虑。韩非曾经指出这种最高统治群体的内部矛盾与斗争对于君主集权和天下一统的阻碍。“今有国者虽地广人众，然而人主壅蔽，大臣专权，是国为越也。……今大臣执柄独断而上弗知收，是人主不明也。”[①]“是以国地削而私家富，主上卑而大臣重。故主失势而臣得国，主更称蕃臣，而相室剖符。此人臣之所以谲主便私也。”[②]韩非所指，实际上以秦为重。例如，其时秦权相魏冉，借助外戚之势，一生四任秦相，独揽大权，并借秦军力专注攻齐，夺取陶邑，扩大己势，为己加封，对秦君权及秦之统一进程十分不利。这种情况势必形成对最高权力阶层政治关系的关注与重塑。所以，消弭最高权力阶层中体制的矛盾与弊端，强化君主的至尊地位，由国家本位向君主本位转型，就成为不以人的意志为转移，符合天下统一大势的政治官僚体制演进的必然趋势，也是当时的一种社会政治思潮。

《韩非子》是战国时期著名思想家、法家代表人物韩非的著作集。[③]《史记·老子韩非列传》：“韩非者，韩之诸公子也。喜刑名法术之学，而其归本于黄老。”[④]韩非虽为韩国公子，但是其学说已经不限于韩之本国政治，而是战国后期天下大势与政治思潮的反映。这是因为韩非曾与李斯俱事荀卿，从荀子专心学习帝王之术与治国理政之学[⑤]，对于战国时代的天下形势及各国政治、经济、文化可以说了若指掌。特别是其师

① （清）王先慎撰，钟哲点校：《韩非子集解》卷4《孤愤》，北京：中华书局，1998年，第82页。

② （清）王先慎撰，钟哲点校：《韩非子集解》卷4《孤愤》，第84页。

③ 学界一般认为，《韩非子》是由韩非所撰，在其逝世后，后人辑集而成。《汉书·艺文志》著录《韩非子》五十五篇，《隋书·经籍志》著录二十卷，张守节《史记正义》引阮孝绪《七录》（或以为刘向《七录》）亦曰“《韩非子》二十卷”，其篇数、卷数皆与今本相符，可见今本并无残缺。因此，《韩非子》为韩非所著是无疑义的。

④ 《史记》卷63《老子韩非列传》，第7册，第2146页。

⑤ 《史记》本传记李斯“乃从荀卿学帝王之术”，李斯后来事秦的“帝王之术”的实践，可以说正是跟随荀子学的结果。北宋苏轼在《荀卿论》中曾说：“荀卿明王道，述礼乐，而李斯以其学乱天下。”说明荀子学说是以政治学说及帝王权术为主。

荀子，虽是赵人，但关注天下列国大势。其一生曾游学列国，为当时各国君主或公族所尊崇。史载荀子游于齐，三次出任齐国稷下学宫的祭酒，后被谗而适楚。荀子又曾经入赵，与赵临武君议兵于赵孝成王面前。其后荀子入秦，对秦国的政治、文化、民风十分赞赏。[①]荀子曾著《非十二子》篇，对先秦各学派代表人物它嚣、魏牟、陈仲、史鳝、墨翟、宋钘、慎到、田骈、惠施、邓析、子思、孟轲等十二人进行评价，作了批判。其说曰："一天下，财万物，长养人民，兼利天下，通达之属，莫不从服，六说者立息，十二子者迁化，则圣人之得势者，舜、禹是也。"[②]可见，荀子是以"一天下，财万物，长养人民，兼利天下"为己任而进行学术批判的。韩非与李斯俱为荀子高足，荀子的思想及经历，应该说对他们的影响是十分大的。而据《史记》本传，韩非于荀子的政治之学更居于李斯之上，故其后受李斯嫉妒而迫害致死。所以，应该说韩非思想早已越出其地域局限，体现出与其师一样的关注天下大势及政治思潮的胸怀。正因如此，《韩非子》出现于世，适应了其时社会政治思潮，受到各国君主的关切。据《史记》本传，时人或传韩非所著书至秦，"秦王见《孤愤》、《五蠹》之书，曰：'嗟乎，寡人得见此人与之游，死不恨矣！'……秦因急攻韩"[③]。可见，韩非思想切中秦国政治需要，以至于秦王专门起兵进攻韩国，而欲获取其人其学。

如果我们比较《商君书》与《韩非子》，应该说，由于战国中后期时代的变化，韩非与商鞅思想已经有很大区别。这种变化主要表现在《商君书》是以国家本位为基础的政治思想，而《韩非子》则大多表现为君主本位的专制政治思想。

四、《韩非子》的"尊君""崇法"思想

在《韩非子》中，以君主本位为基础的"尊君尚术""崇法重刑"特征十分明显。

首先，从语义学比较的角度看，《商君书》《韩非子》两书在"国"与"君"的出现频率与概念阐释中已经有了很大差异。

（1）从出现频率看：《商君书》中"国"字出现 295 次，"君"字出现 89 次（其中

---

① 例如《荀子·强国》篇就认为，秦"其固塞险，形势便，山林川谷美，天材之利多，是形胜也。入境，观其风俗，其百姓朴，其声乐不流污，其服不挑，甚畏有司而顺，古之民也。及都邑官府，其百吏肃然，莫不恭俭敦敬忠信而不楛，古之吏也。入其国，观其士大夫，出于其门，入于公门，出于公门，归于其家，无有私事也，不比周，不朋党，倜然莫不明通而公也，古之士大夫也。……故四世有胜，非幸也，数也。是所见也"。参见（清）王先谦撰，沈啸寰、王星贤点校：《荀子集解》，第 303 页。

② （清）王先谦撰，沈啸寰、王星贤点校：《荀子集解》，第 97 页。

③ 《史记》卷 63《老子韩非列传》，第 7 册，第 2155 页。

包括“君上”1 次、“人君”10 次、“君人”2 次、“人主”10 次）[①]，“国”与“君”（包括“人主”）的频率比例为 1：0.37。在《韩非子》书中，“国”字出现 591 次，“君”字出现 1209 次（其中包括“君”826 次、“人主”233 次、“明主”90 次、“人君”19 次、“君人”27 次、“君主”4 次、“君上”10 次），“国”与“君”（包括“人主”）的频率比例为 1∶2.05。也就是说，在两书中，“国”与“君”的出现频率比例相差 6 倍左右。这表明，在《商君书》中，“国”为其政治思想论证的重心；而在《韩非子》中，“君”为其政治思想的核心，“国”处于附属地位。

（2）从词汇属性看：韩非书中多次出现“君主”“君上”“明主”等褒扬性词汇，其“人主”“明主”之词多达 323 次。而《商君书》中，“君主”“明主”之词汇则无，主要以“君”“人君”“人主”等写实性词汇称呼，而“君上”“君人”等褒扬性词汇保持在个位数以下。

（3）从两书篇目反映的内容上比较：《商君书》现存 26 篇，其中两篇存目无文或有录无文，故实存 24 篇。从 24 篇文字、内容看，基本是讲变法、农、战等事，无一篇专门讲君主权术之事。而《韩非子》有 55 篇，约十余万言。其中，论述君主南面之术及君臣关系者占 19 篇，比例为 35%。尤其是《主道》《有度》《扬权》《二柄》《八奸》《奸劫弑臣》《亡征》《备内》《南面》等，均是赤裸裸的论述君主驾驭臣下之言；此外，《韩非子》书中兼及君臣之道者 16 篇，如《爱臣》《十过》《孤愤》《饰邪》《八说》《观行》《外储说右下》等，比例为全书的 29%，两者约占《韩非子》全书的 65%。而讲论法制与农、战之篇相比君臣、权术之道却甚少。所以，其思想重心的转移一目了然。

其次，从思想内容上看，韩非倡导“尊君尚术”“尊君抑臣”，通过抑制大臣的声望、权力，将君主威望、权力提升至最高点。为此，《韩非子》提出了君主地位的至上性。在君权问题上，《韩非子》与《吕氏春秋》有着强烈共识，即“天子执一”，独掌天下、国家的最高权力。但是《韩非子》一书显然更注重君主权力对国家官僚体制的超越及其驭臣权术的运用。在《韩非子》中，君主与宰相、官僚大臣之关系，如渊与鱼的关系。而维持这种关系的，则是君主之“势”。《韩非子》认为：“势重者，人主之渊也；臣者，势重之鱼也。”[②]“今以国位为车，以势为马，以号令为辔，以刑罚为鞭策，使尧、舜御之则天下治，桀、纣御之则天下乱，则贤不肖相去远矣。”[③]在这个比喻中，国家官僚体制，以及法、术、势均是君主运用来巩固君权，治理天下的工具。只有把持了这个工具，才能达到理想的君主境界。

---

① 此数字分别检索《商君书注释》（北京：中华书局，1974 年）、四库全书《商子》，检索结果相同。

② （清）王先慎撰，钟哲点校：《韩非子集解》卷 10《内储说下六微》，第 244 页。

③ （清）王先慎撰，钟哲点校：《韩非子集解》卷 17《难势》，第 390 页。

因此，在“尊君”与国家的关系上，《韩非子》认为君主权力本质上是处于国家机器的最高点，而驾驭国家的关键在于君主对权力的独控。即所谓“事在四方，要在中央。圣人执要，四方来效。虚而待之，彼自以之。四海既藏，道阴见阳”①。圣人执要，四方来效，是天下四海大治的核心。“故明君操权而上重，一政而国治。”②但需要注意的是，这里《韩非子》不仅提出君主独执大权的观念，而且也提出了君主乃权力与道德、声望合一的“圣人”之思想。《韩非子》还认为，在君主对官僚的驾驭中，“术”是重要之点。由于人性原因，君臣之间乃是智力与爵禄的交换关系和虎与狗的利害关系。“且臣尽死力以与君市，君垂爵禄以与臣市。君臣之际，非父子之亲也，计数之所出也”③。“夫虎之所以能服狗者，爪牙也。使虎释其爪牙而使狗用之，则虎反服于狗矣。人主者，以刑、德制臣者也。”④由于君主与官僚的利益取向的不同，利害关系的差异，君主驾驭天下，应该将重点放在对中央权力的掌控上，而这种掌控只能依靠权术的手段来达到。“故无术以用人，任智则君欺，任修则君事乱，此无术之患也。明君之道，贱德义贵，下必坐上，决诚以参，听无门户。”⑤

为此，《韩非子》提出了一系列君主在顶层政治阶层的操控举措。例如，以老子“虚静无为”而提出的君主制臣之道：“是以明君守始以知万物之源，治纪以知善败之端。故虚静以待，令名自命也，令事自定也。”⑥“道在不可见，用在不可知。虚静无事，以暗见疵。”⑦君主不表现出喜怒哀乐等七情，臣下则不知君主之好恶，故能够“虚则知实之情，静则知动者正”⑧。《韩非子》特别注重对权力的独掌。“权势不可以借人，上失其一，臣以为百。故臣得借则力多，力多则内外为用，内外为用则人主壅。”⑨“六微：一曰权借在下，二曰利异外借，三曰托于似类，四曰利害有反，五曰参疑内争，六曰敌国废置。此六者，主之所察也。”⑩《韩非子》主张君主执政，有几大忌讳，即把权势借给臣下，臣下借用外力谋私，臣下假托他事蒙骗君主，等级名分上下混乱而导致内部争权夺利，敌国设谋按他们的意图任免大臣。所以，君主应该“散其党，收其余，闭其门，夺其辅，国乃无虎”⑪。否则，“不谨其闭，不固其门，

① （清）王先慎撰，钟哲点校：《韩非子集解》卷2《扬权》，第44页。
② （清）王先慎撰，钟哲点校：《韩非子集解》卷20《心度》，第474页。
③ （清）王先慎撰，钟哲点校：《韩非子集解》卷15《难一》，第352页。
④ （清）王先慎撰，钟哲点校：《韩非子集解》卷2《二柄》，第40页。
⑤ （清）王先慎撰，钟哲点校：《韩非子集解》卷18《八说》，第424页。
⑥ （清）王先慎撰，钟哲点校：《韩非子集解》卷1《主道》，第26页。
⑦ （清）王先慎撰，钟哲点校：《韩非子集解》卷1《主道》，第28页。
⑧ （清）王先慎撰，钟哲点校：《韩非子集解》卷1《主道》，第26页。
⑨ （清）王先慎撰，钟哲点校：《韩非子集解》卷10《内储说下六微》，第240页。
⑩ （清）王先慎撰，钟哲点校：《韩非子集解》卷10《内储说下六微》，第240页。
⑪ （清）王先慎撰，钟哲点校：《韩非子集解》卷1《主道》，第29页。

虎乃将存。不慎其事，不掩其情，贼乃将生。弑其主，代其所，人莫不与”①。

由于战国末期天下大一统前夜出现的君臣关系的张力，对君主、国家的威胁已经由对敌国的战争转向统治上层集团的权力争夺，因此《韩非子》特别提出对君主身边与国家上层官僚的提防。《韩非子》专门有《八奸》《备内》等篇，就是谈君主对于身边人，包括妻子、父兄、宠妃、爱臣、阉人、外戚等的防范、戒备。在韩非看来，“凡人臣之所道成奸者有八术：一曰在同床。……二曰在旁。……三曰父兄。……四曰养殃。……五曰民萌。……六曰流行。……七曰威强。……八曰四方。”例如以夫妻关系言，“何谓同床？曰：贵夫人，爱孺子，便僻好色，此人主之所惑也。托于燕处之虞，乘醉饱之时，而求其所欲，此必听之术也。……此之谓同床”②。而“爱臣太亲，必危其身；人臣太贵，必易主位；主妾无等，必危嫡子；兄弟不服，必危社稷”③。近人章太炎在《秦政记》中则指出：“秦皇负扆以断天下，而子弟为庶人。……后宫之属，椒房之嬖，未有一人得自遂者。”“秦皇以贱其公子、侧室，高于世主。夫其卓绝在上，不与士民等夷者，独天子一人耳。”④

此外，《韩非子》又继承了商鞅国家一体化的极权政治思想，主张极端的“崇法重刑”和强化对社会和吏民在公、私方面的控制。《韩非子》认为，“国之所以治者三：一曰法，二曰信，三曰权。法者君臣之所共操也。信者君臣之所共立也。权者君之所独制也”。他评价商鞅的重刑理论说：“公孙鞅之法也重轻罪。重罪者，人之所难犯也；而小过者，人之所易去也。使人去其所易，无离其所难，此治之道。夫小过不生，大罪不至，是人无罪而乱不生也。”⑤轻罪重治，严罚重刑，是《韩非子》表现出的国家治理的理念。这种理念仍然是法家“人性恶”的延伸。“夫民之性，恶劳而乐佚，佚则荒，荒则不治，不治则乱，而赏刑不行于天下者必塞。”⑥由于民众之性恶劳而乐佚，所以轻罪重刑，让民众恐惧，是维护社会稳定、防止民众违律侵法的最好办法。“故其与之刑，非所以恶民，爱之本也。刑胜而民静，赏繁而奸生。故治民者，刑胜治之首也。”⑦“故法者，王之者也；刑者，爱之自也。”⑧

在这一点上，《韩非子》十分赞同《商君书》的国家一体化政策，认为国家对社会，包括民众非政治生活的全面渗透、控制，是君主能够大治天下的关键。所以，《韩

① （清）王先慎撰，钟哲点校：《韩非子集解》卷1《主道》，第28页。
② （清）王先慎撰，钟哲点校：《韩非子集解》卷2《八奸》，第53—55页。
③ （清）王先慎撰，钟哲点校：《韩非子集解》卷1《爱臣》，第24页。
④ 章太炎：《太炎文录初编》，《章太炎全集》第4卷，上海：上海人民出版社，1985年，第71页。
⑤ （清）王先慎撰，钟哲点校：《韩非子集解》卷9《内储说上七术》，第225页。
⑥ （清）王先慎撰，钟哲点校：《韩非子集解》卷20《心度》，第474页。
⑦ （清）王先慎撰，钟哲点校：《韩非子集解》卷20《心度》，第474页。
⑧ （清）王先慎撰，钟哲点校：《韩非子集解》卷20《心度》，第474页。

非子》的“崇法”，是主张以刑律治民、挟吏；《韩非子》主张的“重刑”，是主张轻罪重罚，以严刑逼迫民众服从于国家政典。这样，在《韩非子》一书的内容里，通过国家机器对民众的“重刑”驱使、严密控制，是君主治天下第一要务。“是以君人者分爵制禄，则法必严以重之。”①韩非赞同商鞅的一系列控制民众的举措，主张以“里甲制”“连坐制”“告奸制”等全面控制基层乡村社会。他说：“盖里相坐而已。禁尚有连于己者，理不得相窥，唯恐不得免。有奸心者不令得忘，窥者多也。如此，则慎己而窥彼，发奸之密。告过者免罪受赏，失奸者必诛连刑。”②通过连坐法，使民众不敢藏奸；通过告密法，使民众为了免罪受赏，而相互窥探、监视，达到发奸之密，奸不容细，即基层乡村社会民众的一举一动均被官府窥测、掌握的程度。这实际上同样是一种在国家极权政策下，民众没有任何隐私的乡村控制政策。

事实上，在韩非的时代，随着秦对六国战争的节节胜利，秦的极权举措也在各地不断实施。云梦睡虎地 11 号秦墓中出土《语书》，就是南郡守腾在秦始皇二十年对县、道官员发布的告示。其中就表现了秦法所贯彻极权统治的措施与决心。③而从思想观念层面来看，《韩非子》的君主本位思想是既继承了《商君书》为代表的法家的国家本位思想，又凸显了君主专制政治，可以说是君主本位与国家极权两者思想的合流。正因如此，《韩非子》中的君主本位思想，更有着《商君书》所不及的政治专断与寡头政权性质，系中国政治思想史上颇具典型性的专制与极权思想的合一。因为从政治学角度看，国家本位的一体化政治与君主专制政治体制既有同一性，也有差异性。从同一性上看，两者都主张国家对社会处于强势地位，主张国家对社会的整合、控制。而从差异性来看，国家本位与君主本位有一个重要区别：一方面，国家本位的极权政治拥有广泛而深厚的社会与群众基础。这个基础形成极权力量的源泉，又是其暴力政治的主干。因为国家本位往往是通过民众对未来生活美好期盼的意识形态支配下的社会运动，它有着强有力的对社会全面的渗透、动员、改造能力。正如商鞅变法后来自于秦民众巨大的国家内聚、动员力与惊人的战争能力一样。另一方面是，《商君书》中倡导的国家本位，在本质上打破了传统国家与社会的“治理”边界，并力图全面垄断社会的整个“场所”和“空间”，国家思想和政策充斥在人们的全部社会生活中。所以，商鞅变法打破旧有世袭贵族制的分配、消费、爵禄与赏赐制度，由农、战

① （清）王先慎撰，钟哲点校：《韩非子集解》卷 20《制分》，第 476 页。

② （清）王先慎撰，钟哲点校：《韩非子集解》卷 20《制分》，第 477 页。

③ 例如《语书》有曰：“凡法律令者，以教道（导）民，去其淫避（僻），除其恶俗，而使之之于为善殹（也）。今法律令已具矣，而吏民莫用，乡俗淫失（泆）之民不止，是即法（废）主之明法殹（也），而长邪避（僻）淫失（泆）之民，甚害于邦，不便于民。”睡虎地秦墓竹简整理小组编：《睡虎地秦墓竹简·释文》，第 13 页。从中可以看出，当时的乡俗与秦法的对立及秦官吏推行秦法的决心。

获得军功爵与社会地位，这不仅为许多士人、农民带来社会组织层级中上下流动的希望，也极大提升了士人和民众的农、战积极性。这种国家本位体制片面夸大、利用了人性中的生物性弱点，驱民于战争中，使得秦国能够迅速整合社会上的各种力量从事“农战”，很快崛起为西部“虎狼之国”，并使其不论在制度上，还是在战争中都制造了一种残酷的法则。例如，在国内实行的“以奸民治善民”的“连坐制”“告奸制”，使民众社会生活缺乏自有“空间”，并毫无隐私可言；秦军中以捕杀“人头”数量为记功标准的军功爵制，使秦军在战争中滥杀无辜，伤及百姓，这些都是一种膨胀人欲，践踏人性的表现。商鞅变法后秦的极权政治举措，即使秦军在战争中不断获得胜利，也由于其野蛮行径而给关东六国民众带来巨大厄运。

传统的君主专制指以古代君王为核心的中央集权政治体制，皇帝总揽天下大权，包括行政、财经、司法、军事的权力。同时，君主专制是与君主对于官僚体制和国家的掌控相联系的。它要求被统治者的“俯首”与“服从”，要求权力和财富。但是我们需要注意的是，君主专制在国家与社会的关系方面有多种选择。一般而言，极端的国家本位政治统治具有空前的强度、弥漫性和渗透性，它把整个社会笼罩在国家机器控制之下，对人的政治与非政治生活都有着无孔不入的调控手段。君主本位的政治体制却在对社会的统治与治理的界域上是允许社会及民众的社会活动及生产、生活保留一定空间的，尤其在社会及民众的非政治生活领域内保留较大的空间。从中国古代历史来看，自汉以后所建立的君主专制的中央集权体制，并不要求国家与社会空间的完全同一，也不要求国家对社会，尤其是基层乡村社会的全面渗透与控制。而是在中央集权统治的“天下”范围内，在国家对社会所具有的强势支配能力下，保留了一定的基层乡村社会“自理”“自治”的界域。从汉初黄老“无为”之学到董仲舒“春秋公羊”学说，再到汉宣帝后“谷梁”学说并列学官的政治、文化思想的演变，正是国家对社会保持控制的同时，又对广大城乡基层社会保留一定“自治”界域的治理策略。也就是说，专制君主虽殚精竭虑企图集军、政、法、文大权于一身，但真正做到“独治”是不可能的。所以，一方面，它需要依靠官僚机构的不断变革，将内官机构不断演变为外朝机构，以确保皇权对中枢权力的控制；另一方面，则是在国家机器对基层社会治理中，通过传统的宗法血缘关系，而使其在国家法律指导下，有着以乡规族约为约束的“自理”“自治”界域。所以，君主专制体制下，仍然可能给其他的非政治与日常经济领域留有边界及空间。尤其是自董仲舒以后，儒家提倡由“孝”尽“忠”，由个人修身向家族伦理及国家、天下伦理的演进阶梯，就是在君主集权政治的前提下划定了国家、社会、宗族的界限。所以，中国历史上的君主专制政治与商鞅式的国家本位体制相比，并没有那样广泛的社会与群众基础，它缺乏国家本位政治体制规模空前的统治强度以及国家、政府对社会的全面渗透与强大动员能力。这使得汉以后的大多数朝代，国家成文法与乡村家规族约并行不悖，国家官僚体系与乡村宗法社会、国家法与自然法所表现出的二重性，成为古代中国社会治理的重要特色。

“天下”一统前夜的历史大趋势，使站在这个历史交接点上的《韩非子》按照历史演变趋势，以君主本位的专制政体为重点，主张在君主集权制下展开国家对社会的全面渗透、整合、控制的政策。其学说既符合了秦自商鞅变法以来的社会实际，亦对大一统下君主权力与地位，对日益发展的君臣关系的张力进行了剖析、论证，其思想自然会受到秦君主赞赏、推崇，甚至不惜派兵攻韩而欲获取其人。但是，随着秦的统一天下，这种以君主本位为核心的专制主义的政治设计，一方面，由于君主专制下的“独尊”“重术”“抑臣”，国家法律、政策在君主及身边宠臣（如赵高等）手里翻云覆雨；另一方面，则是其“繁刑严诛，吏治刻深；赏罚不当，赋敛无度”[①]，使之缺乏广泛的群众基础，没有给大统一后的民众带来对美好生活的现实展望；同时在破坏六国传统宗法文化的基础上，将国家剥夺力量直接插向基层乡村的“闾里”，以重刑、“连坐”等方式直接干预人们传统的社会文化与社会活动。因此，“然而陈涉瓮牖绳枢之子，甿隶之人，而迁徙之徒也。……率罢散之卒，将数百之众，转而攻秦。斩木为兵，揭竿为旗，天下云会响应，赢粮而景从，山东豪俊遂并起而亡秦族矣”[②]。

五、对“内法外儒”“儒法合流”的思考

从《商君书》到《韩非子》政治思想的转型，是当时政治机制演变导致的历史与逻辑发展的新趋势，它导致新建立的汉代国家治理机制的新特点。汉初政治体制既是对秦君主专制政体的继承，同时也是对秦的国家本位一体化体制的批判。从汉高祖至武帝近百年间，汉统治者在“继秦”、批秦、创建新制的过程中不断发展“汉家制度”。这种“继秦”、批秦、创建新制的过程，就是在君主专制体制下，重新审视秦帝国的政治传统与制度体系——国家与社会的关系。从文帝、景帝时的黄老“无为”而治，到武帝时“罢黜百家，表章六经”，其本质就是重新选择、塑造君主集权制下国家与社会的交叉性与相容性。汉代开“内法外儒”“儒法合流”之先河，这个过程应是一个动态演变、相互融合的过程，而非通常认为的简单地以法为里，以儒饰表，这是汉代国家治理方式表现在国家、社会关系中的关键点。从汉初来看，汉法初萌，尽管仍

① （汉）贾谊撰，阎振益、钟夏校注：《新书校注》卷1《过秦下》，北京：中华书局，2000年，第15页。

② 《史记》卷48《陈涉世家》，第6册，第1964页。

然实行着秦的制度与成法（如二十等爵制），可是国家已开始实行对社会的宽松政策，如黄老的“与民休息”与“无为”政策，其爵制体系也在发生相应的变化。随着汉代政治体制的日益成熟，儒家学派的崛起，国家与社会的关系更是发生着重要变化。尤其是基层社会宗法力量的兴起，使法律与社会政策逐渐儒学化。这在西汉中后期及东汉、魏晋时的官僚选拔、法律走向中更加明显。所以，从整个发展大势看，传统所谓的“内法”，是由秦制向汉制转变的“汉家之法”，其核心是坚持秦之构建的君主本位的中央集权体制及相应的官僚制与郡县制，以此区别于周代分封制下的层级管理制度；而所谓“外儒”，则是遵循儒家提倡的“亲亲”“尊尊”的周代血缘宗法伦理精神，通过法律与社会政策的儒家化，达到国家与社会治理界限的分野，以及法律与道德的结合。所以，法家虽然称“法”，可是它是一种君主专制集权与官僚、郡县制的制度建构；儒家虽然讲“亲”“尊”，以提倡礼仪等序与宗法伦理著称，可是它却是通行于国家和社会的法理、礼制与人伦，是国家与社会关系需遵循的基本原则。特别自魏晋以后，儒家法逐渐定型为古代中国法律的主体，而国家与社会的分野亦就此形成大格局。所以，“内法外儒”“儒法合流”通行于古代中国两千年间，应该是秦的政治体制结构同儒家关于国家与社会的“界域”理念，以及相关的法律、道德原则的结合。

这一进程自汉初就开始了。特别是自贾谊开始，掀起了以“过秦”为主题的对秦制新的批判浪潮，其批判重点就集中在秦法制的苛暴及对社会无限制的掠夺、控制方面。据《汉书·礼乐志》，在贾谊看来，“汉承秦之败俗，废礼义，捐廉耻，今其甚者杀父兄，盗者取庙器，而大臣特以簿书不报期会为故，至于风俗流溢，恬而不怪，以为是适然耳”①。这里的“汉承秦之败俗”一句，十分值得注意。它反映了贾谊时代的“过秦”思潮的性质，实际上是对汉初诸事草创而对秦弊制的粗疏继承的批判，而这种继秦的做法已经不适应汉代统治的需要。由此他向文帝建议“改正朔，易服色，法制度，定官名，兴礼乐，……悉更秦之法”②，要求更改法度，创新“汉制”。所以，在文、景帝时代，汉代国家经过对“秦制”弊政的新的批判与认识，特别注重在君主专制集权体制下，实行“与民休息”和重建以“孝”为根基的乡村基层宗法制的举措，提倡国家与社会的“界域”划分，对非政治和日常经济领域基层民众的社会生产、生活不加或少加干预，这正是对秦制中国家极权政策的否定，也是对秦法中国家对社会控制强度的某种弱化。例如，形成于战国后期、成书于汉初的《孝经》，在汉初就被作为汉代帝制国家思想意识的主体内容而大力阐扬。这种血缘宗法制中家族伦理的孝道精神被提倡，可看出汉初以宗法血缘为基础的政治、伦理思想已为当时统治者所吸

① 《汉书》卷22《礼乐志》，北京：中华书局，1962年，第4册，第1030页。

② 《史记》卷84《屈原贾生列传》，第8册，第2492页。

取、倡导，并且成为帝制国家政治思想和礼仪、教化制度的重要组成部分，这与秦制中的父子别居、宗族析户、里甲连坐是大有差别的。[①] 在汉中期以后，帝国法律与社会政策逐渐儒家化。而儒家法的根基就是强调以血缘宗法为基础，主张国家与社会各自保留自己“界域”的政治伦理法则。在西汉宣、元以后，这种趋势更加明显。自此以后，古代中国在国家治理上形成一个惯例，即君主集权与官僚政治、郡县体制依循秦制；而法律之核心的法理、礼仪制度、文化、社会纲常伦理则遵循儒学义理。尤其是在君主专制体制下，国家与社会加以“界限”划分与适当分治。在此后的东汉、魏晋、隋唐、宋明时期，以基层社会或乡村“自治”为特色的宗法血缘制虽然历经反复、曲折，但都或隐或显地保留下来，作为贯穿中国古代社会治理的一根主线，为基层社会，尤其是乡村基层社会的稳定起到了重要作用。所以，这种鉴于秦制兴亡，在“继秦”、批秦、创建新制的过程中不断发展的“汉家制度”，在中国历史上的地位是不可小看的。而先秦法家思想，包括从《商君书》的国家本位到《韩非子》的君主本位体制，作为中国古代社会发展的阶段性特点，则为“汉家制度”及古代政治史的演进奠定了基础。

① 自汉初始，汉代帝制国家就逐渐走上了君主专制政体和传统宗法文化相结合的道路，汉统治者标榜的“汉以孝治天下”正是这种政策的反映。如西汉皇权为了标示重“孝”，在帝王谥号中加上“孝”字，如“孝文”“孝景”“孝武”等，以示国家对孝道的昭彰。从中亦可看出以宗法血缘的“孝”为中心的政治、伦理思想，以及相应的社会教化和社会整合举措，已为当时统治者所吸取、倡导。

越剑纹饰与越国政教文明构建

樊　森
（重庆师范大学历史与社会学院）

在越剑剑格上存在着一种特殊的鸟虫书与兽面纹结合的装饰方式，其常见类型有两种：其一，一面剑格为文字加兽面纹，另一面剑格为纯文字，如图 1-a；其二，一面剑格为兽面纹，另一面剑格为纯文字，如图 1-b、1-c。这两类装饰方式中的兽面主纹下有时还会填充细密的编织纹底纹，如图 1-d。经统计，这种剑格装饰风格主要出现在越王州句时期，目前所见数量约有 20 余把。本文认为这种装饰风格的出现绝非偶然，其不仅是一种单纯的图腾崇拜，更体现出越地文化与古老良渚文明的继承关系，

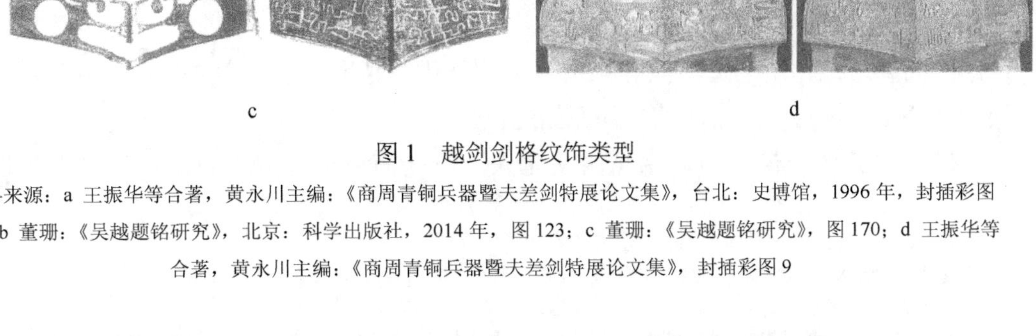

a　　b

c　　d

图 1　越剑剑格纹饰类型

资料来源：a 王振华等合著，黄永川主编：《商周青铜兵器暨夫差剑特展论文集》，台北：史博馆，1996 年，封插彩图 19；b 董珊：《吴越题铭研究》，北京：科学出版社，2014 年，图 123；c 董珊：《吴越题铭研究》，图 170；d 王振华等合著，黄永川主编：《商周青铜兵器暨夫差剑特展论文集》，封插彩图 9

* 本文为重庆市社科规划项目“基于 GIS 空间分析技术的先秦铜剑交流演进谱系”（2017BS20）、国家社科基金重大项目“秦汉时期的国家构建、民族认同与社会整合研究”（17ZDA180）的阶段性研究成果。

是越国统治者在中原与越地文明相碰撞时主动寻求文化心理认同的有意行为，折射出越国礼制文明构建过程中的政教关系，属于先秦铜剑礼用功能的典型表现。

本文拟从越国文化来源、剑格纹饰反映出的政教关系两方面简作论述，不当之处，恳请方家批评指正。

一、越剑剑格纹饰与文化认同

（一）越国文化来源的复杂性

越国文化的来源一直是学界关注的重点，目前主流观点主要有三种。

（1）越为夏裔说。这种观点起源于汉代，如《史记·越王勾践世家》记载："越王勾践，其先禹之苗裔，而夏后帝少康之庶子也。"《正义》引《吴越春秋》云："至少康，恐禹迹宗庙祭祀之绝，乃封其庶子于越，号曰无余。"又引贺循《会稽记》语："少康，其少子号曰于越，越国之称始此。"[①]《国语·吴语》注曰："勾践，祝融之后。"[②]现代学者曹锦炎先生也说："祝融为颛顼之后……所以作为祝融后人的越王先祖，被认为是禹之苗裔，是很自然的。"[③]

（2）越为土著说。这种观点大约开始于清梁玉绳时期，近现代受到学者们的广泛追捧。如卫聚贤先生从"断发文身""命名不同中原""不穿鞋不戴帽""食物的上品不同""音乐不同""盟誓的仪式不同""语言不同""谥法及人名不同中原"八个方面证明越应为南方民族，而非中原民族。[④]叶岗先生在《论于越的族源》一文中从越地考古学文化的来源指出，越族是由环太湖和钱塘江流域的先住民发展而来的，"有较为坚实的延绵不断的越地考古遗存作为支撑，如小黄山文化遗址、跨湖桥文化遗址、河姆渡文化遗址、良渚文化遗址、马桥文化遗址，构筑起越地从距今一万年前到三千多年前的原始文化场景。考古学文化与族属有着非常密切的关系，它是指一定的民族在特定的空间和时期内所创造的具有共同特征的文化。越地的考古学文化，充分说明了越族的来源是距今约一万年前的当地原始先民"[⑤]。

（3）二元统一说。即认为越国文化来源不能简单地理解为中原后裔或者越地土

① 《史记》，北京：中华书局，1959年，第5册，第1739页。

② 上海师范大学古籍整理组校点：《国语》，上海：上海古籍出版社，1978年，第591页。

③ 曹锦炎：《吴越历史与考古论丛》，北京：文物出版社，2007年，第139页。

④ 卫聚贤：《吴越民族》，吴越史地研究会编：《吴越文化论丛》，上海：上海文艺出版社，1990年，第310—356页。

⑤ 叶岗：《论于越的族源》，《浙江社会科学》2008年第10期，第91页。

著，而应该综合看待。如唐颜师古曾言："越之为号，其来尚矣，少康封庶子以主禹祠，君于越地耳。故此志云其君禹后，岂谓百越之人皆禹苗裔？"[①] 后蒙文通先生评价颜师古语，称其"至明且善"，并进一步举例说："一国之统治者与被统治者民族不同，中外历史不乏其例。当蒙古、满族建立元、清王朝之际，岂谓全国尽蒙、满之族乎！"[②] 李学勤先生亦同意颜师古语，指出其把越君和越人区别看待，是很有见地的："古诸侯国的国君、人民每每来源不同，在文化上也有一定差异。如吴国，君为周同姓，民则为荆蛮，越国也有这样的情形。1954年江苏丹徒烟墩山出土的宜侯夨簋，铭文便体现出周人与土著的共居。"[③] 徐建春先生说："于越民族的主体是根植于本地而又深受周边文化影响的土著。至于其统治阶层，按传统的观点，是'夏禹之末封也'。"[④] 叶岗先生在2013年纠正了自己早年的观点，与陈民镇先生一起结合分子人类学和越地考古最近成果指出："在先秦时期，王室与子民族属不同的现象并不鲜见。"认为过去学者在讨论越族来源的相关问题时，"论者多是'一刀切'的做法：以夏文化与越文化判然有别而断然否定夏、越的联系，或是认可'越为夏裔'说进而将於（于）越一概视作夏人后裔。事实上，细审载籍，古人并没有说於（于）越全是夏人后裔，不过是说越王是大禹的后裔。这固然与古代史书忽略下层民众的历史有关，但若联系到'二分论'族源观，即区分统治阶层与被统治阶层的族属，那么以於（于）越为主体的越国存在上层与下层族属差异的可能性也是不能排除的"[⑤]。

本文同意第三种观点，我们在深刻认识越地文化产生复杂性的同时，也不能全然否定越族起源"单一论"中的合理性因素，既要看到越地文化前身马桥文化，及其相关的钱山漾文化、广富林文化与中原龙山文化的密切关系；也要看到越地文化中隶属于百越族群且与其他东南越人文化一脉相承的部分。正如叶岗和陈民镇二位先生指出的那样：越国文化的来源应该分王族和普通越人两类进行考察。其王族来源于中原，与中原礼制文明一脉相连；而越国普通民众以越地土著为主，主要承袭越地本土文化。

（二）兽面纹类型学比较

众所周知，越地土著文化的先驱是马桥文化，而马桥文化的重要来源之一是良渚文化，故越地土著文化与良渚文化关系密切。（关于越文化与良渚文化的关系，董楚

① 《汉书》，北京：中华书局，1962年，第6册，第1669—1670页。

② 蒙文通：《越史丛考》，北京：人民出版社，1983年，第11页。

③ 李学勤：《〈吴越文化新探〉读后》，《历史研究》1989年第3期，第122页。

④ 徐建春：《越国的自然环境变迁与人文事物演替》，《学术月刊》2001年第10期，第88页。

⑤ 陈民镇、叶岗：《於越族源问题考论》，苍铭主编：《民族史研究》第12辑，北京：中央民族大学出版社，2015年，第299页。

平、徐建春、叶岗、陈民镇、余晓栋等多位学者均做过专题论述①，此不赘述。）良渚文化是以浙江余杭良渚镇命名的稻作原始文化，该文化东至东海之滨，西北至镇江、常州一带。目前考古所见良渚文化的典型特征之一是对玉礼器的崇拜，李新伟先生评价良渚文明“以玉为权力”②。良渚文化的制玉工艺达到了极高的水平，而良渚文化玉器上出现最多也最耀眼的纹饰是羽冠神和兽面结合的“神徽”③刻像，如图 2-a，为良渚文化的代表。

a M12：87羽神兽面琮纹饰细部

b 饕餮纹剑格（越州句铁剑剑格）

图 2　良渚羽神兽面纹饰与越剑剑格纹饰对比

资料来源：a 浙江省文物考古研究所编著：《反山》，北京：文物出版社，2005 年，第 37 页，图 20；b 王振华等合著，黄永川主编：《商周青铜兵器暨夫差剑特展论文集》，封插彩图 19

良渚“神徽”中的神人头顶巨型羽冠，方面折肘，为巫师祭祀做法的形象。④兽面则巨目圆睁、大嘴横咧。李学勤先生曾经在《良诸文化玉器与饕餮纹的演变》一文中列出良渚兽面的演变类型，除了如图 2-a 中 M12：87 大型玉琮上的完整形象外，在良渚反山 M12、M17 里还发现有如图 3-b、图 3-c 类变形简省兽面。⑤我们将良渚的这种兽面纹饰及其简省类型与越剑剑格兽面放在一起对比，可以清楚地看到二者的文化承继关系，如图 3。如二者均重视突显兽面的巨目和大嘴，特别是巨目，刘敦愿先生就曾经指出反山“神徽”标识的巨目，“表示明神在上，监临下方的意思；对于本族的

① 叶岗：《论于越的族源》，《浙江社会科学》2008 年第 10 期；徐建春：《越国的自然环境变迁与人文事物演替》，《学术月刊》2001 年第 10 期；陈民镇，叶岗：《於越族源问题考论》，苍铭主编：《民族史研究》第 12 辑，北京：中央民族大学出版社，2015 年，第 282—304 页；董楚平、金永平等：《中华文化通志 • 吴越文化志》，上海：上海人民出版社，1998 年，第 50 页；余晓栋：《于越族源问题及“越为禹后”说新论》，《绍兴文理学院学报（哲学社会科学）》2017 年第 2 期。

② 李新伟：《温故知新：〈良渚玉器〉读后》，中国社会科学院考古研究所中国考古网，2018 年 11 月 21 日，http://kaogu.cssn.cn/zwb/kgyd/kgsb/201811/t20181121_4779469.shtml

③ 严文明：《一部研究良渚玉器和良渚文化的好书——〈良渚玉器〉序言》，中国社会科学院考古研究所中国考古网，2018 年 10 月 31 日，http://kaogu.cssn.cn/zwb/kgyd/kgsb/201810/t20181031_4767490.shtml

④ 张光直：《中国青铜时代 • 二集》，北京：生活 • 读书 • 新知三联书店，1990 年，第 98—99 页；张明华：《良渚玉符试探》，《文物》1990 年第 12 期；徐峰：《良渚文化玉琮及相关纹饰的文化隐喻》，《考古》2012 年第 2 期。

⑤ 李学勤：《良诸文化玉器与饕餮纹的演变》，《东南文化》1991 年第 5 期。

人，它是保护者，是善灵，对于‘非我族类’者，对于敌人，它是一种威慑力量”①。区别则仅是越剑的神兽大嘴因为剑格特殊造型的需要而由平直裂开变为左右嘴角上翘。

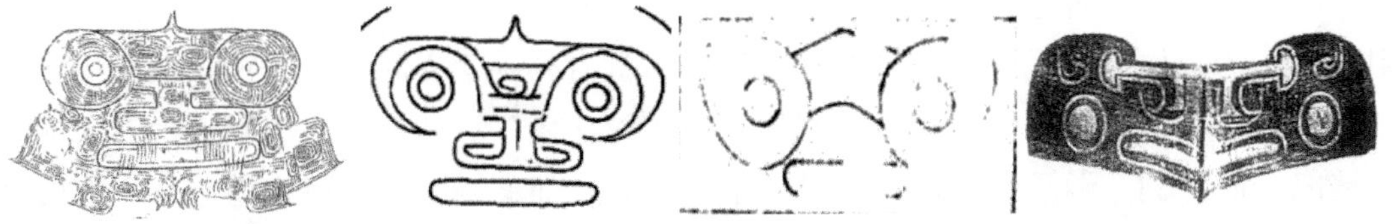

a M12：87玉琮兽面纹　b M12：85玉半圆形饰　c M17：2玉纹饰　d 越王石剑剑格

图 3　良渚玉器纹饰与越剑剑格纹饰对比

资料来源：a 浙江省文物考古研究所编著：《反山》，第 38 页，图 21；b 浙江省文物考古研究所编著：《反山》，第 32 页，图 13-4；c 李学勤：《良渚文化玉器与饕餮纹的演变》，《东南文化》1991 年第 5 期，图 4-1；d 董珊：《吴越题铭研究》，图 171

（三）文化沟通的桥梁

众所周知，良渚“神徽”中的兽面纹与中原铜器中常见的饕餮纹关系密切，对此很多学者都做过专题讨论。如李学勤先生不仅从定义、双目、巨口等八个方面论述了良渚兽面纹与中原饕餮纹的相同之处②，还指出其在意义、信仰上一脉相通，“饕餮纹是二里头文化至商周时代器物上最流行的纹饰，其意义和来源曾有各式各样的解释，但都缺少充分证据。最近，在浙江余杭反山出土的良渚文化玉器，为破解这一疑案投射了新的光明。玉器饕餮纹的特征是能中分为左右两半，有的有特定轮廓的冠、爪，这些与商周饕餮纹的共同点不会是偶然的。这种神秘纹饰本身具有信仰的性质，所以纹饰的相通说明良渚文化的人们和商周人在作为文化重要内容的神话、信仰上是一脉相承的”③。而董楚平先生不仅判定“良渚文化玉器的母题纹饰”就是中原神秘的“饕餮纹”，还指出该纹饰应是良渚贵族的专用，“玉琮几乎都刻有这种花纹，有些玉钺、玉璜、圭形玉器、D 形穿缀玉器、玉带钩、山形玉器、倒梯形玉器、锥形玉器等十余种玉器也刻有这种纹饰。良渚小墓迄今几未发现饕餮纹。饕餮纹可能是良渚文化上层社会的专用徽号，是特权的标志”④。

至此，我们可知越剑剑格的这种特殊纹饰不仅与良渚文化一脉相承，而且与中原礼制文明关系密切。那么越王为什么要将这种特殊的纹饰铸于剑格之上？本文认为，这反映出统治者面对文化融合时的一种有意行为。前文所述，越国王族来源于中原文化，越地普通民众则大多为良渚文化的继承者，故当来自中原的统治者与越地民众发

① 刘敦愿：《论青铜动物纹饰的对称法则问题》，《刘敦愿文集》，北京：科学出版社，2012 年，第 256 页。

② 李学勤：《良诸文化玉器与饕餮纹的演变》，《东南文化》1991 年第 5 期。

③ 李学勤：《〈吴越文化新探〉读后》，《历史研究》1989 年第 3 期，第 121 页。

④ 董楚平：《吴越文化新探》，杭州：浙江人民出版社，1988 年，第 81 页。

生交集时，就势必要面对中原与越地两种文化的差异。一方面是对中原文化有着强烈归属和认同感的越国上层贵族；另一方面是其辖下地处中原之外，仍然保持着“披发文身、错臂左衽”古老民风习俗的越地土著，二者之间形成了强烈的文化碰撞。来自中原的统治者如果想要稳固自己的政治秩序，就必须要建立起一种既植根适应于越地土著文化习惯，又符合中原礼制传统的新型政治文明，这就是其时越国统治者所面对的情况。而此刻，继承自良渚“神徽”信仰传统，而又与中原饕餮神兽崇拜相通的剑格纹饰就成为沟通二者的最佳桥梁。这种特有的饕餮兽面和越王名同铸现象是对中原饕餮母题装饰习俗和良渚“神徽”崇拜的综合继承。通过它，无论是来自中原的统治者，还是越地土著民众，均找寻到了文化“认同”间的心理平衡。

二、越剑剑格纹饰与政教文明的构建

越剑剑格中饕餮兽面加越王名讳的纹饰方式不仅是一种文化心理认同的沟通桥梁，也反映出了越国统治者在政教关系上的思考。

（一）神兽纹与“通天地”

良渚“神徽”刻像与越剑剑格中饕餮兽面加越王名的纹饰方式本质上都属于器物纹饰中的人兽同铸装饰法。在中原文化中，考古所见兽与人共铸于器表的现象不在少数，如著名的妇好钺、后母戊鼎柄、安徽阜南龙虎尊等。兽人同铸的纹饰被徐良高等学者称为一种纹饰“母题”，虽然如徐良高①、朱凤瀚②等学者认为这种图案表现的是兽食人的场景，但张光直、林巳奈夫等更多的学者却认为这表现的是神兽帮助巫觋在进行祭祀沟通活动。林巳奈夫先生解读安徽阜南出土的龙虎尊时认为，纹饰中人的形象应该是“配享于帝的祖先之灵魂”，正与神“口中伸出的舌头来互通灵气”，并指出看作是虎噬人的学者应是忽略了人的“泰然自若”，“毫无与虎敌对的表情、动作以及恐怖的表情”③。张光直先生明确指出青铜器上动物纹饰的沟通天地的作用，“商周之早期，神话中的动物的功能，是发挥在人的世界与祖先及神的世界之沟通上……礼乐铜器在当时显然用于祖先崇拜的仪式，而且与死后去参加祖先的行列的人一起埋葬。因此，这些铜器上之铸刻着作为人的世界与祖先及神的世界之沟通的媒介的神话性的

① 徐良高：《商周青铜器“人兽母题”纹饰考释》，《考古》1991 年第 5 期。

② 朱凤瀚：《古代中国青铜器》，天津：南开大学出版社，1995 年，第 406—407 页。

③ ［日］林巳奈夫：《神与兽的纹样学：中国古代诸神》，常耀华等译，北京：生活·读书·新知三联书店，2009 年，第 19—22 页。

动物花纹，毋宁说是很不难理解的现象”[①]。“器物所象的人很可能便是那作法通天中的巫师，他与他所熟用的动物在一起，动物张开大口，嘘气成风，帮助巫师上宾于天。”[②]后张光直先生又在《商周青铜器上的动物纹样》中引《国语·楚语》昭王问观射父事进一步说明自己的观点，“民神之间的沟通，要仰仗民里面有异禀的巫觋；其中有高明者为祝为宗。在帮助他们通神的各种配备中，包括‘牲器’即‘牺牲之物’和‘彝器之量’在内。换言之，商周的青铜礼器是为通民神，亦即通天地之用的，而使用它们的是巫觋。……商周青铜器上动物纹样乃是助理巫觋通天地工作的各种动物在青铜彝器上的形象”[③]。越剑剑格纹饰和良渚“神徽”正是张光直先生观点的最好证明，在二者的构图思路中，饕餮即是神兽，也是沟通上天的助手，而越王和羽冠神则是拥有奇能异禀的大巫觋，能与神兽一起沟通天地。

（二）神化自身：从神巫到越王

对比图 2-a 和 2-b，可以发现从良渚“神徽”到越剑剑格纹饰的发展过程中，二者俱是人（神巫）驾驭饕餮的构图思路，其最显著的变化只是越剑剑格中将相当于神巫的位置替换成了以鸟虫书书写的越王名。怎么解释这种变化？

首先，这应是社会和文字发展的一种进步表现。反山墓地的时代大约是在距今5000—4800 年[④]的新石器时期，而越国州句剑格纹饰却发生在春秋时期，这个时候文字已有了长足的发展，故而以抽象的文字替代图画成为构图的重要元素，是一种社会文化的进步。

其次，越国鸟书文字所反映出来的鸟崇拜与反山“神徽”中的羽冠有着千丝万缕的联系。众所周知，反山“神徽”中的羽冠是良渚文化鸟崇拜的独特表达，而越国风格独特的鸟虫书也与神秘的鸟崇拜有着密切的关系。王世伦先生早在 20 世纪 90 年代就明确指出：“鸟书不仅仅是春秋战国时的美术体，而与鸟崇拜有关，甚至可以说是从鸟崇拜中产生出来的。”不仅如此，王先生还在其文章中区分了同样流行鸟书的蔡、吴、宋、楚、越五国文字，指出只有越国的“王”字书写时采用的是“双首联体鸟书”。究其原因，则可能与自河姆渡文化即存在的鸟图腾崇拜有关。宁绍地区从河姆渡到良渚，再到越国文化，可能存在着“从距今 7000 年前到 4000 年前鸟崇拜连续性的一种迹象”[⑤]。后曹锦炎先生也在《鸟虫书通考》中提到：“鸟虫书主要流行的长江中

---

① 张光直：《中国青铜时代》，北京：生活·读书·新知三联书店，1983 年，第 310—311 页。

② 张光直：《中国青铜时代》，北京：生活·读书·新知三联书店，1983 年，第 333 页。

③ 张光直：《中国青铜时代》，北京：生活·读书·新知三联书店，1983 年，第 322—324 页。

④ 浙江省文物考古研究所编：《反山》，北京：文物出版社，2005 年，第 365 页。

⑤ 王士伦：《越国鸟图腾和鸟崇拜的若干问题》，《浙江学刊》1990 年第 6 期，第 25—29 页。

下游地区尤其是江淮一带，曾经是以鸟为图腾的东夷、淮夷的活动区域，说春秋战国时期在这个地区出现的鸟虫书，依然还带有鸟图腾崇拜的烙印，并不是没有可能。”①崔卉萱先生也在其文章中引西方学者弗里森（V. Friesen）符号学“徽识”论指出：“鸟崇拜在越国地域范围内有极其深远的历史地域背景……不论是河姆渡文化还是良渚文化，鸟图像已成为当时该地域的图像徽识。”②所以当精美的鸟虫书与古老的神兽崇拜相碰撞时，就出现了这种文字替代图画的特有装饰风格。

最后，也是最重要的，是越王在这个变化中成功实现了自身的神化。在原本为越地民众所习惯的羽冠神驭兽的固有图腾思维中，创新却不突兀地将羽冠神置换成了越王名讳，既保持了原有神巫驭兽的构图框架，又融入了更多更深层的政治内涵。在这种创造性表现中，由于越王名讳的加入，原本只是神、兽二者结合的图腾族徽进化成了人、神、兽三者结合的有机体。借此，越王实现了其神、巫、人合一的转变，实现了神权掌控和王权敬畏的统一，达到了政教合一的目的。正如，谢崇安先生总结的那样：“源自原始的图腾神，因而它也是祖先的偶像，当图腾神向人格神转化，它既保持了祖神偶像的本质，同时也成了王的象征，成了人们固定膜拜的对象。”③于是神兽还是那个神兽，是沟通上天的助手，而越王则摇身变化为通天彻地、拥有奇能异禀的大神巫，成为文化心理认同的焦点中心，其身上亦被赋予神巫“精爽不携贰”“齐肃衷正”“智能上下比义”“圣能光远宣朗”“明能光照”“聪能听彻”的美好品德，加诸了“制神之处位次主，而为之牲器时服，而后使先圣之后之有光烈，而能知山川之号、高祖之主、宗庙之事、昭穆之世、齐敬之勤、礼节之宜、威仪之则、容貌之崇、忠信之质、禋絜之服，而敬恭明神”的职能，且能知“四时之生、牺牲之物、玉帛之类、采服之仪、彝器之量、次主之度、屏摄之位、坛场之所、上下之神、氏姓之出”，能安民神以“忠信”“明德”。④

如此，神巫、越王、饕餮、神鸟（越国文字中表现出的特有凤鸟崇拜）在剑格纹饰中有机融合，既承继了越地悠长的历史记忆，又形成了新的图腾崇拜，而其上反复重复的文字“戉王戉王，戉王戉王”就仿佛一种祭祀“沟通”时的祝祷、呐喊，越国最高统治者的形象就在这种特殊的纹饰表现中升华到了极致，一个以越王为“大祭司”的新造神运动就与铜剑这种越国人最重视的青铜礼器巧妙结合了。这一切正如李禹阶先生指出的那样，“先民所循守的氏族习惯规则就逐渐转化为礼的制度性（法）规

① 曹锦炎：《鸟虫书通考》（增订版），上海：上海辞书出版社，2014 年，第 4—5 页。

② 崔卉萱：《越国鸟虫书与鸟虫崇拜探析》，《浙江科技学院学报》2017 年第 2 期，第 100 页。

③ 谢崇安：《商周艺术》，成都：巴蜀书社，1997 年，第 175 页。

④ 上海师范大学古籍整理组校点：《国语》，上海：上海古籍出版社，1978 年，第 559—560 页。

则。尤其是以祖先神为主神的最高神明崇拜，导致主神崇拜与王权敬畏的合一”[①]。

三、结　语

综上所述，越剑剑格上这种特殊的纹饰不仅是越与良渚文化传承的证明，亦是越国贵族统治者寻求自身与民众心理认同的桥梁。剑为越国的主要权力兵器，亦是越王的代表性兵器，故在剑格上铸造代表祖先及神权崇拜的饕餮纹和越王名反映出越国统治者将越地本土祖先神崇拜与中原王权礼制相结合的政治思路。如此一来，政权最高统治者的越王不仅成为血缘祖先神的代表，而且成为沟通天地、执掌神权的大巫觋，从而实现了越国礼制文明构建中的政教统一。

中国早期文明起源研究是近年来学界关注的重点，如王震中、王子今、李禹阶、杨建华、彭邦本等学者均指出[②]，在文明发展的进程中存在着中心与边缘地区的“互化与融合”现象。越国剑格纹饰的有意创新正是这种文明互化融合的典型反映。原始的宗教崇拜、当世的军事政权均在剑格的纹饰中被给予礼仪化的表达，中原外来者的统治在越地本土宗教信仰中脱胎出了宗法精神和等级秩序，越国王族也在血缘和地缘政治中树立起本源于中原礼制却又不同于中原礼制的政教内涵，而这种扎根于原始宗教的新式政教文明也推动着边缘区域的越国从“断发文身”的偏僻边野，逐渐融入中原文明的序列之中。[③]

① 李禹阶：《史前战争、礼与中原文明中心的崛起》，《“中国文明起源的中心与边缘学术研讨会”论文集》，重庆，2018年10月26日。

② 参见王震中《夷夏互化融合说：早期文明演进中的中原与东夷》、王子今《“中国”与“五方”——上古方位意识与“天下一统”理念》、李禹阶《史前战争、礼与中原文明中心的崛起》、杨建华《欧亚大陆史前农业与牧业关系的管窥》、彭邦本《中国早期文明的中心与边缘——以古蜀历史为例的探讨》，均见《“中国文明起源的中心与边缘学术研讨会”论文集》，重庆，2018年10月26日。

③ 这种礼制文明的构建绝非开始即有的，越虽然在史书上一直与吴国并称，但其实际综合国力直到勾践之父允常在位期间才开始逐渐振兴。本文认为越国发源于中原中心的政教文明发轫约是在勾践时期，而真正确立则是在朱句（即州句）在位期间。篇幅所限，该问题另文讨论。

秦朝社会控制失效的理论分析

赵昆生
（重庆师范大学历史与社会学院）

秦始皇统一中国后，推行了“车同轨”“书同文”“行同伦”等一系列政策措施，以秦国制度为标杆，融合与同化六国制度，完成政治、经济、文化、风俗等方面的全方位统一。经过长达14年的努力，秦始皇的统一政策措施已深入秦国社会生活的方方面面。然而，公元前209年，九百戍卒斩木为兵，揭竿而起，秦王朝顷刻土崩瓦解。虽然秦王朝所构建的君主专制主义中央集权政治框架在中国封建社会中延续了两千余年，但秦朝短祚也成为两千余年来人们反省的热门话题。对秦朝短祚角度不同、出发点不同、程度不同的认知，其积极意义在于，人们以秦朝为鉴，不断地调整统治方式，使大一统的社会控制框架越来越稳定，具有较强的自我反馈、调节、修复和完善的功能。

秦因商鞅变法而迅速崛起，成为战国七雄之首，又以李斯、韩非等法家理论做指导，完成了统一六国的使命。然而，秦王朝统治短暂，表现出了以法家为主的文化共融的失效。

对秦朝短祚的反思，是西汉初年政治思想家的重点话题。贾谊在《过秦论》中分析道：“秦并兼诸侯山东三十余郡，缮津关，据险塞，修甲兵而守之。然陈涉以戍卒散乱之众数百，奋臂大呼，不用弓戟之兵，钼櫌白梃，望屋而食，横行天下。”在详细罗列了秦王朝迅速崩溃的主要过程以后，贾谊站在巩固汉朝统治的角度思考和探究秦败亡的主要原因：“仁义不施而攻守之势异也。”①

陆贾认为：“仁者道之纪，义者圣之学。学之者明，失之者昏，背之者亡。……仁者以治亲，义者以利尊。万世不乱，仁义之所治也。”以仁义治国是实现社会控制的根

① 《史记》卷6《秦始皇本纪》，北京：中华书局，1959年，第1册，第276、282页。

本，是国家统治的指导思想。以仁义治天下，人们“知有父子之亲，君臣之义，夫妇之别，长幼之序”，“骨肉以仁亲，夫妇以义合，朋友以义信，君臣以义序，百官以义承”。[①] 在“仁义”的指导和联结下，整个社会逐渐建立起适合不同等级和阶层的伦理和道德规范，从而实现了社会控制过程中政治、社会行为的伦理化和秩序化，完成了社会阶层、政治秩序的有效整合和良性运行。陆贾认为，秦王朝灭亡的一个重要原因就是没有采纳儒家统治指导思想中施行仁义的怀柔政策。一味讲究攻掠征伐，只是在外部对社会形势进行强力控制。但是，一个社会的有效控制仅仅只是依靠外部的强势力量是远远不够的，还必须推动社会不同的阶级、阶层间的和谐。这种和谐通过在不同的等级、阶层、群体间建立起行之有效的规范体系来完成。不同的规范尽管有各自不同的内容，但千差万别的规范之中却有共同的精神内涵，这就是儒家所倡导的仁义观。仁义的内容在不同规范、不同社会秩序中的不同表现，使得整个政治社会能够在千差万别中有机地整合成一个和谐的整体。

秦始皇“以吏为师”“以法为教”[②]，以焚书坑儒等做法排斥儒家所倡导的社会人伦秩序，只是强化社会控制中苛法、严刑的外在强制作用，忽视社会成员内心对社会秩序的自觉遵守和自律，没有培养、塑造儒家文化所强调的社会成员之间的和谐秩序、自我克制和约束的机制。一旦秦朝国家机器系统的某一部分遭到伤害，由于缺乏内在的自我修复和内敛机制，导致整个国家机器很快失灵，新爆发出的强势力量又使用强权建立新的强势秩序。所以，秦朝的灭亡，从思想意识对社会存在的反作用角度观察，秦统治指导思想上存在着严重的缺失。

司马迁说：“道家无为，又曰无不为，其实易行，其辞难知。其术以虚无为本，以因循为用。无成势，无常形，故能究万物之情。不为物先，不为物后，故能为万物主。有法无法，因时为业；有度无度，因物与合。”[③] 强调的中心议题是统治者该管的则管，该松弛的一定要松弛，要旨是与民休息，无为而治。在小农经济下，人们顺应四时运行：春耕夏种，秋收冬藏，循环往复。统治者要做的就是不要随意破坏自然经济下人们应遵守的时间法则，保障天下百姓能顺应四时运行规律，生产和生活。百姓收获充足，所上缴的赋税也及时充足，还“不夺农时”地轮流为国家服兵役和徭役。所以，“无为而治”的目的，就是指既不误农业生产，又能满足统治政权存在、稳定的需要。但是，秦王朝“为乱政虐刑以残贼天下，数十年矣。北有长城之役，南有五岭之戍，外内骚动，百姓罢敝，头会箕敛，以供军费，财匮力尽，民不聊生。重之以苛

① 王利器：《新语校注·道基》，北京：中华书局，1986年，第34、9、30页。

② 《韩非子》校注组编写，周勋初修订：《韩非子校注·五蠹》（修订本），南京：凤凰出版社，2009年，第559页。

③ 《史记》卷130《太史公自序》，第10册，第3292页。

法峻刑，使天下父子不相安”[1]。其结果是，百姓反当死，不反亦死，铤而走险一搏，或许还能得一生路。

道家政治文化强调，在实现社会控制的过程中，不仅要重视控制者所制定出的行之有效的方式方法，更要重视被控制者对统治方式的反应，包括态度和行为。所以，统治者制定法律、政策、措施等控制方式时，不能随心所欲地对待天下百姓。按照道家朴素辩证法的理解，统治者与普通百姓的关系是一对相互依存的矛盾体，君主势力过于强盛，破坏了这对矛盾体，使被统治者一方消失，结果是统治者一方也就消失了。司马迁引《鬼谷子》语说：“‘圣人不朽，时变是守。虚者道之常也，因者君之纲’也。群臣并至，使各自明也。”不要过多地干预对方的生活规律，在保证对方基本生产生活秩序的前提下，渐渐地施加影响，满足自己的需要。最终“不先定其神[形]，而曰‘我有以治天下’”[2]。

道家统治思想倡导社会整体的统一性，指出统治者并不能为所欲为，在对普通百姓加大控制力度的同时，也要对自己的行为进行反省、克制，不能超出现实普通百姓的忍受力。秦始皇的悲剧就在于，因为气吞山河、一鼓作气统一了中国，导致了个人自高自大心理的绝对膨胀，不仅任意处置社会问题，而且对自然天象也想随意控制。史载秦始皇二十八年（公元前 219 年），“浮江，至湘山祠。逢大风，几不得渡。上问博士曰：‘湘君何神？’博士对曰：‘闻之，尧女，舜之妻，而葬此。’于是始皇大怒，使刑徒三千人皆伐湘山树，赭其山”[3]。在大风、暴雨、洪水面前，秦始皇也狂悖妄为，表现出了秦始皇的心理已不是一般人的心理，而是神的权威。他将自己凌驾于社会与大自然之上，最终自己消灭了自己。

诸子百家之中，法家、兵家、儒家等从不同的角度和侧面提出了建立社会控制方式的指导理论，各家理论也有其实际应用性。秦始皇在统一阶段将最能发挥其功效的法家和兵家理论最大化地加以运用，取得了成功，却忽略了在统一中国的使命完成以后，应该有新的统治指导思想以适应社会变迁。统一后的中国，儒家、道家等治国安邦的思想理论本应大展宏图，但是，秦始皇及其后继者没有完成这种思想文化的转型，没有接受对于社会稳定、经济恢复、百姓安居乐业极有助益的儒家和道家统治理论的指导，导致了马上能打天下，但马上却治理不了天下的悲剧，表现出了秦王朝君主专制主义理论在思想文化方面的缺陷。

秦君主专制主义中央集权轰轰烈烈地建立，又短暂迅速地崩溃。继之而建的西汉

---

① 《史记》卷 89《张耳陈馀列传》，第 8 册，第 2573 页。
② 《史记》卷 130《太史公自序》，第 10 册，第 3292 页。
③ 《史记》卷 6《秦始皇本纪》，第 1 册，第 248 页。

政权，一方面“汉承秦制”，另一方面从建立之初就认真、全面、深刻地总结秦朝短祚的经验教训，从理论与实践的结合上分析秦君主专制主义中央集权制度的得失，为西汉统治的长治久安提供借鉴。所以，汉初的政治家、思想家将极大的热情和精力投入反思秦亡的活动中，留下了丰富的史料。

秦王朝在社会控制活动中，夸大统治政权的影响力，以为严刑苛法就足以保证统治政权的长治久安。陆贾认为，“秦二世尚刑而亡”①，“秦以刑罚为巢，故有覆巢破卵之患，以李斯、赵高为杖，故有顿仆跌伤之祸，何者？所任者非也”②。刑罚苛重是秦王朝短祚的重要原因之一，所任也非人。“秦始皇设刑罚，为车裂之诛，以敛奸邪，筑长城于戎境，以备胡、越……蒙恬讨乱于外，李斯治法于内，事逾烦天下逾乱，法逾滋而天下逾炽，兵马益设而敌人逾多。秦非不欲治也，然失之者，乃举措太众、刑罚太极故也。”③秦刑罚之设不能不说太多，效果适得其反。所以，任何强硬措施如果超过普通百姓的承受能力，就会成为激起百姓造反的导火线。秦王朝以法家法、术、势融为一体的君主专制主义集权理论为指导，将统治政治和统治过程简化为君主高高在上的高压措施，以君权的淫威迫使臣民“指鹿为马”，成为君权服服帖帖的奴婢。

跟随陈胜、刘邦灭亡秦之将领们目睹了秦朝的暴政。陈馀等人说：“秦为无道，破人国家，灭人社稷，绝人后世，罢百姓之力，尽百姓之财。”④樊哙说：“夫秦有虎狼之心，杀人如不能举，刑人如恐不胜；天下皆叛之。”⑤武臣在组织天下豪杰时说：“秦为乱政虐刑以残贼天下，数十年矣。北有长城之役，南有五岭之戍，外内骚动，百姓罢敝……重之以苛法峻刑，使天下父子不相安。”⑥秦统治下的整个社会仅仅是君主专制淫威下高度旋转的陀螺，不得不筋疲力尽地旋转着，只要暴力工具稍有松懈，这只疲惫的陀螺立即就会停顿下来，充分暴露出秦专制主义社会统治政治的致命弱点。

从汉初人们对秦王朝的反省、总结中，可以发现，秦王朝统治集团内部缺乏亲和力。秦始皇、秦二世及少数亲信将自己凌驾于整个统治集团之上，采取高压统治态势，迫使统治集团内部成员不敢表达自己的意见，身处战战兢兢、朝不保夕的境况之中。这样的统治集团一旦遭遇外来的冲击和内部的反抗，就会立即陷入土崩瓦解之中。秦二世上台后，“乃行诛大臣及诸公子，以罪过连逮少近官三郎，无得立者，而六

① 王利器：《新语校注·道基》，第29页。
② 王利器：《新语校注·辅政》，第51页。
③ 王利器：《新语校注·无为》，第62页。
④ 《史记》卷89《张耳陈馀列传》，第8册，第2573页。
⑤ 《资治通鉴》卷9《汉纪一》，北京：中华书局，1956年，第303页。
⑥ 《史记》卷89《张耳陈馀列传》，第8册，第2573页。

公子戮死于杜”。秦二世的“昆弟三人皆流涕拔剑自杀。宗室振恐。群臣谏者以为诽谤，大吏持禄取容。黔首振恐”①。天下未乱，统治集团内部方寸已乱，一遇危及统治安全的风吹草动，百官大臣立即不顾统治政权的生存安危，各奔新主。所以，西汉初年统治者特别重视统治集团内部的稳定和谐。陆贾为刘邦建言，君主要行仁义：“君臣以义制忠，礼以仁尽节，乐以礼升降。”“骨肉以仁亲，夫妇以义和，朋友以义信，君臣以义序，百官以义承。”②以仁义秩序使自上到下的整个统治集团网络成为一个稳定的整体，首先完成对统治集团内部的有机整合，实现了君主对百官大臣的强有力的控制，也就保证了君主专制主义中央集权通过整个官僚机构及其百官大臣对全社会各阶层的有效统治。秦朝统治政权的社会控制的第一个亏缺就在于不能稳定住统治集团自身的团结，从而也就不能保证统治政权的巩固、稳定。

秦王朝虽然从形式上全面地完成了国家的统一，实现君主专制主义中央集权对地方的控制，但仅仅是完成了国家政权外部的统一，民心无不思反。陈胜、吴广仅九百戍卒，振臂一呼，天下响应，足以证明秦专制主义中央集权对社会的控制仅仅停留在外部的强权维系之下，没有深入社会不同阶级、不同阶层的内心，将其转化为人们对统一的认同、对皇权的认同，从而自觉地维护社会整体的存在。西汉建立以后，从高祖刘邦到文帝、景帝继位，先后花费了近七十年时间，探索、寻求、建立使整个社会黏合在一起的内在机制。在汉武帝加强中央集权之前，终于找到并积极实施的社会控制有效方式，即“汉以孝治天下”。汉文帝以诏令的形式宣布：“孝悌，天下之大顺也。力田，为生之本也。三老，众民之师也。廉吏，民之表也。朕甚嘉此二三大夫之行。今万家之县，云无应令，岂实人情？是吏举贤之道未备也。其遣谒者劳赐三老、孝者帛人五匹，悌者、力田二匹，廉吏二百石以上率百石者三匹。”③文帝以孝悌治国，倡导全社会成员“孝”“廉”，并将孝廉作为入仕的必备条件之一。“孝”是根源于家庭组织中一种自觉的个体行为。在家庭组织生活环境中，每个人从自己做起，从对待自己的父母做起，切实地通过维护家庭、家族社会秩序，遵守家庭和家族规范，最终完成封建君主专制主义大一统政权的社会化要求。将家庭、家族、各级政权作为封建等级秩序社会化的学校，人们从幼年到青年，从中年到老年，都受到“孝悌”的熏陶。诚如《孝经》所说，“夫孝，始于事亲，中于事君，终于立身”，“君子之事亲孝，故忠可移于君”。④尽管整个社会等级森严、贫富不均，但源于血缘关系中的孝道观念

① 《史记》卷6《秦始皇本纪》，第1册，第268页。

② 王利器：《新语主校注·道基》，第30页。

③ 《汉书》卷4《文帝纪四》，北京：中华书局，1962年，第1册，第124页。

④ 胡平生译注：《孝经译注》，北京，中华书局，1996年，第1、31页。

都是一致的。不同等级、不同阶层、不同生活区域的人们受到同样的孝伦理规范的约束，全社会形成了一股强烈的向心力，人们发自内心地维护家庭、家族和各级政权的治理秩序，最终统治政权不仅完成了从各级政权层面对国家的控制，而且也实现了从内心深处对人们思想动机的制约。秦朝短祚的又一个重要因素就是统治政治中没有形成对人们思想意识有效控制的内在机制，显然汉初的统治者在这一点上是吸取了这一教训的。

秦王朝社会控制失效的另一表现，就是缺乏对统治集团本身的自我控制，尤其是秦始皇和秦二世对自己行为的放纵。史载："始皇以为咸阳人多，先王之宫廷小，吾闻周文王都丰，武王都镐，丰镐之间，帝王之都也。乃营作朝宫渭南上林苑中。先作前殿阿房，东西五百步，南北五十丈，上可以坐万人，下可以建五丈旗。"[①]又征用七十余万人修骊山墓，四十余万民夫北筑长城，五十余万人南戍五岭。据估计，秦始皇时期的全国人口大约在两千万人左右，但常年征发的徭役却不下三百万人，几乎倾全国成年劳动力为君主忙碌着。秦始皇死后，"二世曰：'先帝后宫非有子者，出焉不宜。'皆令从死，死者甚众。葬既已下，或言工匠为机，臧皆知之，臧重即泄。大事毕，已臧，闭中羡，下外羡门，尽闭工匠臧者，无复出者"[②]。秦朝统治者惨无人道，视平民百姓性命为草芥，也视身边的百官大臣为仇敌，一味强化个人意志，百官大臣除了恐惧、担忧以外，没有发自内心地对君主的忠诚和拥戴。一旦遭遇外来势力猛烈冲击，整个统治集团即作鸟兽散。所以，后继的西汉统治者十分重视统治集团内部的团结，重视君主个人和百官大臣们自身的道德修养，力图做到"守国者以仁坚固，佐君者以义不倾，君以仁治，臣以义平，乡党以仁恂恂，朝廷以义便便"[③]。统治政治的重心开始转向对统治集团内部各个阶层的内在控制，构建属于不同等级、不同阶层的道德规范和行为准则，甚至包括皇帝自己应遵守的规范，强调君主的严格自律，并以此作为整个统治集团规范化、秩序化的前提。儒家思想逐渐成为统治集团内部自身建设最恰当的政治指导思想。讲究个人修养、注意个人内在自我控制的儒家思想精华，在秦灭亡以后的继承者那里得到重新发现和新时代的解释，与新王朝建立的庞大的外在社会控制内容紧紧地结合在一起，构成了西汉社会控制体系的全部。

秦王朝社会控制体系的迅速崩溃，除了秦始皇、秦二世的残暴统治以外，也深刻地反映了不成熟社会转型重建中内敛机制与大一统社会整合中的秩序失范。秦始皇从公元前 230 年起，仅仅花费了十年左右时间完成了国家的统一。中国古代社会由春秋

---

① 《史记》卷 6《秦始皇本纪》，第 1 册，第 256 页。
② 《史记》卷 6《秦始皇本纪》，第 1 册，第 265 页。
③ 王利器：《新语校注・道基》，第 30 页。

战国的诸侯独立、天下分治的状态转变为天下一统、君主专制的中央集权制社会。社会迅速转型带来的最突出的社会矛盾是统治机制的不适。秦国通过耕战措施蓄养了庞大的军事暴力队伍，并通过战争的方式客观上消灭了六国政权，完成了疆域上、物质上的统一。国家统一之初，秦始皇采取了一系列社会整合的措施，包括地方上推行郡县制，车同轨、书同文、行同伦，收天下兵器而熔铸成十二个大铜人，迁天下富豪十二万户于咸阳等。这些措施和举动可谓隆重而彻底，效果极为显著，影响广泛而深远。但是，对于刚刚转型的大一统政权为什么没有起到长治久安的巩固作用呢？“汉承秦制”以后，自西汉以来的历代统治者不断思考该问题，试图为统治政权提供警示性的借鉴。

汉初，陆贾认为：“秦非不欲治也，然失之者，乃举措太众、刑罚太极故也。”① 汉文帝时期的贾谊认为：“（秦）繁刑严诛，吏治刻深；赏罚不当，赋税无度。”② 唐朝初年的《贞观政要·务农》中记载了侍臣王珪与唐太宗的对话，讨论秦政的过失：“昔秦皇、汉武，外则穷极兵戈，内则崇侈宫室，人力既竭，祸难遂兴，彼岂不欲安人乎？失所以安人之道也。”同书《俭约》篇又载：“秦始皇营建宫室而人多谤议者，为徇其私欲，不与众共故也。”③ 唐政论家柳宗元认为：“（秦）酷刑苦役，而万人侧目。失在于政，不在于制。秦事然也。”④ 对秦王朝的批评、反思、总结统统基于对现实政权建设的需要。任何一个新建立的封建王朝，为了自己统治的稳定和长治久安，都从不同的侧面发现秦王朝灭亡本质性的东西。从以上言论中，可以总结出历代政治家对秦王朝灭亡原因的本质看法。

在统一的国家政权有机体中，拥有强权的统治者一方对被统治者的弱势一方滥施淫威，最终致使弱势一方无法生存，只得揭竿而起。“刑罚太极”和“赋敛无度”，因而“天下苦秦久矣”。在秦末反秦队伍中，普遍认为：“秦父兄苦其主久矣，今诚得长者往，毋侵暴，宜可下。”“父老苦秦苛法久矣，诽谤者族，耦语者弃市。”⑤ 在国家政权这个统一体中，统治者因为被统治者而存在，统治者所实施的措施、手段因被统治者而设置。统治政权应该及时地根据被统治者的承受能力和感受、要求及行为不断地修正自己的行为，调整自己的统治方式。秦统一后，被统治者对秦王朝政权的态度行为相应地发生了转变，不再是草木皆兵的敌人，而是自然经济下赋税和徭役的承担者，是秦统治的“子民”。因此，秦的统治方式也应该从战争消灭转化为对一盘散沙的

① 王利器：《新语校注·无为》，第62页。

② 《贾谊集·过秦中》，上海：上海人民出版社，1976年，第6页。

③ （唐）吴兢撰，谢保成集校：《贞观政要集校》，北京：中华书局，2003年，第423、317页。

④ （唐）柳宗元：《封建论》，《柳宗元集》第1册，北京：中华书局，1979年，第73页。

⑤ 《汉书》卷1《高帝纪一》，第1册，第16—17、23页。

社会重组和整合，构建和制定一个统一社会中所必需的规范体系。但秦统治阶级仍然通过战争、高压、掠夺、严刑苛法维持庞大的统治机器的存在。对于人民群众的不满和反抗，大臣们不敢如实上奏，欺哄秦二世："群盗，郡守尉方逐捕，今尽得，不足忧。"[①]秦二世听后大悦。由于长期的专制君权统治，秦二世已经不相信平民百姓有反抗统治政权的力量和勇气。当官逼民反时，仍然没有意识到问题的严重程度。秦王朝统治体系有着重大的缺陷，没有建立起有效的自我反省和内敛机制，在严峻的危急时刻，依然我行我素，拒绝检讨自己，修补统治结构中的严重不足。

秦王朝在战国七雄的废墟上完成了大一统国家的建设，构建了影响中国封建社会两千多年的君主专制主义中央集权制度。与此同时，秦王朝在社会分层和社会整合中，将君主势力阶层的权力、利益无限夸大，使被奴役阶层达到不能承受的极限。在统治集团内部，对皇权依赖的对象——百官大臣，秦始皇、秦二世也滥施淫威，造成在朝官员不敢说真话，不敢有所作为，朝不保夕，缺乏统治集团内部应有的向心力和认同感，处在非正常的政治状态之中。对于势力庞大的旧贵族势力，秦始皇采取迁徙、镇压的方式，没有将其中的精英吸收到秦各级政权中来。这一大批旧贵族在秦统一以后很长的时间内，找不到获取来自于新政权的利益之途径，积怨越来越深，一旦反抗机会出现，即成倒戈反秦的主力军。自耕农阶层是秦朝统治最广泛的基础阶层，但秦王朝对自耕农阶层一味掠夺、奴役，使他们失去了基本的生活条件。由此观之，秦王朝的统一仅仅是形式上的，秦王朝的失误就在于没有完成社会整合中的规范化和秩序化，没有建立起不同阶级、不同阶层相互依赖、相互信任的和谐机制。

① 《史记》卷6《秦始皇本纪》，第1册，第269页。

秦汉白色神秘象征意义试析*

曾 磊
（中国社会科学院古代史研究所，出土文献与中国古代文明研究协同创新中心）

颜色本是一种客观存在的光学现象。自然界中的颜色经过人类视觉系统的处理呈现在我们眼前。人类对颜色进行语言描述，就产生了颜色词。人类在各自的文化环境中，通过自身的生产实践逐渐赋予颜色不同的文化寓意。颜色也成为一种鲜明的文化符号。在人类文明的初期，颜色因其鲜明的视觉特性，可能比文字更容易表达特定的情感和思想。因为人类文明的延续性和差异性，同一种颜色在不同历史时期、不同文化族群中会有不同的文化寓意。直至今日，颜色仍然是区分国家、族群的显著标志。①

中国古代对事物颜色的重视往往超出今人的想象。这种重视自商周以来就表现得十分明显②，在秦汉时期依然可以见到。颜色只是表象，其背后思想基因的源流十分久远，影响也非常深远。长期以来，秦汉颜色观念的研究未引起学者的注意。通过对这些以颜色为表征的思想观念的研究，可以加深对秦汉社会风貌的认识，可以使我们更深入地了解秦汉人的精神世界和心理特质。这种重视颜色意义的思想根源与其所反映的古人思维模式的特色，也有待研究者发掘。本文尝试从文化史角度出发，利用传世文献、出土简帛和其他考古文物资料对秦汉时代白色的神秘象征意义进行考察，不当之处，尚祈方家指正。③

---

* 本文为国家社会科学基金青年项目“秦汉颜色观念研究”（17CZS009）、国家社会科学基金重大项目“中国传统礼仪文化通史研究”（18ZDA021）的阶段性研究成果。

① 例如，各国国旗的颜色大多具有特定的文化意义。服饰颜色的差异，也往往是区分不同民族的标志。

② 参见［英］汪涛：《颜色与祭祀：中国古代文化中颜色涵义探幽》，郅晓娜译，上海：上海古籍出版社，2013年；郭静云：《幽玄之谜：商周时期表达青色的字汇及其意义》，《历史研究》2010年第2期。

③ 关于秦汉时代白色的其他象征意义，参见曾磊：《秦汉白色的象征意义研究》，武汉：武汉大学博士后出站报告，2014年。

一、白色与祭祀

在秦汉的祭祀仪节中，白色祭品频频出现。通过对秦汉人的用色习俗的考察可以发现，在秦汉人的神秘信仰中，白色常常带有某种神圣色彩。

（一）白茅祭祀

在古代祭祀活动中常常使用白茅。《焦氏易林》卷 5《临之蒙》说："白茅醴酒，灵巫拜祷。神嗜饮食，使君寿考。"又卷 15《兑之咸》："白茅缩酒，灵巫拜祷。神嗜饮食，使君寿考。"卷 3《小畜之坎》则说："乱茅缩酒，灵巫拜祷。神怒不许，瘁愁忧苦。"[①]若以颜色纯洁的白茅缩酒祭祀会得到神灵庇护，但若以杂色茅草缩酒祭祀则会引起神灵的愤怒。这是何原因？

胡新生认为，白茅是巫师常用的通神灵物，而白茅的灵化与祭祀制度有关。[②]《周礼・天官・甸师》说："祭祀，共萧茅。"郑玄注："茅以共祭之苴，亦以缩酒，苴以藉祭。"[③]可见茅草在祭祀中的作用，一是用以缩酒，二是用作放置祭品的垫子。又《周易・大过》："初六：借用白茅，无咎。"孔颖达疏："荐藉于物，用洁白之茅，言以洁素之道奉事于上也。"[④]《后汉书・祭祀志上》刘昭注补引袁宏曰："夫神道贞一，其用不烦；天地易简，其礼尚质。故借用白茅，贵其诚素；器用陶匏，取其易从。"[⑤]可见祭祀使用白茅为藉，是取其素洁自然之意。以此推知，以白茅缩酒也应是取其素洁，而按照"原始思维"的模式，以纯白色茅草过滤的酒精，纯度也会更高。颜色不纯的茅草又会造成杂乱无章的视觉观感，自然会引起神灵的不满。

除了祭祀之外，分封仪式也使用白茅。《尚书・禹贡》："厥贡惟土五色"，孔安国传："王者封五色土为社，建诸侯则各割其方色土与之，使立社。焘以黄土，苴以白

---

① （汉）焦延寿著，（清）尚秉和注，常秉义批点：《焦氏易林注》，北京：中央编译出版社，2012 年，第 204、611、104 页。

② 胡新生：《中国古代巫术》，北京：人民出版社，2010 年，第 131 页。

③ （汉）郑玄注，（唐）贾公彦疏：《周礼注疏》卷 41《天官・甸师》，（清）阮元校刻：《十三经注疏》，北京：中华书局，1980 年，第 663 页。

④ （魏）王弼、（晋）韩康伯注，（唐）孔颖达疏：《周易正义》卷 3《大过》，（清）阮元校刻：《十三经注疏》，第 41 页；《汉书》卷 80《宣元六王传・淮阳宪王刘钦传》颜师古注："茅者，洁白之物，取其自然，故用藉致享于神，慎之至也。"（北京：中华书局，1962 年，第 3318 页）又《诗经・召南・野有死麇》："野有死麢，白茅包之。"毛亨传："白茅，取洁清也。"参见（汉）毛亨传，（汉）郑玄笺，（唐）孔颖达疏：《毛诗正义》卷 1《召南・野有死麇》，（清）阮元校刻：《十三经注疏》，第 292 页。

⑤ 《后汉书・祭祀志上》，北京：中华书局，1965 年，第 3171 页。

茅，茅取其洁，黄取王者覆四方。”孔颖达疏：

> 传解贡土之意，王者封五色土以为社，若封建诸侯，则各割其方色土与之，使归国立社。其土焘以黄土。焘，覆也。四方各依其方色，皆以黄土覆之。其割土与之时，苴以白茅，用白茅裹土与之。必用白茅者，取其洁清也。《易》称“借用白茅”，茅色白而洁美。《韩诗外传》云：“天子社广五丈，东方青，南方赤，西方白，北方黑，上冒以黄土。将封诸侯，各取其方色土，苴以白茅，以为社。明有土谨敬洁清也。”蔡邕《独断》云：“天子大社，以五色土为坛。皇子封为王者，授之大社之土，以所封之方色苴以白茅，使之归国以立社，谓之茅社。”①

天子分封时，要以白茅裹其方色之土赐予诸侯，使之归国立社。孔安国传和孔颖达疏都强调使用白茅的原因是取其清洁，用意与祭祀相同。汉代的分封仪式也采取了这一礼仪，如汉献帝封曹操为魏公“锡君玄土，苴以白茅”②。后曹操进封魏王，又“使使持节行御史大夫、宗正刘艾奉策玺玄土之社，苴以白茅，金虎符第一至第五，竹使符第一至十”③。“茅土”也成为分封的代称。④ 相较前代又增加了授玺绶策书、金虎符、竹使符等仪节，但以白茅裹封土的仪式一直保留下来。⑤《史记·封禅书》又载，汉武帝分封栾大，“使使衣羽衣，夜立白茅上，五利将军亦衣羽衣，夜立白茅上受印，以示不臣也”⑥。这一分封仪式十分怪异，让使者和栾大“衣羽衣”，是将他们打扮成仙人，表示此次分封是天帝的旨意，而他们皆站在白茅上完成整个仪式，也体现出白茅的神异特性。

白茅用于祭祀和分封说明，早在先秦时代人们已经有了白色象征圣洁的意识，于

① （汉）孔安国传，（唐）孔颖达疏：《尚书正义》卷6《禹贡》，（清）阮元校刻：《十三经注疏》，第148页。

② 《三国志》卷1《魏书·武帝纪一》，北京：中华书局，1959年，第39页。又如，魏文帝封孙权为吴王，“锡君青土，苴以白茅”，参见《三国志》卷47《吴书·吴主传》，第1122页。封刘禅为安乐县公，“锡兹玄牡，苴以白茅”，参见《三国志》卷33《蜀书·后主传》，第902页。

③ 《三国志》卷1《魏书·武帝纪一》裴松之注引《献帝传》，第48页。又如，孙权封公孙渊为燕王，“使持节守太常张弥授君玺绶策书、金虎符第一至第五、竹使符第一至第十。锡君玄土，苴以白茅，爰契尔龟，用锡冢社。”参见《三国志》卷47《吴书·吴主传》裴松之注引《江表传》，第1138页。

④ 如《汉书》卷72《龚舍传》：“茅土之封”（第3085页）。《汉书》卷73《韦玄成传》：“茅土之继”（第3111页）；《后汉书》卷82下《方术传下·公沙穆》：“茅土之重”（第2730页）；《三国志》卷2《魏书·文帝纪》：“茅土之爵”（第80页）；《三国志》卷33《蜀书·后主传》裴松之注引《诸葛亮集》：“茅土之庆”（第896页）。

⑤ 有学者认为，汉代只有诸侯王得茅土之封，其他受封之臣惟食租赋，不封土立社。参见李俊芳：《汉代册命诸侯王礼仪研究》，《中国史研究》2010年第2期。

⑥ 《史记》卷28《封禅书六》，北京：中华书局，1959年，第1391页。

是才挑选白色的茅草作为通神的灵物。[①] 至于这一意识源自何时，目前很难判断。

（二）白色牺牲

在名目繁多的祭品中，白色牺牲占有重要地位。《山海经·西山经·西次四经》说，祭祀阴山等山脉的神灵“皆用一白鸡祈。糈以稻米，白菅为席”[②]。《抱朴子内篇·仙药》说欲入名山求芝草，除了选择吉日外，还要“带灵宝符，牵白犬，抱白鸡，以白盐一斗，及开山符檄，著大石上，执吴唐草一把以入山，山神喜，必得芝也”[③]。“牵白犬，抱白鸡，以白盐一斗”的目的当是以白色祭品贡献山神，以讨得山神的欢心，才能获得芝草。《史记·封禅书》载，祭祀太一诸神的牺牲，“其牛色白，鹿居其中，彘在鹿中，水而洎之”[④]。祭神的几种牺牲层层包裹，还特别强调最外部的牛牲要使用白色者。《淮南子·人间》又载：

> 昔者，宋人好善者，三世不解。家无故而黑牛生白犊，以问先生，先生曰：“此吉祥，以飨鬼神。”居一年，其父无故而盲，牛又复生白犊，其父又复使其子以问先生。其子曰：“前听先生言而失明，今又复问之，奈何？”其父曰：“圣人之言，先忤而后合。其事未究，固试往复问之。”其子又复问先生，先生曰：“此吉祥也，复以飨鬼神。”归，致命其父，其父曰：“行先生之言也。”居一年，其子又无故而盲。[⑤]

黑牛无故生下白牛，自然是十分异常的事件，先生却以之为“吉祥”，并建议将白色牛犊“以飨鬼神”。父子二人的诚信祭祀终得到善报，后来楚人攻宋，父子二人因目盲不能守城而幸免。

---

① 在秦汉人意识中，白茅又可作为鬼的财物。放马滩秦简“志怪故事”中说“死人以白茅为富”，北大秦简《泰原有死者》也说：“死人所贵黄圈。黄圈以当金，黍粟以当钱，白菅以当繇。”（简文引自武汉大学简帛研究中心、甘肃简牍博物馆编，陈伟主编：《秦简牍合集》四 《放马滩秦墓简牍》，武汉：武汉大学出版社，2014年，第203页；李零：《北大秦牍〈泰原有死者〉简介》，《文物》2012年第6期，第81页）“白菅”是与白茅类似的茅草，《诗经·小雅·白华》：“白华菅兮，白茅束兮。”毛亨传：“白华，野菅也。已沤为菅。”孔颖达疏：“‘白华，野菅’，《释草》文。茅菅，白华，一名野菅。郭璞曰：‘茅属也。’此白华亦是茅之类也。沤之柔韧，异其名，谓之为菅，因谓在野未沤者为野菅也。”参见（汉）毛亨传，（汉）郑玄笺，（唐）孔颖达疏：《毛诗正义》卷15《小雅·白华》，（清）阮元校刻：《十三经注疏》，第496页。白菅亦可作祭祀的借垫。《山海经·西山经》说祭祀《西次三经》《西次四经》之神以“白菅为席”，参见袁珂校注：《山海经校注》卷2《西山经》，成都：巴蜀书社，1993年，第45、79页。白茅作为财物象征，可能是底层民众对白茅用途的引申。

② 袁珂校注：《山海经校注》卷2《西山经·西次四经》，第79页。

③ 王明：《抱朴子内篇校释》卷11《仙药》，北京：中华书局，1985年，第202页。

④ 《史记》卷28《封禅书六》，第1394页。

⑤ 何宁：《淮南子集释》卷18《人间》，北京：中华书局，1998年，第1255—1256页。

以上几例都是以白色动物祭祀鬼神的事例。此外，白犬与白马也是常见的白色祭品，其中的文化意义也值得研究者重视。

以白犬作为祭祀的牺牲源头甚古。《山海经·南山经》说《南次三经》所载的神灵“皆龙身而人面。其祠皆一白狗祈，糈用稌”。郭璞云：“祈，请祷也。”毕沅云：“祈当为䰜；《说文》云，以血有所刏涂祭也。”[①] 汉代祭祀祖先亦有白犬。《初学记》卷 3 引《四民月令》：“先后冬至各五日，买白犬养之，以供祖祢。”[②]

行道祭祀中的“軷祭”常用犬作为牺牲。“軷”，《说文》：“出将有事于道，必先告其神，立坛四通，树茅以依神为軷。既祭犯軷，轹牲而行为范軷。”[③]“范軷”所轹之牲，为犬或羊。[④] 詹鄞鑫指出：“祖道仪式有磔狗……（此指以车碾压牺牲）之礼，大约是让车轮染上牲血，以避邪凶。”[⑤]《周礼·秋官·犬人》又载：

> 犬人掌犬牲。凡祭祀，共犬牲，用牷物。伏、瘗亦如之。

郑玄注引郑司农云：“牷，纯也。物，色也。伏谓伏犬，以王车轹之。瘗，谓埋祭也。”[⑥] 强调行道祭祀使用纯色的犬只。这一点可以在楚人的行道祭祀中得到验证，如：

> 赛于行，一白犬，酉（酒）飤（食）。（包山 M2 简 208）
> 赛祷行，一白犬。（包山 M2 简 219）
> 与祷宫行，一白犬，酉（酒）飤（食）。（包山 M2 简 211、229）
> 与祷行，一白犬，酉（酒）飤（食）。闵于大门，一白犬。（包山 M2 简 233）[⑦]
> 遱祷宫行，一白犬，酉（酒）飤（食）。（望山 M1 简 28）[⑧]

可见，楚人祭祀行神不仅注意犬只的毛色纯洁，还特别强调使用白犬。

有学者曾对白马的文化意义加以总结，以为白马是“天人交流的使者”[⑨]。据《吴

① 袁珂校注：《山海经校注》卷 1《南山经·南次三经》，第 23 页。
② （唐）徐坚等：《初学记》卷 3，北京：中华书局，1962 年，第 60 页。
③ （汉）许慎撰，（清）段玉裁注：《说文解字注》，上海：上海古籍出版社，1988 年，第 727 页。
④ 《仪礼·聘礼》：“出祖，释軷”。郑玄注：“其牲，犬、羊可也。”参见（汉）郑玄注，（唐）贾公彦疏：《仪礼注疏》卷 24《聘礼》，（清）阮元校刻：《十三经注疏》，第 1072 页。
⑤ 詹鄞鑫：《神灵与祭祀——中国传统宗教综论》，南京：江苏古籍出版社，1992 年，第 440 页。
⑥ （汉）郑玄注，（唐）贾公彦疏：《周礼注疏》卷 36《秋官·犬人》，（清）阮元校刻：《十三经注疏》，第 882 页。
⑦ 释文引自陈伟等：《楚地出土战国简册（十四种）》（全 2 册），北京：经济科学出版社，2009 年，第 93、94、95 页。
⑧ 释文引自陈伟等：《楚地出土战国简册（十四种）》（全 2 册），第 272 页。
⑨ 崔建华：《白马：天人交流的使者》，《寻根》2009 年第 6 期；宫震：《论“白马”在古代社会中的特殊地位》，《传奇·传记文学选刊（理论研究）》2010 年第 12 期。

越春秋》说，大禹东巡“登衡山，血白马以祭”[①]。这一说法未必可靠，但在商代时人们确实已经表现出对白马的重视。[②]白马经常作为祭品贡奉神灵。据说越军伐吴时，越王梦得伍子胥指引，于是“杀白马祭子胥”[③]。秦汉人又常以白马祭祀水神。《史记・秦始皇本纪》载：“二世梦白虎啮其左骖马，杀之，心不乐，怪问占梦。卜曰：‘泾水为祟。’二世乃斋于望夷宫，欲祠泾，沉四白马。”[④]汉武帝为治理黄河瓠子决口，“自临决河，沉白马玉璧于河，令群臣从官自将军已下皆负薪填决河”[⑤]。王尊也曾在瓠子金堤“躬率吏民，投沉白马，祀水神河伯”[⑥]。

古人又常以白马之血进行盟誓。苏秦游说赵王反秦，建议“令天下之将相会于洹水之上，通质，刳白马而盟”[⑦]。张仪游说魏王事秦，也建议“今从者一天下，约为昆弟，刑白马以盟洹水之上”[⑧]。汉高祖与功臣盟誓，“申以丹书之信，重以白马之盟”。颜师古注：“白马之盟，谓刑白马歃其血以为盟也。”[⑨]元帝时，车骑都尉韩昌、光禄大夫张猛与呼韩邪单于盟誓，“俱登匈奴诺水东山，刑白马，单于以径路刀金留犂挠酒，以老上单于所破月氏王头为饮器者共饮血盟”[⑩]。汉末焦触率诸郡太守令长背袁向曹，也曾“杀白马盟”[⑪]。关羽围攻襄阳时，正值大雨。“羽急攻樊城，樊城得水，往往崩坏，众皆失色。”满宠于是“沉白马，与军人盟誓”[⑫]。歃血为盟是盟誓的主要方

① 张觉校注：《吴越春秋校注》，长沙：岳麓书社，2006年，第158页。

② 裘锡圭：《从殷墟甲骨卜辞看殷人对白马的重视》，《殷都博物院院刊》（创刊号），北京：中国社会科学出版社，1989年，第70—72页，收入《古文字论集》，北京：中华书局，1992年，第232—235页。

③ 《史记》卷31《吴太伯世家》张守节《正义》引《吴俗传》，第1473页。类似记载又见《史记》卷66《伍子胥列传》张守节《正义》引《吴地记》，第2181页；《史记》卷78《春申君列传》张守节《正义》引《吴俗传》，第2390页。

④ 《史记》卷6《秦始皇本纪六》，第273—274页。

⑤ 《史记》卷29《河渠书七》，第1413页。类似记载又见《汉书》卷29《沟洫志》：“于是上以用事万里沙，则还自临决河，湛白马玉璧，令群臣从官自将军以下皆负薪填决河。”颜师古注：“沉马及璧以礼水神也。”（第1682页）

⑥ 《汉书》卷76《王尊传》，第3237页。

⑦ 《史记》卷69《苏秦列传》，第2249页。

⑧ 《史记》卷70《张仪列传》，第2285页。

⑨ 《汉书》卷16《高惠高后文功臣表》，第527、528页。事又见《史记》卷9《吕太后本纪》：“高帝刑白马盟曰‘非刘氏而王，天下共击之’。”（第400页）

⑩ 《汉书》卷94下《匈奴传下》，第3801页。

⑪ 《后汉书》卷74下《袁谭传》，第2417页。

⑫ 《三国志》卷26《魏书・满宠传》，第722页。值得注意的是，满宠“沉白马”的行为，与以上“刳白马”“刑白马”“杀白马”的方式不同。因为樊城水患，满宠与军人的盟誓可能兼有祭祀水神的功用。

式[①]，而特别强调以白马之血盟誓，也表明白色的马匹具有某种神秘意义。

（三）鲁祀周公用白牡

在鲁国的祭祀体系中，白色牺牲也受到特别的重视。鲁国是周公的封地，周公的后代拥有一系列超越一般诸侯规格的待遇。《汉书·王莽传上》曾提到，成王曾特许以“白牡之牲”祭祀周公。[②]又《礼记·明堂位》载：“季夏六月，以禘礼祀周公于大庙，牲用白牡。”孔颖达疏：“‘牲用白牡’者，白牡殷牲，尊敬周公，不可用己代之牲，故用白牡。”[③]“白牡”是“殷牲”，用“殷牲”祭祀周公显然不合周礼。究其缘由，孔颖达以为是出于对周公的尊敬。关于此点，《春秋繁露》有更详细的论述：

> 廷尉臣汤昧死言：臣汤承制，以郊事问故胶西相仲舒。臣仲舒对曰：“……《春秋》曰：‘鲁祭周公，用白牡。’色白贵纯也。帝牲在涤三月，牲贵肥洁，而不贪其大也。凡养牲之道，务在肥洁而已。驹犊未能胜刍豢之食，莫如令食其母便。”臣汤谨问仲舒：“鲁祀周公用白牡，非礼也？”臣仲舒对曰：“礼也。”臣汤问：“周天子用骍犅，群公不毛。周公、诸公也，何以得用纯牲？”臣仲舒对曰：“武王崩，成王立而在襁褓之中，周公继文武之业，成二圣之功，德渐天地，泽被四海，故成王贤而贵之。《诗》云：‘无德不报。’故成王使祭周公以白牡，上不得与天子同色，下有异于诸侯。臣仲舒愚以为报德之礼。”[④]

所谓“周公八子，并为侯伯，白牡骍刚，郊祀天地，典策备物，拟则王室，荣章宠盛如此之弘也”[⑤]。使用白牲祭祀周公的原因，除了“报德”之外，董仲舒还特别提到

① 歃血盟誓的仪式见《礼记·曲礼下》孔颖达疏、《左传·隐公元年》孔颖达疏。关于古人的用血制度，参见李孝定：《释“衅”与“沫”》，《“中央研究院”历史语言研究所集刊》编辑委员会编：《庆祝董作宾先生六十五岁纪念文集》，下册，台北：“中央研究院”历史语言研究所，1960 年，第 983—995 页；黄俊杰：《中国古代的衅及其文化史意义》，《清华学报》1991 年新 21 卷第 1 期；连劭名：《甲骨刻辞中的血祭》，中国古文字研究会、中华书局编辑部编：《古文字研究》第 16 辑，北京：中华书局，1989 年，第 49—66 页；张胜琳：《古代的尚血观念与尚血仪式》，《民族研究》1986 年第 6 期；江绍原：《古代的“衅”（涂血）礼》，《江绍原民俗学论集》，上海：上海文艺出版社，1998 年，第 145—160 页；杨华：《先秦血祭礼仪研究——中国古代用血制度研究之一》，《世界宗教研究》2003 年第 3 期；杨华：《先秦衅礼研究——中国古代用血制度研究之二》，《江汉考古》2003 年第 1 期。

② 《汉书》卷 99 上《王莽传上》，第 4062 页。

③ （汉）郑玄注、（唐）孔颖达疏：《礼记正义》卷 31《明堂位》，（清）阮元校刻：《十三经注疏》，第 1489 页。

④ 苏舆撰，钟哲点校：《春秋繁露义证》卷 15《郊事对》，北京：中华书局，1992 年，第 414—417 页。

⑤ 《三国志》卷 1《魏书·武帝纪一》裴松之注引《魏书》，第 41 页。

“色白贵纯”“牲贵肥洁”。白色的纯洁属性，也成为选用白牲的原因之一。[①] 以上所论以白犬、白马等白色动物祭祀神灵，应该也是取白色的纯洁之意。

（四）白石崇拜

古人不仅使用白色牺牲祭祀神灵，对于一些白色自然物也赋予特殊的信仰意义。白石崇拜即是其中一例。

白石是素雅高洁的象征。《史记·鲁仲连邹阳列传》：“宁戚饭牛车下，而桓公任之以国。”裴骃《集解》引应劭曰：“齐桓公夜出迎客，而宁戚疾击其牛角商歌曰：‘南山矸，白石烂，生不遭尧与舜禅。短布单衣适至骭，从昏饭牛薄夜半，长夜曼曼何时旦？’公召与语，说之，以为大夫。”司马贞《索隐》：“矸者，白净貌也。”[②] 宁戚以“矸烂”的南山白石自喻，感叹自己生不逢时，引起齐桓公的注意。白石又具有某种神圣性。《汉书·王莽传上》载：“前辉光谢嚣奏武功长孟通浚井得白石，上圆下方，有丹书著石，文曰‘告安汉公莽为皇帝’。”[③]“上圆下方”的石头，容易让人联想到天圆地方的宇宙模式，宣告天意的符瑞，又是以白色的石头作为载体的。

中国古代有石头崇拜的原始信仰[④]，白石崇拜即是其中一种。《隶释》卷 3 录有《白石神君碑》，据碑文可知，该碑刻于光和六年（183 年）。[⑤] 碑文载：“白石神君居九

---

① 以白牲祭祀周公还体现出了颜色的等级差异。《公羊传》载：“鲁祭周公，何以为牲？周公用白牲，鲁公用骍犅，群公不毛。”何休注：“白牡，殷牲也。周公死有王礼，谦不敢与文、武同也。不以夏黑牡者，谦改周之文，当以夏辟嫌也。”“骍犅，赤脊，周牲也。鲁公以诸侯不嫌，故从周制，以脊为差。”“不毛，不纯色，所以降于尊祖。”参见（汉）何休注，（唐）徐彦疏：《春秋公羊传注疏》卷 14《文公十三年》，（清）阮元校刻：《十三经注疏》，第 2272 页。《史记》卷 60《三王世家》也说：“周公祭天命郊，故鲁有白牡、骍刚之牲。群公不毛，贤不肖差也。”（第 2108 页）由此看来，白色、骍色、杂色形成一个等级序列，“白牡”的地位要高于“骍刚”和“不毛”。汪涛指出，根据《公羊传》和《考工记》的记载，宗庙、祭牲、献酒和玉石等，在祭祀系统中都被分成不同的等级，每个等级的颜色都要与祭者的身份相配。在祭祀中，纯色是高等颜色，杂色是低等颜色。又指出，大约在公元前一千年之际，祭祀颜色的宗教性减弱，代之以社会意义，参见［英］汪涛：《颜色与祭祀：中国古代文化中颜色涵义探幽》，郅晓娜译，第 164—165 页。

② 《史记》卷 83《鲁仲连邹阳列传》，第 2473、2474 页。

③ 《汉书》卷 99 上《王莽传上》，第 4078—4079 页。

④ 孙作云：《中国灵石崇拜》，《民族杂志》1937 年第 5 卷第 1 期，收入苑利主编：《二十世纪中国民俗学经典·信仰民俗卷》，北京：社会科学文献出版社，2002 年，第 35—58 页；王孝廉：《中国的神话与传说·石头的古代信仰与神话传说》，台北：联经出版事业公司，1983 年；李露露：《我国民间的灵石信仰》，《中国历史博物馆馆刊》1995 年第 2 期；萧兵：《灵石崇拜和祈雨巫术——兼谈萨满教的札达仪》，《民族艺术》1997 年第 3 期；仲高：《中国石崇拜信仰探究》，《民族艺术》1998 年第 1 期。

⑤ 本碑文末有“燕元玺三年正月十日，主簿程疵家门，传白石将军教，吾祠今日为火所烧”之句，因此关于本碑的刊刻时代，历代争论不休。洪适《隶释》以为：“汉人分隶固有不工者，或拙或怪，皆有古意。此碑虽布置整齐，略无纤毫汉字气骨，全与晋、魏间碑相若，虽有光和纪年，或后人用旧文再刻者耳。”钱大昕《潜研堂金石文跋尾》以为：“或疑此碑为前燕重刻，予观其字体方整，已开黄初之先。汉隶遒逸之格，至此小变。然慕容僭伪，讵能办此。况字体亦绝不类，要为汉刻无疑矣。”今从钱大昕说。以上详见高文：《汉碑集释》，开封：河南大学出版社，1997 年，第 467 页。

山之数，参三条之壹，兼将军之号，秉斧钺之威。体连封龙，气通北岳，幽赞天地，长育万物。触石而出，肤寸而合。不终朝日，而澍雨沾洽。前后国县，屡有祈请。指日刻期，应时有验。”文末颂辞又说：“岩岩白石，峻极太清。晧晧素质，因体为名。”[①]陈奕禧《金石遗文录》：“白石山在今县（元氏县）西北五十里，山多白石，故名，旧有白石神君祠，即汉时立碑处也。”[②]看来白石神君的得名是因其“山多白石”。从碑文来看，汉代当地居民常于此处向白石神君祈雨，皆有灵验。碑文又说：“光和四年，三公守民盖高等，始为无极山诣太常求法食。相县以白石神君道德灼然，乃具载本末上尚书，求依无极为比，即见听许。于是遂开祏旧兆，改立殿堂，营宇既定，礼秩有常。县出经用，备其牺牲；奉其珪璧，洁其粢盛。旨酒欣欣，燔炙芬芬。敬恭明祀，降福孔殷。”可见，当地居民曾为白石神君设祠祭祀。该碑文末又记：“燕元玺三年（354 年）正月十日，主簿程疵家门，传白石将军教，吾祠今日为火所烧。”[③]可见，对于白石神君的礼祀，一直持续至前燕元玺年间，至少历经一百七十余年。

白石崇拜在许多民族的宗教信仰中都有存在，如羌族、纳西族、藏族、普米族等。羌族、纳西族、藏族、普米族等民族同时也有尚白传统。有学者指出，普米族、羌族、藏族、纳西族先民在长达数千年的历史时期中，在藏彝走廊迁徙、征战、交往、融合，作为氐羌族群共有的白石崇拜也经历了长期的文化互渗，以致在藏彝走廊狭长的地域范围内，形成诸族群大同小异的白石崇拜文化圈。诸族群对白石的崇拜不仅是象征祖先神灵，也是古羌集团源远流长的尚白心理的反映。[④]

各民族白石崇拜的文化内涵并不完全相同，但崇拜的对象——白色石头——却是相同的，这也体现出人们对白色的特别珍视。

白色是素雅、圣洁的象征。无论是以白色牺牲祭祀还是以白色自然物作为祭祀对象，其中确实考虑了颜色本身的文化内涵。白色作为祭祀仪节中的常见用色，由于经常与神灵发生关系，因而也具有了神秘功能。

二、白色厌胜

颜色要素并非所有巫术的必备元素，但在某些巫术仪式中，使用特定颜色却可以增加巫术的力量。在有的情况下，颜色的这种神秘魔力还被刻意放大，秦汉时代巫术

① 高文：《汉碑集释》，第 457、458 页。

② 此据高文：《汉碑集释》，第 463 页。

③ 高文：《汉碑集释》，第 458、459 页。

④ 奔厦·泽米：《普米族白石崇拜的文化解读》，《云南民族大学学报（哲学社会科学版）》2011 年第 3 期。

对白色的使用即是其例证。

（一）以白色物品厌胜

五色石是汉晋术士常用的道具。[①]《抱朴子内篇·金丹》说："五石者，丹砂、雄黄、白礜、曾青、慈石也。"[②]五色石可作药用。《史记·扁鹊仓公列传》："齐王侍医遂病，自练五石服之。"[③]《周礼·天官·疡医》："凡疗疡，以五毒攻之。"郑玄注："五毒，五药之有毒者。今医方有五毒之药，作之，合黄堥，置石胆、丹砂、雄黄、礜石、慈石其中。烧之三日三夜，其烟上著，以鸡羽扫取之。以注创，恶肉破，骨则尽出。"[④]汉代墓葬镇墓瓶中又常见用五色石厌胜。如西安初平四年（193 年）王氏朱书陶瓶："和以五石之精，安冢墓，利子孙。"[⑤]咸阳永平三年（60 年）朱书陶瓶："建立大镇，慈、礜、雄黄、曾青、丹沙，五石会精，众药辅神，冢墓安宁。"[⑥]

作为五色石的组成原料，白礜同样也具有厌胜的功用。如西安光和二年（179 年）镇墓文载："礜石厌直□，曾青厌东南。"[⑦]又如，中村不折藏山西王氏镇墓文："礜石八两在东方，金日从革成积刚。□土玄害纯厚高，五行相制天之常。"[⑧]其中的"礜石"即"白礜"，矿物学上称之为砷黄铁矿（FeAsS），色白，有毒。《说文》："礜，毒石也，出汉中。"[⑨]《太平御览》卷 987 引《范子计然》亦载："礜石，出汉

---

① 相关研究参见王奎克：《"五石散"新考》，赵匡华编：《中国古代化学史研究》，北京：北京大学出版社，1985 年，第 80—87 页；鲁迅：《魏晋风度及文章与药及酒之关系》，《而已集》，《鲁迅全集》第 3 卷，北京：人民文学出版社，1961 年，第 379—395 页；刘钊：《说汉"左礜桃枝"印》，《文物天地》1994 年第 6 期，收入《古文字考释丛稿》，长沙：岳麓书社，2005 年，第 206—209 页；[法] 茅甘：《论唐宋的墓葬刻石》，《法国汉学》丛书编辑委员会编：《法国汉学》第 5 辑，北京：中华书局，2000 年，第 150—186 页；刘卫鹏：《"五石"镇墓说》，《文博》2001 年第 3 期；刘昭瑞：《东汉镇墓文中所见到的"神药"及其用途》，《华学》编辑委员会编：《华学》第 7 辑，广州：中山大学出版社，2004 年，第 191—202 页；李零：《五石考》，《中国方术续考》，北京：中华书局，2006 年，第 260—266 页；余嘉锡：《寒食散考》，《余嘉锡论学杂著》上册，北京：中华书局，2007 年，第 181—226 页；刘卫鹏、程义：《汉晋墓葬中随葬陶瓶内盛物的初步研究》，《江汉考古》2008 年第 3 期；姜守诚：《道书所见"五色石"及其功用考述》，《湖南科技学院学报》2009 年第 1 期；刘卫鹏：《汉代镇墓瓶所见"神药"考》，《宗教学研究》2009 年第 3 期。

② 王明：《抱朴子内篇校释》卷 4《金丹》，第 78 页。

③ 《史记》卷 105《扁鹊仓公列传》，第 2810 页。

④ （汉）郑玄注，（唐）贾公彦疏：《周礼注疏》卷 5《天官·疡医》，（清）阮元校刻：《十三经注疏》，第 668 页。

⑤ 唐金裕：《汉初平四年王氏朱书陶瓶》，《文物》1980 年第 1 期。

⑥ 刘卫鹏：《汉永平三年朱书陶瓶考释》，咸阳市文物考古研究所编：《文物考古论集》，西安：三秦出版社，2000 年，第 164 页。"众药辅神"，原释作"扆药辅神"，后改释，参见刘卫鹏：《汉代镇墓瓶所见"神药"考》，《宗教学研究》2009 年第 3 期，第 1 页。

⑦ [日] 中村不折：《禹域出土墨宝书法源流考》，李德范译，北京：中华书局，2003 年，第 9 页；又见刘昭瑞编：《汉魏石刻文字系年》，台北：新文丰出版公司，2001 年，第 204—205 页。

⑧ 刘昭瑞编：《汉魏石刻文字系年》，第 234 页。

⑨ （汉）许慎撰，（清）段玉裁注：《说文解字注》，第 449 页。

中，色白者善。”[①]《山海经·西山经》：“皋涂之山……有白石焉，其名曰礜，可以毒鼠。”[②]《淮南子·说林》：“人食礜石而死，蚕食之而不饥。”[③]《神农本草经》也说：“礜石，味辛大热。主寒热，鼠瘘，蚀创，死肌，风痹，腹中坚。”[④]有学者考证白礜的药用功效说：“小量服用，可以起促进消化机能、改善血象、强健神经等有益的作用。超过一定的剂量，则会引起轻重不等的砷中毒。由长期小量服用引起的慢性中毒，会先后引起消化机能减退、某些炎症、皮肤干燥发疹以致溃烂、神经中毒、知觉运动障碍等，最后因极度衰弱和心肌麻痹而死；由大量服用引起的急性中毒，则迅速引起全身麻痹和神识（志）昏迷，或引起严重的腹痛吐泻，很快导致死亡。”[⑤]

五色石的选取标准，除了矿石本身的功用外，更注重矿石的颜色。五色石中的白石亦有非白礜者。李零曾对五色石的原料进行统计，其中白色类原料有：礜石、砒霜、硼砂、硇砂、白盐、白矾、牙硝。[⑥]考古发掘出土的镇墓瓶中也的确发现有一些白色矿物。如上引永平三年（60 年）朱书陶瓶，“瓶内装有一长 4 厘米的白色砂质石条、一长 2 厘米的黄色砂质小石块、三粒蓝色或青灰色的小颗粒以及一片鸡蛋壳”[⑦]。西安初平四年（193 年），瓶内装有一块长 3.5 厘米、宽 2 厘米、厚 1—2 厘米的白色石块。[⑧]西安北郊东汉墓 M2 瓶中装有五颗石英岩白石块。[⑨]西安市长延堡瓦胡同村东汉 M33 中发现白色云母片 5 件，长方形或正方形，其中一片边长 16.5 厘米。[⑩]

这些白色矿物，有的可能为白礜，有的则显然不是。这表明，五色石的选取更注重取其颜色。五色石颜色的选取显然与五行思想有关，颜色的象征性使其具备五方神灵的魔力。而白石象征西方之石，根据“同类相生”的巫术原理，只要是白色的矿石都可以具有与白礜类似的功效。

白石除了能够镇压墓中鬼魂，还可以驱除世间的鬼怪。睡虎地秦简《日书》甲种“诘”篇载：

> 鬼恒召人之宫，是是遽鬼毋（无）所居，罔謼（呼）其召，以白石投之，则

① （宋）李昉编纂，孙雍长、熊毓兰校点：《太平御览》卷 987，石家庄：河北教育出版社，1994 年，第 8 卷，第 905 页。

② 袁珂校注：《山海经校注》卷 2《西山经》，第 34—35 页。

③ 何宁：《淮南子集释》卷 17《说林》，第 1204 页。

④ 《神农本草经》卷 3，《丛书集成初编》，北京：中华书局，1985 年，第 97 页。

⑤ 王奎克：《“五石散”新考》，赵匡华编：《中国古代化学史研究》，第 84 页。

⑥ 李零：《五石考》，《中国方术续考》，第 263 页。

⑦ 刘卫鹏：《汉永平三年朱书陶瓶考释》，咸阳市文物考古研究所编：《文物考古论集》，第 164 页。

⑧ 唐金裕：《汉初平四年王氏朱书陶瓶》，《文物》1980 年第 1 期，第 95 页。

⑨ 陕西省考古研究所：《西安北郊西飞东汉墓发掘简报》，《考古与文物》2002 年增刊。

⑩ 西安市文物保护考古所：《西安财政干部培训中心汉、后赵墓发掘简报》，《文博》1997 年第 6 期，第 33 页。

止矣。

（28 背三/139 反三）[①]

又载：

天火燔人宫，不可御（禦），以白沙救之，则止矣。

（41 背三/126 反三）[②]

类似的例子又见《抱朴子内篇·登涉》："山中见吏，若但闻声不见形，呼人不止，以白石掷之则息矣；一法以苇为矛以刺之即吉。"[③]中国古代又有埋石镇宅和石人辟邪的风俗。[④]以白石驱鬼，是以白色增加巫术的威力。[⑤]有学者以为，《日书》中的白石即礜石，亦有一定道理。[⑥]而用白色的沙子灭火，其巫术原理与白石并无二致。

敦煌本《白泽精怪图》又载："山见吏，若但闻声不见形，呼人不止者，以白石掷之则息矣。一法，以白苇为䂍，刺之即吉。"[⑦]其中所说的白石厌胜的方法，与上引《抱朴子内篇·登涉》相同。"以白苇为矛"，《抱朴子·登涉》则作"以苇为矛"。而以白茅厌胜的方法，也不是孤例。例如，《抱朴子内篇·登涉》："山中见鬼来唤人，求食不止者，以白茅投之即死也。"[⑧]又如，睡虎地秦简《日书》甲种"诘"篇载：

人生子未能行而死，恒然，是不辜鬼处之。以庚日日始出时濆门以灰，卒，有祭，十日收祭，裹以白茅，貍（埋）壄（野），则毋（无）央（殃）矣。

（52 背二/115 反二—53 背二/114 反二）[⑨]

人毋（无）故室皆伤，是粲迓之鬼处之，取白茅及黄土而西（洒）之，周其

---

① 武汉大学简帛研究中心、湖北省博物馆、湖北省文物考古研究所编，陈伟主编：《秦简牍合集》一《睡虎地 11 号秦墓竹简》，第 446 页。

② 武汉大学简帛研究中心、湖北省博物馆、湖北省文物考古研究所编，陈伟主编：《秦简牍合集》一《睡虎地 11 号秦墓竹简》，第 446 页。

③ 王明：《抱朴子内篇校释》卷 17《登涉》，第 304 页。

④ 胡新生：《中国古代巫术》，第 200—206 页。

⑤ 相关讨论又见刘乐贤：《睡虎地秦简日书研究》，台北：文津出版社，1994 年，第 260—262 页。

⑥ 刘钊：《说汉"左礜桃枝"印》，《文物天地》1994 年第 6 期，收入《古文字考释丛稿》，第 206—209 页。

⑦ 释文引自游自勇：《敦煌本〈白泽精怪图〉校录——〈白泽精怪图〉研究之一》，中国敦煌吐鲁番学会等编：《敦煌吐鲁番研究》第 12 卷，上海：上海古籍出版社，2011 年，第 435 页。

⑧ 王明：《抱朴子内篇校释》卷 17《登涉》，第 304 页。敦煌本《白泽精怪图》作："山鬼来唤人，求食不止者，以白茅捉之即死矣。"释文引自游自勇：《敦煌本〈白泽精怪图〉校录——〈白泽精怪图〉研究之一》，中国敦煌吐鲁番学会等编：《敦煌吐鲁番研究》第 12 卷，第 435 页。

⑨ 武汉大学简帛研究中心、湖北省博物馆、湖北省文物考古研究所编，陈伟主编：《秦简牍合集》一《睡虎地 11 号秦墓竹简》，第 444—445 页。

室，则去矣。（57背二/110反—58背二/109反二）[①]

一室井血而星（腥）臭，地虫斲（斗）于下，血上屚（漏），以沙垫之，更为井，食之以喷，猷（饮）以爽（霜）路（露），三日乃能人矣。若不三月食之若傅之，而非人也，必枯骨也。旦而最（撮）之，苞以白茅，果（裹）以贲[②]而远去之，则止矣。

（53背三/114反三—56背三/111反三）[③]

第一条是说，孩童屡次夭折是"不辜鬼"为患。解决方法是在庚日日出时"渍门以灰"，祭祀十天后，将祭品"裹以白茅，貍（埋）壄（野）"，就会祛除祸殃。第二条是说，人若在室内无故受到"粲迓之鬼"的伤害，可将白茅和黄土洒播室内，即可驱除鬼怪。第三条是说，井水上溢[④]，是地虫在地下搏斗导致的。解决方法中提到"苞以白茅"。可见，白茅也是巫术活动中常见的厌胜利器。《说苑·辨物》又载：

齐景公为露寝之台，成而不通焉。柏常骞曰："为台甚急，台成君何为不通焉？"公曰："然。枭昔者鸣，其声无不为也。吾恶之甚，是以不通焉。"柏常骞曰："臣请禳而去之。"公曰："何具？"对曰："筑新室为置白茅焉。"公使为室，成，置白茅焉。柏常骞夜用事。明日，问公曰："今昔闻枭声乎？"公曰："一鸣而不复闻。"使人往视之，枭当陛布翼，伏地而死。[⑤]

柏常骞以白茅禳枭，结果十分灵验，可见白茅所具有的神秘力量确实非同一般。白茅为何具有如此强大的驱邪功能呢？

上文已谈及，祭祀和分封仪式使用白茅，是取其圣洁、简朴之意。此外，有学者还指出，人们经常用白茅制品向神灵祭献美酒和肴馔，经常通过白茅同神灵打交道，久而久之就会在神灵和白茅之间建立固定的联系：神灵看到白茅就会联想起世人祭献的美酒佳肴，经受不住引诱而迅速降临人间；白茅因为经常与神灵接触，也会沾染神

---

① 武汉大学简帛研究中心、湖北省博物馆、湖北省文物考古研究所编，陈伟主编：《秦简牍合集》一《睡虎地11号秦墓竹简》，第445页。

② 刘乐贤《睡虎地秦简日书研究》引郑刚说法，读"贲"为"蕡"，即大麻籽，今从刘乐贤：《睡虎地秦简日书研究》，第248页。

③ 武汉大学简帛研究中心、湖北省博物馆、湖北省文物考古研究所编，陈伟主编：《秦简牍合集》一《睡虎地11号秦墓竹简》，第447页。

④ "井血"，《秦简牍合辑》引《岳麓书院藏秦简（一）·占梦书》及陈剑说法，以为"血"当读为"溢"，今从武汉大学简帛研究中心、湖北省博物馆、湖北省文物考古研究所编，陈伟主编：《秦简牍合集》一《睡虎地11号秦墓竹简》，第476页。

⑤ （汉）刘向撰，向宗鲁校证：《说苑校证》卷18《辨物》，北京：中华书局，1987年，第448—449页。

的灵性和威力。随着这种神秘意识的发展，白茅即被灵化成为通神招神之物和辟除邪祟的武器。[①]

（二）以白色动物厌胜

《汉书·礼乐志》所载《朝陇首》说：

> 朝陇首，览西垠，雷电尞，获白麟。爰五止，显黄德，图匈虐，熏鬻殛。辟流离，抑不详，宾百僚，山河飨。掩回辕，鬗长驰，腾雨师，洒路陂。流星陨，感惟风，籋归云，抚怀心。[②]

《朝陇首》之作，是因“元狩元年行幸雍获白麟”。关于“辟流离，抑不详”，颜师古注：“流离不得其所者，为开道路，使之安集。违道不详善者，则抑黜之，以申惩劝也。”[③]后代学者并不认同颜注的解说。王先谦《汉书补注》引王念孙曰：“颜以‘辟’为‘开’，以‘流离’为‘不得其所者’，则‘辟流离’三字义不相属，故增数字以释之曰‘为开道路，使之安集’。其失也迂矣。余谓‘流离’者，枭也，所以喻恶人。（《邶风·旄丘篇》‘流离之子’，陆机曰‘流离，枭也。自关而西谓枭为流离。’）辟之言摒除，谓摒除恶人也……‘辟流离，抑不详’两句同义，皆承上文‘图匈虐，熏鬻殛’而言。”《汉书补注》又引周寿昌曰：“‘详’即‘祥’也。”[④]王念孙的说法无疑更具有可信性。不过，“流离”在这里未必‘喻恶人’，“辟流离，抑不详”也不必承上文“图匈虐，熏鬻殛”之意。“辟流离，抑不详”，可以依据原意理解为白麟祥瑞可以抑除不祥。

《太平御览》卷 37 引《淮南万毕术》说：“东行马蹄中土，令人卧不起。”注曰：“取东行白马蹄下土，三家井中泥，合土和之，置卧人脐上，即不能起。”[⑤]注文强调白马蹄下之土，是因为白色能够增强巫术的效力。《初学记》卷 29 引郭璞《易洞林》载：

> 义兴方叔保得伤寒，垂死，令璞占之，不吉。令求白牛厌之，求之不得。唯羊子玄有一白牛，不肯借之。璞为致之，即日有大白牛从西来，径往临叔保。惊

---

① 关于白茅的神秘属性的更多论述，参见胡新生：《中国古代巫术》，第 130—134 页。

② 《汉书》卷 22《礼乐志》，第 1068 页。

③ 《汉书》卷 22《礼乐志》，第 1068 页。

④ （清）王先谦：《汉书补注》卷 22《礼乐志》，北京：中华书局，1983 年，第 490 页。

⑤ （宋）李昉编纂，夏剑钦、王巽斋校点：《太平御览》，第 1 卷，第 322 页。

惶，病即愈。①

以白牛厌胜伤寒的巫术原理我们今天已不得而知，从方叔保的“惊惶”程度和“病即愈”的效果来看，白牛确实具有相当的神秘力量。除了白马、白牛外，以白色动物厌胜的巫术中，白狗、白鸡具有相当的代表性，下面详细述之。

狗、鸡本是常见家畜，却自有其神秘意义②，而白色狗、鸡的神秘魔力尤为显著。白狗、白鸡是厌胜辟邪的常见组合。《本草纲目》卷 48 引陶弘景《真诰》说：“学道山中，宜养白鸡、白犬，可以辟邪。”李时珍又说：“今术家祈禳皆用白鸡，其原本此。”③

《山海经》中就有类似白犬的精怪。如《山海经·北山经·北次二经》：“北嚣之山……有兽焉，其状如虎，而白首犬身，马尾彘鬣，名曰独狢。”又《北次三经》：“马成之山……有兽焉，其状如白犬而黑头，见人则飞，其名曰天马，其鸣自訆。”④放马滩秦简《志怪故事》中，复生的主人公“丹”被“白狗穴屈出”⑤，以白狗掘出“死人”，可能含有特殊的意味。白犬血也有厌胜辟邪的功效。《风俗通义·祀典》：

谨按：《月令》：“九门磔禳，以毕春气。”盖天子之城，十有二门，东方三门，生气之门也，不欲使死物见于生门，故独于九门杀犬磔禳。犬者金畜，禳者却也，抑金使不害春之时所生，令万物遂成其性，火当受而长之，故曰以毕春气。功成而退，木行终也。

《太史公记》：“秦德公始杀狗磔邑四门，以御蛊灾。”今人杀白犬以血题门户，正月白犬血辟除不祥，取法于此也。⑥

---

① （唐）徐坚等：《初学记》，第 707 页。

② 关于鸡、狗的神秘意义，参见胡新生：《中国古代巫术》，第 147—156 页。

③ （明）李时珍：《本草纲目》卷 48《鸡》“白雄鸡肉”条引《真诰》，北京：人民卫生出版社，1975 年，第 2585 页。

④ 袁珂校注：《山海经校注》卷 3《北山经》，第 99、104 页。

⑤ 甘肃省文物考古研究所编：《天水放马滩秦简》，北京：中华书局，2009 年，第 107 页。“白狗”，方勇、孙占宇释作“白狐”；宋华强以为“狗”为“㴊（渊）”，下属，读作“㴊（渊）穴”；李学勤释为“白狗”，今从李说。参见李学勤：《放马滩简中的志怪故事》，《文物》1990 年第 4 期，收入《简帛佚籍与学术史》，南昌：江西教育出版社，2001 年，第 169 页；方勇：《读放马滩秦简〈志怪故事〉札记（一）》，复旦大学出土文献与古文字研究中心网站，2009 年 11 月 6 日，http://www.gwz.fudan.edu.cn/SrcShow.asp?Src_ID=965；孙占宇：《放马滩秦简〈丹〉篇校注》，简帛网，2012 年 7 月 31 日，http://www.bsm.org.cn/show_article.php?id=1725；宋华强：《放马滩秦简〈志怪故事〉札记》，简帛网，2010 年 3 月 5 日，http://www.bsm.org.cn/show_article.php?id=1229，又见中国文化遗产研究院编：《出土文献研究》第 10 辑，北京：中华书局，2011 年，第 141 页，题作《放马滩秦简〈邸丞谒御史书〉释读札记》；武汉大学简帛研究中心、甘肃简牍博物馆编，陈伟主编：《秦简牍合集》四《放马滩秦墓简牍》，第 205 页。

⑥ （汉）应劭撰，王利器校注：《风俗通义校注》卷 8《祀典》，北京：中华书局，2010 年，第 377—378 页。

在城门磔牲禳凶源流甚古，在世界许多民族中也存有类似的礼俗。[①]我们注意到，在应劭所处的东汉晚期，“九门磔禳”的礼俗又有若干衍化。比如更强调犬血的作用，磔禳礼俗的举行时间也有变化，但其巫术原理并没有发生太大变化。更值得注意的是，应劭还特别强调使用“白犬血”。胡新生分析说：“强调使用白犬之血，也是从五行观念出发的。五行学说认为西方、秋天、白色都与金行相配，狗是‘金畜’，白狗就是金上加金，它集中了金行的杀伤性能，可以增强对邪祟的攻击力量。”[②]由此可见，以特定的颜色配合巫术，能够获得更强大的厌胜功效。

《晋书·艺术传·严卿传》载：

> 严卿，会稽人也。善卜筮。乡人魏序欲暂东行，荒年多抄盗，令卿筮之。卿筮曰：“君慎不可东行，必遭暴害之气，而非劫也。”序不之信。卿曰：“既必不停，宜以禳之，可索西郭外独母家白雄狗系著船前。”求索止得驳狗，无白者。卿曰：“驳者亦足，然犹恨其色不纯，当余小毒，正及六畜辈耳，无所复忧。”序行半路，狗忽然作声甚急，有如人打之者。比视，已死，吐黑血斗余。其夕，序墅上白鹅数头无故自死，而序家无恙。[③]

之所以选用“西郭外独母家白雄狗”厌胜，一是因为雄狗自身的神秘魔力，二是因为寡居女性不祥，三是因为魏序“欲东行”，白色属西方金，正可以毒攻毒，镇压东方的邪魔。可惜魏序只找到毛色不纯的“驳狗”，威力有所削弱，灾祸于是转移到白鹅身上。

《宋书·五行志二》载，晋元帝永昌二年（323 年），大将军王敦下据姑孰。“百姓讹言行虫病，食人大孔，数日入腹，入腹则死。”一时间百姓惊扰。治疗之法是以“白犬胆以为药”，而“白犬暴贵，至相请夺，其价十倍”。又说病虫未入腹前，可“烧铁以灼之”。对于此事，有分析说：

> 夫裸虫人类，而人为之主，今云虫食人，言本同臭类而相残贼也。自下而上，斯其逆也。必入腹者，言害由中不由外也。犬有守御之性，白者金色，而胆用武之主也。帝王之运，五霸会于戍，戍主用兵，金者晋行，火烧铁以治疾者，言必去其类而来，火与金合德，共治虫害也。[④]

这一分析完全是按照阴阳五行和灾异学说解释的。病虫即是王敦之象，白犬胆和烧铁

---

① 王子今：《史记的文化发掘——中国早期史学的人类学探索》，武汉：湖北人民出版社，1997 年，第 687—704 页。
② 胡新生：《中国古代巫术》，第 155 页。
③ 《晋书》卷 95《艺术传·严卿传》，北京：中华书局，1974 年，第 2480 页。
④ 《宋书》卷 31《五行志二》，北京：中华书局，1974 年，第 902 页。

象征以武力平息王敦叛乱。而王敦死前，也曾“梦白犬自天而下啮之”[①]，白犬成为天意的象征，也正可与白犬胆为药的故事呼应。

鸡可以“御死辟恶”[②]，白鸡驱恶辟邪的能力更是非同一般。《本草纲目》卷48引陈藏器曰：“白雄鸡养三年，能为鬼神所使。”[③]敦煌本《白泽精怪图》又载：“夫妻喜斗讼者，人虚也，取白鸡埋之堂上，殃已矣。”[④]有学者指出，白鸡辟邪法应系道士根据民间巫术加工而成，这是一种典型的鸡禳法术。[⑤]

鸡羽可以招疾风。《太平御览》卷9引《淮南万毕术》说：“欲致疾风，焚鸡羽。”[⑥]《本草纲目》卷48引《感应志》又说：“五酉日，以白鸡左翅烧灰扬之，风立至。”[⑦]有学者指出，“以鸡羽招风的法术起源很早。按照《周易·说卦》的解释，八卦中的巽代表风，也代表鸡，可见战国时代的筮占家已把鸡和风联系起来。鸡和风既属同类，自可互相感应，焚鸡羽招疾风的法术当即由此而来”[⑧]。鸟类羽毛本就可招风，古人观察到鸟类飞翔的现象，自然会联想到以羽毛招风。而酉日又是鸡日，因为白色的魔力，白鸡羽也可以加强法术的威力，后世便将这些元素结合起来用以招风。

白狗、白鸡又可以治疗疾病。《肘后方》卷上《救卒中恶死方》说：“破白犬以搨心上”可以“救卒中恶死”，若无白犬，亦可以白鸡替代。[⑨]《本草纲目》卷48《鸡》“白雄鸡肉”条引《肘后方》载，白雄鸡肉可以治疗“惊愤邪僻”“卒然心痛”“卒得咳嗽”“水气浮肿”等病。[⑩]白雄鸡距可治疗“产难”。[⑪]而白鸡和小豆可以治疗“大腹水病”[⑫]。白犬血也是救命良方。《肘后方》卷上有《治卒得鬼击方》，其法为“断白犬一头，取热犬血一升，饮之”[⑬]。又《治伤寒时气温病方》“取白犬，从背破取血，破之多多为佳，当及热，以薄胸上，冷乃去之。此治垂死者活，无白犬，诸纯色者亦

---

① 《晋书》卷98《王敦传》，第2565页。

② （汉）应劭撰，王利器校注：《风俗通义校注》卷8《祀典》，第376页。

③ （明）李时珍：《本草纲目》卷48《鸡》“白雄鸡肉”条引陈藏器，第2585页。

④ 释文引自游自勇：《敦煌本〈白泽精怪图〉校录——〈白泽精怪图〉研究之一》，中国敦煌吐鲁番学会等主编：《敦煌吐鲁番研究》第12卷，第437页。

⑤ 胡新生：《中国古代巫术》，第149页。

⑥ （宋）李昉编纂，夏剑钦、王巽斋校点：《太平御览》，第1卷，第84页。

⑦ （明）李时珍：《本草纲目》卷48《鸡》“翮翎”条，第2598页。

⑧ 胡新生：《中国古代巫术》，第149页。

⑨ （晋）葛洪原著，（梁）陶弘景增补，尚志钧辑校：《补辑肘后方》卷上《救卒中恶死方》，合肥：安徽科学技术出版社，1983年，第2页。

⑩ （明）李时珍：《本草纲目》卷48《鸡》“白雄鸡肉”条引《肘后方》，第2585页。

⑪ （明）李时珍：《本草纲目》卷48《鸡》“距”条，第2597页。

⑫ （晋）葛洪原著，（梁）陶弘景增补，尚志钧辑校：《补辑肘后方》卷上《治大腹水病方》：“小豆一升，白鸡一头。右二味，治如食法，以水三斗，煮熟，食滓、饮汁。”（第110页）

⑬ （晋）葛洪原著，（梁）陶弘景增补，尚志钧辑校：《补辑肘后方》卷上《治卒得鬼击方》，第13页。

可用之”[①]。《医心方》卷 17《治瘑疮方》引《葛氏方》说白犬血治瘑疮，可以“涂之立愈”[②]。据《本草纲目》卷 50 引《葛氏方》《肘后方》载，白犬血还可治疗“小儿卒痫”“卒得瘑疮”“疔疮恶肿”等病。[③]

以白鸡为药在西汉早期已经出现。马王堆汉墓帛书《五十二病方》“颠（癫）疾”载：

> 颠（癫）疾：先侍（偫）白鸡、犬矢。发，即以刀剶（剥）其头，从颠到项，即以犬矢［溉］之，而中剶（剥）鸡□（112/112），冒其所以犬矢瀊（溉）者，三日而已。已即孰（熟）所冒鸡而食之，致已（已）。（113/113）[④]

马继兴《马王堆古医书考释》释为：“在治疗前预先准备一只白鸡和一些狗矢，当患者癫疾开始发作的时候，就在患者的头部由头顶到颈后部用刀割开正中部的皮肤，将润湿的狗矢涂上去[⑤]，再将白鸡的（此处原缺一字，据下文当指‘鸡皮’）剥下，把鸡皮覆盖到涂有狗矢的部位上，经过三天以后，疾病即可痊愈。患者愈后可将覆盖的鸡皮煮熟后食用，以巩固疗效，此方效果极好。”[⑥]《五十二病方》“诸伤”又载：

> 燔白鸡毛及人鬏（发），冶各等。百草末八亦冶而【□□□□□□毁】一垸（丸）温酒一音（杯）中而（8/8）猷（饮）之。（9/9）[⑦]

马继兴《马王堆古医书考释》释为：“将相等数量白鸡的羽毛和人的头发。分别焙烤成炭后研末，再取八倍于上述药量的多种草药同样焙烤成炭后研末（此处缺八字，其中当包括，将以上三种炭末混合，并制成丸药，每次服用），可把一丸药放到一杯温热的酒里，溶解后饮服。”关于白鸡毛，马继兴注：“《本经》名‘鸡翮羽’，云：‘主下闭

① （晋）葛洪原著，（梁）陶弘景增补，尚志钧辑校：《补辑肘后方》卷上《治伤寒时气温病方》，第 50 页。

② ［日］丹波康赖编撰，沈澍农主编：《医心方校释》卷 17《治瘑疮方》引《葛氏方》，北京：学苑出版社，2001 年，第 1114 页。

③ （明）李时珍：《本草纲目》卷 50《狗》“血”条引《葛氏方》《肘后方》，第 2717 页。

④ 裘锡圭主编，湖南省博物馆、复旦大学出土文献与古文字研究中心编纂：《长沙马王堆汉墓简帛集成（伍）》，北京：中华书局，2014 年，第 236 页。

⑤ “溉”，原释文作“湿”，马继兴据此释之为“润湿”，今据《长沙马王堆汉墓简帛集成》改正，此句意思当为将狗矢灌注下去。

⑥ 马继兴：《马王堆古医书考释》，长沙：湖南科学技术出版社，1992 年，第 426 页。马继兴所据释文与《长沙马王堆汉墓简帛集成》有所不同，但对病方的解读与整理者大致相同。

⑦ 裘锡圭主编，湖南省博物馆、复旦大学出土文献与古文字研究中心编纂：《长沙马王堆汉墓简帛集成（伍）》，第 216 页。

血’。《别录》名‘鸡左翅毛’。《本草纲目》名‘鸡翮翎’，云‘白雄鸡者良’。”[①]《本草纲目》卷 48《鸡》“翮翎”条又说，白雄鸡的翮翎还可治疗“咽喉骨哽”“决痈代针”等病症。[②]又《肘后方》卷中《治痈疽妒乳诸毒肿方》：“取白鸡两翅羽肢各一枚，烧服之，即穿。”[③]

白鸡头也可厌胜病魔。《风俗通义·祀典》：“东门鸡头可以治蛊。”[④]而《太平御览》卷 918 引《四民月令》：“十二月……东门磔白鸡头，可以合药。”[⑤]此方后世犹存。《本草纲目》卷 48《鸡》“鸡头”条：“杀鬼，东门上者尤良。治蛊，禳恶，辟瘟。”李时珍说：

> 古者正旦，磔雄鸡，祭门户，以辟邪鬼。盖鸡乃阳精，雄者阳之体，头者阳之会，东门者阳之方，以纯阳胜纯阴之义也。《千金》转女成男方中用之，亦取此义也。按应劭《风俗通》云：俗以鸡祀祭门户。鸡乃东方之牲，东方既作，万物触户而出也。《山海经》祠鬼神皆用雄鸡，而今治贼风有鸡头散，治蛊用东门鸡头，治鬼痱用雄鸡血，皆以御死辟恶也。[⑥]

对于鸡头的选取，除了“东门上者尤良”，《本草纲目》还特别强调“丹、白雄鸡者良”。按照李时珍的解释，使用东门雄鸡是“以纯阳胜纯阴”。丹鸡或白鸡因其皆属“纯阳”，自然可以增加药力。

白狗、白鸡等动物的粪便也可用来治疗疾病，“治鼠漏及瘰疬，五白膏方”即是比较典型的一例。《备急千金要方》卷 23《九漏》载：

> 白马、白牛、白羊、白猪、白鸡等屎（各升），漏芦（二斤）。右六味各于石上烧作灰，研，绢筛之，以猪膏一升三合。煎乱发一两半，令极沸消尽，乃纳诸末，微微火上煎五六沸，药成。去疮痂，以盐汤洗，新帛拭干，然后敷膏。若无痂，犹顺汤洗，日再。若著膏，当以帛裹上，勿令中风冷也。神验。[⑦]

所谓的“五白膏”，即五种禽畜的粪便。《韩非子·内储说下》载，燕人李季因白日见

---

① 马继兴：《马王堆古医书考释》，第 333、334 页。马继兴所据释文与《长沙马王堆汉墓简帛集成》有所不同，但对病方的解读与整理者大致相同。

② （明）李时珍：《本草纲目》卷 48《鸡》“翮翎”条，第 2598 页。

③ （晋）葛洪原著，（梁）陶弘景增补，尚志钧辑校：《补辑肘后方》卷中《治痈疽妒乳诸毒肿方》，第 166 页。

④ （汉）应劭撰，王利器校注：《风俗通义校注》卷 8《祀典》，第 375—376 页。

⑤ （宋）李昉编纂，孙雍长、熊毓兰校点：《太平御览》，第 8 卷，第 356 页。

⑥ （明）李时珍：《本草纲目》卷 48《鸡》“鸡头”条，第 2591 页。

⑦ （唐）孙思邈：《备急千金要方》，北京：人民卫生出版社，1955 年，第 417 页。

鬼而“取五牲之矢浴之”。王先慎集解引《左传·昭公十一年》杜预注：“五牲：牛、羊、豕、犬、鸡也。”[①]五牲种类与《备急千金要方》略有出入。以禽畜粪便驱邪，是常见的巫术。其巫术原理是基于鬼神厌恶不洁、害怕不洁的观念，这种观念的形成来自人类按自身好恶对鬼神性情所作的简单推理。[②]以禽畜粪便入药，也是一种模拟巫术。《拾遗记》卷 8 载，孙和误伤邓夫人面颊，太医建议“得白獭髓，杂玉与琥珀屑，当灭此痕”[③]。是以白色动物的骨髓入药。从医学角度考虑，禽畜粪便、獭髓的药力和毛色并无关系，但从巫术角度考虑，白色禽畜的粪便和白獭之髓却能够增强药物的效力。

从以上事例可以看出，白狗、白鸡的医用效力有明显的巫术痕迹。大约是白色的狗和鸡在当时十分难得，而白色又有神秘意义，再结合五行生克的原理，以此可以增加巫术威力。[④]

三、白色与神灵世界

先秦秦汉传说中，仙境的动物多为纯白。如《史记·封禅书》说，海中蓬莱、方丈、瀛洲三神山“其物禽兽尽白，而黄金银为宫阙”[⑤]。又《列子·汤问》载，渤海之东有五山，山上“台观皆金玉，其上禽兽皆纯缟”[⑥]。神仙的坐骑也以白色为主。《汉武帝内传》说西王母的车驾“或驾龙虎，或乘狮子，或御白虎，或乘白麟，或乘白鹤，或乘轩车，或乘天马”[⑦]。屈原想象自己“驾青虬兮骖白螭，吾与重华游兮瑶之圃”[⑧]。河伯则“乘白鼋兮逐文鱼”[⑨]。

---

① （清）王先慎撰，钟哲点校：《韩非子集解》，北京：中华书局，1998 年，第 246 页。

② 胡新生：《中国古代巫术》，第 182 页。

③ （晋）王嘉撰，（梁）萧绮录，齐治平校注：《拾遗记》，北京：中华书局，1981 年，第 189 页。

④ 上文多次提及，在白色厌胜的巫术中，常融合五行元素。较典型的事例又如《抱朴子内篇》卷 18《地真》：“受真一口诀，皆有明文，歃白牲之血，以王相之日受之，以白绢白银为约，克金契而分之，轻说妄传，其神不行也。人能守一，一亦守人。所以白刃无所措其锐，百害无所容其凶，居败能成，在危独安也。”（第 324—325 页）所谓“王相之日”，是五行休王说中的说法。“以白绢白银为约，克金契而分之”则与盟誓约信有关。结合“歃白牲之血”“白绢白银”“克金契”考虑，受真一口诀可能是在金行“王相”之时进行的。

⑤ 《史记》卷 28《封禅书》，第 1370 页。

⑥ 杨伯峻：《列子集释》卷 5《汤问》，北京：中华书局，1979 年，第 152 页。

⑦ 《汉武帝内传》，北京：中华书局，1985 年，第 2 页。

⑧ 王逸注：“虬、螭，神兽，宜于驾乘。以喻贤人清白，宜可信任也。”参见（宋）洪兴祖撰，白化文、许德楠、李如鸾，等点校：《楚辞补注》卷 4《九章章句·涉江》，北京：中华书局，1983 年，第 128 页。

⑨ 王逸注：“言河伯游戏，远出乘龙，近出乘鼋，又从鲤鱼也。”参见（宋）洪兴祖撰，白化文、许德楠、李如鸾，等点校：《楚辞补注》卷 4《九歌章句·河伯》，第 77 页。

汉代神车画像中多见以鹿作为车辆牵引动力的画面。[①] 四川出土汉画像砖亦常见仙人骑鹿的画面。[②] 汉代文献中又常见以白鹿作为神仙坐骑。汉乐府《长歌行》有“仙人骑白鹿”[③]之句，仙人鲁女生“乘白鹿，从玉女三十人”[④]。又严忌《哀时命》：“浮云雾而入冥兮，骑白鹿而容与。”[⑤] 曹植《飞龙篇》：“晨游泰山，云雾窈窕。忽逢二童，颜色鲜好。乘彼白鹿，手翳芝草。”[⑥]

白色动物多长寿。《抱朴子内篇·对俗》说：“千岁之鹤，随时而鸣，能登于木，其未千载者，终不集于树上也，色纯白而脑尽成丹。”又引《玉策记》及《昌宇经》：“虎及鹿兔，皆寿千岁，寿满五百岁者，其毛色白。”“鼠寿三百岁，满百岁则色白。”[⑦]《仙药》又有：“千岁蝙蝠，色白如雪，集则倒县，脑重故也。”又有：“千岁燕，其窠户北向，其色多白而尾掘。”[⑧]

白色动物能够长寿，可能是由人年老须发皆白而推理得来的。“商山四皓”的得名即是由于四位老者“须眉皓白”[⑨]。“须眉皓白”是长寿的象征，四位老者又有仙风道骨，自然沾染了神异色彩。正如学者所指出，从宗教角度来看，无疑其中有由“物老变白”进而到“白而吉祥”的观念。[⑩]

由此引申，食用白色物品甚至可以疗饥延寿。晋代术士鲍靓“尝行部入海，遇风，饥甚，取白石煮食之以自济”[⑪]。上引《抱朴子内篇·仙药》所说“千岁燕”，“取阴干，末服一头五百岁”。《仙药》又说，服食云母应当按照云母的颜色分季节食用。如“五色并具而多青者名云英，宜以春服之”，“五色并具而多赤者名云珠，宜以

---

① 王子今：《汉代神车画像》，陕西历史博物馆馆刊编辑部编，周天游主编：《陕西历史博物馆馆刊》第 3 辑，西安：西北大学出版社，1996 年，第 20—27 页。如河南省博物馆藏南阳汉画像石，其中有鹿车升仙的画面。“车下有云气承托。箱内乘一尊者、一驭者。尊者持节。驭者挽缰扬鞭。车前有两只仙鹿拉车，车后有一只仙鹿追随，二羽人手持芝草并行。”（王建中、闪修山：《南阳两汉画像石》，北京：文物出版社，1990 年，图 153）

② 较典型的图像如四川成都市郊出土仙人骑鹿画像砖、四川新都出土仙人骑鹿画像砖，分见龚廷万、龚玉、戴嘉陵编著：《巴蜀汉代画像集》，北京：文物出版社，1998 年，图 258、259。

③ （宋）郭茂倩编：《乐府诗集》卷 30《相和歌辞五》，北京：中华书局，1979 年，第 442 页。

④ 《后汉书》卷 82 下《方术传下》李贤注引《汉武内传》，第 2741 页。

⑤ （宋）洪兴祖撰，白化文、许德楠、李如鸾，等点校：《楚辞补注》卷 14《哀时命章句》，第 265 页。

⑥ （宋）郭茂倩编：《乐府诗集》卷 65《杂曲歌辞四》，第 926 页。类似记载又有《艺文类聚》卷 78 引桓谭《仙赋》：“驰白鹿而从麒麟”参见（唐）欧阳询撰，汪绍楹校：《艺文类聚》，上海：上海古籍出版社，1965 年，1338 页。《乐府诗集》卷 26《相和歌辞一》载曹操《气出唱》：“愿得神之人，乘驾云车，骖驾白鹿，上到天之门，来赐神之药。”（第 383 页）《隶释》卷 3《张公神碑》：“骖白鹿兮从仙僮，游北岳兮与天通。”参见（宋）洪适：《隶释》卷 3，北京：中华书局，1986 年，第 42 页。

⑦ 王明：《抱朴子内篇校释》卷 3《对俗》，第 47—48 页。

⑧ 王明：《抱朴子内篇校释》卷 11《仙药》，第 201、202 页。

⑨ 《史记》卷 55《留侯世家》，第 2047 页。

⑩ 铁晓娜：《中国古代早期白色动物母题的文化思考》，《内蒙古社会科学（汉文版）》2007 年第 3 期。

⑪ 《晋书》卷 95《艺术传·鲍靓传》，第 2482 页。

夏服之”。唯有“皛皛纯白”的“磷石”，“可以四时长服之也”。[①]《杂应》又有“引石散”，其法“以方寸匕投一斗白石子中，以水合煮之，亦立熟如芋子，可食以当谷也”。有人“以此法食石十余年，皆肥健”[②]。《真诰》卷5《甄命授》：“断谷入山，当煮食白石。昔白石子者，以石为粮，故世号曰白石生。此至人也，今为东府左仙卿。煮白石自有方也。白石之方，白石生所造也。又善《太素传》所谓白石有精，是为白石生也。”[③]

在汉晋的信仰世界中，白色与神灵信仰多有交集，层出不穷的白色精灵成为沟通人、鬼、神三界的使者。

《后汉书·光武帝纪上》载，光武帝刘秀北巡河北时，遭到王朗部众阻击，“进至下博城西，遑惑不知所之。有白衣老父在道旁，指曰：‘努力！信都郡，为长安守，去此八十里。’光武即驰赴之，信都太守任光开门出迎”。李贤注：“老父盖神人也。”我们无从判断这一故事的真伪，但老父身着“白衣”，的确能增加故事的神异色彩。此事也形成久远的历史影响，李贤注：“今下博县西犹有祠堂。”[④]可见，唐代仍在祭祀这位白衣老父。汉灵帝时，洛阳宫中也曾有白衣人现身。《续汉书·五行志五》：“光和元年五月壬午，何人白衣欲入德阳门，辞‘我梁伯夏，教我上殿为天子。’”关于此事，有人以为是董卓之乱之应，有人则以为是曹魏代汉之应。[⑤]这位白衣人似乎扮演着天帝使者的角色，预言历史的进程。

《焦氏易林》有白鸟衔珠的林辞，如卷4《谦之泰》：“白鹤衔珠，夜室为明。怀我德音，身受光荣。”文卷7《大畜之井》：“白鹄衔珠，夜食为明。膏润优沃，国岁年丰。中子来同，见恶不凶。”[⑥]都是说白色的飞鸟衔珠而来，带来“膏润”和“光荣”。

---

① 王明：《抱朴子内篇校释》卷11《仙药》，第202—203页。

② 王明：《抱朴子内篇校释》卷15《杂应》，第267页。

③ ［日］吉川忠夫、麦谷邦夫编：《真诰校注》，朱越利译，北京：中国社会科学出版社，2006年，第186页。事又见《神仙传》，白石生“常煮白石为粮，因就白石山居，时人号曰白石生。”参见（晋）葛洪撰，胡守为校释：《神仙传校释》，北京：中华书局，2010年，第34页。

④ 《后汉书》卷1上《光武帝纪上》，第12、13页。

⑤ 《后汉书·五行志五》刘昭注补，第3346—2247页。

⑥ （汉）焦延寿著，（清）尚秉和注，常秉和注：《焦氏易林注》，第165、284页。尚秉和注引《搜神记》：“哙参行，遇黔鹤，为弋人射伤，收养之，放去。一夜，雌雄各衔一明月珠来以报参。”关于此事，今本《搜神记》作：“哙参寓居河内，养母至孝。曾有玄鹤，为戎人所射，穷而归参。参抚视，箭创甚重，于是以膏药摩之。月余渐愈，放而飞去。后数十日间，鹤夜到门外。参秉烛视之，鹤雌雄双至，各衔一明月珠，吐之而去，以报参焉。”参见（晋）干宝撰，李剑国辑校：《新辑搜神记》卷29，北京：中华书局，2007年，第455页。所说为“黔鹤”或“玄鹤”，颜色与白鹤不同。类似记载又见《焦氏易林注》卷6《噬嗑之恒》：“白鹤衔珠，夜食为明。膏润优渥，国岁年丰。”（第229页）《焦氏易林注》卷3《小畜之萃》：“白鹤衔珠，夜食为明。怀安德音，身受光荣。”（第107页）

《太平御览》卷 922 引京房《易占》说："山见白燕，其君且得贵女。"[①]《西京杂记》卷 4 也有类似的故事："元后在家，尝有白燕衔白石，大如指，坠后绩筐中。后取之，石自剖为二，其中有文曰'母天地'。后乃合之，遂复还合，乃宝录焉。后为皇后，常并置玺笥中，谓为天玺也。"[②]衔珠而来的是白燕，白燕所衔亦是白石。

《三国志·魏书·方技传》载，方士朱建平预言应璩"六十二位为常伯"，"而当有厄，先此一年，当独见一白狗，而旁人不见也"。果然，"璩六十一为侍中，直省内，欻见白狗，问之众人，悉无见者。于是数聚会，并急游观田里，饮宴自娱，过期一年，六十三卒"[③]。昌邑王刘贺为王时，"见大白狗冠方山冠而无尾"，班固以为"此服妖，亦犬祸也"。后昌邑王被废，死不得置后，班固亦以为是"犬祸无尾之效也"。京房《易传》也说："君不正，臣欲篡，厥妖狗冠出朝门。"[④]诸葛融死前，公安有灵鼍鸣，有童谣说："白鼍鸣，龟背平，南郡城中可长生，守死不去义无成。"后诸葛融果然"刮金印龟，服之而死。"[⑤]《拾遗记》卷 8 载，"张承之母孙氏，怀承之时，乘轻舟游于江浦之际。忽有白蛇长三尺，腾入舟中"，其邻又曾"见张家有一白鹤耸翮入云"。孙氏前去占筮，筮者以为吉祥，并举吴王阖闾葬妹的典故。阖闾葬妹未及十年，"雕云覆于溪谷，美女游于冢上，白鹄翔于林中，白虎啸于山侧"[⑥]，这些都是"昔时之精灵"。张承后来果然"位至丞相、辅吴将军，年逾九十"[⑦]。白狗、白鼍、白蛇、白鹤等白色精灵，成为预示人物命运的征兆。

在汉晋的志怪小说中，白色精怪也多次出现。《西京杂记》卷 6 载，汉广川王发栾书冢，冢内"有一白狐，见人惊走，左右遂击之，不能得，伤其左脚。其夕，王梦一丈夫，须眉尽白，来谓王曰：'何故伤吾左脚？'乃以杖叩王左脚。王觉，脚肿痛生疮，至死不差"[⑧]。《列仙传》说，王子乔曾"化为白蜺"[⑨]。《搜神记》说北平田琰居

① （宋）李昉编纂，孙雍长、熊毓兰校点：《太平御览》，第 8 卷，第 388 页。

② （晋）葛洪撰，周天游校注：《西京杂记》，西安：三秦出版社，2006 年，第 198 页。

③ 《三国志》卷 29《魏书·方技传·朱建平传》，第 809 页。

④ 《汉书》卷 27 中之上《五行志中之上》，第 1367 页。

⑤ 《三国志》卷 52《吴书·诸葛谨传》裴松之注引《江表传》，第 1236 页。

⑥ 《史记》卷 31《吴太伯世家》裴骃《集解》引《越绝书》曰："阖庐冢在吴县昌门外，名曰虎丘……葬之三日，白虎居其上，故号曰虎丘。"（第 1468 页）以为是阖闾冢。

⑦ （晋）王嘉撰，（梁）萧绮录，齐治平校注：《拾遗记》，第 185 页。与此类似的又有孙坚故事。《宋书》卷 27《符瑞志上》载："孙坚之祖名钟，家在吴郡富春，独与母居。性至孝。遭岁荒，以种瓜为业。忽有三少年诣钟乞瓜，钟厚待之。三人谓钟曰：'此山下善，可作冢，葬之，当出天子。君可下山百步许，顾见我去，即可葬也。'钟去三十步，便反顾，见三人并乘白鹤飞去。钟死，即葬其地。地在县城东，冢上数有光怪，云气五色上属天，衍数里。父老相谓此非凡气，孙氏其兴矣。"（第 780 页）

⑧ （晋）葛洪撰，周天游校注：《西京杂记》，第 263—264 页。

⑨ 《汉书》卷 25 上《郊祀志上》颜师古注引应劭曰，第 1204 页。

母丧，曾“见一白狗攫庐，衔丧服，因变为人”①。山阳王瑚曾见一黑头白躯老狗化为“黑帻白单衣吏”，后杀之乃绝。②丹阳道士谢非夜半曾遭遇“水边穴中白鼍”③。鄱阳人张福曾在野水边遇一女子，与寝，后发现是“一大白鼍，枕福臂而卧”④。《三国志·蜀书·周群传》载，蜀人周群“少学术于广汉杨厚”⑤，不过《拾遗记》中周群则受教于一个化为老翁的白猿。⑥后世妇孺皆知的《白蛇传》，故事主角亦是一条白蛇。

四、白色祥瑞与白色灾异

以今天科学的眼光看，所谓祥瑞和灾异，大多是稀见的自然现象（也有一些是人为伪造）。经过汉代学者的发挥，自然现象被当作天意，用以规范世间统治者的行为。西汉晚期之后，谶纬之学渐兴，至东汉时，得到执政者的认可。祥瑞、灾异、谶纬之学地位逐步稳固，甚至上升为国家意识，对两汉社会的许多方面都产生重要影响，对整个中国古代社会亦产生深远影响。⑦

《礼记·中庸》说：“国家将兴，必有祯祥。国家将亡，必有妖孽。”⑧国家的兴盛与衰亡，帝王的成功与失败，上天都会有所暗示。《吕氏春秋·制乐》又载：“祥者福之先者也，见祥而为不善，则福不至。妖者祸之先者也，见妖而为善，则祸不至。”⑨强调天道对人道的制衡，人君必须施行善政才能趋吉避祸。“天之生民，非为王也，而天立王以为民也。故其德足以安乐民者，天与之；其恶足以贼害民者，天夺之。”⑩因为有上天的制约，执政者的统治策略必须以民为本，顺应民意。

① （晋）干宝撰，李剑国辑校：《新辑搜神记》卷19，第321页。
② （晋）干宝撰，李剑国辑校：《新辑搜神记》卷19，第319页。
③ （晋）干宝撰，李剑国辑校：《新辑搜神记》卷19，第327页。
④ （晋）干宝撰，李剑国辑校：《新辑搜神记》卷19，第328页。
⑤ 《三国志》卷42《蜀书·周群传》，第1020页。
⑥ （晋）王嘉撰，（梁）萧绮录，齐治平校注：《拾遗记》，第195页。
⑦ 参见陈槃：《秦汉间之所谓“符应”论略》，《古谶纬研讨及其书录解题》，台北：编译馆，1991年，第1—98页；杨世文：《汉代灾异学说与儒家君道论》，《中国社会科学》1991年第3期；王保顶：《汉代灾异观略论》，《学术月刊》1997年第5期；叶秋菊：《汉代的灾异祥瑞诏书》，《史学月刊》2010年第5期；龚世学：《论魏晋南北朝时期符瑞思想的整合》，《兰州学刊》2010年第12期；金霞：《两汉魏晋南北朝祥瑞灾异研究》，北京师范大学博士学位论文，2005年；胡晓明：《符瑞研究：从先秦到魏晋南北朝》，南京大学博士学位论文，2011年；陈业新：《灾害与两汉社会研究》，上海：上海人民出版社，2004年；陈侃理：《儒学、数术与政治——灾异的政治文化史》，北京：北京大学出版社，2015年。
⑧ （汉）郑玄注、（唐）孔颖达疏：《礼记正义》卷53《中庸》，（清）阮元校刻：《十三经注疏》，第1632页。
⑨ 许维遹撰，梁运华整理：《吕氏春秋集释》卷6《制乐》，北京：中华书局，2009年，第144页。
⑩ 苏舆撰，钟哲点校：《春秋繁露义证》卷7《尧舜不擅移、汤武不专杀》，第220页。

所谓“王道失则灾害生，得则四海输之祥瑞”①，“祥多者其国安，异众者其国危，天地之常经，古今之通义也”②。祥瑞是天命转换的象征，它的作用就是昭示圣人继承大统，维护政权的合法性，在国富民昌的时代，帝王们更需要祥瑞装饰太平。事实上，我们看到的祥瑞记录，也更多的是在所谓政清人和的时代，而在穷途末世，上天则多以灾异警示帝王。

古人对白色祥瑞和白色灾异的认识，是在“天人合一”理论模式影响下，人对自然的感应，体现出古人对自然的好奇与敬畏。他们试图从人事出发，认识自然，解释自然。

从学者统计来看，西汉至魏晋时期，祥瑞的种类和数量一直处于不断攀升的状态。③在谶纬、灾异祥瑞说逐渐盛行的政治文化背景下，东汉帝王特别重视祥瑞，东汉时期的祥瑞数量也特别突出。在名目众多的祥瑞中，白色祥瑞占据了重要一席。

《白虎通义·封禅》说到帝王修德行惠，则会“符瑞并臻，皆应德而至”。其中说到“德至鸟兽，则凤皇翔，鸾鸟舞，麒麟臻，白虎到，狐九尾，白雉降，白鹿见，白鸟下”④。所列举的八种动物祥瑞中，白色祥瑞占了一半。根据笔者对汉晋六朝相关传世瑞应图书和出土资料的统计，当时出现的白色祥瑞至少有白麟、白龙、白泽、白虎、驺虞、白象、白熊、白狼、白狐、白狢、白马朱鬣、白牟、白鹿、白獐、白麞、白麂、白猴、白兔、白狸、白猬、白鼠、白鹤、白鹄、白雉、白孔雀、白鸢、白乌、白鸠、白燕、白雀、白鹊、白鹅、白鸽、白鹦鹉、白鸲鹆、白龟、白鱼、白泉、白玉、白环、白琯、白珠、白裘等43种。⑤

① 《汉书》卷30《艺文志》颜师古注引刘向《别录》，第1704页。

② 《汉书》卷36《刘向传》，第1941页。

③ 金霞：《试论两汉魏晋南北朝时期祥瑞现象对皇权的巩固作用》，《青岛大学师范学院学报》2008年第3期；胡晓明：《符瑞研究：从先秦到魏晋南北朝》，南京大学博士学位论文，2011年，第16—17页。

④ （清）陈立撰，吴则虞点校：《白虎通疏证》卷6《封禅》，北京：中华书局，1994年，第283—284页。

⑤ 前四史中并没有专门的瑞应记录的篇章。传世的汉代典籍中也没有相关的瑞应图录。沈约的《宋书·符瑞志》是正史中第一篇专门记录祥瑞的篇章。《宋书·符瑞志》并没有局限于刘宋一朝，而是对上古以来的祥瑞记录加以整理。六朝时，又有几种瑞应图录流传于世（如孙柔之《瑞应图记》、熊理《瑞应图赞》、顾野王《符瑞图》）。有学者指出，这些瑞应记录中的部分内容很可能源自汉代文献。参见孙柔之著，叶德辉辑：《瑞应图记》，《观古堂所著书》，光绪辛丑年刊本（1901年）；王重民：《敦煌古籍叙录》，北京：商务印书馆，1958年，第167—174页；谷内祖道：《宋书符瑞志の构成に关する一考察》，《大仓山论集》第8号，1960年，第102—115页；平秀道：《宋书符瑞志について》，《龙谷大学佛教文化研究所纪要》第15集，1976年，第62—76页；安居香山：《祥瑞思想の展开と宋书符瑞志》，《大正大学大学院研究论集》第9号，1985年，第17—41页；陈槃：《古谶纬书录解题附录（二）》，《古谶纬研讨及其书录解题》，第631—664页；巫鸿：《武梁祠——中国古代画像艺术的思想性》，柳扬、岑河译，北京：生活·读书·新知三联书店，2006年，第254—255页；饶宗颐：《敦煌本〈瑞应图〉跋》，《敦煌研究》1999年第4期；窦怀永：《敦煌本〈瑞应图〉谶纬佚文辑校》，张涌泉、陈浩主编：《浙江与敦煌学：常书鸿先生诞辰一百周年纪念文集》，杭州：浙江古籍出版社，2004年，第396—406页；金霞：《〈宋书·符瑞志〉历史价值初探》，《社会科学辑刊》2005年第2期；胡晓明：《符瑞研究：从先秦到魏晋南北朝》第7章《简论〈宋书·符瑞志〉》，南京大学博士学位论文，2011年，第107—121页。关于汉代白色祥瑞的具体统计与分析，参见曾磊：《汉晋六朝瑞应图录中的白色祥瑞》，刘中玉主编：《形象史学》2017下半年（总第10辑），北京：社会科学文献出版社，2018年，第30—62页。

白色动物的生成是基因异化的结果。白色动物的培育，需要长期对动物的遗传基因进行人为干预。在科技并不发达的古代，白色动物的获得大多是靠动物本身的基因突变。当时人多抱着“物以稀为贵”的心态看待白色祥瑞。白色祥瑞以白色动物为大宗，其他自然事物则较少。并且，这些白色动物大多为野生，为人所捕获而贡献，更容易附加“天人感应”的神秘意义，因此受到格外重视。

有学者又从原始思维角度对古人注重白色动物的现象加以解释。铁晓娜指出，白色作为一种被强调和突出的细节，可以用来增加物体的生命力。她又引用列维—布留尔的说法，以为原始人心目中“物品的形状不但赋予它们以‘能力’，而且还限制这些能力的性质和大小”。这些形状还被定义为“可以增加能力的细节”，在原始思维及其指导下的艺术中，这些具有神秘属性的细节被强调、突出，进而保持。① 动物身上一种平常的颜色在原始思维中也被赋予了近乎魔力的神秘意义。这些细节组成的肖像无疑具有巫术意义，而巫术意义正是通过它反复强调的“可以增加能力的细节”来表现的。②

这一观点值得重视。白色作为祥瑞的附加属性被刻意放大，形成白色祥瑞，而白色又可以反过来强化祥瑞的神秘意义。人们的注意力转移到白色上来，反而不太关心该动物的原始生物属性和文化寓意。

祥瑞大多与“圣人”（君主）有关，白色祥瑞的出现条件也均指向上层统治者。作为上天对人间帝王的褒奖，只有所谓有道明君才能获得上天的青睐。而对于治国无方的帝王，上天则会降下“白眚白祥”加以警示。

所谓“五色物之大分也”③，《洪范五行传》中将眚祥分为青眚青祥、白眚白祥、赤眚赤祥、黑眚黑祥、黄眚黄祥五种。白眚白祥的划分自然是以白色为标志。关于“白眚白祥”的由来，《洪范五行传》说：“好战攻，轻百姓，饰城郭，侵边境，则金不从革。”④ 又说：“言之不从，是谓不艾，厥咎僭，厥罚恒阳，厥极忧。时则有诗妖，时则有介虫之孽，时则有犬祸，时则有口舌之痾，时则有白眚白祥。惟木沴金。”班固认为，君为阳，臣为阴。人君若出言不善，炕阳暴虐，妄施刑罚，则民心不附，有怨谤歌谣，导致阴阳失衡，阳气过盛。阳气盛行则天下大旱，大旱又会导致盗贼蜂起，介虫（刘歆以为是毛虫）之孽、犬祸、口舌之痾都由此而生。按照《洪范五行传》的设计，以上皆与金行对应，金色白，因此又有白眚白祥。⑤ 班固的解说按照天人合一

① ［法］列维-布留尔：《原始思维》，丁由译，北京：商务印书馆，1981年，第32、38页。

② 铁晓娜：《中国古代早期白色动物母题的文化思考》，《内蒙古社会科学（汉文版）》2007年第3期，第109页。

③ 《汉书》卷27中之下《五行志中之下》，第1405页。

④ 《汉书》卷27上《五行志上》，第1339页。

⑤ 《汉书》卷27中之上《五行志中之上》，第1376—1377页。

和阴阳五行的理论背景环环相扣。与种类繁多的白色祥瑞相比，史籍中与秦汉史事有关的白眚白祥的记录却并不多见。秦始皇时有二，一为“今年祖龙死”事，一为“始皇死而地分”事。另一次较重要的白眚白祥是昭帝时发生的“公孙病已立”事。

祥瑞与灾异的界限并非一成不变，在不同的解说体系下，祥瑞与灾异甚至可以互换。①“公孙病已立”事，班固《汉书·五行志》将其列为灾异，沈约《宋书·符瑞志》却以之为祥瑞。对于汉昭帝来说，大石自立和白乌聚集都预示汉帝退位禅让，对他自然是灾异，但对于汉宣帝来说，大石自立和白乌聚集却成为庶民将兴的祥瑞。②两汉之际公孙述在巴蜀自称白帝，蜀中童谣：“黄牛白腹，五铢当复。”公孙述“好为符命鬼神瑞应之事”，他引述谶纬证明自己政权的合法性，认为汉朝历数已尽，而“五德之运，黄承赤而白继黄，金据西方为白德，而代王氏，得其正序”。公孙述发挥“黄牛白腹”的说法为自己造势，但也有好事者强调“五铢当复”一句，以为“五铢钱，汉货也，言天下当并还刘氏”。光武帝为了取得法统上的独尊，也曾专门驳斥公孙述的言论。③同一条童谣，却有截然不同的两种解释。所谓“瑞兴非时，则为妖孽”④。祥瑞与灾异的区分关键在于人君的作为。正如窦武所说，“夫瑞生必于嘉士，福至实由善人，在德为瑞，无德为灾”⑤。

五、结　　语

白色的各种象征意义互相关联，我们很难厘清各种象征意义出现的先后顺序。不过这些象征意义大体指向三个源头，即光、纯洁、朴素。白色的神秘象征意义是由纯洁引申而来的。白色象征素洁神圣，白色牺牲在祭祀系统中占有重要地位。通过对秦汉人用色习俗的考察可以发现，在秦汉人的神秘信仰中，白色常带有某种神圣色彩。无论是以白色牺牲祭祀还是以白色自然物作为祭祀对象，其中确实考虑了白色本身的文化内涵。白色由于经常与神灵发生关系，因而也具有了神秘功能。在有的情况下，白色的神秘魔力还被刻意放大。

---

① 参见胡晓明：《符瑞研究：从先秦到魏晋南北朝》，南京大学博士学位论文，2011年，第50—56页。

② 宣帝即位后，“征孟子为郎”，暗含为眭弘平反的味道，可见宣帝认可了眭弘“匹夫为天子”的预言，以此事为瑞。类似的还有发生在吴国孙亮时的阳羡大石自立事和魏明帝时的张掖怪石事。沈约以为“魏世张掖石瑞，虽是晋氏之符命，而于魏为妖。”参见《宋书》卷31《五行志二》，第897页。

③ 《后汉书》卷13《公孙述传》，第537—538页。

④ 《宋书》卷30《五行志五》，第1000页。

⑤ 《后汉书》卷69《窦武传》，第2240页。

通过对白色神秘象征意义的讨论，可以看出颜色的象征意义存在如下特性：

（1）颜色象征意义的依附性。颜色是附着于物体之上的物理属性。对人类的视觉系统而言，物体若不反射光线，就没有颜色可言。讨论颜色的象征意义，也不可能脱离物体本身的文化属性。颜色的象征意义与物体的文化属性常相互影响，其整体的文化功能也因此得到加强。例如，在中国古代的神秘文化中，狗和鸡本身就具有丰富的神秘意义，而白色寓意的附加，使白鸡、白狗的神秘魔力更强于一般的品种。与此同时，白色的神秘内涵也因为狗和鸡的神秘意义而得以加强。

（2）颜色象征意义的多样性。同一种颜色在不同文化语境中会有不同的象征意义。白色所具有的丰富多样的内涵，自然与秦汉时代的精神信仰、社会风貌密不可分。而同一种物品也可以借助不同的颜色象征意义而拥有多种的功用，如白茅除了可以用以祭祀、分封外，还可以用来厌胜辟邪。

（3）颜色象征意义的对立性。同一种颜色的象征意义，可能是截然相反，又可以相互转换。此点在白色祥瑞和白色灾异的文化意义中表现尤为明显。

（4）颜色象征意义的复合性。不同颜色复合在一起会增加象征物的功用。如上引《汉书·王莽传上》武功长孟通浚井得白石一事，白石之上的“告安汉公莽为皇帝”的字迹使用“丹书”，这显然是为了增加其神圣性而刻意为之的。①

① 关于“丹书”象征意义的讨论，参见曾磊：《秦汉人神秘意识中的红色象征》，《史学月刊》2017年第1期。

里耶秦简中的“田官”与“公田”[*]

李 勉 晋 文

（重庆师范大学历史与社会学院，南京师范大学历史系）

裘锡圭先生曾发表《从出土文字资料看秦和西汉时代官有农田的经营》[①]一文，对秦汉公田的研究堪称经典，但囿于资料有限，与秦代相关的论述尚有不足。里耶秦简的发现和整理，为进一步探讨秦代的官田提供了珍贵的档案资料。本文不揣谫陋，拟以“公田”和“田官”为题，对田官的性质、“公田”与“田官”的关系以及秦代县级官田的经营管理等进行考察，谬误之处，恳请方家指正。

一、“田官”与“公田”的设置与性质

里耶秦简保存了大量关于“田官”与“公田”的记载，学界给予了高度关注，也取得了丰硕的研究成果，但仍有一些问题值得探讨。

（一）田官

关于“田官”的设置问题，里耶秦简有如下相关记载：

贰春乡佐壬，今田官佐。（8-580）

卅年二月己丑朔壬寅，田官守敬敢言【之】☑……（8-672）

---

* 本文为重庆市社会科学规划项目“秦代县政研究——以简牍资料为中心”（2016BS021）、重庆市教委人文社科项目“长江流域出土简牍所见秦代县级行政研究”（17SKJ028）的阶段性研究成果。

① 裘锡圭：《从出土文字资料看秦和西汉时代官有农田的经营》，“中央研究院”历史语言研究所会议论文集之四《中国考古学与历史学之整合研究》，1997 年，第 429—478 页，后收入《裘锡圭学术文集》第 5 卷，上海：复旦大学出版社，2012 年，第 210—253 页。

☐田官旂☐（8-1608）[①]

卅年九月丙辰朔己巳，田官守敬敢言之：廷曰令居赀目取船，弗予，謾曰亡。亡不定言。论及讂问，不亡，定謾者訾，遣诣廷。问之，船亡，审。沤枲。乃甲寅夜水多，沤，流包船，船毄（系）绝，亡。求未得，此以未定。史逐将作者氾中。具志已前上，遣佐壬操副诣廷。敢言之。（9-981）[②]

根据以上记载，并参考陈伟和王彦辉等先生的研究，秦代田官的设置与其他县级官署类似，皆由啬夫、佐、史等组成。[③]其中，田官啬夫的代理者称“田官守”。

关于“田官”的性质，张春龙和龙京沙先生认为田官是“乡啬夫的佐吏”[④]。卜宪群先生认为属于基层田官系统，即县设田啬夫，乡设田官，里设田典。[⑤]《王文》最早发现迁陵县田部系统与田官系统并存，认为田官应是经营公田的机构，并将田官和畜官都列入都官系统。《陈文》则根据田官使用作徒的记录，肯定了田官是经营公田的机构的观点，但对田官属于都官的看法提出了不同意见。

田官经营公田的观点是可取的。尤其最近整理出版的《湖南出土简牍选编》，披露了里耶 7、9、10、11 等层的简牍资料。其中“卅四年十二月《仓徒簿》”记载了迁陵县共使用“大隶臣积九百九十人，小隶臣积五百一十人，大隶妾积二千八百七十六，凡积四千三百七十六”（10-1170）。而且“女五百一十人付田官”及“女卌四人助田官获”[⑥]，所使用作徒的数量也多于其他部门，更加证明了裘锡圭等先生的观点。

关于田官是否属于都官系统的问题，我们赞同田官并不属于都官系统的看法。以下仅就官曹关系和畜官方面再作一些旁证。

仲山茂、青木俊介和土口史记等日本学者提出，县一级行政机构是由“廷”和“官”两大系统组成。[⑦]土口史记先生把“某曹”等组织称为“县廷内列曹”，主列曹

① 陈伟主编：《里耶秦简牍校释・第 1 卷》，武汉：武汉大学出版社，2012 年，第 182、199、368 页。

② 转引自陈伟：《里耶秦简所见的“田”与“田官”》，《中国典籍与文化》2013 年第 4 期，第 144 页。

③ 陈伟：《里耶秦简所见的“田”与“田官”》，《中国典籍与文化》2013 年第 4 期；王彦辉：《〈里耶秦简〉（一）所见秦代县乡机构设置问题蠡测》，《古代文明》2012 年第 4 期。以下凡征引前文，皆简称《陈文》；征引后文，皆简称《王文》。

④ 张春龙、龙京沙：《湘西里耶秦代简牍选释》，《中国历史文物》2003 年第 1 期，第 19 页。

⑤ 卜宪群：《秦汉之际乡里吏员杂考——以里耶秦简为中心的探讨》，《南都学坛》2006 年第 1 期，第 5—6 页。

⑥ 宋少华等编著：《湖南出土简牍选编》，长沙：岳麓书社，2013 年，第 117 页；里耶秦简牍校释小组：《新见里耶秦简牍资料选校（一）》，简帛网，2014 年 9 月 1 日，http://bsm.org.cn/show_article.php?id=2068。

⑦ ［日］仲山茂：《秦漢時代の「官」と「曹」——県の部局組織》，《東洋学報》82—4，2001 年；［日］青木俊介：《里耶秦簡に見える県の部局組織について》，《中国出土資料研究》9，2005 年；［日］土口史记：《戦国・秦代の県：県廷と「官」の関係をめぐる一考察》，《史林》95—1（特集都市），2012 年。

者是令史，县廷对“官”有绝对优势地位。[①]严耕望先生利用《五行大义》卷5“论诸官”条引《洪范五行传》对汉代县属吏曾进行了开拓性研究[②]，凌文超、孙闻博先生又继续发掘了这条史料[③]。他们都注意到其中十天干皆为“曹”，十二地支多为“官”，这与日本学者的研究可以相互印证。

里耶简8-481“仓曹计录”中有“田官计”一项。《王文》认为“仓曹计录”是县仓的统计，因而提出“既然太仓无法考课远离京师的都官，改由各县的县仓考课也是顺理成章的事”。[④]但根据秦代县官署中曹、官分立的格局，此处的仓曹却并非是指县仓，而是县廷的仓曹。“计录”也并非是对诸官的考课，而是对“现有国家资财的静态总结与统计”；对诸官的考课叫作“课”，“课”是“对国有资财增减情况的动态记录和监督”[⑤]。里耶秦简中有田课、田官课、畜官课、司空课、仓课、尉课、乡课等考课记录，可见“田官计”并不能说明田官由县仓考课。而田官课的记载，则恰恰说明了田官的考课由县廷负责，因而田官与田、司空、尉、乡、仓、畜官等无异，也都是县属官员。

畜官与田官相似，在里耶秦简中常并提。例如，在“仓曹计录”（8-481）中，“畜官牛计、马计、羊计”就和“田官计”并列——“传畜官。贰春乡传田官……”（8-1114+8-1150），“畜官、田官作徒薄（簿）”（8-285）[⑥]。从里耶简的相关记载看，畜官也很难被列入都官。诸如：

☑□朔戊午，迁陵丞迁告畜官仆足，令Ⅰ☑□毋书史，畜官课有未上，书到亟日Ⅱ☑□守府事已，复视官事如故，而子弗Ⅲ8-137☑事，以其故不上，且致劾论子，它承Ⅰ☑就手。Ⅱ8-137背

□□□人。CⅠ□□十三人。CⅡ隶妾毄（系）舂八人。CⅢ隶妾居赀十一人。CⅣ受仓隶妾七人。CⅤ凡八十七人。CⅥ其二人付畜官。（8-145）

☑□。AⅠ☑寇。AⅡ……☑作园。AⅥ☑畜官。AⅦ☑□□令。AⅧ☑

---

① 土口史记：《里耶秦简所见的秦代文书行政：以县廷与“官”的关系为中心》，《“中古中国的政治与制度”学术研讨会（论文集）》，首都师范大学历史学院，2014年5月，第1—9页。

② 严耕望：《中国地方行政制度史：秦汉地方行政制度》，上海：上海古籍出版社，2007年，第235—237页。

③ 凌文超：《走马楼吴简中所见的生口买卖——兼谈魏晋封建论之奴客相混》，《史学集刊》2014年第4期；孙闻博：《秦县的列曹与诸官——从〈洪范五行传〉一则佚文说起》，简帛网，2014年9月17日，http://bsm.org.cn/show_article.php?id=2077。

④ 王彦辉：《〈里耶秦简〉（壹）所见秦代县乡机构设置问题蠡测》，《古代文明》2012年第4册，第51页。

⑤ 沈刚：《〈里耶秦简〉（壹）中的“课”与“计”——兼谈战国秦汉时期考绩制度的流变》，《鲁东大学学报（哲学社会科学版）》2013年第1期，第65页。

⑥ 陈伟主编：《里耶秦简牍校释·第1卷》，第164、279、128页。

□载粟输。AIX ……CIII8-162

畜官、I 田官作徒 II 薄（簿）……IV 8-285

仓曹计录……畜官牛计，马计，羊计；田官计。凡十计。史尚主。CV 8-481

畜官课志……BV 8-490+8-501

卅年十二月乙卯，畜□□□作徒薄（簿）。☐AI 受司空居赀一人。☐AI2 ☐受仓隶妾三人。☐AII2 ☐……十二月乙卯，畜官守丙敢言之：上。敢言☐I 十二月乙卯水十一刻刻下一，佐贰以来。☐II8-199 背+8-688 背

谓令佐唐叚（假）为畜官☐8-919

☐传畜官。贰春乡传田官，别贰春亭、唐亭。☐8-1114+8-1150[①]

其中简 1 是迁陵县丞催促畜官上交“畜官课”的文书，简 6 是“畜官课”的主要内容，简 5“仓曹计录”中有畜官牛、马、羊计。简 2、3、4 都是畜官接受作徒的记录，作徒由迁陵县统一派遣。简 8 县令佐可任职畜官。《陈文》根据“贰春乡佐壬，今田官佐”认为，“田官吏员可以在迁陵县诸官署中调动”，从而指出田官是“隶属于迁陵县廷的一个官署”。[②] 简 9 亦可与之互证。

综上，畜官是隶属于迁陵县丞的官署。鉴于畜官与田官的相似性，即可旁证田官属于县官署而非都官的观点。

（二）公田

关于“公田”的记载主要如下：

廿六年三月壬午朔癸卯，左公田丁敢言之：佐州里烦故为公田吏，徙属。事荅不备，分 I 负各十五石少半斗，直钱三百一十四。烦冗佐署迁陵。今上责校券二，谒告迁陵 II 令官计者定，以钱三百一十四受旬阳左公田钱计，问可（何）计付，署计年为报。敢言之。（III）

三月辛亥，旬阳丞滂敢告迁陵丞主：写移，移券，可为报。敢告主。/兼手。（IV）

廿七年十月庚子，迁陵守丞敬告司空主，以律令从事言。/慶手。即走申行司空。

十月辛卯旦，朐忍□秦士五（伍）状以来。/庆半。兵手。（8-63）背[③]（V8-63）

① 陈伟主编：《里耶秦简牍校释·第 1 卷》，第 77、84、98、128、164、168、111、249、279 页。

② 陈伟：《里耶秦简所见的“田”与“田官”》，《中国典籍与文化》2013 年第 4 期，第 146 页。

③ 陈伟主编：《里耶秦简牍校释·第 1 卷》，第 48—49 页。

这是旬阳县发到迁陵县的一件收文批转文书，实际上包括四份嵌套文书，其主体是第一份，即旬阳左公田发给旬阳丞的文书。这份文书的大意为：烦曾为旬阳县的公田吏，现在是迁陵县的吏员。烦在任职公田期间，进出荅（小豆）不足数，需要赔偿十五石又三分之一斗，价值 314 钱。旬阳左公田丁请求旬阳县丞询问迁陵县，这笔钱的官计应该由哪个县的官府记账。旬阳县丞收到这份文书后，将文书批转给迁陵县丞，迁陵县丞再将文书发给迁陵司空，要求司空处置此事。

在这份公文中，出现了“左公田”和“公田吏”的名称。按照秦人的语词习惯，“左公田”是一个官署，它的吏员称作“公田吏”。左公田应是县丞的下属单位，即旬阳县廷的一个官署。主要证据是：第一，从公文的常用语——“敢言之”来看，由旬阳左公田发给旬阳丞的文书应该是下级官府发往上级的文书。在云梦秦简《封诊式·亡自出》条中，乡官向上级官府报告已使用“敢言之”作为文书末尾的敬辞——“乡某爰书：男子甲自诣……亡五月十日，毋（无）它坐，莫覆问。以甲献典乙相诊，今令乙将之诣论，敢言之。”[①] 第二，左公田发往迁陵的文书，必须经过旬阳县丞的批转，也符合秦文书行政的基本要求。里耶简 8-122 规定，“言事守府及移书它县须报”[②]，即要求县级官署发文给太守府或者他县，必须通过本县县廷，而不能直接发文。

传世秦印中亦有“右公田印”[③]，还有“郎中左田”、“赵郡左田”以及“左田之印”[④] 等。这里的左和右显然指的是公田的方位。地理上常以东为左，西为右。如此说来，这份公文中的“左公田”应该就是旬阳县治东边的公田。

二、公田与田官的关系

要明白田官与公田的关系如何，首先就必须弄清战国时期官与公的关系。

众所周知，在春秋战国之际，公、私对立的双方还指的是公室与私家。史载齐相晏婴就曾给晋大夫叔向分析齐国政局说：

> 吾弗知齐其为陈氏矣。公弃其民，而归于陈氏。……以家量贷，而以公量收之。山木如市，弗加于山；鱼、盐、蜃、蛤，弗加于海。民参其力，二入于公，

① 睡虎地秦墓竹简整理小组编：《睡虎地秦墓竹简》，北京：文物出版社，1978 年，第 278 页。

② 陈伟主编：《里耶秦简牍校释·第一卷》，第 66 页。

③ 罗福颐主编：《秦汉南北朝官印征存》，北京：文物出版社，1987 年，第 3 页。

④ 周晓陆、路东之编著：《秦封泥集》，西安：三秦出版社，2000 年，第 114、230、255 页。

而衣食其一。公聚朽蠹，而三老冻馁，国之诸市，屦贱踊贵。[①]

叔向亦慨叹：“政在家门，民无所依。君日不悛，以乐慆忧。公室之卑，其何日之有？”[②]但仅仅三百多年后，公室与私家的对立便被官与民的对立所取代。从简牍来看，秦人称呼官有财物一般采取“公+某物”的结构，如“公马牛”、“公器”、“公甲兵”、“公车牛”、“公大车”、“公金钱”[③]、“公船”[④]等。

官府所有财物皆以“公”为前缀，也就明确了财产所有权，从而与私有财产区分开来。秦人对财产所有权的认识，源于战国时期的公、私观念。有日本学者认为，中国的公、私观念经历了“由共同体的公・私整合为政治上的君・国・官对臣・家・民之间的公・私的过程”[⑤]。其实到战国末期，上述公、私对立的双方已最终变为官和民了，前引秦简的诸多记载就足以证明。而“官”与“公”也逐渐有了相同内涵。以“公室”为例，秦律的规定即表明它在许多方面已与“官府”同义。如《睡虎地秦墓竹简・法律答问》：

“公室告”[何]殴(也)？“非公室告”可(何)殴(也)？贼杀伤、盗他人为“公室”；子盗父母，父母擅杀、刑、髡子及奴妾，不为“公室告”。

“子告父母，臣妾告主，非公室告，勿听。”・可(何)谓“非公室告”？・主擅杀、刑、髡其子、臣妾，是谓“非公室告”，勿听。[⑥]

所谓“公室告”，即控告主体对其家庭以外的人所犯的杀伤人、偷窃财物类型所提出的控告；“非公室告”，即控告主体对其家庭内部犯罪行为向官府提出的控告。“公室告”的案件官府必须受理，“非公室告”的案件官府不予受理。可见其“公室”指的就是官府。

再如睡虎地秦简《仓律》规定：“隶臣妾其从事公……虽有母而与其母冗居公者，亦禀之，禾月半石。”[⑦]从秦简来看，仓所管理的隶臣妾应该是官奴婢，所以隶臣妾冗居和工作的“公”指的就是官府无疑。

及至汉初，“县官”一词更直接替代了“公室”，成为官府的代称。[⑧]如《睡虎地

---

① 杨伯峻编著：《春秋左传注》(修订本)，北京：中华书局，2009年，第1234—1236页。

② 杨伯峻编著：《春秋左传注》(修订本)，第1236—1237页。

③ 睡虎地秦墓竹简整理小组：《睡虎地秦墓竹简》，第33、60、71、82、165页。

④ 陈伟主编：《里耶秦简牍校释・第1卷》，第72页。

⑤ [日]沟口雄三：《中国的公与私・公私》，郑静译，北京：生活・读书・新知三联书店，2011年，第49页。

⑥ 睡虎地秦墓竹简整理小组：《睡虎地秦墓竹简》，第195—196页。

⑦ 睡虎地秦墓竹简整理小组：《睡虎地秦墓竹简》，第49页。

⑧ 按：“县官”在汉代亦代指皇帝和朝廷，参见刘德增、李珩：《“县官”与秦汉皇帝财政》，《文史哲》2006年第5期。

秦墓竹简·法律答问》规定："或捕告人奴妾盗百一十钱，问主购之且公购？公购之之。"[①] 张家山汉简《二年律令》亦有类似规定——"□主入购县官，其主不欲取者，入奴婢，县官购之"（161）[②]，但却用"县官"来指代官府。另外，张家山汉简对官有财物的记载也有明显变化，例如"县官积㝡（聚）""县官事""县官马、牛、羊""县官车牛""县官畜产""县官器财物"[③]。所以张燕先生提出："张家山汉简这一组财产的标识便是用'县官'作为前缀，替代了睡虎地秦简中的'公器'、'公司马'、'公甲兵'中'公'之标识。"[④] 但追根溯源，这种语词的转变实际在秦代就已开始。秦始皇统一六国后，"一法度衡石丈尺。车同轨。书同文字"[⑤]。所谓"王室曰县官，公室曰县官"（8-461）[⑥]，用"县官"来取代"王室"和"公室"，就是这种改革的一个组成部分。而且官有财物的称呼也发生了变化，如龙岗秦简"牧县官马、牛、羊盗□之弗□□☑"[⑦]，岳麓秦简"敬给县官事"、"擅叚县官器"[⑧] 等。因此，由"公"到"县官"的变化早在秦朝统一便已出现，汉初不过承袭了秦的制度而已（参见表 1）。

表 1　秦至汉初"公—县官"用词变迁一览表

简牍 分类	睡虎地秦简	岳麓秦简	里耶秦简	龙岗秦简	张家山汉简
官有财物	公马牛、公服牛、公交车牛、公大车、公器、公甲兵、公金钱	县官器	公船	县官马牛羊	县官马牛羊、县官畜产、县官车牛、县官器财物，县官积㝡（聚）、县官脯肉、县官米、县官田宅
官府劳作	从事公、公事	县官事			工事县官、内作县官、县官事
官府居住	居公				居县官
官府收入	入公、入粟公			入县官	出金钱县官、入钱县官
官府支出	公食、禀禾稼公、衣食公、公购		县官食		县官食、县官购

由表 1 可见，从睡虎地秦简到张家山汉简，不论是"公+某物"还是"某某＋公"中的"公"都由"县官"替代，而岳麓、里耶、龙岗等秦简所出现的县官一词，

---

① 睡虎地秦墓竹简整理小组：《睡虎地秦墓竹简》，第 211 页。

② 张家山二四七号汉墓竹简整理小组编：《张家山汉墓竹简［二四七号墓］：释文修订本》，北京：文物出版社，2006 年，第 30 页。

③ 张家山二四七号汉墓竹简整理小组编：《张家山汉墓竹简［二四七号墓］：释文修订本》，第 8、15、43、64、68 页。

④ 张燕：《睡虎地秦简中的"公"与"官"——以官方财产所有权标识为核心》，《河北师范大学学报（哲学社会科学版）》2012 年第 5 期，第 113 页。

⑤ 《史记》卷 6《秦始皇本纪》，北京：中华书局，1959 年，第 239 页。

⑥ 陈伟主编：《里耶秦简牍校释·第 1 卷》，第 156 页。

⑦ 中国文物研究所、湖北省文物考古研究所编：《龙岗秦简》，北京：中华书局，2001 年，第 106 页。

⑧ 朱汉民、陈松长编：《岳麓书院藏秦简（一）》，上海：上海辞书出版社，2010 年，第 27、28 页。

就体现了这种演变的趋势。秦始皇统一中国，是早期中国的一个重大变局。战国时期很多制度早已发生变化，秦代建立将其法律化、规范化、统一化。例如，官制、中央和地方行政建制等。由“公”到“县官”的语词演变就是秦始皇统一中国大变局的一种体现，这种演变是分封制结束、郡县制开始的社会变革带来的必然结果，体现了中央和地方各级官府取代了战国的封君，成为国家运作、管理的主要力量。

里耶简 8-63 的写作日期是秦始皇二十六年（公元前 221 年），而已知“田官”的最早记录却是在秦始皇二十九年（公元前 218 年）——“廿九年尽岁田官徒薄（簿）廷”。(8-16)[①] 因之可以推测，秦朝统一中国后，更替名号，官府统称为“县官”，公田的管理机构亦由“公田”改称为“田官”。但简 8-63 的写作恰恰处于秦始皇更替名号之前，于是才保留了“公田”的称谓。甚至县属公田也可能更名为“官田”。如“☑□官田一☑”（8-165）[②] 的记载，就是责问迁陵县某官垦田的文书，并出现了“官田”一词。里耶简 8-672 还有“官田自食簿”[③] 的记载，从简文来看，这份簿籍由田官管理，因而“官田”也很可能是县属公田。至于朝廷和中央官署所领公田，为了与县属公田相区分，则继续沿用了“公田”之名。如《汉书·元帝纪》载：“以三辅、太常、郡国公田及苑可省者振业贫民。”[④] 这虽然是汉代资料，但汉承秦制，秦代的情况当相差不大。

三、田官作徒与考课

鉴于秦简资料的缺乏，尤其里耶秦简尚未完全整理刊布，以下仅就田官作徒、垦田和考课三个问题谈一些看法。

（一）田官作徒

从已经公布的里耶秦简看，秦代田官应主要使用徒隶劳作。简 8-1566 便记载了按日劳作应给口粮的徒隶人数：

卅年六月丁亥朔甲辰，田官守敬敢言之：疏书日食牍北（背）上。I 敢言之。II8-1566

城旦、鬼薪十八人。AI 小城旦十人。AII 舂廿二人。AIII 小舂三人。BI 隶

① 陈伟主编：《里耶秦简牍校释·第 1 卷》，第 31 页。
② 陈伟主编：《里耶秦简牍校释·第 1 卷》，第 100 页。
③ 陈伟主编：《里耶秦简牍校释·第 1 卷》，第 199 页。
④ 《汉书》卷 9《元帝纪》，北京：中华书局，1964 年，第 279 页。

妾居赀三人。BII

戊申，水下五刻，佐壬以来。/尚半。逐手。III8-1566 背①

据此可知，在秦始皇三十年（公元前 217 年）六月甲辰共有徒隶 56 人由田官提供口粮，这几乎是在田官劳作的所有徒隶。其中成年男性为 18 人，成年女性为 25 人，未成年男性 10 人，未成年女性 3 人。六月通常都是庄稼收割的时候，急需大量人手，但劳作的田官徒隶实际却只有 56 人，还包括了 13 个未成年人。

另据里耶秦简《月作簿》，列表 2 如下：

表 2　田官作徒统计表

作徒＼简号			8-145	8-162	8-444	8-663	8-1566	10-1170
成年	男	城旦、鬼薪					18	
	女	舂					22	
		隶妾居赀					3	
		隶妾						510+44（17+2）
		未知	24					
未成年	男	小城旦	6	8			10	
	女	小舂	3				3	
		小隶妾		6	6			
未知						26+1		

值得注意的是，简 10-1170 的数字远大于其他简。该简所记隶妾的人数，出自前引“卅四年十二月《仓徒簿》”。且簿中无论大隶臣、小隶臣，还是大隶妾，抑或总数，实际都是用的积数。更重要的是，簿中分计的大、小隶臣和大隶妾的人数合计，与“大隶臣积九百九十人，小隶臣积五百一十人，大隶妾积二千八百七十六，凡积四千三百七十六”的总计相同，只有大隶妾的人数被算错了 50 人。② 因之可以断言，这里的 510 人加 44 人实际也都是积数，亦即 510 人次加 44 人次。类似记载在里耶简中还有很多。最为明显的，就是对贰春乡作徒的统计：

世年八月贰春乡作徒薄（簿）。AI

① 陈伟主编：《里耶秦简牍校释・第 1 卷》，第 362 页。

② 按：根据简 10—1170 分计大隶妾的人数，全部相加的总数是 2926 人，比“大隶妾积二千八百七十六”多了 50 人。但仔细辨认图版照片，其中“女三百一十人居赀司空”的释文，实际却应当是“女二百一十人居赀司空”，总数比“大隶妾积二千八百七十六”又少了 50 人。而不管是多了 50 人，还是少了 50 人，也都是由于其计算错误，并不影响大隶妾的分计人数相加等于大隶妾的总计人数的结论。

城旦、鬼薪积九十人。AII

仗城旦积卅人。AIII

舂、白粲积六十人。AV

隶妾积百一十二人。AV

·凡积二百九十二人。BI☐……8-1143+8-1631①

研究认为，贰春乡此月的城旦、鬼薪、仗城旦、舂、白粲实际人数分别是3人、1人和2人，而八月30天的累积人数恰好分别是90、30和60。②其中，隶妾为112人次，实际人数亦只有4人。但通过112人次的累积，却可以说明，在隶妾30天的劳作中，共计28天有112人次出工，有2天8人次未能出工（这里是说合计2天，实际隶妾4人都同时得病的可能性很小，故30天中她们应该每天都有人出工），并充分显示了积数考核的必要和严密性。因此，简10-1170中的510人次，按12月是30天计算，其实际人数亦仅仅17人而已。所增加的44人也同样如此，按44人次计算，实际就是2人，共计增加出工22天。尽管表2的统计资料还并不完整，但从中亦可发现：迁陵田官作徒的数量不大，加之徒隶耕作的积极性较低，女性和未成年人的体力较小，因而能够垦种的土地面积相当有限，产量也应该不大。裘锡圭先生曾明确指出：“在秦代，国家掌握着大量土地，直接为官府所经营的公田，数量也一定极为可观。”③但仅就迁陵的公田而言，裘先生的论断却显然有夸大之嫌。

总的来说，田官管辖公田的劳动力大致可分为三类，即司空刑徒、仓隶臣妾及戍卒。根据表2，“城旦、鬼薪”“舂”“小城旦”“小舂”等都属于司空管理的刑徒，而隶妾则属于县仓管理的官奴婢。此外就是戍卒。里耶简中田官负责的粮仓支出记录见表3所示：

表3　田官负责粮仓支出记录表

仓	时间	负责人			支出数量	支出类型	支出对象	视平者／记录者	简号
		田官守	佐	禀人					
径	卅一年正月甲寅	敬	壬	显	粟米一石九斗少半斗	出禀	资貣士五	令史扁 壬手	8-764
	卅一年六月壬午	敬	□	婴	无	出贷	罚戍簪褭	令史逐 □手	8-781+8-1102
	缺	敬	壬	婴	无	出禀	居赀士五	令史逐 缺	8-1328

① 陈伟主编：《里耶秦简牍校释（第一卷）》，第283页。

② 王伟、孙兆华：《“积户”与“见户”：里耶秦简所见迁陵编户数量》，《四川文物》2014年第2期，第64页。

③ 裘锡圭：《从出土文字资料看秦和西汉时代官有农田的经营》，载“中央研究院”历史语言研究所会议论文集之四《中国考古学与历史学之整合研究》，第429—478页，又收入《裘锡圭学术文集》第5卷，第211页。

续表

<table>
<tr><th rowspan="2">仓</th><th rowspan="2">时间</th><th colspan="3">负责人</th><th rowspan="2">支出数量</th><th rowspan="2">支出类型</th><th rowspan="2">支出对象</th><th rowspan="2">视平者/记录者</th><th rowspan="2">简号</th></tr>
<tr><th>田官守</th><th>佐</th><th>禀人</th></tr>
<tr><td rowspan="3">径</td><td rowspan="2">卅一年七月辛亥</td><td>敬</td><td>壬</td><td>□</td><td rowspan="2">粟米一石八斗泰半</td><td rowspan="2">出禀</td><td rowspan="2">屯戍簪裹
屯戍士五</td><td rowspan="2">令史逐
壬手</td><td rowspan="2">8-1574+
8-1787</td></tr>
<tr><td colspan="3">敦长簪裹悍</td></tr>
<tr><td>卅一年七月辛亥</td><td>敬</td><td>壬</td><td>娙</td><td>粟米四石</td><td>出禀</td><td>罚戍公卒</td><td>令史逐
壬手</td><td>8-2246</td></tr>
</table>

表 3 中的罚戍、屯戍属于戍卒，資貣、居赀则属于司空管理的刑徒。从相关秦简来看，劳作者和冗作者由相关的管理机构提供口粮，如隶臣妾由仓管理，所以由仓直接发放口粮的只有隶臣妾，而司空管理着其他刑徒，所以其他刑徒的口粮就需要司空发放。[①] 除了仓和司空，其他官署也要负责在本官署劳作人员的口粮。例如，启陵乡的大隶妾京、窑等 13 人，在三十一年（公元前 216 年）正月的最后三天劳作中，她们每天的口粮——“日三升泰半半升”便都由启陵乡提供。

粟米一石六斗二升半升。卅一年正月甲寅朔壬午，启陵乡守尚、佐冣、禀人小出禀大隶妾□、京、窑、茝、并、□人、☐I 乐官、韩欧毋正月食，积卅九日，日三升泰半半升。令史气视平。☐II8-925+8-2195[②]

因此，表 3 中的罚戍、屯戍等戍卒也应该是在田官劳作的劳动力。

（二）田官垦田

秦代极为重视农耕，地方官员被要求劝勉垦田，并作为地方政府考核的一项主要内容。如里耶简 9-39 记载：“律曰：已豤（垦）田，辄上其数及户数，户婴之。”[③] 里耶简 8-1519 就是一个突出事例：

迁陵卅五年豤（垦）田與五十二顷九十五亩，税田四顷□□户百五十二，租六百七十七石。衛（率）之，亩一石五；户婴四石四斗五升，奇不衛（率）六

① 沈刚：《〈里耶秦简〉（壹）所见作徒管理问题探讨》，《史学月刊》2015 年第 2 期，第 25 页。

② 陈伟主编：《里耶秦简牍校释 • 第 1 卷》，第 249 页。按：由于积日为 39 日，能被 39 整除的数字只有 3 和 13，因而此简记录在启陵乡劳作的大隶妾实际就是 13 人，共劳作 3 天。

③ 里耶秦简牍校释小组：《新见里耶秦简牍资料选校（二）》，简帛网，2014 年 9 月 3 日，http://bsm.org.cn/show_article.php?id=2069。按：汉初亦继承了这一做法，如张家山汉简 243 简《田律》规定：“县道已豤（垦）田，上其数二千石官，以户数婴之，毋出五月望。”参见张家山二四七号汉墓竹简整理小组编：《张家山汉墓竹简[二四七号墓]：释文修订本》，第 42 页。

斗……①

另外，简 8-1763 亦载：“☑当豤（垦）田十六亩。☑已豤（垦）田十九亩。”② 具体到田官的垦田，里耶简中亦有田官将“豤田课”上报到县廷的记录：

正：元年八月庚午朔庚寅，田官守顾敢言之：“上豤（垦）田课一牒，敢言之。”

背：八月庚寅日入，顾以来／援发　顾手（9-1869）③

此次上报的时间是八月份，可能是秦以十月为岁首，要进行全年的考课，所以必须在十月之前把各官署的考课记录汇总。

迁陵县的垦田分官垦和民垦两种。除了简 8-1519，民垦的记录亦见于简 9-14 和简 9-2350。如“卅三年六月庚子朔丁巳，［田］守武爰书：高里士五（伍）吾武［自］言：谒豤（垦）草田六亩武门外，能恒藉以为田……”（9-2350）④

官垦则一般使用徒隶垦田，例如：

卅四年六月甲午朔乙卯，洞庭守礼谓迁陵丞：丞言徒隶不田，奏曰：司空厌等当坐，皆有它罪，耐为司寇。有书，书壬手。令曰：吏仆、养、走、工、组织、守府门、肖力匠及它急事不可令田，六人予田徒四人。徒少及毋徒，薄（簿）移治虏御史，御史以均予。今迁陵廿五年为县，廿九年田廿六年尽廿八年当田，司空厌等失弗令田。弗令田即有徒而弗令田且徒少不傅于奏。及苍梧为郡九岁乃往岁田。厌失，当坐论，即如前书律令。/七月甲子朔癸酉，洞庭段（假）守绎追迁陵。/歇手。·以沅阳印行事。（8-755—759）⑤

该简便记载了由于督责徒隶垦田不力，迁陵县司空厌等被洞庭郡守责备、处罚的情况。

田官“垦田课”的内容应该与司空的垦田考核不同。联系简 8-755—759 可知，由于职能有别，司空垦田考核的重心在是否“令（徒隶）田”，而田官“垦田课”的重心则应该是垦田的亩数和质量。

---

① 陈伟主编：《里耶秦简牍校释·第 1 卷》，第 345—346 页。

② 陈伟主编：《里耶秦简牍校释·第 1 卷》，第 388 页。

③ 游逸飞、陈弘音：《里耶秦简博物馆藏第九层简牍释文校释》，简帛网，2013 年 12 月 22 日，http://bsm.org.cn/show_article.php?id=1968。

④ 里耶秦简牍校释小组：《新见里耶秦简牍资料选校（二）》，简帛网，2014 年 9 月 3 日，http://bsm.org.cn/show_article.php?id=2069。

⑤ 陈伟主编：《里耶秦简牍校释·第 1 卷》，第 217 页。

（三）田官考课的其他项目

除了上文提到的“垦田课”，田官考课的内容还有其他项目。其中最基本的考课，就是对作徒及其劳作的日常管理。前揭《日食牍》《日作簿》《月作簿》的记录、汇总和上报，便全面反映了田官对作徒的各项管理。如简 8-1566“城旦、鬼薪十八人。AI 小城旦十人。AII 舂廿二人。AIII 小舂三人。BI 隶妾居赀三人。BII”等。又简 8-479 记载：“田官课志。田□□课。• 凡一课。”[①] 林献忠先生根据图版字形推测“课”前□字为“薪”[②]。如果此字释作“薪”字，则极有可能与“取薪”相关。在里耶简中，就有“☐取薪廿五石。☐8-1117”[③] 和“木薪一石五斗。卅五年九☐”（8-2193）[④] 的记录。因此，“田官”的职责似乎还包括伐薪取柴，甚至作为县廷考核的项目之一。

此外，前引简 8-672 有“官田自食薄”的记载：

> 卅年二月己丑朔壬寅，田官守敬敢言［之］☐官田自食薄（簿），谒言泰守府□☐之。☐[⑤]

根据字面含义，这似乎指的是官田粮食支出的汇总和统计，也应该是田官考课的内容。

前引公田吏“事荅不备，分负各十五石少半斗”，可见对公田农作物的管理和收获也同样是田官考课的内容。

总之，田官属于县级诸官，是管理公田或官田的机构。通过对秦代田官问题的梳理，不仅多少呈现了田官的性质、演变和职责的细节，也丰富了关于县级公田的开垦、经营和管理的认识。

---

① 陈伟主编：《里耶秦简牍校释・第 1 卷》，第 362、163 页。

② 林献忠：《读里耶秦简札记六则》，简帛网，2015 年 4 月 20 日，http://bsm.org.cn/show_article.phpid=2215。

③ 陈伟主编：《里耶秦简牍校释・第 1 卷》，第 279 页。

④ 陈伟主编：《里耶秦简牍校释・第 1 卷》，第 443 页。

⑤ 陈伟主编：《里耶秦简牍校释・第 1 卷》，第 199 页。

“悉召天下文学方术士”至“焚书坑儒”

——试析秦文化政策视域下帝国政权与士人关系的演变

刘　力
（重庆师范大学学报编辑部）

在对中国历史上第一个统一的专制帝国——秦朝“短命而亡”的批判中，其作为西戎之国的严刑峻法、文化专制往往是首要的，而典型的例证则是“焚书坑儒”。其实，秦帝国构筑大一统政权过程中所择取的文化政策，并非一开始即欲将士人置于政权的对立面，两者之间实则经历了一个从怀柔与期待至冲突、对抗的过程。在此过程中，既有帝国维护威权政治的考量，也有士人在社会已然转型过程中却对自身价值期待恒一不变的缘由。本文拟从此角度管窥秦政权与士人关系的演变。

一、秦初“悉召天下文学方术士”的文化怀柔

成就帝国统一大业之前的秦作为关西一隅之诸侯国，在文化序列上往往被关东六国“比于戎、翟”而耻与之。这一方面源于“内诸夏外夷狄”的认知，另一方面则是因秦重军功、尚耕战的文化传承与法家文化取向所致。随着秦政治、军事上统一步伐日益彰显，其当政者也开始重新思考帝国文化意识上的方略，尤其是应如何将以齐、鲁为代表的关东六国悠久深厚的文化传承延揽入帝国政权。具体言之，则是落实为如何对待作为承载诸子百家之学的士人问题。

在诸侯纷争的战国，“士人”对于诸侯而言，可谓是制胜的重要法宝，“六国之

时，贤才之臣，入楚楚重，出齐齐轻，为赵赵完，畔魏魏伤”[①]，故战国时期七国虎争天下，莫不以招四方游士为要。其时秦国虽还是地处西隅的诸侯国之一，但“自穆公至于始皇，皆能留心待贤，远求异士”[②]。相较于关东六国，秦国举贤纳士的力度更大，范围更广，“六国所用相，皆其宗族及国人……独秦不然，其始与之谋国以开霸业者，魏人公孙鞅也。其他若楼缓赵人，张仪、魏冉、范雎皆魏人，蔡泽燕人，吕不韦韩人，李斯楚人。皆委国而听之不疑，卒之所以兼天下者，诸人之力也”[③]。秦重用四方宾客士人最终获得了丰厚回报：

> 昔缪公求士，西取由余于戎，东得百里奚于宛，迎蹇叔于宋，来丕豹、公孙支于晋。此五子者，不产于秦，而缪公用之，并国二十，遂霸西戎。孝公用商鞅之法，移风易俗，民以殷盛，国以富强，百姓乐用，诸侯亲服，获楚、魏之师，举地千里，至今治强。惠王用张仪之计，拔三川之地，西并巴、蜀，北收上郡，南取汉中，包九夷，制鄢、郢，东据成皋之险，割膏腴之壤，遂散六国之从，使之西面事秦，功施到今。昭王得范雎，废穰侯，逐华阳，强公室，杜私门，蚕食诸侯，使秦成帝业。[④]

最终，因着“听众人之策”，秦实现了“乘六世之烈而吞食六国，兼诸侯并有天下”。所谓的“众人之策”，即来自四方宾客士人的谋略建议。我们可以看见，在成就帝业的过程中，秦国对于各方士人是倚重、礼遇的，即便在因怀疑“诸侯人来事秦者，大抵为其主游间于秦”而意欲“请一切逐客”时，最终考量到如若“疏士而不用，是使国无富利之实而秦无强大之名也”而“乃除逐客之令”。[⑤]作为秦帝国的开创者，始皇还在其幼年之际，即开始招纳士人，“年十三岁，庄襄王死，政代立为秦王。……招致宾客游士，欲以并天下”[⑥]。

其时士人在建功立业为帝王师的理想憧憬下，亦是欣然西向秦的。李斯，楚国人，却驰骛为秦王“舍人”：

> 斯闻得时无怠，今万乘方争时，游者主事。今秦王欲吞天下，称帝而治，此

① （汉）王充著，张宗祥校注，郑绍昌标点：《论衡校注》卷13《效力第》，上海：上海古籍出版社，2010年，第268页。

② 《晋书》卷48《段灼传》，北京：中华书局，1974年，第1344页。

③ （宋）洪迈著，王亚兴注译：《容斋随笔》卷2《秦用他国人》，郑州：中州古籍出版社，2010年，第37页。

④ （汉）司马迁《史记》卷87《李斯列传》，长沙：岳麓书社，2001年，第511—512页。

⑤ （汉）司马迁《史记》卷87《李斯列传》，第511—512页。

⑥ （汉）司马迁《史记》卷6《秦始皇本纪》，第41页。

布衣驰骛之时而游说者之秋也。处卑贱之位而计不为者，此禽鹿视肉，人面而能强行者耳。故诟莫大于卑贱，而悲莫甚于穷困。久处卑贱之位，困苦之地，非世而恶利，自托于无为，此非士之情也。故斯将西说秦王矣。①

作为楚人，李斯却毅然前往西戎之秦，缘由在于秦强王贤，可以成就天下一统的帝业，"自秦孝公以来，周室卑微，诸侯相兼，关东为六国，秦之乘胜役诸侯，盖六世矣。今诸侯服秦，譬若郡县。夫以秦之强，大王之贤，由灶上骚除，足以灭诸侯，成帝业，为天下一统，此万世之一时也"②。成就天下一统的万世之伟业，不仅是统治者的政治憧憬，亦是渴望为帝王师的士人们的政治理想。对于此时秦统治者与士人之间惺惺相惜的关系，有学者以为，"历史的嘲弄常常是双向的。一方面，它固执地将秦的统治者铸于士的对立面，从而与东方那些温良谦逊、恭敬文雅的士的保护人、赞助者明显区别开来。另一方面，在中国历史上自由度相对最大的战国末年，士人们几乎是完全自主地选择了秦王，向他献计献策，帮助他完成统一大业，甚至帮助他灭亡了自己的国家"③。

上述论述说明，在相当一段时间，秦政权虽然奉行商鞅重军功、尚耕战的法家思想，但对于士人是倚重、礼遇的，而士人对被视为西戎的秦国亦是心向的。最能体现秦政权统治意欲改变先前单纯法家文化取向的则是在其时相国吕不韦主持下所编纂的《吕氏春秋》。作为其时秦相的吕不韦，"以秦之强，羞不如，亦招致士，厚遇之，至食客三千人"④，正是深感于秦较之关东六国在文化上的"羞不如"，吕不韦"乃使其客人人著所闻，集论以为八览、六论、十二纪"，旨在"以为备天地万物古今之事"，⑤终成其为《吕氏春秋》。该书通常被认为是杂家之学。所谓的"杂家"，即"兼儒、墨，合名、法"⑥，即是说此书的内容是遍及其时诸家思想，遍引诸学。有学者认为，从吕不韦居官之尊及他对此书所任之重来看，其著该书用意是深刻的，是在"对即将建立的大一统帝国进行的一种文化'自立'行为"，"可视为一种统一前夕所给出的对未来帝国的文化导向与政策暗示"。在这一文化政策的导向抑或倾向的表述中，少却了秦前期商韩"燔书""禁学"的文化专制色彩，而更多的是一种广涉诸子的文化怀柔，试图为帝国奠定新的则天法地的"大圜""大矩"。⑦

---

① （汉）司马迁《史记》卷87《李斯列传》，第511页。
② （汉）司马迁《史记》卷87《李斯列传》，第511页。
③ 于迎春：《秦汉士史》，北京：北京大学出版社，2000年，第4页。
④ （汉）司马迁《史记》卷85《吕不韦列传》，第501页。
⑤ （汉）司马迁《史记》卷85《吕不韦列传》，第501页。
⑥ （汉）班固撰，赵一生点校：《汉书》卷30《艺文志》，杭州：浙江古籍出版社，2000年，第594页。
⑦ 李禹阶：《秦始皇"焚书坑儒"新论——论秦王朝文化政策的矛盾冲突与演变》，《重庆师范大学学报（哲学社会科学版）》2004年第6期，第25页。

公元前 221 年，当秦最终扫定六国，建立起庞大的武功帝国后，为了弥补自身作为西戎之国在文化历史、文化内涵上的先天不足，秦在文化上实行了对关东六国尤其是齐、鲁之士开放、容纳及礼遇的政策。这种文化怀柔政策主要表现在博士员的设置上。博士，“秦官，掌通古今，秩比六百石，员多至数十人”[①]。王国维先生在《汉魏博士考》中指出，秦博士员七十人，“其中盖不尽经术之士……殆诸子诗赋术数方伎皆立博士，非徒六艺而已”[②]。即是说，秦帝国置博士，有儒学之士，亦有方术、道家等其他诸子之士。博士员的设置，是帝国统治者试图将春秋战国的私家养士制度一变为王朝养士，将以儒生为代表的士人延纳进入大一统的体制之内，从而与帝国政权一统相适应的文化政策上的举措。

秦帝国在设置博士员后，国家凡有大型活动，或者是重要事项的决议，多有博士参与其中。始皇“即帝位三年，东巡郡县……于是征从齐、鲁之儒生博士七十人，至乎泰山下”[③]。“三十四年……始皇置酒咸阳宫，博士七十人前为寿。”[④]对于秦政权体制内出现的这一新群体，学者亦认为，“在秦开国时中央官吏还不多的情况下，这应当是一支庞大的在秦宫廷服务的东方文化队伍及文化势力，也是一股言论力量”[⑤]。由这些史实，似可窥得秦统治者在帝国之初似乎确实拟于怀柔法家之外的其他诸子思想。

除了“广置博士员”外，秦帝国的文化怀柔还表现在最高统治者的不断向东巡游。秦始皇在位十多年，很重要一事项是巡游四方，尤其是向东巡游。在帝国建立后的五次巡游中，有四次是在东南方之濒海地区。

> 二十八年，始皇东行郡县，上邹峄山。……于是乃并渤海以东，过黄、腄，穷成山，登之罘，立石颂秦德焉而去。南登琅邪。
>
> 二十九年，始皇东游……登之罘，刻石。
>
> 三十二年，始皇之碣石……刻碣石门。
>
> 三十七年十月癸丑，始皇出游……至钱唐。临浙江……上会稽，祭大禹，望于南海，而立石刻。[⑥]

在舟车极其不便的古代，这么频繁的出巡，政治目的十分昭显。始皇的这一行

① （汉）班固撰，赵一生点校：《汉书》卷 19 上《百官公卿表》，第 272 页。

② 王国维：《观堂集林》卷 4《汉魏博士考》，北京：中华书局，1959 年，第 175 页。

③ （汉）司马迁《史记》卷 28《封禅书》，第 162 页。

④ （汉）司马迁《史记》卷 6《秦始皇本纪》，第 47 页。

⑤ 李禹阶：《秦始皇“焚书坑儒”新论——论秦王朝文化政策的矛盾冲突与演变》，《重庆师范大学学报（哲学社会科学版）》2004 年第 6 期，第 25 页。

⑥ （汉）司马迁《史记》卷 6《秦始皇本纪》，第 44—45、46、49 页。

为，一方面是彰显了其“对东方宗教文化的一种礼尚之意”，但更“应当是始皇试图文治天下，‘兴太平’，拉拢关东六国士人的政治宣传与举措”。[①]

或许正是秦帝国之初的这种文化怀柔，加之其成就的“自上古以来未尝有”的统一伟业，故士人们对这一新的帝国是充满期待与认可的。“天下之士斐然乡风”“罔不宾服”。[②]“昔者五帝地方千里，其外侯服夷服诸侯或朝或否，天子不能制。今陛下兴义兵，诛残贼，平定天下，海内为郡县，法令由一统，自上古以来未尝有，五帝所不及。”[③]此翻称颂者，不仅有法家者李斯，亦有儒学之王绾，“丞相（王）绾、御史大夫（冯）劫、廷尉（李）斯等皆曰”[④]。一定程度上言之，在帝国之初，政权与士人之间这种双向期待与认知应该算是较为同步的。

二、士人“异说”挑战帝国威权

春秋战国之际，随着“礼乐征伐自天子出”局面的被打破，既有社会秩序遭遇挑战，在流动不已的社会中，处于贵族与庶人交接点上的诸子凭借自己文化传统上的优势，形成士人阶层。[⑤]士人们往往以帝王师自任，游走于诸侯，他们凭借自身的文化知识言治乱、议政事、论国事，不仅促成了“百家争鸣”的文化繁荣局面，亦形成了“以道自命”的士人品格，“士不可以不弘毅，任重而道远”[⑥]，“无恒产而有恒心者，惟士为能”[⑦]。春秋战国诸侯争霸，士人们各自为新的政治理想见仁见智，为自身在新的政治结构中的最终定位孜孜以求。士人的品格与追求决定了他们热衷于政治批判与政治设计。

历经“周秦之变”，国家—社会从二元一体变为二元对立。“丞相诸大臣皆受成事，倚办于上”，“天下之事无小大皆决于上”。[⑧]这是绝对服从、秩序与专制的政体形式，是一种与“处士横议”的春秋战国迥乎不同的高度集权的专制社会。表现在政治领域是血缘政治的淡化，思想领域的表现则是承担意识形态功能的礼乐与社会现实之

---

① 李禹阶：《秦始皇“焚书坑儒”新论——论秦王朝文化政策的矛盾冲突与演变》，《重庆师范大学学报（哲学社会科学版）》2004年第6期，第27、26页。

② （汉）司马迁《史记》卷6《秦始皇本纪》，第56、44页。

③ （汉）司马迁《史记》卷6《秦始皇本纪》，第43页。

④ （汉）司马迁《史记》卷6《秦始皇本纪》，第43页。

⑤ 王保顶：《游士文化传统及其终结——西汉武帝以前士人阶层的演变》，《江海学刊》2001年第1期。

⑥ 《论语·泰伯》，（宋）朱熹：《四书章句集注》，北京：中华书局，1983年，第104页。

⑦ 《孟子·梁惠王上》，（宋）朱熹：《四书章句集注》，第211页。

⑧ （汉）司马迁《史记》卷6《秦始皇本纪》，第48页。

间的脱节，出现意识形态危机。[①]

意识形态是社会对自身的自我意识与自我表述，是受到权力支持的占支配地位的信仰系统，其功能是为既存的或构想中的政治秩序的合法性作解释和论证，并为之实现提供策略，它是政治统治的重要工具。[②]为此，代周而立的秦帝国需要一套能够论证、支持自己统治的信仰系统，这个系统不强调统治的有效性（实然）而是它的合法性（应然），这就需要从道义层面来解释、论证秦帝国的合法性。然则，其时帝国采纳的用来论证新帝国合法性的阴阳家的五德终始论不仅忽略了对于权力道德来源的论证，且其“五行相胜”的结果是对法家思想的坚持。之所以要强调权力的道德来源，是因为历史地看，经过周秦之变，西周的宗法制在表层政治结构上被郡县制所取代，但在社会的深层结构中依然具有宗法势力继续存在的土壤，宗法制社会形成的民众心理对王道政治伦理还保持着相当的认同感。[③]正是这种认同感，造成了秦帝国中的以儒生、方士为代表的士人“异说”。

首先，随着秦帝国的建立，郡县制取代分封制，作为儒生们安身立命的礼乐文化也遭遇为新生帝国立论的五德终始论和法家文化的排斥。在面对“自上古以来未尝有”的秦帝国政权的如何建构上，儒生作为西周宗法礼乐文化的承载者，对于滋养礼乐文化的分封制自然青睐有加。为此，儒生们一再向帝国统治者禀呈分封制的合法性。

帝国之初，作为儒生的丞相王绾就进言：“诸侯初破，燕、齐、荆地远，不为置王，毋以填之。请立诸子，唯上幸许。”儒生们希望新生帝国与故周一样，分封天下。与之相反，作为法家代表的廷尉李斯则曰：“周文、武所封子弟同姓甚众，然后属疏远，相攻击如仇雠，诸侯更相诛伐，周天子弗能禁止。今海内赖陛下神灵一统，皆为郡县，诸子功臣以公赋税重赏赐之，甚足易制。天下无异意，则安宁之术也。置诸侯不便。”[④]两种体制的择取分歧，实则是各自所代表的文化取向（礼乐文化与法家文化）在政治体制上的显现。而始皇帝最终“廷尉议是”的首肯则明确表明了统治者的择取意向。只是，这并没有让儒生士人就此止步，依旧固执地呈己所见。乃至其后当仆射周青臣进颂“以诸侯为郡县，人人自安乐，无战争之患，传之万世”时，博士淳于越驳斥其为“面谀以重陛下之过，非忠臣”。[⑤]此处，分封与郡县的政见分歧已经演

① 侯外庐：《中国思想通史》第1卷，北京：人民出版社，1957年，第44页。

② 徐平华：《新语：汉代儒学意识形态化的先声》，《衡阳师范学院学报》2005年第4期，第37页。

③ 李军靖：《秦汉之际治政方略的变革与调适辨析——从历史观和道德观的双重透视中考察》，《郑州大学学报（哲学社会科学版）》2005年第5期，第58—59页。

④ （汉）司马迁：《史记》卷6《秦始皇本纪》，第44页。

⑤ （汉）司马迁：《史记》卷6《秦始皇本纪》，第47页。

化为政治道德评判。

郡县制并非秦帝国的产物。早在战国诸侯纷争的时候，作为关西一隅的秦国就已经实行之。"年十三岁，庄襄王死，政代立为秦王。当是之时，秦地已并巴、蜀、汉中，越宛有郢，置南郡矣；北收上郡以东，有河东、太原、上党郡；东至荥阳，灭二周，置三川郡。"[①] 相对于分封制而言，郡县制更能有效地保障最高统治者意志的贯彻与执行，因为在郡县制下，各级官吏不再单纯从血缘亲属中产生，而由皇帝直接任命，对皇帝负责。官吏与皇帝之间首先和主要的是君臣关系。故对于专制集权的秦帝国而言，这是历史的、自然的、逻辑的选择。然则，固守西周礼乐文化的儒生士人却依旧沉湎于分封制所带给他们的"处士横议"的价值存在感，在天下已然一统的政治土壤上依旧喋喋不休地宣讲着分封制，这自然成为"异说"。

儒生们不仅在体制上屡出"异说"，而且还对象征帝国威权合法性的"封禅"讥议之。"二十八年，始皇东行郡县，上邹峄山。立石，与鲁诸儒生议，刻石颂秦德，议封禅望祭山川之事。"[②] 招揽儒生议决封禅祭祀之事，一定程度上显现了帝国统治者对于儒生以及儒生所承载的礼乐文化的重视。然而，儒生关于封禅却是人言人殊，不仅"烦琐"，且"各乖异""难施用"，因而受"绌"，"不得与用于封事之礼"。对此，儒生则以舆论话语的"讥之"回应"既绌"，"闻始皇遇风雨，则讥之"。[③] 儒生讥议封禅这一行为，不仅是对始皇帝所开创的"自上古以来所未尝有，五帝所不及"伟业的否认，更是对于秦帝国一统太平合法性的质疑，因为"自古受命帝王，曷尝不封禅"，"易姓而王，致太平，必封泰山，禅梁父，天命以为王，使理群生，告太平于天，报群神之功"。[④] 封禅，不仅是一个国家的宗教祭祀活动，更是国家政权合法性的政治昭告。儒生这一继分封"异说"之后的"封禅"之讥，无疑是直接挑战了帝国一统的政治威权。对此，清人胡秉虔认为博士讥议封禅，"此焚坑之祸所自起也"[⑤]。

士人除却对于秦帝国体制、合法性上进行异说讥议外，还对于帝国最高统治者——始皇帝进行道德品评与非议。在帝国统一大业的推进过程中，其时还是秦王的始皇对于大梁人尉缭表现了相当的礼遇，不仅"从其计"，还"衣服饮食与缭同"，可谓"亢礼"。然则，作为士人尉缭的回应却是，"秦王为人，蜂准，长目，挚鸟膺，豺

① （汉）司马迁：《史记》卷6《秦始皇本纪》，第41页。
② （汉）司马迁《史记》卷6《秦始皇本纪》，第44页。
③ （汉）司马迁《史记》卷28《封禅书》，第162页。
④ （汉）司马迁《史记》卷28《封禅书》，第160页；《史记》卷28《封禅书》，北京：中华书局，1959年，第1355页。
⑤ （清）胡秉虔：《西京博士考》，转引自朱国伟：《略论周、淳之争的缘起——也谈焚书坑儒发生的原因》，《北京大学学报（国内访问学者、进修教师论文专刊）》2000年51期，第150页。

声，少恩而虎狼心，居约易出人下，得志亦轻食人。我布衣，然见我常身自下我。诚使秦王得志于天下，天下皆为虏矣。不可与久游”[①]。

而曾经被始皇帝施与重金寻觅仙人的侯生、卢生在任务难遂之时，即开始非议：

> 始皇为人，天性刚戾自用，起诸侯，并天下，意得欲从，以为自古莫及己。专任狱吏，狱吏得亲幸。博士虽七十人，特备员，弗用。丞相诸大臣皆受成事，倚办于上。上乐以刑杀为威，天下畏罪持禄，莫敢尽忠。上不闻过而日骄，下慑伏谩欺以取容。秦法，不得兼方，不验，辄死。然候星气者至三百人，皆良士，畏忌讳谀，不敢端言其过。天下之事无小大皆决于上，上至以衡石量书，日夜有呈，不中呈不得休息。贪于权势至如此，未可为求仙药。[②]

不仅如此，方术之士为逃避惩罚，还借用谶语对于希望“万世而不朽”的秦政权王朝予以诅咒。始皇三十二年（公元前 215 年）之际，燕人卢生因入海求仙不得而还，遂以鬼神事，因奏录图书，曰“亡秦者胡也”。为破此谶，始皇帝“乃使将军蒙恬发兵三十万人北击胡，略取河南地”。[③] 三十六年（公元前 211 年），黔首或刻其石曰“始皇帝死而地分”。同年秋，又有言曰：“今年祖龙死。”[④]

上述儒生、方术士人的“异说”“讥议”，抑或“黔首刻石”诸种言行，显现的是在大一统帝国体制之下，秦政权与士人之间出现的紧张状态。两者关系出现这一状态，除却个体因素之外，主要在于双方价值取向与价值目标上的差异。在以儒者为代表的士人处，秉承西周政治道德化的理念，即认为政治是道德的延伸，权力的基础是道德而不是暴力。这是他们关于政治的最根本观念，其所有的制度设计都源于这一观念。[⑤] 当士人秉承这一观念，并用之对新生帝国进行品评乃至批判的时候，权力却露出了另一面目。对于帝国政权而言，其“悉召天下文学方术士”的目的是为了士人们能够认可且论证帝国政权的合法性与长久性，“兴太平”。当由皇权苦心培植的承担教化功能的士人阶层开始成为皇权的反对派，当士人们开始通过控制舆论形成另一个权力中心，质疑和威胁皇权的合法性时，皇权对于士人的礼遇抑或怀柔便不复存在。[⑥] 因为对秦帝国来说，专制皇权的至上性、绝对性是不容分割和质疑的，“焚书坑儒”即

① （汉）司马迁《史记》卷 6《秦始皇本纪》，第 42 页。

② （汉）司马迁《史记》卷 6《秦始皇本纪》，第 48 页。

③ （汉）司马迁《史记》卷 6《秦始皇本纪》，第 47 页。

④ （汉）司马迁《史记》卷 6《秦始皇本纪》，第 49 页。

⑤ 代云：《从“焚书坑儒”到“独尊儒术”——“周秦之变”背景下秦皇汉武统一意识形态的尝试》，《南都学坛（人文社会科学学报）》2010 年第 5 期，第 21 页。

⑥ 姚静波：《试析东汉末年太学生离心倾向之成因》，《史学集刊》2001 年第 1 期。

是秦帝国在其威权受到挑战时所露出的权力的狰狞。

三、"焚书坑儒"：政治威权与士人道义关系的改变

"焚书"与"坑儒"原本是没有直接关联的两个历史事件。"焚书"由儒、法士人就分封与郡县两种体制的屡次争论所引发，是秦帝国针对"诸侯并作"与"法令出一"、"师今"与"学古"的矛盾分歧所采取的一种文化取向。在李斯"焚书论"主张中可以看到，其之所以采取如此的文化取向，是因为王朝欲以经书文学之士"兴太平"的政治实践遭遇了"道古以害今""饰虚言以乱实"的"异议"与批判。这与统治者所期望达到的皇权一统，政令出一，尊卑有序的社会秩序大相径庭。以军功、秩序、服从以及文化禁锢政策而横扫六合、一统天下的秦帝国面对这种"心非""巷议"的社会"异议"与批判，武器的批判必将显露出对批判的武器的专横及专制，秦帝国将此局面归咎为"私学而相与非法教"，于是，"历史在这里拐了个急弯，即帝国建立初期企图以人文'道''德'，经书文学补'法'，以此'兴太平'，倡文教的指导思想，迅速演变为对诸子之学、百家语义禁忌的文化专制政策。秦帝国在文化政策上又露出始于商鞅的'燔诗书而明法令'的一贯政策取向"。①

"焚书"后一年的"坑儒"成为秦帝国爆发的又一个重大政治与文化事件。如果说"焚书"起于制度之争，针对的是儒生的以古非今的对帝国大一统政权不识时务的社会文化批判，而"坑儒"却直接起于方士诸生对于始皇帝的欺骗与非议，是始皇帝因对于方士诸生施与重金却遭遇背叛的一种惩戒，"今闻韩众去不报，徐市等费以巨万计，终不得药，徒奸利相告日闻。卢生等吾尊赐之甚厚，今乃诽谤我，以重吾不德也。诸生在咸阳者，吾使人廉问，或为妖言以乱黔首"。遂"自除犯禁者四百六十余人，皆坑之咸阳"。②

焚书坑儒的结果不在于具体燔焚了多少诗书，坑杀了多少诸子士人。因为就事实而论，历经焚书坑儒之祸后，诗书、儒生也并未就此绝迹于当朝。东汉王充就言："秦虽无道，不燔诸子。诸子尺书文篇具在。"③ 在笔者看来，"焚书坑儒"揭示的是秦帝国之初意欲实施的文化怀柔政策发生了转向。"焚书坑儒"并非有预谋的政治事件。翦伯赞先生认为，"秦代的政府不是一开始就准备对于古典文献，不分青红皂白，非秦者

① 李禹阶：《秦始皇"焚书坑儒"新论——论秦王朝文化政策的矛盾冲突与演变》，《重庆师范大学学报（哲学社会科学版）》2004年第6期，第28页。

② （汉）司马迁《史记》卷6《秦始皇本纪》，第48—49页。

③ （汉）王充著，张宗祥校注，郑绍昌标点：《论衡校注》卷28《书解》，第560页。

烧；对于知识分子，反秦者坑……他们曾经从六国的宫廷和民间搜集了几乎是全部的古典文献……征聘了七十位老学者，授以博士之官……又召集了两千以上的诸生……要他们在皇家图书馆进行古典文献的复查工作”。“焚书坑儒并不是秦代政府预定的计划之执行，而是逐渐演进出来的。”① 由此可见，秦帝国政权对街谈巷议、偶语《诗》《书》、以古非今者所施行的“焚书坑儒”是与秦统一之初的政治、文化政策有极大差异的。它标志着秦帝国在统一全国后，政治、文化取向发生的一个重大转折。这就将秦的文化专制主义施向全国，将帝国的专制、服从、秩序、等级、军功引进文化领域。帝国初始的文化怀柔政策被原西秦的“燔诗书而明法令”的文化禁锢所取代。宣告帝国初期企图以怀柔文化而“兴太平”，以文治天下的政策取向的彻底破产。虽然保留了“非博士官所职……”，但在全国焚书的高压下，这一权力形同虚设。②

同时，“焚书坑儒”揭示了春秋战国时期士人与政权两者相互认可的礼遇关系开始向“威权”政治利用专制体制的强力迫使士人“承意顺命”转化。春秋战国之际，以孔子为代表的儒家士人继承了凝聚着三代之治的上古文献，运用阐释权，取得评价现实权力的合法性依据，成为此后中国社会价值的提供者和道义的承担者。其时出现的“处士横议”一定程度上就是士人利用自己掌握的道德文化资源品评时政的社会状态。春秋战国的诸侯纷纷礼遇宾客游士，实则就是为了获得士人对其政权合法性的认同。从理论层面观之，两者此时呈现的是一种“道”凌驾于“势”的态势，故士人亦常以帝王师自居。然历经周秦之变，大一统的专制政权取代诸侯割据，政治一统也就注定了士人们已经失去了“处士横议”的土壤。尽管秦帝国之初“悉召天下文学方士术”的怀柔与礼遇一度让士人“斐然乡风”，但政权统治者的这种怀柔与礼遇是以士人对于新生帝国的认同与归顺为前提的。然而，我们看到，在现实的以暴力为基础的新政统与强调权力道德基础的旧道统之间，两者之间却呈现出既格格不入又必须合作的局面。从以淳于越为代表的儒生的言论中我们看不到这种对于新生政权合法性的承认，相反的依旧还是试图以理想规范政治现实的强烈冲动。为此，有学者认为，“焚书坑儒”是始皇以国家暴力夺取舆论控制权、统一意识形态的一个举动。其结果是宣告了儒生与新王朝磨合的失败，是儒家士人以王道政治理想规范政治现实的失败。③ 焚书坑儒表明中国帝制下的文化定位不仅有了“独尊一术”的取向，而且士人群体所承载的“道”与专制政体威权二者间的关系也出现了新的关联维度。春秋战国所有的“以

① 翦伯赞：《秦汉史》，北京：北京大学出版社，1999年，第79、81页。

② 李禹阶：《秦始皇“焚书坑儒”新论——论秦王朝文化政策的矛盾冲突与演变》，《重庆师范大学学报（哲学社会科学版）》2004年第6期，第28页。

③ 代云：《从“焚书坑儒”到“独尊儒术”——“周秦之变”背景下秦皇汉武统一意识形态的尝试》，《南都学坛（人文社会科学学报）》2010年第5期，第19页。

道抗势"在专制帝制下开始向"承意顺命"倾斜，曾经为帝王师的士人必须逐渐开始接受专制政权下为君之臣的身份与爵位。其后叔孙通以"圆滑"著称于世，就是士人群体在权势高压下对专制政体所采取的态度与对策。

黑格尔曾说："在历史里面，人类行动除掉产生他们目的在取得的那种结果——除掉他们直接知道欲望的那种结果之外，通常又产生一种附加的结果。他们满足了他们自己的利益；但是还有潜伏在这些行动中的某些东西，虽然它们没有呈现在他们的意识中，而且也不包括在他们的企图中，却也一起完成了。"①"焚书坑儒"在形式上钳制士人之口的同时，却也断送了拟欲"兴太平"的帝国最初设想，这或许是始皇帝所始料不及的。而且也开启了在专制集权社会中，士人所守持的道义与政治威权之间谁寄于谁的内在矛盾与冲突。

① [德] 黑格尔：《历史哲学讲演录》，北京大学哲学系外国哲学史教研室编译：《十八世纪末—十九世纪初德国哲学》，北京：商务印书馆，1975年，第480页。

再论汉代的大家、中家和小家

钟良灿
（重庆师范大学历史与社会学院）

秦汉时期，中国社会完成由封建制向郡县制的转变，其表现之一是普通庶民都能立“家”，成为政府的编户齐民。正如有的学者所指出的，所谓“齐民”之齐，“仅就基本政治社会结构而言”，至于“齐中的不齐”，当有“财富、权势和气力”等因素影响。① 从汉代的大家、中家和小家的划分中，可以看出这种“齐中的不齐”。

关于汉代的大家、中家、小家，冉昭德曾专门著文讨论，指出这种划分依据为财产状况，并对大家、中家和小家的划分标准进行了探讨。② 黄金山在《试论汉代家庭的自然构成与等级构成》一文中指出，汉代的“大家”本质上是民而不是贵族官僚。③ 这一观点无疑颇具启发，刘敏即进一步认为，汉代的大中小家是针对编户民而言，而非政治上的特权阶级。④ 此外，马新也对汉代的大家、中家与小家有过长期关注。⑤ 学界对于大中小家的具体划分标准还存在一定争议，关于大中小家之间的关系以及政府对之相应的态度、政策等问题都还有待进一步研究。因此，笔者不揣浅陋，草就此文，以就正于方家。

---

① 杜正胜：《编户齐民：传统政治社会结构之形式》，台北：联经出版事业公司，2014 年，第 47 页。

② 参冉昭德：《汉代的大家、中家和小家》，杨倩如编著：《冉昭德文存》，济南：山东大学出版社，2014 年，第 178—184 页。

③ 参黄金山：《论汉代家庭的自然构成与等级构成》，《中国史研究》1987 年第 4 期。

④ 刘敏：《秦汉编户民问题研究——以与吏民、爵制、皇权关系为重点》，北京：中华书局，2014 年，第 116 页。

⑤ 参马新：《两汉乡村社会史》，济南：齐鲁书社，1997 年，第 120—131 页；马新：《两汉乡村社会各阶层新论》，《山东大学学报（哲学社会科学版）》1999 年第 1 期。

一、汉代以前的大家与小家

众所周知，郡县制下的“家”与封建时代的“家”不同，封建制下的家是卿大夫等贵族的采邑，由此出现“卿大夫称家”的独特现象。[①]这种以“家”称实封贵族的用法，一直延续到两汉。在汉代，“家”有时是作为实封贵族的专有称谓。汉代实封贵族都有家臣，如《汉书·百官公卿表》载：“詹事，秦官，掌皇后、太子家，有丞。属官有太子率更、家令丞”[②]，可知皇后、太子都可称“家”，家臣有令有丞。又如《后汉书·百官志》载：

> 每国置相一人，其秩各如本县。本注曰：主治民，如令、长，不臣也。但纳租于侯，以户数为限。其家臣，置家丞、庶子各一人。本注曰：主侍侯，使理家事。列侯旧有行人、洗马、门大夫，凡五官。中兴以来，食邑千户已上置家丞、庶子各一人，不满千户不置家丞，又悉省行人、洗马、门大夫。[③]

东汉诸王、食邑千户以上的列侯，其家臣都有家丞。可见诸王、列侯也可称“家”。又如西汉时宗正属官包括“诸公主家令、门尉”[④]，是则公主也可称“家”。汉高祖刘邦的父亲刘太公有“太公家令”，都说明汉代的实封贵族是可以称“家”的。[⑤]

两汉天子也可称家，如《汉书·百官公卿表》载太仆属官有“大厩、未央、家马三令，各五丞一尉。”颜师古注“家马”曰：“家马者，主供天子私用，非大祀戎事军国所须，故谓之家马也。”[⑥]天子私用之马称“家马”，天子之私家显然也可称“家”。汉代天子又可称为“天家”[⑦]、“汉家”[⑧]。梁章钜《称谓录》引蔡邕《独断》曰：“天

① 《史记·夏本纪》载禹与皋陶对话，皋陶说到“日宣三德，蚤夜翊明有家。”汉孔安国注“家”曰：“卿大夫称家”（见《史记》卷2《夏本纪》，北京：中华书局，1959年，第77、78页）。《史记·宋微子世家》载微子言曰：“吾家保于丧？”《史记集解》引东汉大儒马融之注曰：“卿大夫称家。”（见《史记》卷38《宋微子世家》，第1607、1609页）可见“卿大夫称家”这一说法在汉代已十分普遍。

② 《汉书》卷19《百官公卿表》，北京：中华书局，1962年，第734页。

③ 《后汉书·百官志》，北京：中华书局，1965年，第3630—3631页。

④ 《汉书》卷19《百官公卿表》，第730页。

⑤ 可参傅举有：《汉代的“家”和家吏》，《考古与文物》1984年第3期；张超：《汉代“家”称谓的研究》，河北师范大学硕士学位论文，2005年。

⑥ 《汉书》卷19《百官公卿表》，第729页。

⑦ 《后汉书·宦者列传》载郎中梁人审忠上书指斥宦官朱瑀等“车马服玩拟于天家”，所谓“天家”，也就是天子之家。见《后汉书》卷78《宦者列传·曹节》，第2526页。

⑧ “汉家”为当时习用语，汉宣帝曾训斥太子曰：“汉家自有制度，本以霸王道杂之，奈何纯〔任〕德教，用周政乎！”“汉家”显系自称。（见《汉书》卷9《元帝纪》，第277页）

家，百官小吏之所称。天子以天下为家，故称天家。”①

但是，应该看到的是，随着封建制向郡县制转化，封建贵族阶层已然不复存在；郡县制下的“家”不再是实封贵族的专称，而成为一般编户民亦可使用的普通称谓。两汉时期实封贵族称家，不过是一种历史的延续，实封贵族本身也早已不构成一个社会阶层。这个时期的“家”，更多的是指一般编户民之家。

如前所述，这些编户民之家在政治法律身份上是“齐”的，但是，由于经济力量的悬殊，会出现“齐”中的“不齐”，以资产为划分依据的大家、中家、小家的出现，就是其表现。其实，这种因经济因素造成的大小家的划分，早在编户民之家出现之初就已存在，在先秦文献中即可见大家、小家的相关记载。如《管子·山国轨》曰：“田轨之有余于其人食者，谨置公币焉。大家众，小家寡。”②“大家”“小家”是相对而言的，所谓“大家众，小家寡”，应是交“公币”的多寡大小家有别，其划分依据应该是资产。

《管子》一书中还多次出现“巨家”与“小家”之对比，如《山国轨》载桓公与管子对话：

> “吾欲立轨官，为之奈何？”管子对曰：“盐铁之策，足以立轨官。”桓公曰：“奈何？”管子对曰：“龙夏之地，布黄金九千。以币赀金，巨家以金，小家以币。周岐山至于峥丘之西塞丘者，山邑之田也，布币称贫富而调之。周寿陵而东至少沙者，中田也，据之以币，巨家以金，小家以币。③

所谓“巨家”实即“大家”④，其与“小家”的划分标准仍是资产。类似记载同篇又有“巨家重葬其亲者，服重租。小家菲葬其亲者，服小租。巨家美修其宫室者，服重租。小家为室庐者，服小租。”⑤

《管子》一书非一人一时之作，已为学界共识。⑥上引《管子·山国轨》出自《管子·轻重篇》，据马非百考证，《轻重篇》成于汉人之手⑦；从《山国轨》里对大家（巨家）、小家的记载来看，或可印证马非百之说。但是，即便如此，仍不能排除这里的大

---

① （清）梁章钜、郑珍撰，冯惠民、李肇翔、杨梦东点校：《称谓录》卷 9《天子古称》，北京：中华书局，1996 年，第 145 页。

② 黎翔凤撰，梁运华整理：《管子校注》卷 22《山国轨》，北京：中华书局，2004 年，第 1284 页。

③ 黎翔凤撰，梁运华整理：《管子校注》卷 22《山国轨》，第 1293—1294 页。

④ 马非百指出“大家”即“巨家”，并认为“大家”“巨家”与“小家”二者贫富差距明显。参马非百：《管子轻重篇新诠》卷 7《山国轨》，北京：中华书局，1979 年，第 274 页。

⑤ 黎翔凤撰，梁运华整理：《管子校注》卷 22《山国轨》，第 1297 页。

⑥ 参黎翔凤撰，梁运华整理：《管子校注·序论》，第 15 页。

⑦ 参马非百：《论管子轻重上——关于管子轻重的著作年代》，《管子轻重篇新诠》，第 3—50 页。

家（巨家）、小家的称谓在先秦时期业已出现的可能。

《墨子》一书里亦明确出现“大家”“小家”的记载，并表现出著者对“大家”之乱“小家”现象的痛恨，如《墨子·兼爱》载：

> 子墨子言曰：仁人之事者，必务求兴天下之利，除天下之害。然当今之时，天下之害孰为大？曰：若大国之攻小国也，大家之乱小家也，强之劫弱，众之暴寡，诈之谋愚，贵之敖贱，此天下之害也。①

“大家乱小家”，有时又作“大家篡小家”②、“大家即伐小家”③。

《墨子》与《管子》一样，也非成于一时一家之手。据吴毓江考证，上引《兼爱》盖为墨子弟子后学记墨子之言论、学说，或加以阐发而成者。④因此，以上记载反映的是大家、小家之说在战国的流行。

成书于汉武帝时期的《淮南子》一书，其有关“大家”“小家”之说，即承自先秦诸子。如《淮南子·说山训》载：“大家攻小家则为暴，大国并小国则为贤，小马非大马之类也，小知非大知之类也。”⑤《淮南子集释》引陈直之说，认为“大中小三家为汉时之口头语”⑥，实则在汉之前，大小家之说即已十分普遍。

二、汉代的大家、中家与小家

那么，这些大中小家的资产划分标准是多少呢？

关于中家，论者一般都注意到汉文帝时期的一段材料⑦，按《史记·孝文帝本纪》载：

> （帝）尝欲作露台，召匠计之，直百金。上曰：“百金中民十家之产，吾奉先帝宫室，常恐羞之，何以台为！”⑧

---

① 吴毓江撰，孙启治点校：《墨子校注》卷4《兼爱下》，北京：中华书局，1993年，第175页。

② 吴毓江撰，孙启治点校：《墨子校注》卷7《天志上》，第296页。

③ 吴毓江撰，孙启治点校：《墨子校注》卷8《非乐上》，第380页。

④ 吴毓江撰，孙启治点校：《墨子校注》附录《墨子各篇真伪考》，第1054页。

⑤ 何宁：《淮南子集释》卷16《说山训》，北京：中华书局，1998年，第1130页。

⑥ 何宁：《淮南子集释》卷16《说山训》，第1130页。

⑦ 参冉昭德：《汉代的大家、中家和小家》，杨倩如编著：《冉昭德文存》，第181页；刘敏：《秦汉编户民问题研究——以与吏民、爵制、皇权关系为重点》，第117页。

⑧ 《史记》卷10《孝文本纪》，第433页。

“中民”，《汉书》作“中人”[①]，指的就是中家。按汉文帝的说法，中家资产为“十金”（十万钱）。刘敏指出，汉人“常用‘十金’来说人说事”。[②]其实，在汉以前，“十金”也是一个重要数字。如《史记·田敬仲完世家》载齐威王时期事：

> 三十五年，公孙阅又谓成侯忌曰：“公何不令人操十金卜于市，曰‘我田忌之人也。吾三战而三胜，声威天下。欲为大事，亦吉乎不吉乎’？”卜者出，因令人捕为之卜者，验其辞于王之所。田忌闻之，因率其徒袭攻临淄，求成侯，不胜而奔。[③]

公孙阅说到“令人操十金卜于市”，这一故事与商鞅变法初徙木立信的故事颇为相似。据《史记·商君列传》载：

> 令既具，未布，恐民之不信，已乃立三丈之木于国都市南门，募民有能徙置北门者予十金。民怪之，莫敢徙。复曰“能徙者予五十金”。有一人徙之，辄予五十金，以明不欺。卒下令。[④]

商鞅用徙木立信的方法为法令的发布与施行创造群众基础，其募民徙木之金起初为“十金”，后因无人应而加至“五十金”。为什么时人首先想到的是“十金”？恐怕“十金”也是当时中家的一个标准资产。

正因如此，所以汉人常以家产“十金”来形容一些官吏、社会名流或清廉或轻财重义的品行。如西汉游侠剧孟，史载其“母死，自远方送丧盖千乘”[⑤]，可见其社会影响之巨。而当剧孟死时，“家无余十金之财”。[⑥]太史公的记载，显然是为了凸显剧孟重义轻财的“侠”的一面。又如汉末扬雄，“家产不过十金，乏无儋石之储，晏如也”[⑦]，充分体现出扬雄“少耆欲，不汲汲于富贵，不戚戚于贫贱”的品行。[⑧]扬雄在其所著《法言·序》中，追述自己的家世，提到其五世祖扬季“官至庐江太守，有田一廛，有宅一区，世世以农桑为业，家产不过十金”[⑨]。可知扬雄的不求富贵，有家世

---

① 《汉书》卷4《文帝纪》，第134页。
② 刘敏：《秦汉编户民问题研究——以与吏民、爵制、皇权关系为重点》，第117页。
③ 《史记》卷46《田敬仲完世家》，第1893页。
④ 《史记》卷68《商君列传》，第2231页。
⑤ 《史记》卷124《游侠列传》，第3184页。
⑥ 《史记》卷124《游侠列传》，第3184页。
⑦ 《汉书》卷87《扬雄传》，第3514页。
⑧ 《汉书》卷87《扬雄传》，第3514页。
⑨ 汪荣宝撰，陈仲夫点校：《法言义疏》卷2《学行》疏引《扬子云集序》，北京：中华书局，1987年，第38页。

的影响。东汉祭彤，“在辽东十余年，无十金之资，天子知其清”①。

“十金”为中家的标准资产，对于一般吏民②，其重要性不言而喻。也正因“十金”这一数目比较重要，故而汉代有“主守盗十金罪”。③如《汉书·陈咸传》载翟方进为丞相，奏咸之罪，其一即为“主守盗”。④颜师古注引如淳曰：“律，主守而盗直十金，弃市。”⑤“主守盗十金”即“弃市”，惩处可谓相当严苛。⑥

“十金”（十万钱）应是中家的资产下限，这一数字应该是早已形成的通行于世的普遍观念。应该看到，这一数字有一定的稳定性。有的学者根据汉景帝后元二年（前142年）的诏书将为吏之訾由十算（十万）改为四算（四万），进而认为中家的资产数额，“汉景帝以前大约是十万，以后大约是四万”。⑦今按景帝诏书曰：

> 人不患其不知，患其为诈也；不患其不勇，患其为暴也；不患其不富，患其亡厌也。其唯廉士，寡欲易足。今訾算十以上乃得宦，廉士算不必众。有市籍不得宦，无訾又不得宦，朕甚愍之。訾算四得宦，亡令廉士久失职，贪夫长利。⑧

值得注意的是颜师古引应劭的注：“古者疾吏之贪，衣食足知荣辱，限訾十算乃得为吏。十算，十万也。贾人有财不得为吏，廉士无訾又不得宦，故减訾四算得宦矣。”⑨在应劭看来，“訾十算”才能“衣食足”，“十算”显然指的是中家之产。从“限訾十算

① （晋）袁宏撰，张烈点校：《后汉纪》卷10《孝明皇帝纪下》，北京：中华书局，2002年，第192页。

② 刘敏对“吏民”与“编户齐民”进行了认真辨析，认为秦汉时期的吏民是一个专门的词汇，它是秦汉时期的一个特定社会等级。（见刘敏：《秦汉编户民问题研究——以与吏民、爵制、皇权关系为重点》，第11页。）笔者同意作者所说：“吏民”一词较“编户齐民”更具政治法律制度规范性，故在皇帝诏令和法令等文献中，多见“吏民”称谓。但认为“吏民”是一个严格的社会等级，而“编户齐民”则不具有这一等级身份，笔者颇存疑问。在“吏民”与“编户民”的关系上，笔者赞同黎虎先生的意见，认为二者是“一而二，二而一的”，“吏民”通常所指，也就是“编户齐民”。（见黎虎：《论“吏民”即“编户齐民”——原“吏民”之三》，《中华文史论丛》2007年第2期。）因此，在本文行文中，有时用吏民，有时用编户民，其所指则为一。

③ 关于“主守盗”，颜师古注引孟康曰：“法有主守盗，断官钱自入己也。”（见《汉书》卷83《薛宣传》，第3388页）又《汉书·刑法志》有“守县官财物而即盗之”罪，颜师古注曰：“即今律所谓主守自盗者也。”（见《汉书》卷23《刑法志》，第1100页）则知汉唐都有“主守盗”罪。沈家本认为：“主守并在官任用之人，守之正以防盗，乃他人不盗而自盗之，其情节实教他盗为重。汉法十金即弃市，虽重，亦不为过。《唐律》三十匹绞，尚遵用汉法，不为贪吏开侥门也。”见（清）沈家本撰，邓经元、骈宇骞点校：《历代刑法考·汉律摭遗》卷2《盗律》，北京：中华书局，1985年，第1397—1398页。

④ 《汉书》卷66《陈咸传》，第2902页。

⑤ 《汉书》卷66《陈咸传》，第2902页。

⑥ 《汉书·冯奉世传》和《翟方进传》都记载了“主守盗十金”的实例，其惩处都相当严格，可见这一律令得以实际施行。参《汉书》卷79《冯奉世传》，第3302页；《汉书》卷84《翟方进传》，第3425页。

⑦ 刘敏：《秦汉编户民问题研究——以与吏民、爵制、皇权关系为重点》，第118页。

⑧ 《汉书》卷5《景帝纪》，第152页。

⑨ 《汉书》卷5《景帝纪》，第152页。

乃得为吏”看来，在景帝下诏之前，汉代任官为吏的家资标准确实是以中家的家产作衡量的。

景帝令“訾算四得宦”，当然是降低了为吏的资产标准，但这是否说明中家的资产下限也跟着降低了呢？笔者以为，第一，中家资产在“十金”以上，这是民间社会长期以来形成的一种认识，汉统治者似乎很难以一道诏令改变这一根深蒂固的观念。第二，从汉景帝的诏书以及应劭的注来看，汉景帝的减訾为吏为的是给廉士创造更多的出仕机会。将“訾算十以上乃得宦”改为“訾算四得宦”，为的是扩大为吏者的范围，这也从另一个角度说明景帝的诏书是给中家以下的吏民，也就是小家以出仕的机会。第三，从景帝以后的历史记载来看，“十万钱”似乎仍是当时社会认可的中家家资的下限。如汉哀帝即位之初，天灾不断，哀帝下诏抚恤受灾民众：

> 乃者河南、颍川郡水出，流杀人民，坏败庐舍。朕之不德，民反蒙辜，朕甚惧焉。已遣光禄大夫循行举籍，赐死者棺钱，人三千。其令水所伤县邑及他郡国灾害什四以上，民赀不满十万，皆无出今年租赋。①

哀帝的优抚，针对的是受灾地区的“赀不满十万”的民众。这些“赀不满十万”的民众，指的应该就是资产不够中家的小家。在自然灾害面前，他们遭受的打击更大，更易于破产。政府免除他们一年租赋，是为了帮助这些小家渡过难关，以免他们因破产而导致流亡，成为政府“编户”之外的群体。

类似的例子又有汉平帝时期：

> 郡国大旱，蝗，青州尤甚，民流亡。安汉公、四辅、三公、卿大夫、吏民为百〔姓〕困乏献其田宅者二百三十人，以口赋贫民。遣使者捕蝗，民捕蝗诣吏，以石斛受钱。天下民赀不满二万，及被灾之郡不满十万，勿租税。②

政府的优抚对象主要有二，其一是“天下民赀不满二万”者；其二是“被灾之郡不满十万”者。笔者以为，这里“天下民赀不满二万”者就是“贫民”。其作为优抚对象，似乎与灾情无关，只是因其家资有限，挣扎在贫困线上，所以在“民流亡”的大背景下，为稳定民心，不得不对他们进行安抚。所谓“被灾之郡不满十万”者，当然指的是受灾地区的小家了，他们相对“赀不满二万”的贫民，虽然家资相对充裕，但遭遇灾变，也是易于“流亡”的群体，因此政府也不得不对他们进行安抚。

① 《汉书》卷 11《哀帝纪》，第 337 页。
② 《汉书》卷 12《平帝纪》，第 353 页。

由此看来，小家所指，大抵是家资上不及十万，下逾两万的编户家庭。而中家家资的下限是十万，那么它的上限又是多少呢？

中家家资的上限，其实就是大家家资的下限。关于大家，笔者同意这样一种观点，即认为大家也是编户民中的一部分，它是不包括政治上的特权阶层，也就是贵族官僚阶层的。[①]大家的家资下限，似可从汉代历次迁徙豪富实陵的运动中推测一二。

《汉书·武帝纪》载汉武帝元朔二年（前 127 年）：

> 夏，募民徙朔方十万口。又徙郡国豪杰及訾三百万以上于茂陵。[②]

茂陵为武帝自作之陵，武帝徙民实陵，是继承了乃父的传统，景帝前元五年（公元前 152 年）夏曾“募民徙阳陵，赐钱二十万”[③]。迁徙郡国豪杰，是秦汉以来的政治传统，秦始皇统一六国之初，即“徙天下豪富于咸阳十二万户”[④]，汉高祖时期刘敬建议“徙齐诸田，楚昭、屈、景，燕、赵、韩、魏后，及豪杰名家居关中”，高祖称“善”，“乃使刘敬徙所言关中十余万口”[⑤]。迁徙六国贵族于都城，对于刚一统中原的帝王秦始皇、汉高祖而言，无疑具有十分重大的政治意义。

秦始皇、汉高祖徙民都城的对象，其中不乏家资不菲的大家，但当时徙民似乎并没有绝对的资产限制。而汉武帝徙民实陵的对象，除郡国豪杰外，是明确有资产限制的，“訾三百万以上”者，绝对是当时的大家无疑。

汉宣帝本始元年（前 73 年）春，有“募郡国吏民訾百万以上徙平陵”[⑥]的行动。这里的“訾百万以上”的郡国吏民，应该也是大家。从《汉书·平当传》“（平当）祖父以訾百万，自下邑徙平陵”[⑦]的记载来看，汉宣帝的这次徙民行动是严格施行了的。同是宣帝时期，“元康元年春，以杜东原上为初陵，更名杜县为杜陵。徙丞相、将军、列侯、吏二千石、訾百万者杜陵”[⑧]。“訾百万者”与丞相、将军、列侯、两千石并列，为徙陵的对象之一，自然也是大家。值得一提的是上述并列关系似乎也反映出大家是区别于贵族官僚群体的。

---

① 参黄金山：《论汉代家庭的自然构成与等级构成》，《中国史研究》1987 年第 4 期；刘敏：《秦汉编户民问题研究——以与吏民、爵制、皇权关系为重点》，第 116 页。

② 《汉书》卷 6《武帝纪》，第 170 页。

③ 《汉书》卷 5《景帝纪》，第 143 页。

④ 《史记》卷 6《秦始皇本纪》，第 239 页。

⑤ 《史记》卷 99《刘敬列传》，第 2719—2720 页。

⑥ 《汉书》卷 8《宣帝纪》，第 239 页。

⑦ 《汉书》卷 71《平当传》，第 3048 页。

⑧ 《汉书》卷 8《宣帝纪》，第 253 页。

汉成帝鸿嘉二年（公元前 19 年），仍有“徙郡国豪杰訾五百万以上五千户于昌陵”[①]的行动。这里的“郡国豪杰”应该就是“郡国吏民”，“訾五百万以上五千户”，说明汉成帝的这次徙民实陵针对的对象不是全体大家，而是大家中的豪富阶层。汉武帝徙“訾三百万以上”者茂陵的行为，其所针对的也应是大家中的豪富者。这点亦可从郭解的故事中看出，按《史记·游侠列传》载：

> 及徙豪富茂陵也，解家贫，不中訾，吏恐，不敢不徙。卫将军为言：“郭解家贫不中徙。”上曰：“布衣权至使将军为言，此其家不贫。”解家遂徙。诸公送者出千余万。轵人杨季主子为县掾，举徙解。解兄子断杨掾头。由此杨氏与郭氏为仇。[②]

所谓“不中訾”，《史记索隐》曰：“赀不满三百万已上为不中。”[③]从上引可知，郭解被徙茂陵，主要可能是因其在地方影响太大。但是从“不中訾”及卫青说解“家贫”等记载来看，郭解的被“举徙”，表面还是以家资为依据的。因此可以认为郭解徙茂陵，是以“訾三百万以上”者的身份而非以“郡国豪杰”的身份参与的。如此，则所谓“徙豪富茂陵”与徙“訾三百万以上茂陵”实为一事。可见在太史公的认识里，所谓“訾三百万以上”者就是“豪富”。

综上可知，家资“百万”应是大家的资产下限。[④]也就是说，汉代中家的家资上限是百万。由此可以得知汉代大中小家的资产划分依据：百万以上为大家，百万以下至十万以上为中家，十万以下、两万以上为小家，两万以下为小家中的贫穷者，亦即贫民。

---

① 《汉书》卷 10《成帝纪》，第 317 页。

② 《史记》卷 124《游侠列传》，第 3187—3188 页。

③ 《史记》卷 124《游侠列传》，第 3188 页。

④ 刘敏曾根据《汉书》卷 118《淮南衡山列传》中伍被向淮南王建议的“可伪为丞相御史请书，徙郡国豪杰任侠及有耐罪以上，赦令除其罪，产五十万以上者，皆徙其家属朔方之郡，益发甲卒，急其会日”。记载，认为汉代大家的资产标准在五十万以上。（见刘敏：《秦汉时期的社会等级结构》，冯尔康主编：《中国社会结构的演变》，郑州：河南人民出版社，1994 年，第 334 页。）作者后来放弃了这一观点，主张大家的资产下限还应在百万以上。（见刘敏：《秦汉编户民问题研究——以与吏民、爵制、皇权关系为重点》，第 116 页。）关于伍被的计划，不仅不能证明大家的资产下限在五十万以上，反而从侧面映证了其下限就应在百万以上。按：伍被的计划是为使“民怨”，天下骚动，从而为淮南王的谋反创造机会。而徙资产五十万以上者之所以会造成社会骚动，民怨沸腾，原因在于徙民的对象中已将社会的主体中家也包括在内了。这说明汉代政府的徙民，在百万以上是有原因的，它针对的是郡国吏民大家，而不是社会的主体中家。汉人安土重迁，所谓“民之于徙，甚于伏法”，无缘无故将社会中坚——中家徙边，当然会造成社会混乱。关于这点，可参邢义田：《从安土重迁论秦汉时期的徙民与迁徙刑》，《治国安邦：法制、行政与军事》，北京：中华书局，2011 年，第 62—100 页。

三、从“礼忠简”与“徐宗简”看汉代的中家与小家

在此基础上，再看居延汉简中为学者所熟知的“礼忠简”：

候长觻得广昌里公乘礼忠年卅

小奴二人直三万	用马五匹直二万	宅一区万	
大婢一人二万	牛车二两直四千	田五顷五万	
轺车二乘直万服	牛二六千	●凡訾直十五万	（37·35）①

礼忠家资十五万，包括了奴婢、田亩、牛车等，显然是个中家。礼忠的爵位为公乘，说明他是普通吏民；其为候长职务，以家资而论，应该是足以胜任的。

然而，在居延汉简里，也有家资一万三千的燧长徐宗：

三㙞燧长居延西道里公乘徐宗年五十 （24·1A）

三㙞燧长居延西道里公乘徐宗年五十			徐宗年五十	
妻妻	宅一区直三千	妻	妻一人	
子男一人	田五十亩直五千	男子一人	子男二人	
男同产二人	用牛二直五千		子女二人	
女同产二人			男同产二人	
			女同产二人	（24·1B）②

陈直先生根据居延汉简所见“三㙞燧长徐宗　自言故霸胡亭长宁就舍钱二千三百卅［四］数责不可得”③及“燧长徐宗　自言责故三泉亭长石延寿茭钱少二百八十数责不可得”④，认为徐宗有隐匿资产不报的嫌疑。⑤ 这里有一个重要问题需要指出：

---

① 谢桂华、李均明、朱国炤：《居延汉简释文合校》，北京：文物出版社，1987 年，第 61 页。

② 谢桂华、李均明、朱国炤：《居延汉简释文合校》，第 34—35 页。按“中央研究院”历史语言研究所通过红外扫面，新释出不少字，通过新释文可知，A 面可能是私人书信，A、B 面都有习字的存在。因新释文对徐宗简内容本身影响不大，故引文暂从《居延汉简释文合校》。新释文可参简牍整理小组编：《居延新简（一）》，“中央研究院”历史语言研究所，2014 年，第 72 页。

③ 谢桂华、李均明、朱国炤：《居延汉简释文合校》，第 1 页简 3·4。

④ 谢桂华、李均明、朱国炤：《居延汉简释文合校》，第 1 页简 3·6。

⑤ 陈直：《居延汉简研究》，北京：中华书局，2009 年，第 31 页。

从简文内容看，徐宗简显然是一枚习字简，而不是一份正式文书。[①] 据日本学者永田英正复原，徐宗简的本来面貌应为：

三堠燧长居延西道里公乘徐宗年五十
妻　　　　　宅一区直三千
子男一人　　田五十亩直五千
男同产二人　用牛二直五千
女同产二人[②]

邢义田先生指出，永田英正复原的这五段内容都是根据“其他簿籍的内容和形式进行抄写”[③]的。因此，徐宗简本身是否完整尚难确定，其所反映的家资自然也不能确定为徐宗家的全部资产。

但是，从田、宅资产的记载看，徐宗的家资可能比礼忠家要少不少。因此推测，徐宗与礼忠不同，可能出身小家。[④] 徐宗和礼忠的身份也值得注意，礼忠为候长，是部的长官，徐宗是燧长，是部下属的最底层吏。居延新简中有不少因贫寒而被罢休的燧长，却少见候长之例[⑤]，可见燧长较候长更易走向贫寒。学者多认为这种“贫寒罢休”的制度应与汉代的訾选有关。[⑥] 从出土简牍资料可以看出，汉代社会确实施行了限訾为吏的制度，如《肩水金关汉简（一）》有这样一条简文：

☐汤　以訾家为吏迎事雠得 ☐　　　　（73EJT1：57）[⑦]

这里的“汤”就是以“訾家为吏”的。以家资而论，礼忠家产在十万以上，是一个典

① 有的学者早已敏锐指出这一点，见［日］永田英正：《居延汉简研究》，张学锋译，桂林：广西师范大学出版社，2007 年，第 422 页。

② 邢义田先生通过红外观察，认为永田英正的五段为先后书写这一说法不确，五段应为“一人一时所书”。但是，邢义田先生也肯定永田英正的“复原构想仍然成立，而且仍然有参考价值”。永田英正的复原参见［日］永田英正：《居延汉简研究》，张学锋译，第 423 页；邢义田先生意见参见邢义田：《从居延简看汉代军队的若干人事制度》，《治国安邦：法制、行政与军事》，第 565—566 页。

③ 邢义田：《从居延简看汉代军队的若干人事制度》，《治国安邦：法制、行政与军事》，第 566 页。

④ 冉昭德先生即认为徐宗家产不可能超出十万，其家应是一个小家。参见冉昭德：《汉代的大家、中家和小家》，杨倩如编著：《冉昭德文存》，第 182 页。

⑤ 参见钟良灿：《〈居延新简〉所见“寒吏”》，《南都学坛》2015 年第 2 期，第 10—11 页。

⑥ 参见邢义田：《从居延简看汉代军队的若干人事制度》，《治国安邦：法制、行政与军事》，第 548—553 页；李天虹：《居延汉简所见侯官少吏的任用与罢免》，《史学集刊》1996 年第 3 期，第 71 页；孟志成：《候长、燧长的任用和奖惩》，《简牍学研究》第 3 辑，兰州：甘肃人民出版社，2002 年，第 214—215 页；韩华：《从汉简资料看两汉基层官吏的选拔和调动》，《丝绸之路》2011 年第 20 期，第 27 页。

⑦ 甘肃简牍保护研究中心、甘肃省文物考古研究所、甘肃省博物馆，等编：《肩水金关汉简（一）》下册，上海：中西书局，2011 年，第 4 页。

型的中家；徐宗家资虽不明确，但极可能是低于十万的小家。礼忠与徐宗同为边塞基层小吏，说明汉景帝的“减訾为吏”政策确实得到了施行，家产在十万以下的小家也有出仕为吏的机会。但是，礼忠和徐宗虽同为小吏，候长和燧长的身份之差，也表明中家和小家在为吏时仍受资产限制。

徐宗虽为小家，但绝不是贫民，贫民是难以出任燧长的。家贫而不能为吏，使人联想到韩信的例子，史载韩信“贫无行，不得推择为吏”[①]。“无行”应该是韩信不得为吏的原因之一[②]，但“贫”肯定也是一个重要因素。又《后汉书·贾复列传》载贾复子贾宗为朔方太守时：

> 旧内郡徙人在边者，率多贫弱，为居人所仆役，不得为吏。宗擢用其任职者，与边吏参选，转相监司，以擿发其奸，或以功次补长吏，故各愿尽死。匈奴畏之，不敢入塞。[③]

这里的“内郡徙人在边者”，其不得为吏的原因当有“贫弱”的因素在。贾宗参用其中的任职者，“或以功次补长吏”，可谓破格提拔，因此才能得其死力。这也从侧面反映出这些“贫弱”者一般是没有机会为吏，更不可能“以功次补长吏”的。

《汉书·贡禹传》载贡禹上疏致仕，提到自己身世：

> 臣禹年老贫穷，家訾不满万钱，妻子穅豆不赡，裋褐不完。有田百三十亩，陛下过意征臣，臣卖田百亩以供车马。[④]

若贡禹所说属实，其家实属小家中的贫穷者，如此而能出仕，当属特例。贡禹为上所征，“卖田百亩以供车马”，可见为吏是需要自备车马的。这项支出甚大，也许是基层小吏走向贫寒的一个重要因素。[⑤]

四、汉代政府对大中小家的态度

两汉政权绵延四百年，其对待大中小家的态度如何？

① 《史记》卷92《淮阴侯列传》，第2609页。

② 参见钟良灿：《〈居延新简〉所见“寒吏”》，《南都学坛》2015年第2期，第12页。

③ 《后汉书》卷17《贾复列传》，第667页。

④ 《汉书》卷72《贡禹传》，第3073页。

⑤ 参见邢义田：《从居延简看汉代军队的若干人事制度》，《治国安邦：法制、行政与军事》，第551页。

从相关的史料记载看，汉初政府对大家的态度是比较放任的，这与当时的形势有关。史载：

> 汉兴，接秦之弊，丈夫从军旅，老弱转粮饷，作业剧而财匮，自天子不能具钧驷，而将相或乘牛车，齐民无藏盖。于是为秦钱重难用，更令民铸钱，一黄金一斤，约法省禁。而不轨逐利之民，蓄积余业以稽市物，物踊腾粜，米至石万钱，马一匹则百金。①

因为历经秦末及楚汉战争，国家经济受重创，“齐民无藏盖”。在这种情况下，一切以休养生息为原则，对于“不轨逐利之民”，也未见有明确的处置措施。

本着以农为本的原则，对商人的限制在汉初即已存在。“高祖乃令贾人不得衣丝乘车，重租税以困辱之。孝惠、高后时，为天下初定，复弛商贾之律，然市井之子孙亦不得仕宦为吏。”②汉高祖是从社会身份上打击商贾，而到了孝惠、高后时期，也只是以政治身份限制商贾的仕宦。“复弛商贾之律”说明在孝惠、高后时期，商贾的社会地位并不低下，只是不得为吏罢了。

汉初政府虽对商贾身份有所限制，但并未见成效，在汉文帝时期，已出现民皆背本趋末的现象。③在贾谊、晁错的进谏下，文帝才开始格外重视农本问题，“务劝农桑”④。文帝之后，景帝也曾多次下诏劝农，汉武帝晚年也曾“悔征伐之事”，认为“方今之务，在于力农”⑤。

太史公曾提到民致富的三条路径：本富、末富、奸富；所谓“本富”，当是力农而富；“末富”自是从事工商而富；“奸富”则应是太史公所说的“弄法犯奸而富”⑥。太史公认为“本富为上，末富次之，奸富最下”⑦。然而，太史公《货殖列传》所载大抵为“末富”者，所谓“以贫求富，农不如工，工不如商”⑧。汉初政府虽然大力倡导务农，但因对末富乃至奸富者的相对放任，导致晁错所说“今法律贱商人，商人已富贵矣；尊农夫，农夫已贫贱矣”⑨现象的出现，民众“背本趋末”也是自然选择。

---

① 《史记》卷30《平准书》，第1417页。
② 《史记》卷30《平准书》，第1418页。
③ 《汉书》卷24上《食货志上》，第1127页。
④ 《汉书》卷24上《食货志上》，第1142页。
⑤ 《汉书》卷24上《食货志上》，第1138页。
⑥ 《史记》卷129《货殖列传》，第3281页。
⑦ 《史记》卷129《货殖列传》，第3272页。
⑧ 《汉书》卷91《货殖传·巴寡妇清》，第3687页。
⑨ 《汉书》卷24上《食货志上》，第1133页。

因此，太史公在《货值列传》里总结的一段话，颇能代表汉初政府对待大中小家的态度。太史公曰："贫富之道，莫之夺予，而巧者有余，拙者不足。"[①] 所谓"莫之夺予"，也就是《史记索隐》所说的"贫富自由，无予夺"[②]，它正是汉初政府执行的无为而治政策的一种体现。在这种情况下，国家经济得到恢复的同时，豪富大家也开始逐渐涌现。

至迟至汉武帝时期，豪富大家已然形成一个阶层，大量的豪富大家开始涌现。这其中，主要是太史公所说"末富"与"奸富"者。

这些人或被称为"豪富"，如《史记·平准书》说到汉武帝时期经济形势好转，"当此之时，网疏而民富，役财骄溢，或至兼并豪党之徒，以武断于乡曲。宗室有土公卿大夫以下，争于奢侈，室庐舆服僭于上，无限度"[③]。《史记索隐》注"武断"曰："谓乡曲豪富无官位，而以威势主断曲直，故曰武断也。"[④] 司马贞认为所谓"兼并豪党之徒"就是"乡曲豪富无官位"者。司马贞的理解无疑是正确的，所谓"网疏而民富，役财骄溢"，说的都是无官位的"乡曲豪富"，他们是以资产而武断乡里的豪富大家。

或被称为"豪民"，如《史记·平准书》说到汉武帝时通西南夷，"悉巴蜀租赋不足以更之，乃募豪民田南夷，入粟县官，而内受钱于都内"[⑤]。这里的"豪民"，所指应该就是豪富大家。这些"豪民"有时又被称作"豪右"，如《汉书·宣帝纪》说到告发霍云谋反的魏郡豪李竟，颜师古注引文颖的说法，认为这里的"豪"就是"有权势豪右大家"[⑥]。如果说李竟的"豪"可能更多的是指其"有权势"，那么《后汉书·显宗孝明纪》所载"滨渠下田，赋与贫人，无令豪右得固其利"[⑦] 里的"豪右"，李贤直接被认为就是"大家"。[⑧] 从汉明帝的诏书看，"豪右"相对"贫民"言，应该是根据其家资而非权势而言，李贤的注是准确的。

这些人有时也被称为"豪强之家"，如《盐铁论校注》附录载"桓宽《盐铁论》"一文，内提及御史大夫桑弘羊对贤良、文学之士关于"罢民盐、铁、酒榷、均输官"的诘难：

---

① 《史记》卷129《货殖列传》，第3255页。
② 《史记》卷129《货殖列传》，第3255页。
③ 《史记》卷30《平准书》，第1420页。
④ 《史记》卷30《平准书》，第1420页。
⑤ 《史记》卷30《平准书》，第1421页。
⑥ 《汉书》卷8《宣帝纪》，第252页。
⑦ 《后汉书》卷2《显宗孝明帝纪》，第116页。
⑧ 《后汉书》卷2《显宗孝明帝纪》，第117页。

往者，豪强之家，得管山海之利，采石鼓铸煮盐，一家聚众，或至千余人，大抵尽流放之人，远去乡里，弃坟墓，依倚大家，相聚深山穷泽之中，成奸伪之业。家人有宝器，尚函匣而藏之，况人主之山海乎？夫权利之处，必在深山穷泽之中，非豪民不能通其利。①

“一家聚众，或至千余人”，这里的“家”就是文中的“豪强之家”“大家”“豪民”。“豪强之家”，《盐铁论·复古》里又作“豪强大家”②，可知两者实无区别。

这些豪富大家是无官位的“乡曲豪富”，他们因家富于财，常常“武断乡曲”，成为社会稳定的一大障碍。对于这些豪富大家，汉武帝及以后之西汉政权，也曾采取主动打压政策。徙豪富于关中乃至新作陵园，这一政策可以看作是秦始皇“徙天下豪富于咸阳十二万户”政策的延续，它既可以加强对这些豪富者的控制，也可以瓦解这些豪富的地方基础。《汉书·昭帝纪》记载汉昭帝元凤六年（公元前 75 年）“夏，赦天下”，昭帝诏书曰：

夫谷贱伤农，今三辅、太常谷减贱，其令以叔粟当今年赋。③

颜师古注引应劭曰：“太常掌诸陵园，皆徙天下豪富民以充实之，后悉为县，故与三辅同赋。”④可知诸陵园是移民而为县，其主要居住者即为“天下豪富民”，这些人多是訾三百万乃至五百万以上的大家。

迁徙之外，对于违制之地方豪右，政府也是大力打压。汉武帝时期设立巡行刺史，以“六条问事”，其中两条涉及地方豪右：第一条，“强宗豪右田宅逾制，以强凌弱，以众暴寡”；第六条“二千［石］违公下比，阿附豪强，通行货赂，割损正令也”。⑤第一条是直接针对强宗豪右，第六条虽是针对地方二千石，但主旨还在防止豪强与地方官员的勾结。

尽管汉武帝对豪富大家采取打压措施，但因敛财的需要，汉武帝政权不可能从根本上消灭豪富大家阶层。实际上，汉武帝以后，这种豪富大家阶层反而愈发壮大，成为社会难题之一。

《汉书·食货志》载汉哀帝时期大臣师丹向哀帝建言：

---

① 王利器校注：《盐铁论校注》附录二《记事·桓宽〈盐铁议〉》，北京：中华书局，1992 年，第 650 页。
② 王利器校注：《盐铁论校注》卷 1《复古》，第 78 页。
③ 《汉书》卷 7《昭帝纪》，第 232 页。
④ 《汉书》卷 7《昭帝纪》，第 232 页。
⑤ 《汉书》卷 19 上《百官公卿表上》，第 742 页。

古之圣王莫不设井田，然后治乃可平。孝文皇帝承亡周乱秦兵革之后，天下空虚，故务劝农桑，帅以节俭。民始充实，未有并兼之害，故不为民田及奴婢为限。今累世承平，豪富吏民訾数巨万，而贫弱俞困。盖君子为政，贵因循而重改作，然所以有改者，将以救急也。亦未可详，宜略为限。[1]

民田和奴婢是一个编户民家庭的重要财富，限田限奴之议在西汉中后期被反复提及，可见这一问题的严重性。从师丹的话可以看出，汉初因承“兵革之后，天下空虚”，民“未有并兼之害”，故而“不为民田及奴婢为限”。事实上，不仅汉初不抑兼并，整个西汉时期，兼并都未得到有限控制。师丹所说“今累世承平，豪富吏民訾数巨万，而贫弱俞困”，就反映了西汉后期的“并兼之害”。限田限奴在哀帝时期没能解决，王莽代汉后一度施行，但最后也是不了了之。

师丹建言的背景是哀帝时“诸侯王、列侯、公主、吏二千石及豪富民多畜奴婢，田宅亡限，与民争利，百姓失职，重困不足”[2]。这里的“豪富民”与“诸侯王”“列侯”“公主”“吏两千石”并列，其身份显然是指吏民中的豪富大家。从他们“多畜奴婢，田宅亡限”的情况看，其家资当甚巨。这些人“与民争利”，导致“百姓失职，重困不足”，严重影响统治者的统治根基，因而才受到统治者的重视。

豪富阶层的崛起，伴随而来的是小民被役使与侵陵。小民被侵陵直至破产为“奸”，一直是西汉社会的一个社会隐患。王莽代汉之后，曾历数西汉政权不恤小民之弊：

汉氏减轻田租，三十而税一，常有更赋，罢癃咸出，而豪民侵陵，分田劫假。厥名三十税一，实什税五也。父子夫妇终年耕芸，所得不足以自存。故富者犬马余菽粟，骄而为邪；贫者不厌糟糠，穷而为奸。[3]

王莽所指“豪民”，即是所谓“富者”，他们是相对细民、贫者而言的，可见这里的“豪民”就是大家中的豪富者。豪民侵陵小民，是导致小民“穷而为奸”的主要因素。这样的小民，又被称为“细民”，西汉细民生活之艰，还可从《盐铁论·未通》里所载言论看出：

往者，军阵数起，用度不足，以訾征赋，常取给见民，田家又被其劳，故不

① 《汉书》卷24上《食货志上》，第1142页。
② 《汉书》卷11《哀帝纪》，第336页。
③ 《汉书》卷99《王莽传》，第4111页。

齐出于南亩也。大抵逋流，皆在大家，吏正畏惮，不敢笃责，刻急细民，细民不堪，流亡远去；中家为之绝出，后亡者为先亡者服事；录民数创于恶吏，故相仿效，去尤甚而就少愈者多。①

这里提到“大家”“中家”“细民”，显然“细民”就是小家。② 所谓“中家为之绝出”，王利器认为“谓细民既去，中家继之承担所有支出也”③。从中可以看出：本来大中小家都是国家的赋税承担者，但因大家“逋流”，而吏畏惧大家，将其所逋负的转移到细民也就是小家身上。细民不堪，只能流亡，这样负担又转移到中家身上，从而导致中家易于衰败成小家，进而也走向流亡之路。这样的结果是“田地日荒，城郭空虚”④，严重影响国家赋税收入的同时，也使统治者感到危机的存在。

由上可知，小民的稳固是国家赋税收入和统治稳固的重要条件之一，保护小民是历来统治者都必须重视的一个现实问题。王莽批评西汉政权不恤小民之艰，实际上，西汉政权也一直重视对小民的保护。这点可从居延汉简中的一条记载中看出：

犁田以铁器为本北边郡毋铁官印器内郡令郡以时博卖予细民毋令豪富吏民得多取贩卖细民（E.P.T52：15）⑤

“细民”与“豪富吏民”对言，当指小家无疑。⑥ 这条记载没有年份，从居延汉简所载历史主体为西汉中后期这一事实推测⑦，这条简文可能反映的是西汉中后期的史实。“毋令豪富吏民得多取，贩卖细民”，可见政府对细民保护之用意。

然而，由于西汉长期以来的不抑兼并，随着豪富阶层的发展壮大，政府对小民的保护也显得力不从心。东汉之初，承王莽、更始动乱之后，如何保护小民、稳固统治秩序，是一个十分现实的问题。光武帝时期，曾多次放免奴婢，又进行度田，并因度田不实而惩处了不少地方大员。这些措施，可以看作是对豪民侵陵小民的一种回应。

光武帝之后的初期政权，对豪民侵陵小民问题也比较重视。《后汉书·肃宗孝章帝纪》载建初元年（76年）春正月章帝诏书：

---

① 王利器校注：《盐铁论校注》卷3《未通》，第192页。
② 参见刘敏：《秦汉编户民问题研究——以与吏民、爵制、皇权关系为重点》，第119页。
③ 王利器校注：《盐铁论校注》卷3《未通》，第200页。
④ 王利器校注：《盐铁论校注》卷3《未通》，第192页。
⑤ 马怡、张荣强主编：《居延新简释校》，天津：天津古籍出版社，2013年，第356页。
⑥ 参见刘敏：《秦汉编户民问题研究——以与吏民、爵制、皇权关系为重点》，第119页。
⑦ 参见李均明：《居延汉简编年——居延编》，台北：新文丰出版公司，2004年，第279—281页。

方春东作，恐人稍受禀，往来烦剧，或妨耕农。其各实核尤贫者，计所贷并与之。流人欲归本者，郡县其实禀，令足还到，听过止官亭，无雇舍宿。长吏亲躬，无使贫弱遗脱，小吏豪右得容奸妄。诏书既下，勿得稽留，刺史明加督察尤无状者。①

诏书所针对的是“三州郡国”的贫弱者。从诏书内容看，小吏豪右是相对贫弱而言的，统治者关注的是其对贫弱的优抚为小吏豪右所侵，故而特别声明郡县“长吏亲躬”。豪右与小吏并言，则知其为“布衣豪民”。② 统治者之所以反复强调地方的督查，乃因其优抚贫弱的实惠容易为地方豪右得去。如《后汉书·和帝纪》载永元五年（93 年）二月丁未诏书：

去年秋麦入少，恐民食不足。其上尤贫不能自给者户口人数。往者郡国上贫民，以衣履釜鬵为赀，而豪右得其饶利。诏书实核，欲有以益之，而长吏不能躬亲，反更征召会聚，令失农作，愁扰百姓。若复有犯者，二千石先坐。③

关于“往者郡国上贫民，以衣履釜鬵为赀，而豪右得其饶利”，李贤解释道：“贫人既计釜甑以为资财，惧于役重，多即卖之，以避科税。豪富之家乘贱买，故得其饶利。”④ 可见，这些豪右在李贤看来，就是豪富之家，他们利用贫人“惧于役重”的心理，从中饶利。正因如此，统治者反复强调“长吏亲躬”。

东汉政权对贫民的优恤不少，如和帝永元五年（93 年）二月戊戌，“诏有司省减内外厩及凉州诸苑马。自京师离宫果园上林广成囿悉以假贫民，恣得采捕，不收其税”⑤。然而，因为地方小吏豪右的从中饶利，贫民有时未必能从中得到实惠，反倒有“征召会聚，令失农作，愁扰百姓”的情况发生。如《后汉书·刘般列传》所载：

帝（明帝）曾欲置常平仓，公卿议者多以为便。般对以“常平仓外有利民之

---

① 《后汉书》卷 3《肃宗孝章帝纪》，第 132 页。

② 王充《论衡·商虫篇》说道：“时或白布豪民、猾吏被刑乞贷者，威胜于官，取多于吏，其虫形象何如状哉？”（黄晖：《论衡校释》卷 16《商虫篇》，北京：中华书局，1990 年，第 714 页。）刘盼遂认为“‘白布’，连绵字，凶横恣纵之意，与跋扈、拖扈诸词，盖同一声韵之转。”马宗霍认为此说牵强，认为“此文‘白布’二字疑当作‘布衣’，‘白’字盖涉上文两‘白’字而误衍。”笔者以为马说较合文义。“布衣豪民”是与“猾吏”并列者，一个是编户民中的豪富大家，一个是猾吏，在王充眼里，他们都是民之蠹虫。刘说参见黄晖：《论衡校释》卷 16《商虫篇》，第 714 页；马说参见马宗霍：《论衡校读笺识》卷 16《商虫篇》，北京：中华书局，2010 年，第 223 页。

③ 《后汉书》卷 4《孝和帝纪》，第 175 页。

④ 《后汉书》卷 4《孝和帝纪》，第 175 页。

⑤ 《后汉书》卷 4《孝和帝纪》，第 175 页。

名，而内实侵刻百姓，豪右因缘为奸，小民不能得其平，置之不便”。帝乃止。[①]

又如《后汉书·刘隆列传》载建武时期的度田，“诏下州郡检核其事，而刺史太守多不平均，或优饶豪右，侵刻羸弱，百姓嗟怨，遮道号呼”[②]。政府对这些地方豪富者的打击往往是与保护小民、贫民联系在一起的。

《隶释》所收《樊毅复华下民租田口算碑》载弘农太守樊毅上书尚书事：

说又书言：县当孔道，加奉尊岳，一岁四祠，养牲百日，常当充肥，用谷槁三千余斛。或有请雨斋祷，役费兼倍。每被诏书，调发无差。山高听下，恐近庙小民，不堪役赋，有饥寒之窘，违宗神之敬。乞差诸赋，复华下十里以内民租田口算，以宠神灵，广祈多福，隆中兴之祚。[③]

洪适按语说道：“盖毅到郡即遣官属缮治庙宇，县令以地当孔道，一岁四祠，有养牲之费、调发之劳，故为华下十里之内希匄恩恤……则知已从其请矣。”[④]此碑提到光和二年（179年），显系汉末之事。碑文虽说的是地方官及国家对小民的恩恤，但从小民“不堪役赋”之状也可看出汉末小民生活之艰。

东汉后期，豪民侵陵小民的问题仍十分严重，随着统治危机的加深，统治者的对策也显得苍白无力了。《后汉书·仲长统列传》载仲长统《昌言·损益篇》里提到当时的并兼问题仍十分严重，建议“限夫田以断并兼”。[⑤]所谓“限夫田以断并兼”，唐人李贤认为：“并兼谓豪富之家以财势并取贫人之田而兼有之。”[⑥]李贤将“豪富之家”与“贫人”对言，限田显然是为了保护“贫人”不受“豪富之家”的兼并侵夺。仲长统之所以有“限夫田以断并兼”的提议，是因为当时社会：

豪人货殖，馆舍布于州郡，田亩连于方国。身无半通青纶之命，而窃三辰龙章之服；不为编户一伍之长，而有千室名邑之役。荣乐过于封君，势力侔于守令。财赂自营，犯法不坐。刺客死士，为之投命。至（致）使弱力少智之子，被穿帷败，寄死不敛，冤枉穷困，不敢自理。虽亦由网禁疏阔，盖分田无

① 《后汉书》卷39《刘般列传》，第1305页。
② 《后汉书》卷22《刘隆列传》，第780页。
③ （宋）洪适：《隶释隶续》，北京：中华书局，1986年，第28页。
④ （宋）洪适：《隶释隶续》，第28页。
⑤ 《后汉书》卷49《仲长统列传》，第1653页。
⑥ 《后汉书》卷49《仲长统列传》，第1654页。

限使之然也。[①]

所谓“身无半通青纶之命”“不为编户一伍之长”，说明这些豪人的身份是普通编户民。李贤注“不为编户一伍之长，而有千室名邑之役”即指出：“言豪强之家，身无品秩，而强富比于公侯也。”[②]这些未出仕，却以财货横行乡里的豪人就是编户民中的豪富大家。仲长统对他们的劣行多有批判，并从根源上认为是“网禁疏阔”与“分田无限”造成的。基于此，仲长统主张“限夫田以断并兼”，并兼之途断则豪富大家不再役使小家，社会才能趋于稳定。

然而，在地方豪强势力飞速发展的汉末，仲长统的“限田”之议显然无法施行。加之汉末政治腐朽黑暗，豪强之家对中小之家肆意侵陵，政府也只能是束手无策。在这种情况下，遇有战乱、天灾，中小之家极易破产，或选择流亡，或选择依附豪强之家。中小之家对豪富大家的依附性逐渐增强，也就意味着国家控制人口的急剧下降，东汉政权的统治也就在风雨飘摇中变得岌岌可危了。

五、结　　语

综上所述，可以看到汉代的大中小家之分，是以家资为依据的。首先，应该看到，所谓大中小家，都是政府的编户齐民，其政治身份是“齐”的。大家是不包括官僚贵族之家的，其身份是吏民。

其次，大中小家的划分依据是家资，大家为百万以上家资者，中家为十万至百万之间者，小家为十万以下者，贫民大致是家资在两万以下者。需要说明的是，这一划分标准应是编户制度下社会逐渐形成的一种固有观念，而不是国家强制划分的。从两汉史料记载来看，一般民众对大中小家的认识似乎并未随着社会经济的变迁而有大的变动，这也说明传统农业社会财富集聚之路具有一定的稳定性。

最后，国家对待大中小家的态度是既要鼓励大家的力农致富，又要保护中小之家。大家中的豪富者，往往是这些富商大贾，他们“兼役小民”，从而导致小家破产流亡，影响国家赋税来源和国家统治根基，故而为统治者所重视。汉初不抑兼并，豪富大家势力得以发展；汉武帝以后，对于如何保护中小之家与打压豪富大家，是政府面临的一个棘手话题。因为西汉中后期并兼之风的盛行，政府对中小之家的保护也显得

① 《后汉书》卷49《仲长统列传》，第1651页。
② 《后汉书》卷49《仲长统列传》，第1652页。

力不从心；东汉初期，政府将保护小民与打压豪富大家相结合，一定程度上缓解了豪富大家对中小之家的并兼与役使，但随着东汉政权的颓势日显与地方豪强势力的发展，中小之家逐渐破产并开始依附豪强之家，国家的统治也岌岌可危。

从两汉历史来看，自汉武帝以后，豪富大家兼役小民的情况日趋严重，“抑兼并”成为统治者一个重要的话题。顺利解决这一问题，是国家长治久安的保障。两汉政权，包括王莽政权在内，对这一问题都有过长期的关注与不断的尝试，但结果却多不如人意。在打击豪富大家与保护小民之间，似乎缺乏行之有效的制度保障。这也是两汉社会小民破产流亡，社会动荡不安现象发生的主要原因之一。

出土文献所见秦至西汉田租制度的变迁*

慕容浩
（重庆大学人文社会科学高等研究院）

秦汉时期的田租制度一直以来都是秦汉史研究的薄弱环节。已有的研究成果主要集中在税制上，学界针对这一时期的田租制度实行的是浮动税制[①]还是定额税制[②]展开了较多探讨，也有学者提出秦汉田租的征收与土地无关，而是以户为单位征收的。[③]囿于文献的记载，研究者难以通过史料中的只言片语来详尽探讨这一问题。近些年随着一系列简牍的出土与刊布，学界对秦汉时期的田租制度有了更多的认识，特别是对秦的田租制度尤有突破，但是研究者对于秦的田租制度尚缺乏足够共识，同时对秦与西汉田租制度的变化关注不足，特别是对制度变化原因、内在发展逻辑等问题的研究均不够深入。本文拟在学界既有研究的基础上，对秦汉田租制度及相关问题进行考察，以求教于方家。

一、秦简所见秦代的“税田制”与“取程之制”

由于传世文献缺载，学界过去对于秦代田租制度的研究缺乏足够的史料支持，多以推测为主，莫衷一是。且讨论内容主要集中在税率问题，对于具体制度更是未曾涉

---

* 本文为国家社会科学基金西部项目“秦汉仓廪制度与粮食安全问题研究”（16XZS014）阶段性研究成果。

① 主张浮动税制者以劳榦为代表。参见劳榦：《秦汉史》，台北：中华文化出版委员会，1955年，第135页。

② 主张定额税制者以吉田虎雄与韩连琪为代表。参见［日］吉田虎雄：《兩漢租稅の研究》，大阪：大阪屋号，1942年，第28页；韩连琪：《汉代的田租、口赋和徭役》，《先秦两汉史论丛》，济南：齐鲁书社，1986年，第472页。

③ 参见谷霁光：《论汉唐间赋税制度的变化——封建社会前期赋税制度中地、资、丁、户之间的关系研究》，《南昌大学学报（人文社会科学版）》1964年第2期，第50页。

及。[①]随着近些年龙岗秦简、里耶秦简、岳麓书院藏秦简、北大藏秦简等一系列简牍的公布，大量关于秦代田租制度的史料呈现在研究者面前，为进一步深入研究秦代田租制度创造了可能。目前，学界基于新出材料，已经有不少研究成果出现，且总结出秦代田租征收与两种制度有关。其一，秦代存在一种“税田制”，秦征收田租，是在粮食收获之前按照规定比例（即税率）从各户田地中划出一定数量的税田，税田上的全部收获上缴政府，就是该户的田租。其二，研究者们也都注意到了秦代田租制度中还存在一个“取程”的制度，即先在税田上“取程”，即计算税田的单位产量，程记作“若干步一斗”，将税田的面积除以“程”，就可获得田租的应缴纳量。[②]

然而“税田制”与“取程之制”在制度取向上完全不同，“税田制”本质上是一种分成租制，田租的额度以税田上的实际收成为准。“取程之制”则恰恰相反，通过“取程”，政府每年都要在收获之前计算出一个田租的征收量，确定一个定额，显然“取程之制”更倾向于定额租制。这两者之间在制度设计上就存在根本性的差异。面对这一矛盾，如何阐释“税田制”与“取程之制”之间的关系，学界众说纷纭。目前，大致有两种倾向，一种承认税田这一概念，但是质疑“税田制”的可操作性，否认其为具有实物形态的制度；另一种则认为两种制度同时存在，并在田租征收过程中配合使用。

“税田制”的质疑者主要理由是，“税田制”监督成本高，且基层官吏人员不足，难以操作，另外“取程之制”的存在恰恰说明“税田制”不成立，如果“税田制”存在，田租的额度以税田上的实际收成为准，“取程”完全没有意义。因此“税田并非真正在农户应纳税的土地上划出看得见、摸得着的地块，而是在计算田租时，以应纳税的土地总面积，乘以 1/10 或 1/15 的税率，所得出的土地面积数是仅存在于计算过程中的一个数字概念、一种计算田租的方法，而非实物形态”[③]。

尽管上述分析具有一定合理性，但是有几点问题尚须辨析。首先，通过“程”，可以计算出每户应纳税土地的总产量，再乘以 1/10 或 1/15 的税率，就可以轻松计算出该户的田租数，为什么还要节外生枝，创造出“税田”这样一个概念？如里耶秦简 8-1519：

---

① 学界对于秦代税率大致有两种观点，一种认为是“收泰半之赋”，即三分取二。参见钱剑夫：《秦汉赋役制度考略》，武汉：湖北人民出版社，1984 年，第 18 页；另一种认为是十一之税，参见黄今言：《秦汉赋役制度研究》，南昌：江西教育出版社，1988 年，第 56—57 页；于琨奇：《秦汉小农与小农经济》，合肥：黄山书社，1991 年，第 71 页。

② 参见于振波：《秦简所见田租的征收》，《湖南大学学报（社会科学版）》2012 年第 5 期；参见彭浩：《谈秦汉数书中的“舆田”及相关问题》，武汉大学简帛研究中心主办：《简帛》第 6 辑，上海：上海古籍出版社，2011 年，第 21—28 页；臧知非：《说“税田”：秦汉田税征收方式的历史考察》，《历史研究》2015 年第 3 期。

③ 李恒全：《从新出简牍看秦田租的征收方式》，《中国经济史研究》2018 年第 2 期，第 36 页。晋文也持近似观点，参见晋文：《睡虎地秦简与授田制研究的若干问题》，《历史研究》2018 年第 1 期，第 167 页。

迁陵卅五年貇（垦）田與五十二顷九十五亩，税田四顷□□
户百五十二，租六百七十七石。衛（率）之，亩一石五；
户嬰四石四斗五升，奇不衛（率）六斗（8-1519 正）
启田九顷十亩，租九十七石六斗
都田十七顷五十一亩，租二百卅一石
貳田廿六顷卅四亩，租三百卅九石三。
凡田七十顷卅二亩·租凡九百一十。
六百七十七石（8-1519 背）[①]

这个“田租簿”中，专门记载了税田的面积与税田平均产量，如果“税田”仅仅存在于计算当中，为何要记载全县税田总面积，并且明确列在簿籍之上，徒增工作量？其次，“取程之制”中农作物的单位产量计算方式值得注意。战国秦汉的文献中，农作物产量均以亩产计算，亩产乘以土地面积，再乘以税率，就可以轻松计算出一户百姓应上缴的田租数额，但是秦的田租制度中却使用了“几步一斗”的概念，这种计算方法灵活性强，适合计算不以整亩为单位的土地的产量，尤为适合计算临时划出的一片土地的产量。从这个角度来看，“几步一斗”的计算方法更像是为计算“税田”的产量而设计的。最后，从更深层次的制度的发展规律来探讨，西周井田制瓦解，公田、私田界限打破，实行履亩而税，其税收方式更容易受到井田制中“助法”的影响。贵族在农户土地上划出一片田地来征税，而不是直接产生一种复杂的定额租的田租制度，这本身就符合历史发展规律。秦代的“税田制”与上述制度发展的规律相吻合。其实一直到近代，这种分成租的形式还存在，华北平原有一种“分垄制”，地主和佃户在收割之前，按照租约中的租率，数垄划分作物，地主往往选取粮食长势较佳的垄沟，收割垄沟上的作物。[②]秦代划分“税田”时，方法应该与此相似，政府按照税率选取农户土地中长势最好的一块土地征税。因此，无论“税田制”还是“税田”，应该确实存在，并不是一个仅存在于计算中的概念。

除了上述理由，出土文献中也有内容可以侧面证实“税田制”的存在。《岳麓书院藏秦简（四）》173—174 简：

田律曰：毋令租者自收入租，入租貣者不给，令它官吏助之。不如令，官啬夫、吏赀各二甲，丞、令、令史弗得及入租貣不给，不令它官吏助之，赀各一甲。[③]

① 录文据陈伟主编：《里耶秦简牍校释·第一卷》，武汉：武汉大学出版社，2012 年，第 345—347 页。
② 参见［美］黄宗智：《华北的小农经济与社会变迁》，北京：中华书局，1986 年，第 215 页。
③ 陈松长主编：《岳麓书院藏秦简（四）》，上海：上海辞书出版社，2015 年，第 125 页

这条简文规定，百姓不能自行缴纳田租。如果每一户农民的田租在征收之前都已经计算好，那么百姓直接到政府缴纳田租即可，政府为什么会禁止自行缴纳，而是要进行监督？这说明简牍材料中所提及的“税田制”是切实得到执行的，“税田制”之下，政府的田租收入全部来自税田，政府唯有监督纳租者在税田上的收割及缴纳田租的过程，才能确保田租征收过程中不出现纳租者隐匿田租的行为，避免国家蒙受损失。

既然“税田制”确实存在，那么其与“取程之制”的关系是什么？一些学者采用调和性的方法，试图解释“税田制”与“取程之制”间的矛盾。一种观点认为：秦田租征收的程序“是在每年五月根据庄稼长势‘取程’，依‘程’确定产量；把官府额定的应该缴纳的税额，按照‘税田’标准产量，在民户垦田中划定‘税田’面积，用做田税，秋时按户征收”[①]。这一观点强调，田租征收的过程中先进行“取程”，计算出税额后，再根据“程”计算出“税田”面积，最后在应税土地中划定“税田”。这一主张显然与出土文献存在较大出入，所有的出土材料中均是在“税田”中“取程”，进而计算出税额，先“取程”再划定“税田”的说法显然与当时的行政程序不符。另外，如果官府存在一个“额定的应该缴纳的税额”，就可以直接在秋后征税，完全没有必要再“取程”、计算“税田”及划定“税田”等一系列画蛇添足之举，既严重增加行政成本，也于国家税收增收无益。另一种观点认为，秦人的税田所占应税土地面积的比例是固定的，但是“其税率确实存在变化”，“田税征收方式则依据田亩质量优劣与作物不同而相应增减”。[②] 这种观点自身存在相互矛盾之处，所谓税田所占应税土地面积的比例其实就是税率，既然这个比例是固定的，又何来变化之说，更遑论根据田亩质量优劣与作物不同而相应增减了。另有学者主张，田租确定的过程是先确定“税田”的数量，并实测面积，然后测算税田的“程”，“在确定税田上的作物种类和相应的‘程’之后，就可得出应收的田租数量”[③]。既然税田就是应税之田，税田收获就是田租，那么通过复杂的计算程序计算出田租数的意义何在？

笔者认为，“税田制”是先出的制度，可以视作商周以来“助”“彻”制度的延伸形态，较为原始，秦之所以将“税田制”作为田租征收的基础制度，可能与秦国偏居西陲，经济欠发达，制度发展滞后有关，“税田制”适应当时的社会条件。随着秦国国家规模的扩大，“税田制”的弊端也展现出来，首先，官员在划定税田过程中，可能徇私舞弊，选取田地中作物长势较差的区域作为税田。其次，诚如许多学者所指出的那

① 臧知非：《说“税田”：秦汉田税征收方式的历史考察》，《历史研究》2015 年第 3 期，第 28 页。

② 参见杨博：《北大秦简〈田书〉所见秦人的田亩、田税》，“秦汉史青年学者研讨会——早期中华帝国的行政运作与政治文化研讨会”，2015 年。

③ 彭浩：《谈秦汉数书中的“舆田”及相关问题》，武汉大学简帛研究中心主编：《简帛》第 6 辑，第 26 页。

样，政府难以针对每一块税田进行精确监管，百姓在缴田租的过程中可能出现隐匿的情况。另外，由于“税田制”之下，政府的田租只有收获之后才能知道具体数量，不利于宏观统筹。因此秦政府设计了“取程之制”以弥补“税田制”的不足。《商君书》卷1《垦令》载，商鞅变法中对田租制度进行了改革，“訾粟而税，则上壹而民平”。蒋礼鸿引《汉书·枚乘传》李奇注：“訾，量也。”[①] 这里提及的应该就是“取程之制”。上文已述，“税田制”确实在施行，但是政府改变了监管的方式，一方面派人在税田收获过程中监督百姓缴租，另一方面在粮食收获之前就计算出税田上的收获量。这个收获量应该是该户缴纳田租的最低额度。这一点在上文所引《岳麓书院藏秦简（四）》173—174简中有所体现：

> 田律曰：毋令租者自收入租，入租貣者不给，令它官吏助之。不如令，官啬夫、吏赀各二甲，丞、令、令史弗得及入租貣不给，不令它官吏助之，赀各一甲。[②]

律文规定，百姓应该给政府缴够“租贷”，否则必须由其他官员助其补足。这里“租贷”有两种可能，一种是“租”与“贷”，即田租以及向政府借贷的粮种；另一种可能就是“租贷”就是指百姓向政府借贷的田租。无论哪种可能性，都说明在纳租者交租之前已经存在一个田租数额，不然不存在交不足的状况。“取程之制”的实施在一定程度上保证了政府的收入稳定，降低了监管的难度。

据此，大致可以勾勒出秦与汉初田租征收的一个大致流程：每年在作物成熟之前，乡吏按照十分之一的比例，在每户需纳租的土地中划出一部分作为税田，至于具体时间，应该视不同作物品种的成熟时间而定，可能并没有一个全国范围内制度性的时间。接着地方官吏参考土地的地力、作物种类、年景等因素“取程”，并计算出税田内作物的产量，并以此作为每户田租缴纳的下限。收获季节，在政府的监督下，每户将税田内的作物收获并上缴，并记于券书。

二、《都乡七年垦田租簿》所见西汉的田租制度

现有传世文献中，对于西汉田租制度的记载很少，《汉书·食货志》中记述了汉初

① 蒋礼鸿：《商君书锥指》，北京：中华书局，1986年，第6—7页。

② 陈松长主编：《岳麓书院藏秦简（四）》，第125页。

田租率不断降低，汉高祖时“轻田租，什五而税一”[1]，景帝二年（公元前 155 年），“令民半出田租，三十而税一也”[2]。《盐铁论·未通》中，文学曰：“田虽三十，而以顷亩出税，乐岁粒米狼戾而寡取之，凶年饥馑而必求足”[3]，则是在批判西汉的田租制度缺乏变通，税收额没有依据收成而调整。至于田租的具体征收制度则难以知悉。出土文献方面，张家山汉简《算术书》中，记载了关于税田、取程等内容的算题，考虑到汉承秦制的因素，很多学者认为西汉承袭了秦代的田租制度[4]，至少汉初如此，笔者也赞同这一观点。至于其他的推测都缺乏史料佐证。随着走马楼西汉简《都乡七年垦田租簿》的公布，我们可以得到更多关于西汉田租制度的信息。

《都乡七年垦田租簿》记载的是西汉长沙王刘庸七年（汉武帝元狩元年，公元前 122 年）长沙国临湘县（今临湘市）都乡的垦田与田租额数据。该垦田簿最早由马代忠先生披露，其在《长沙走马楼西汉简〈都乡七年垦田簿〉初步考察》一文中对这份垦田簿进行了考释[5]，后高志敏博士在《秦及西汉前期的垦田统计与田租征收——以垦田租簿为中心的考察》一文中对垦田簿的释文进行了修订、标点，内容更为准确，具体如下：

·都乡七年垦田租簿

垦田六十顷二亩，租七百九十六石五斗七升半，率亩斗三升，奇十六石三斗一升半。

凡垦田六十顷二亩，租七百九十六石五斗七升半。

出田十三顷四十五亩半，租百八十四石七斗，临湘蛮夷归义民田不出租。

出田二顷六十一亩半，租卅三石八斗六升，乐人婴给事柱下以命令田不出租。

下栏：

凡出田十六顷七亩，租二百一十八石五斗六升

定入田卌三顷九十五亩，租五百七十八石一升半

提封四万一千九百七十六顷十亩百七十二步

其八百一十三顷卅九亩二百二步可垦不垦

① 《汉书》卷 24 上《食货志上》，北京：中华书局，1962 年，第 1127 页。

② 《汉书》卷 24 上《食货志上》，第 1135 页。

③ 王利器校注：《盐铁论校注》，北京：中华书局，1992 年，第 191 页。

④ 参见杨振红：《从新出简牍看秦汉时期的田租征收》，武汉大学简帛研究中心主编：《简帛》第 3 辑，上海：上海古籍出版社，2008 年，第 336 页；彭浩：《谈秦汉数书中的“舆田”及相关问题》，武汉大学简帛研究中心主编：《简帛》第 6 辑，第 26 页；臧知非：《说“税田”：秦汉田税征收方式的历史考察》，《历史研究》2015 年第 3 期，第 28 页。

⑤ 马代忠：《长沙走马楼西汉简〈都乡七年垦田租簿〉初步考察》，中国文化遗产研究院编：《出土文献研究》第 12 辑，上海：中西书局，2013 年，第 213—222 页。

四万以前一百二顷六十八亩二百一十不群不可垦[①]

较之上文所引里耶秦简 8-1519，这份垦田簿特征明显没有记载税田面积与税田亩产，而是记载了全部土地每亩的平均租额。“税田制”之下，田租来自税田，税田的面积与税田的亩产是计算田租总量的必要条件，并不会计算每亩土地的平均租额，因为这个数据与收缴田租毫无关系。在《都乡七年垦田租簿》中则直接记载了每亩土地的平均租额，而缺失与税田相关的内容。这条信息至关重要，其意味着此时的田租制度已经脱离了“田租来自税田”的基本原则，而是对所有应税土地征租，进而可以推断，至迟到了汉武帝元狩元年（公元前 122 年），“税田制”已经寿终正寝。

《都乡七年垦田租簿》中每亩土地的租额，参照当时的粮食亩产，基本符合三十税一的制度。[②]三十税一之制属于比例分成，每亩的租额理论上应该不是一个常数，每年根据亩产的变化，都应该进行调整，但是从实际操作来看，却存在定额化的倾向。《盐铁论・未通》中文学对当时西汉田租制度的批判就可以看出这一点：“田虽三十，而以顷亩出税，乐岁粒米狼戾而寡取之，凶年饥馑而必求足”[③]，无论是丰收或歉收，租额都是固定的，缺乏制度的弹性。文学所述的内容与《孟子・滕文公上》的内容相仿，《孟子・滕文公上》引龙子：“贡者，校数岁之中以为常：乐岁粒米狼戾，多取之而不为虐，则寡取之；凶年粪其田而不足，则必取盈焉。”[④]《孟子》中所记述，田租的额度是数年的一个平均数，即一个定额，文学引述《孟子》，想表达的西汉田租制度应该也是如此。因此可以推断，西汉中后期，田租制度本质上已经是定额租。

为了弥补定额租难以反映年景的缺陷，从汉昭帝始元二年（公元前 85 年）开始，西汉政府陆续推行了“灾免”政策。始元二年（公元前 85 年）八月诏：“往年灾害多，今年蚕麦伤，所振贷种、食勿收责，毋令民出今年田租。”[⑤]汉成帝时期进一步制度化，施行“什四免租”，建始元年诏：“郡国被灾什四以上，毋收田租。”[⑥]鸿嘉四年（公元前 17 年）又进一步完善，将受灾程度与受灾户的家资综合考量，“被灾害什四以上，民赀不满三万，勿出租赋”。[⑦]

---

① 高智敏：《秦及西汉前期的垦田统计与田租征收——以垦田租簿为中心的考察》，邬文玲主编：《简帛研究・2017》，桂林：广西师范大学出版社，2018 年，第 49 页。

② 参见朱德贵：《长沙走马楼西汉简牍所见“都乡七年垦田租簿”及其相关问题分析》，《中国社会经济史研究》2015 年第 2 期，第 6—7 页。

③ 王利器校注：《盐铁论校注》，第 191 页。

④ （清）焦循撰，沈文倬点校：《孟子正义》，北京：中华书局，1987 年，第 338 页。

⑤ 《汉书》卷 7《昭帝纪》，第 220 页。

⑥ 《汉书》卷 10《成帝纪》，第 304—305 页。

⑦ 《汉书》卷 10《成帝纪》，第 318 页。

至于西汉田租定额化以后，如何体现地力的差异，可能在田租额制定的过程中，各地政府会考虑实际情况进行区分。但是这样就为贪官污吏与豪强富户上下其手提供了可乘之机，因而东汉政府又对这一问题进行了改良，东汉章帝建初三年（78 年）施行分品定租，将土地分为上中下三品，分别确定租额，“使实际存在的田租定额化事实具有了合法性质，并使各地的田租亩额各自统一成据地力差别（实亦即亩产量）而定的三级差额，趋于合理”。①

三、秦至西汉田租制度变迁的原因

从行政实践来看，秦与汉初的田租制度显然不是一个理想的制度，更大程度上属于一种过渡形态的制度。原因有二：其一，这一制度的行政成本过于高昂。“税田制”只适用于小国寡民的状况，因为每年从税田的划分到田租收获、上缴的监督，政府均需要投入较多人力，国小民狭尚可，随着诸侯国疆域扩张、人口滋衍，基层乡里下辖的民户越来越多，新占领区域尽管人口少，但是面积却很大，田租征缴很容易出现人手不足、顾此失彼的情况，进而导致田租征收监管不力，国家蒙受损失。在此背景下，政府不得不创造出一套辅助性的制度，来弥补“税田制”的漏洞，但是“取程之制”的实行，程序过于繁琐，进一步加大了基层官吏的工作量，基层官吏人数必须随之调整，秦代基层出现田部、乡部并行的复杂行政系统②，与这一时期独特的田租制度有直接关系。其二，这一制度下，政府监管难度大，易滋生腐败。尽管政府设计了“取程之制”以防“税田制”之弊，但是“取程之制”本身漏洞也不小，“取程”过程中主观性太大，就会出现龙岗秦简中出现的：遗程、败程、稀程等现象，进而导致虚租、租不能实、匿租、失租等违法现象。这些徇私舞弊行为大量出现暴露出田租制度本身的弊端，容易让基层官员从中钻制度的空子。

到了汉代，随着一系列制度的变革，推动了旧田租制度的瓦解。

西汉自高祖、文景以来不断降低的田租率成了旧田租瓦解的催化剂。西汉田租率从秦的高税率降至十五税一，进一步降低至三十税一，在低田租的情况下，国家从每户征收的田租大幅减少，旧田租制度下行政成本却没有降低。特别是随着西汉因人口增长、户数增加，地方乡里官员每年需要划分税田、“取程”土地的数量也随之飞涨，

---

① 郑学檬主编：《中国赋役制度史》，厦门：厦门大学出版社，1994 年，第 42 页。

② 参见王彦辉：《田啬夫、田典考释——对秦及汉初设置两套基层管理机构的一点思考》，《东北师大学报（哲学社会科学版）》2010 年第 2 期，第 49—55 页。

但是由于税率降低，政府并没有随着行政工作量的日益增加而取得更多税收。

西汉文景以来授田制的崩坏也推动了旧田租制度的寿终正寝。秦与汉初实行严格的授田制，《二年律令》所见汉初的授田制度中，庶人每户授田一顷[①]，秦最初授田政策的制定基于国土地广人稀、土地开发不足的现实国情。西汉初年，人地矛盾还不是很明显，但是随着人口的增长，国家掌控的可用于授田的土地捉襟见肘，因而再一次出现了授田不足的情况。例如，凤凰山十号墓的《郑里廪簿》里有二十五户，田地共六百一十七亩，每户田地平均不足二十五亩，远远低于名田宅制度之下每户百亩的规定。[②]长此以往，就会出现政府无地可授的局面。在授田明显不足的情况下，乡官里吏征收田租过程中依然需要对小面积土地进行划分税田、取程、写券，需要耗费大量人力物力，每户授田明显减少的情况下，以土地面积为依据的定额租无疑对于国家更为有利，"税田制"与"取程之制"相结合的田租旧制已经完全不适应新的形势。

从秦与汉初"税田制"与"取程之制"相结合的制度到西汉中后期的定额租制，其变迁过程具有制度发展的内在逻辑性。相对而言，"取程之制"是一种相对先进的制度，可以准确反映土地的地力与当年的年景，如果政府可以对每户所有土地"取程"，计算出土地产量，乘以田租率后得出租额，并依据这个租额直接收租，就可以减少很多行政程序，同时税田制的部分弊端也可以避免。另外，每户土地的地力是相近的，年景除了特殊年份，变化的幅度也不会太大，每年"取程"可以逐渐发展为采用数年的平均值，这样"取程之制"就与定额租十分接近。秦与汉初的基层吏员慑于巨大的工作量可能已经这样操作了。同样是田税一种类型的刍稿的征收已经摆脱了分成制的方式，实行定额租。睡虎地秦简《秦律十八种·田律》中对每顷土地需缴纳的刍稿数量做出了明确规定："入顷刍稿，以其受田之数，无豤（垦）不豤（垦），顷入刍三石、稿二石。"[③]这可能与刍稿税数额小，在赋税体系中重要性较低有关。定额租是一种历史发展的大趋势，但是商鞅变法之后，由于强大的制度惯性，"取程之制"并没有取代"税田制"成为田租制度的主体，反而只作为一种辅助性制度存在，因此就出现了秦与汉初的田租制度中，"税田制"与"取程之制"并行的杂糅状况。到了汉初，随着新形势的出现，为旧制度变革提供了巨大推动力，定额租制度才彻底得以确定。

---

① 《二年律令·户律》："公卒、士五（伍）、庶人各一顷"。参见张家山二四七号汉墓竹简整理小组编：《张家山汉墓竹简［二四七号墓：释文修订本］》，北京：文物出版社，2006年，第52页。

② 参见湖北省文物考古研究所编：《江陵凤凰山西汉简牍》，北京：中华书局，2012年，第106—112页。

③ 睡虎地秦墓竹简整理小组：《睡虎地秦墓竹简·释文》，北京：文物出版社，1990年，第21页。

出土文献视野中秦汉人名的时代特色*

孙兆华
（首都师范大学历史学院）

马来西亚华人学者萧遥天曾著《中国人名研究》一书，该书自 20 世纪 30 年代开始撰写，70 年代在马来西亚出版问世，中国大陆再版时称其为“中国人名研究领域的开山之作”。在《中国人名研究》中，萧遥天认为：“名字是现实的反映，也很自然地为思潮所濺湿。比如没有阴阳家，则名字决不有取义于干支五行；没有儒家，则名字也决不会有取义于四书五经；……历代形形色色、多彩多姿的思想都深印在历代的名字中，其成为时代思想主流，信仰的人多，影响的力量大，深印在名字中的也特别多。”[①]《姓名论》是基于人类学来考察人名的一部理论著作，作者纳日碧力戈认为：“姓名也是一种记忆形式，命名是一个记忆过程。由于受到时间和空间的限制，人们的活动范围和活动的时间跨度，只有通过记忆才能扩展和延伸。”[②]记忆同样也是社会制度的功能保障，是使社会合法化的手段。姓名不仅方便了个人记忆，也发展了社会记忆。秦汉时期时间跨度达四百多年，秦汉人名在不同阶段的时代特色、“为思潮所濺湿”以及反映“社会记忆”的历史事实值得学者探索。

一、承继先秦：质朴的秦、西汉初期人名

先秦时期人名多质朴无文[③]，秦、西汉初期的人名承继了这一风格。刘钊指出：

---

* 本文为中国博士后科学基金面上资助项目“秦汉人名研究——以出土文献为中心”（2017M620826）阶段性研究成果。

① ［马来西亚］萧遥天：《中国人名研究》，北京：新世界出版社，2007 年，第 174 页。

② 纳日碧力戈：《姓名论》（修订本），北京：社会科学文献出版社，2015 年，第 2 页。

③ 对于先秦时期的命名特色，赵瑞民在分析先秦人名质朴无文的背景时，认为春秋时期流行的有关命名的文化传统，是我们了解先秦文字质朴无文现象的一个途径，反过来说，又是我们认识周代礼制文化盛衰的一个侧面。参见赵瑞民：《姓名与中国文化》，北京：中央编译出版社，2016 年，第 77 页。

“汉以前的古文字资料中有许多人名资料，可以与典籍中的人名进行对比，进行各种角度的研究。”[①]这样的古文字资料或说出土文献资料是观察秦、西汉初期人名时代特色的重要凭借。

汉简所见传为秦李斯所编的“识字读本”《苍颉篇》诸种残本列有专门的姓名篇章，如敦煌汉简中有《苍颉篇》“姓名简”[②]：

> 曰书人名姓，赵莒韩鸣，范鼠张猪，翟如实贱，卫中冯鄴，陉涓
> （敦煌汉简玉门花海 1462）
> 曰书人名姓，赵莒韩鸣，范鼠张猪，翟如贱
> （敦煌汉简玉门花海 1463）
> ▲焦党陶圣，陈谷巍（魏）婴，程颀樛平，梁贤尹宽，荣廱（雍）尚
> （敦煌汉简马圈湾 639A）
> 赣，岑瘦（进）露骞，彭绩秦参，涉竞夏连，乐恢樾（树）更，
> （敦煌汉简马圈湾 639B）
> 唐美耿謍，庡（段）沓麈（般）谍，黄文訾山，肥赦桃脩，贾阑邓
> （敦煌汉简马圈湾 639C）
> 难，季偃田砚。（敦煌汉简马圈湾 639D）
> ……□营庢邵谦郈郇鄗郢傅赣董仆李贝（敦煌汉简玉门花海 1451）
> □殇□□□□□骈郈□鄗郢傅功董仆李□□□（敦煌汉简盐池湾墩 1260）

汉简残存秦《苍颉篇》人名并非具体到某人，而应是基于当时社会人名的构拟，但足以反映出秦人名质朴的特色。

里耶秦简“为秦朝洞庭郡迁陵县遗留的公文档案，年代为秦始皇二十五年（前二二二年）至秦二世二年（前二〇八年）”[③]。单印飞曾对《里耶秦简牍校释（第一卷）》所见人名进行统计[④]，编制了详细的表格。从该表可以发现若干有关秦人之名的信息。

---

① 刘钊：《古文字中的人名资料》，《吉林大学社会科学学报》1999 年第 1 期，第 60 页，后收入《古文字考释丛稿》，长沙：岳麓书社，2005 年，第 361 页。

② 释文参见吴礽骧、李永良、马建华释校：《敦煌汉简释文》，兰州：甘肃人民出版社，1991 年，第 65、130、151—152 页；甘肃省文物考古研究所编：《敦煌汉简》，北京：中华书局，1991 年，第 243、267、274—275 页；张德芳：《敦煌马圈湾汉简集释》，兰州：甘肃文化出版社，2013 年，第 543—544 页；梁静：《出土〈苍颉篇〉研究》，北京：科学出版社，2015 年，第 78—80、85 页。

③ 湖南省文物考古研究所编著：《里耶秦简（一）》，北京：文物出版社，2012 年，“前言”第 4 页。

④ 单印飞：《〈里耶秦简牍校释（第一卷）〉人名统计表》，杨振红、邬文玲主编：《简帛研究・2014》，桂林：广西师范大学出版社，2014 年，第 59—117 页，等。在这里的讨论，均引用此表。

里耶秦简所见人名以单名为多，如“又”“上”“于”“夫”“元”“巨”“丹”“印”“平”“交”“见”“贝”“是”“骨”“段”，等等。因为已经失去了当时命名信息的记录，所以无法确知这些单名所蕴含的具体意义。但从相当数量的里耶秦简单名中还是能大致推断出命名的意图。

萧遥天曾总结“周秦名字用干支五行”的历史情形，对这类人名，他分为两类，一是“单以天干相配的名字”，二是“以天干地支相配的名字”。[①]到了里耶秦简的时代，单名仍可见有以天干或地支字为名的情况，可能与出生日有关，如“乙”“午”“壬”“丙”“申”“卯”“亥”“辰”等。另外，秦汉简牍《日书》所见盗名也提供了当时流行干支人名的证据。[②]“夕”“夜”“朝”这样的人名则可能反映了出生的时辰。

里耶秦简含“季”字人名，可能含有家族排行的意思。人名“吉”“安”“快”“武”“忍”“昌”“忠”“欣”“宜”“定”“弘”“多”“美”“恬”“恒”“悍”“冣”“得”“敢”“敬”“富”“禄”“强”“义”“福”“嘉”“广”“宽”“贤”“庆”“缓”“憙”“获”“兴”，则有专门的希冀在其中。丑名、贱名一类的则有“囚”“臣”“死”“疵”“痤”“瘛”“秃”。以动物为名也颇多，如“犴”“犯”“兔”“狐”“狗”“狼”，有的可纳入丑名、贱名范畴，又有与马相关的如“駠”“騂”“驵”“驾”。颜色词作为人名也是一个特点，如“赤”“朱”“蓝”“青”。

里耶秦简所见人名也有少量双名。[③]具体而言，可以分为以下几类：

（1）慕古。如“庆忌”“夷吾”“莫邪”。

（2）干支为名。如“己巳”。

（3）良好愿望为名。如“不疑”“毋害”“去死”“去疾”“甘多”“成吏”“如意”“昌官”“信成”“益来”“渠良”。[④]

（4）以某种纪念为名。如“启封”“道下”。又如“敦狐”，可能为攻击狐狸之意。按照学者解释，敦字，有敲击、攻击的意思。《淮南子·兵略》：“敦六博，投高壶。”

① ［马来西亚］萧遥天：《中国人名研究》，第37—39页。

② “秦汉简牍《日书》占盗文献提供了盗名的信息，如睡虎地秦简《日书》甲种《盗者》、放马滩秦简《日书》甲种《地支占盗》，以及非《日书》而也是选择数术的尹湾汉简《神龟占》。这些盗名，特别是地支类盗名，如果按照李零的解释，可能提供了秦汉人以生日命名或者生日的冲日命名的信息（部分天干类盗名也可能如此）。”参见孙兆华：《秦汉简牍〈日书〉所见的盗名》，待刊。

③ 陈美兰认为：“先秦人物名号中，商代人名多单音之名，西周以降，有构词意义的复音之名变多了……”参见陈美兰：《战国竹简东周人名用字现象研究——以郭店简、上博简、清华简为范围》，台北：艺文印书馆，2014年，第10页。

④ 其中含否定词的人名形式，魏根深指出，战国时期即已流行，“常见的有‘不’‘毋’‘无’等。此类名字中著名的有‘吕不韦’‘申不害’。有时，像这样的名字会让人觉得是丑名恶名，但实际上它是道家的。”他同时否定了这些名字当中的“不”“毋”“无”是没有意义的音节助词的说法。参见［英］魏根深：《中国历史研究手册》，侯旭东等译，北京：北京大学出版社，2016年，第181页。

《孙膑兵法·十阵》："鼓噪敦兵。"[①]

（5）难解双名。如"央刍""央臧""囚吾""氐夫""它人""戎夫""有殿""吕柏""扶如""何柏""免将""彼死""负中""负解""负剧""胥亡""般刍""乾人""产尸""恶夫""恶租""壹孙""膻之""缭可""驺奇"。

里耶秦简所见女性人名，单名多从女旁。如"娃""娉""姘""娙""娆""嬗""嫭"等。女性双名有的含有求子男的愿望，如"女已"；有的非常简单，如"小女""可思""符容"；有的则难以索解，如"无蒙"等。

由上可见，里耶秦简所见人名或与出生日期有关，或与美好愿望相涉，有的算作某种丑名、贱名，大多与生活环境或当时观念息息相关。这些都反映出秦时人名质朴的特征，也折射出当时比较纯粹的社会意识。

与里耶秦简人名可相参照的材料是秦始皇陵修陵人墓志瓦文和张家山汉简《奏谳书》里的人名。

1979 年 12 月开始，秦始皇陵考古队在临潼县赵背户村发掘了修筑秦始皇陵墓的工人墓地，发现有 18 件残瓦，上书墓志文字。其中"罗""庆忌""遂""去疾""得""牙"等便是这些修陵人的人名。[②]

张家山汉简《奏谳书》保留秦至汉初的各种案例，里面的人物多经历由秦入汉的时代风潮，其中人名有"嘉""毋忧""骜""媚""憙""不害""武""相如""宜""启""女""恬""贤""媆""去疢"等。

由秦始皇陵修陵人墓志瓦文和张家山汉简《奏谳书》里的人名对照里耶秦简人名看来，秦人名质朴的时代特色明显。

1973—1976 年在湖北江陵凤凰山 8、9、10、167、168、169 号六座汉墓出土一批竹木简牍，六墓系文帝至景帝时期，其中有相当多的西汉人的名字记录。[③]依稀可见，西汉初年人名犹留存秦时质朴之风。

---

① 李竞恒：《汉代民众的名字：试论命名背后的观念史变迁》，人文与社会网，2011 年 10 月 27 日。"敦狐"人名还有其他解释。《玺汇》0646 号秦印人名"敦狐"，对于该印，徐在国认为："以'敦狐'为名的秦印文又见于《十钟山房印举》14·13 上'上官敦狐'。此外，秦印中用作人名的还有'淳狐'、'敦胡'……颇疑'敦狐'、'淳狐'、'敦胡'应读为'敦圄'。'敦'、'淳'古通，如《周礼·天官·内宰》：'出其度量淳制。'郑注：'故书淳为敦。'《淮南子·淑真》：'骑蜚廉而从敦圄。'《史记·历书》、《索隐》'敦圄'作'淳圄'。'狐'、'胡'古音均属匣纽鱼部，'圄'为疑纽鱼部，声纽均属喉音，韵部相同，'狐'、'胡'读为'圄'是有可能的。'敦圄'见于《淮南子·俶真》：'若夫真人，则动溶于至虚，而游于灭亡之野，骑蜚廉而从敦圄，驰于方外，休乎宇内。'高诱注：'敦圄，似虎而小；一曰，仙人名也。'秦印即以'敦圄'为人名。"参见徐在国：《古玺文释读九则》，《安徽大学汉语言文字研究丛书·徐在国卷》，合肥：安徽大学出版社，2013 年，第 56—57 页。

② 袁仲一编著：《秦代陶文》，西安：三秦出版社，1987 年，第 27—31 页。

③ 湖北省文物考古研究所编：《江陵凤凰山西汉简牍》，北京：中华书局，2012 年，第 1—11 页。

8 号墓简牍主要是《遣策》，有一些人名如："贤"（简 39）、"坚"（简 40）、"甲"（简 41）、"宜"（简 43）、"息"（简 45）、"蒲苏"（简 47）、"不敬"（简 48）、"禄"（简 49）、"獾"（简 50）、"绿"（简 52）、"紫"（简 53）、"缚"（简 55）、"留人"（简 56）、"壬"（简 58）、"畜"（简 59）、"益"（简 63）、"豹"（简 64）、"幸"（简 65）、"益宦"（简 67）、"熊"（简 77）、"孝"（简 79）、"舒"（简 82）等。[①] 虽然这些是遣策，其人名所代表的身份是奴婢，但与秦人名仍存相似性。

10 号墓出土简牍内容丰富，其中 2 号木牍"记出钱人名的木牍"显示有："载翁仲""庄伯""王它""胡兄""氾氏""张母""张苍"等，这份木牍记载了各类人名信息，如姓氏、字、称谓、名，反映出汉代初年民间人名记录方式的随意。3 号木牍《中服共侍约》是一种民间契约，所见人名"陈伯"等同上。4 号木牍《记算钱的木牍》有人名市阳里正"偃"、西乡啬夫"偃"、佐"赐"、佐"缠"等。又有 A 类竹简《郑里廪籍》，记录了一些户人之名，如"圣"（简 10）、"特"（简 11）、"击牛"（简 12）、"野"（简 13）、"立"（简 16）、"越人"（简 17）、"不章"（简 18）、"胜"（简 19）、"虏"（简 20）、"积"（简 21）、"小奴"（简 22）、"佗"（简 23）、"青肩"（简 25）、"骈"（简 30）、"朱市人"（简 31）等。B、C、D、F 类竹简记有"邓得""任甲""宋则""野人""惠""寄""齐""张母""夏幸""不害""张伯""毋寇""壮""终古""杨毋智""毋佗""婧""司马伯""五翁伯"等人名。[②]

传世文献方面，秦史习见人名，单从《史记·秦始皇本纪》来看，双名如成杨端和、周青臣、冯去疾、扶苏、胡亥、公子将闾，单名如秦始皇嬴政、嫪毐、白起、蒙恬、蒙骜、王翦、桓齮、王贲、王绾、冯劫、王戊、赵婴、杨樛、章邯、公子婴等，其人名质朴特色与里耶秦简等出土文献人名并无二致。

二、气象阔大：西汉中期命名多样化的展开

从西汉中期开始，人名相比秦、西汉初期来说，一是更多使用带有价值标准的词来命名，二是双名因为表达更加丰富而有所增加。

学者认为，汉代人喜爱用三种类型的价值标准命名。第一种喜用"延年""延寿""千秋""彭祖"等词汇，第二种喜用"安国""广汉""安世"等词汇，第三种喜用"福""禄""昌""公""侯"等词。这三种类型可以被视为长寿求仙类、家国安定类和

① 湖北省文物考古研究所编：《江陵凤凰山西汉简牍》，第 22—34 页。
② 湖北省文物考古研究所编：《江陵凤凰山西汉简牍》，第 89—150 页。

个体富贵类。①

长寿求仙类人名在《汉书》记载甚多，可参考张孟伦《汉魏人名考》详细的列举，比如太仆杜延年、协律都尉李延年、执金吾严延年，张安世三子千秋、延寿、彭祖，富平侯张延寿、左冯翊韩延寿、楚王刘延寿等。②

居延汉简记录有大量戍边吏卒的名字，时代主要为西汉中晚期。“延年”“延寿”“千秋”“彭祖”之类人名在其中屡见不鲜。如“延年”（191·11、T58·3、112·23、T51·359、T51·528、T51·530）、“延寿”（T52·402、T52·551、T53·4、56·33、3·6、T50·85、T51·239、157·2、104·19 等）、“彭祖”（T51·86、S4T2·52、S4T2·53、T52·766）、“千秋”（T57·42、T51·250、T65·430、40·27、143·7）。③

家国安定类人名在《汉书》中有御史大夫韩安国、大儒孔安国、光禄大夫义渠安国、张汤之子张安世、名士韦安世、大侠朱安世、大臣赵广汉、广平王刘广汉、外戚许广汉、长乐卫尉邓广汉等。

“安国”“广汉”“安世”类人名在西北汉简中更多。如“安世”（T51·540、184·1、40·20、214·118、145·33）、“安国”（T51·4、T52·433、275·1）、“广汉”（E.P.T53：75A、72EJT33：40A、73EJT37：669）等。④

个体富贵类人名张孟伦在《汉魏人名考》里收纳甚详，这里不做赘述。⑤需要补充的一点是，富贵的追求在西汉中晚期是比较普遍的，这影响了命名的取向。比如，铜器铭文的吉语词多有这方面的内容。

汉鼎铭文：“日利千金”；“大吉利，君宜官”
铜甑铭文：“富贵昌，乐未央”
铜锅铭文：“富贵昌，宜侯王”
铜鐎斗铭文：“宜子孙”；“长宜子孙”；“长宜富贵”；“大吉利，长宜子孙”
铜壶铭文：“□未央”；“大吉羊”；“大富”；“万金”；“日利”；“大利”；“富贵”⑥

此外，儒学的兴盛也影响到命名。英国学者魏根深在他包容甚广的《中国历史研

① 李竞恒：《汉代民众的名字：试论命名背后的观念史变迁》，人文与社会网，2011 年 10 月 27 日。
② 张孟伦：《汉魏人名考》，兰州：兰州大学出版社，1988 年，第 53 页。
③ ［日］大庭脩编：《居延汉简索引》，大阪：关西大学东西学术研究所，1995 年，第 112—113 页。
④ “安世”“安国”人名参见［日］大庭脩编：《居延汉简索引》，第 107—108 页。“广汉”人名见于马怡、张荣强主编：《居延新简释校》（上册），天津：天津古籍出版社，2013 年，第 448 页；甘肃简牍保护研究中心等编：《肩水金关汉简（4）》（中册），上海：中西书局，2015 年，第 6、101 页。
⑤ 张孟伦：《汉魏人名考》，第 47—56 页。
⑥ 牟华林、钟桂玲：《汉金文辑校》，北京：光明日报出版社，2016 年，第 10—11、31、41、43—44、49、77 页。

究手册》中指出："名字中的常青树还有那些包含了儒家美德的字眼。从战国时期起，表示忠诚等美德的字眼开始进入精英的名字。到了汉代，它们与儒家观念相结合，含有'仁''义''孝'等字的名字增多。"他将儒家价值观嵌入名字视为汉代人名的"一项创新"。[①]魏根深还提及："由于与匈奴的战争，像'破胡''灭胡''胜胡''胜之'一类的名字非常普遍。"[②]

从西汉中期开始，汉代人的"字"也有了新的风格。萧遥天对此进行了较详尽的分析。他认为的"汉人纯用尊老排行命字的殊格"有七种：①排行字加尊老字，如路温舒字长君；②全用尊老字，如朱买臣字翁子；③全用谦逊字，如张安世字子孺；④尊老字谦逊字并用，如赵充国字翁孙；⑤排行字加谦逊字，如韩安国字长孺；⑥尊老字加美饰字，如王莽字巨君；⑦谦逊字加美饰字，如刘珍字秋孙。"汉代以降，新兴的排行字"分六类：①以元命字的；②以长命字的；③以次命字的；④以幼命字的；⑤以稚命字的；⑥以少命字的。"汉代以降，命字新兴的美辞"有七类：①尊老美辞；②称谓美辞；③身份美辞；④形容美辞；⑤德性美辞；⑥行为美辞；⑦赞叹美辞。[③]

在保持单名占多数的情况下，双名的增加也是这一时期开启的一大特色。魏斌总结西汉人名中的双名两种主要形式："（1）两个字连用，共同构成一种表达。常见的如延寿、汉昌、利家、延年、长寿；（2）由一个实字和一个虚字构成。地券人名此类较多。虚字使用有一定规律，主要有子、之、元等语气助词，表示排行的伯、仲、季、叔、末，表示美德的忠、信等。以上两种形式的双名，在西汉社会中都是普遍存在的。"[④]

汉元帝时期史游编著、东汉人有所增补的"识字读本"《急就篇》中包含130多个人名全部都是双名，应是当时部分人名的构拟。[⑤]《急就篇》以这样的语句开头："急就奇觚与众异，罗列诸物名姓字，分别部居不杂厕，用日约少诚快意，勉力务之必有喜，请道其章。"接下来便是人名罗列：

宋延年，郑子方，卫益寿，史步昌，
周千秋，赵孺卿，爰展世，高辟兵，
邓万岁，秦妙房，郝利亲，冯汉强，

① ［英］魏根深：《中国历史研究手册》，侯旭东等译，第179、182页。
② ［英］魏根深：《中国历史研究手册》，侯旭东等译，第182页。
③ ［马来西亚］萧遥天：《中国人名研究》，第42—60页。
④ 魏斌：《单名与双名：汉晋南方人名的变迁及其意义》，《历史研究》2012年第1期，第39页。
⑤ 邢义田：《汉简、汉印与〈急就〉人名互证》，《地不爱宝：汉代的简牍》，中华书局，2011年，第85页。

戴护郡，景君明，董奉德，桓贤良，
任逢时，侯仲郎，由广国，荣惠常，
乌承禄，令狐横，朱交便，孔何伤，
师猛虎，石敢当，所不侵，龙未央，
……
续增纪，遗失余，姓名迄，请言物。①

对于西汉中期及其之后人名的时代特色，赵瑞民认为具有阔大气象。他分析了两《汉书》传主名字，分了四类人名来证成其说，分别是对国家的积极态度、反映豪迈气概、反映尚武精神和勇敢气概以及对伟大人物的景慕，并指出："这样阔大的气象，表现的是充满自信的精神，确实是汉代所独具的。"②

三、复古的单名化潮流：西汉晚期、王莽时期及东汉的单、双名

东汉乃至三国、魏晋时期传世文献所载人物多是单名。一般认为是与王莽托古改制、禁止二名（双名）的政策有关。③

王莽执政时期有诸多对于人名的单名化改革，如元始诏书，《汉书·平帝纪》："（元始二年，2年）诏曰：'皇帝二名，通于器物，今更名，合于古制。'"孟康曰："平帝本名箕子，更名曰衎。箕，用器也，故云通于器物。"④相信当时应有全国范围的单名化推广。当时上层社会二名或双名被视为不雅或不入流的，甚至改为二名是一种惩罚，《汉书·王莽传下》："宗本名会宗，以制作去二名，今复名会宗。"⑤匈奴单于的汉译名也在王莽的授意下改为单名。《汉书·匈奴传下》："时，莽奏令中国不得有二名"，并授意匈奴单于改名，"因使使者以风单于，宜上书慕化，为一名，汉必加厚赏。单于从之，上书言：'幸得备藩臣，窃乐太平圣制，臣故名囊知牙斯，今谨更名曰知。'"⑥同书《王莽传上》作："莽念中国已平，唯四夷未有异，乃遣使者赍黄金币帛，重赂匈奴单于，使上书言：'闻中国讥二名，故名囊知牙斯今更名知，慕从圣

① （汉）史游：《急就篇》，王云五主编：《丛书集成初编》，上海：商务印书馆，1936年，第1052册，第1—9页。
② 赵瑞民：《姓名与中国文化》，第78—80页。
③ ［马来西亚］萧遥天：《中国人名研究》，第61—62页。
④ 《汉书》卷12《平帝纪》，北京：中华书局，1962年，第352页。
⑤ 《汉书》卷99下《王莽传下》，第4153页。
⑥ 《汉书》卷94下《匈奴传下》，第3819页。

制。’”[①] 王莽禁止二名的根据是《春秋公羊传·定公六年》所言：“二名非礼也。”对此，赵瑞民进一步指出：

> 两汉时期，儒学定于一尊，自然占据了社会文化的主导方面。当时立五经博士，《春秋》经只有公羊、穀梁二家列于学官，公羊学的势力又比穀梁为大，在汉代影响最大的儒者董仲舒就是治公羊学的。后来最受重视的《春秋左氏传》虽曾一度列于学官，但长期以私学授受，远不如公羊学显赫。所以《公羊传》中那么一句论断，凭借王莽的一道命令，遂成为数百年命名的定式，绝不是没有社会基础的偶然现象。顾炎武《日知录》中说，《公羊传》的论断没有道理，《左传》的说法才对，二名是指一人前后异名，并不是指二字之名。可是汉代人以至三国时候的人并不考虑《公羊传》所说是否即为古礼，人们盲从于王莽，完全是因为公羊学的社会影响，造成其论断的权威性。顾炎武从学术角度出发探讨的问题，那时的人大概从未考虑过。[②]

魏斌认为，“上层人名的单名化趋势，其原因或许可以归结为西汉昭宣以后儒学理念的渗透”[③]。并指出这或许可以解答宋人邵博的疑问：“王莽令中国不得有二名，又遣使讽单于为一名，东汉士大夫以操节相高，遇莽之事必唾也。乃终其世，谨一名之律，何也？”[④] 所谓“西汉昭宣以后儒学理念的渗透”可能即是公羊学的影响所造成的深厚社会基础。因此，在王莽禁止二名以政令的形式推行下，遂大大推进了这一单名化潮流。

但单名化潮流尚有进一步探究的空间。魏斌在《单名与双名：汉晋南方人名的变迁及其意义》一文中主要运用石刻、吴简等为分析史料，他认为，东汉人名呈现出明显的分层，上层人名是单名，底层人名单名、双名并存。这种情况亦存在于南方的巴蜀、吴越地区。在这种背景下观察，长沙走马楼吴简整齐的单名引人瞩目。楚秦至西汉前期，楚地编户民同样单名、双名并存，且具有显著的俚俗色彩。走马楼吴简整齐单名的形成，应是东汉时期长沙等郡大规模编户化过程中新附人口户籍登录整齐化的结果。[⑤]

---

① 《汉书》卷99上《王莽传上》，第4051页。
② 赵瑞民：《姓名与中国文化》，第82—83页。
③ 魏斌：《单名与双名：汉晋南方人名的变迁及其意义》，《历史研究》2012年第1期，第41页。
④ （宋）邵博撰，刘德权、李剑雄点校：《邵氏闻见后录》，北京：中华书局，1983年，第59页。
⑤ 魏斌：《单名与双名：汉晋南方人名的变迁及其意义》，《历史研究》2012年第1期，第36页。

秦汉林业职官考述

罗启龙
（湖南大学岳麓书院）

森林是陆地生态系统的主体，它不仅维持着生态安全，更为人类的生存与发展提供了物质基础。秦汉之际，林业资源对人们生产、生活的影响极为重要，且能为人们带来较大的经济利益。因此，秦汉时期的统治者对相关资源的管理极为重视，当时所设置的林业职官便体现了这一点。本文在前贤研究的基础上，拟从出土文物资料及传世文献中钩沉索隐，对秦汉之际的林业职官的名称、职能及其变化做一系统考察。①

一、山林川泽的林木管理官员

“虞人”和“少府”是先秦至西汉时期最为重要的管理山林川泽的职官。“虞人”一职，早在西周时就已设置。据《仪礼注疏》郑注云：“虞人，主林麓之官也。”② 其为管理山泽之官。关于其职能，掌管时禁为“虞人”主要职责，已无须赘言。另《礼记·丧大记》载：“君丧，虞人出木、角，狄人出壶，雍人出鼎，司马县之。乃官代

① 关于秦汉林业职官的问题，已有学者做过探讨，但有深入研究的必要。王飞、郑辉、陈业新等学者利用传统文献，对秦汉时期的生态职官进行了论析，其中包含了对林业职官的论述，但并未对其做深入探讨。此外，余华青、王子今等学者在研究秦汉林业的同时，阐述了当时的统治者对林业资源的管理问题，但亦未系统探讨秦汉林业职官。王希亮详细论述了中国古代林业职官的设置及演变，但对秦汉林官论析较少。参看王飞：《先秦两汉时期森林生态文明研究》，北京：中国社会科学出版社，2015 年；郑辉：《中国古代林业政策和管理研究》，北京：北京林业大学博士学位论文，2013 年；陈业新：《秦汉生态职官考述》，《文献》2000 年第 4 期；林剑鸣、余华青、周天游，等：《秦汉社会文明》，西安：西北大学出版社，1985 年；王子今：《秦汉时期生态环境研究》，北京：北京大学出版社，2007 年；王希亮：《中国古代林业职官考》，《中国农史》1983 年第 4 期。

② 《十三经注疏》整理委员会整理：《十三经注疏·仪礼注疏》，北京：北京大学出版社，1999 年，第 659 页。

哭。”孔颖达疏曰：“虞人，主山泽之官，故出木与角。”[①]《左传》昭公二十年：“齐侯田于沛，招虞人以弓，不进。”杜预注曰：“虞人，掌山泽之官。”[②]可见，春秋时期政府所需木材由“虞人”负责，其中包括地方向中央进贡的山林物产。如《周礼·地官司徒》条下载有“山虞”与“泽虞”，分别管理山林和川泽，二者均为“虞人”，孙诒让疏云：“当取物之时，各入其物，以为地职之贡……入贡之余，即是民所自有，犹必令其取物有时，取之有节。”[③]说明春秋时“虞人”具有较大的职权，山林川泽的主要事务均由其掌管。加之前揭《左传》的内容可知，当时“虞人”主要由地方诸侯设置，负责中央所下达的相关的生态政令，尚不具有君主私属官吏的性质。

战国时燕及三晋均设有“左吴”[④]，其职能与“山虞”同。另秦石刻《石鼓文》载有“吴人怜亟”[⑤]一语。西周逑盘铭文中“吴”即为“虞”，说明西周至战国时，在很多地区“吴”与“虞”都存在互通现象。上海博物馆藏战国竹书《景公虐》有“今新登思吴守之”，整理小组释“新”为“薪”，“登”为“蒸”[⑥]，应无疑义。《左传》昭公二十年：“薮之薪蒸，虞候守之。”[⑦]此为“吴”可释为“虞”的另一力证。另《石鼓文·吴人》篇中载有“中囿孔□”[⑧]，所载“吴人”之职应与苑囿有关。《孟子·滕文公下》：“昔齐景公田，招虞人以旌，不至，将杀之。”赵岐注：“虞人，守苑囿之吏也。”[⑨]可知“虞人”亦有管理苑囿之责，与石刻文字相印证。据此，秦石刻中“吴人”应为“虞人”。且从前文所引战国古玺情况来看，这一时期“虞人”的设置仍较普遍。《吕氏春秋·仲冬纪》对这一时期的“虞人”职能有所记载：“山林薮泽，有能取疏食田猎禽兽者，野虞教导之。其有侵夺者，罪之不赦。”[⑩]则秦国时期的时禁规定，亦由“虞人”来执行。据此可知，秦时“虞人”的职责，对前代有一定的继承性。至战国末期，随着山泽资源的君主私有化程度日渐加深，“虞人”的性质逐渐发生改变。秦代的皇家苑囿及山林川泽的物产已归“少府”管理，这一时期的“虞人”很可能已成为掌管皇室私人财物——“少府”的属官，直归中央统领。

降至汉代，“虞人”仍掌管山林及苑囿时禁。如《淮南子·时则训》中载：“仲冬

① 《十三经注疏》整理委员会整理：《十三经注疏·礼记正义》，第1248页。
② 《十三经注疏》整理委员会整理：《十三经注疏·春秋左传正义》，第1400页。
③ （清）孙诒让撰，王文锦、陈玉霞点校：《周礼正义》卷31《山虞》，北京：中华书局，1987年，第1198页。
④ 故宫博物院编，罗福颐主编：《古玺汇编》，北京：文物出版社，1981年，第1650号，第171页。
⑤ 徐书钟：《石鼓文音义集释》，《石鼓文书法》，哈尔滨：黑龙江美术出版社，2000年，第115页。
⑥ 马承源主编：《上海博物馆藏战国楚竹书（六）》，上海：上海古籍出版社，2007年，第181页。
⑦ 《十三经注疏》整理委员会整理：《十三经注疏·春秋左传正义》，第1398页。
⑧ 徐书钟：《石鼓文音义集释》，《石鼓文书法》，第116页。
⑨ 《十三经注疏》整理委员会整理：《十三经注疏·孟子注疏》，第159页。
⑩ 许维遹撰，梁运华整理：《吕氏春秋集释》卷11《仲冬纪》，北京：中华书局，2009年，第241页。

之月……山林薮泽，有能取疏食田猎禽兽者，野虞教导之。其有相侵夺，罪之不赦。”[①]另张衡《东京赋》有：“岁惟仲冬，大阅西园。虞人掌焉，先期戒事。”[②]皆为其证。值得注意的是，“少府”及“上林苑令”条下均未见有“虞人”，这可能是当时“虞人”秩次较低的一种反映。且除上述文献外，无论史籍或考古材料，关于两汉时期“虞人”一职，所载极少，而几处记载则只见其与时禁的管理有关。这或许反映出当时的“虞人”的地位已大不如前，且已不常设置。

此外，下文将述及，汉时山林物产税收均由地方政府征收，并非由“少府”直接负责，说明先秦时“虞人”管理山林物产之权在汉代已被分割，且当时因政治需要设有颇多的山泽职官，在这种情况下，“虞人”职责很可能被其他职官所取代。

关于“少府”，尽管目前尚无材料表明秦国“少府”始置于何时，但《春秋谷梁传》卷 7 载晋国大夫荀息之言“如受吾币而借吾道，则是我取之中府，而藏之外府，取之中厩，而置之外厩也”[③]。此处“中府”的职能，似乎与后来秦国“少府”有很大的相似之处，都是管理国君私人财物的机构。可见，这类机构很有可能在春秋中期就已存在。而关于秦国“少府”，秦兵器铭文中见有秦始皇“十三年，少府工儋，西成，武库受属邦，八一”[④]的记录，可知至迟至战国末期，“少府”就已经存在了。而据《韩非子·外储说右下》载：“秦大饥，应侯请曰：‘五苑之草著、蔬菜、橡果、枣栗，足以活民，请发之。’昭襄王曰：‘吾秦法’使民有功而受赏……今发五苑之蔬果者，使民有功与无功俱赏也。夫使民有功与无功俱赏，此乱之道也。’”[⑤]说明秦昭襄王时，苑囿之利已全归于国君，故“少府”设置时间应比铭文所见仍要靠前。

关于“少府”职能的记述，始见于《汉书·百官公卿表》：“少府，秦官，掌山海池泽之税，以给共养，有六丞。……又胞人、都水、均官三长丞，又上林中十池监。”[⑥]可知秦时，少府即掌管国君的私奉养，包含山林川泽的物产、皇室苑囿的林木和人工蔬果园的赋税收入等。

降至西汉，“少府”一职被时任政府所承袭。据《汉书》卷 24《食货志上》载：“山川园池市肆租税之入，自天子以至封君汤沐邑，皆各为私奉养，不领于天子之经

① 何宁：《淮南子集释》卷 5《时则训》，北京：中华书局，1998 年，第 427 页。

② 高步瀛著，曹道衡、沈玉成点校：《文选李注义疏》卷 3《赋乙·东京赋》，北京：中华书局，1985 年，第 680—681 页。

③ 《十三经注疏》整理委员会整理：《十三经注疏·春秋谷梁传注疏》，第 109 页。

④ 见于 1966 年易县燕下都出土的秦始皇少府矛。河北省博物馆等编：《河北省出土文物选集》，北京：文物出版社，1980 年，第 80 页。

⑤ （战国）韩非著，陈奇猷校注：《韩非子新校注》卷 14《外储说右下》，上海：上海古籍出版社，2000 年，第 818—819 页。

⑥ 《汉书》卷 19 上《百官公卿表》，北京：中华书局，1962 年，第 731 页。

费。”颜师古注曰：“言各收其所赋税以自供，不入国朝之仓廪府库也。”[①] 如按文献所载，西汉山泽之税仍不属于国家财政收入范畴，而全部归于各级贵族的私奉养，由少府管理，其职权较之秦代未发生太大改变。但据张家山汉简《二年律令·金布律》所载，地方所收山泽园池租税实际亦上交于地方政府，而并非如文献所载归于“少府”：

> 官为作务、市及受租、质钱，皆为銗，封以令、丞印而入，与叁辨券之，辄入钱銗中，上中辨其廷。质者勿与券。租、质、户赋、园池入钱县道官，勿敢擅用，三月壹上见金、钱数二千石官，二千石官上丞相、御史。[②]

关于此方面问题，李伟认为地方政府负责征收的税收包含皇室财政收入，而这一部分皇室收入的管理，则由少府负责。[③] 李氏考证翔实，当可信从。如此，则山林川泽赋税的征收均由地方政府负责，并非由少府直接管制。但西汉时常有政府钱财匮乏，少府却财物充裕的情况出现。[④] 据此可以推测，少府对山川物产仍具有绝对的占有权，即其仍为山林川泽的实际最高长官。

至东汉时，“少府”职能发生变化，《后汉书》志 26《百官三》记载：

> 少府，卿一人，中二千石。本注曰：掌中服御诸物，衣服宝货珍膳之属。丞一人，比千石。……职属少府者，自太医、上林凡四官。自侍中至御史，皆以文属焉。承秦，凡山泽陂池之税，名曰禁钱，属少府。世祖改属司农，考工转属太仆，都水属郡国。[⑤]

可见东汉初年，少府的部分职权被分置于其他机构。这也从一个侧面说明，东汉皇室财政的独立性有所降低，少府成为专门管理皇室生活的服务机构。在这种调整下，管理山林川泽之权改属大司农，山林中的材木亦应由国家行政机构统一调配。

另，《尹湾汉简》中见有“小府啬夫”：“太守吏员廿七人。太守一人，秩□□□□。太守丞一人，秩六百石。卒史九人，属五人，书佐九人，用算佐一人，小府啬夫一人。凡二十七人”。[⑥] 关于“小府”，《汉官仪》言其即为少府：

---

① 《汉书》卷 24《食货志上》，第 1127 页。

② 张家山二四七号汉墓竹简整理小组：《张家山汉墓竹简〔二四七号墓：释文修订本〕》，北京：文物出版社，2006 年，第 67 页。

③ 李伟：《西汉财政政策研究》，南京师范大学博士学位论文，2012 年，第 40 页。

④ 如武帝时曾“损膳省用，出禁钱以振元元”；宣帝时，朝廷出兵征剿反叛的羌人“兵出不逾千里，费四十余万万，大司农钱尽，乃以少府禁钱续之”。（《汉书》卷 24、60，第 1166、2834 页。）

⑤ 《后汉书》志 26《百官三》，北京：中华书局，1965 年，第 3592、3600 页。

⑥ 中国简牍集成编辑委员会编：《中国简牍集成》第 19 册《东海尹湾汉墓出土简牍》，兰州：敦煌文艺出版社，2005 年，第 1915 页。

少府掌山泽陂池之税，名曰禁钱，以给私养，自别为藏。少者，小也，故称少府。秩中二千石。大用由司农，小用由少府，故曰小藏。少者，小也，小故称少府。王者以租税为公用，山泽陂池之税以供王之私用。古皆作小府。①

显然，简文中的“小府啬夫”不属于“少府”的职官体系，而是隶属于作为郡级地方长官的太守。且据学者研究，只有县及县以下地方行政机构的主要负责人，即该机关的第一把手才可以称啬夫。② 即便如此，从其排列顺序上看，“小府啬夫”的秩次也是相当低下的。因此，此处“小府”与作为九卿之一的“少府”是很不同的。而《汉书·文翁传》“减省少府用度”，师古注曰：“少府，郡掌财物之府，以供太守者也。”③ 据此，郡级地方机构中亦设有“少府”，为掌管财物供给太守的机构。从这个角度看，它在性质上又与中央政府的“少府”有很大的相似之处。

此外，汉代政府在具有丰富自然资源的地区，均另设职官以负责相关物产的开发与利用。如《汉书》卷 28《地理志上》载蜀郡严道设有“木官”——“邛来山，邛水所出，东入青衣。有木官。”④ 可见，严道木材资源应当十分丰富，朝廷在此专设木官负责相关事宜。巧合的是，《封泥考略》还见有“严道橘丞”的封泥印：“右封泥四字，印文曰严道橘丞……橘丞即橘官，其止曰橘园而无官号，疑守园掾吏之印。……户有橘柚之园，当时所置园吏，必不少贡。”⑤ 如此，则是严道多橘园，为方便橘园的管理和橘柚的上贡，而专门设置橘官。其秩次大致与“掾吏”相当，属低级官吏。

《汉书·地理志》中还见有“云梦官”、“橘官”及“盐官”⑥ 等职官。关于此类官员的职权，《后汉书》志 28《百官五》记载：

凡郡县出盐多者置盐官，主盐税。出铁多者置铁官，主鼓铸。有工多者置工官，主工税物。有水池及鱼利多者置水官，主平水收渔税。在所诸县均差吏更给之，置吏随事，不具县员。⑦

---

① （汉）应劭撰，（清）孙星衍校集：《汉官仪》卷上，（清）孙星衍等辑，周天游点校：《汉官六种》，北京：中华书局，1990 年，第 135 页。
② 栗劲：《〈睡虎地秦墓竹简〉译注斠补》，《吉林大学社会科学学报》1984 年第 5 期，第 91 页。
③ 《汉书》卷 89《文翁传》，第 3625、3626 页。
④ 《汉书》卷 28《地理志上》，第 1598 页。
⑤ （清）吴式芬、陈介祺：《封泥考略》卷 6，北京：中国书店，1990 年，第 37 页。
⑥ 《汉书》卷 28 上《地理志上》，第 1566、1603 页。
⑦ 《后汉书》志 28《百官志五》，第 3625 页。

可见，上述职官均因事而设，主管盐、铁、鱼等自然资源的加工、税收、上贡等事宜。显然，上述蜀郡严道的“木官”“橘丞”等林木职官，也是属于此种类型的。安作璋认为，这些官吏西汉时分属中央有关机构直接管辖，至东汉改属地方。① 以水官为例，《汉书·百官公卿表》所记郡国水官均列入大司农条下②，可知其直属于中央大司农管辖，又上引《后汉书》材料可知，东汉时相关吏员均由县级政府派遣调用，安氏之说应当可信。

关于当时管理山林的基层官吏，传世文献鲜于记载，东汉碑刻《南安长王君平乡道碑》则见有“主洎山史”：“（阙八字）掾桥义尉曹史任政、杨莫，丞汁邡王卿江元尉绵竹杨卿，掾杨弘，主洎山史□易。”③ 秦汉出土简牍中见有大量的“史”职官吏，一般多为地方行政系统的基层官吏。如睡虎地秦简《法律答问》载有：“空仓中有荐，荐下有稼一石以上，廷行事赀一甲，令史监者一盾。”④ 依文意，令史有监管仓库粮食之责。《秦律十八种·仓律》云：“其毋（无）故吏者，令有秩之吏、令史主，与仓□杂出之，索（索）而论不备。”⑤ 高恒认为，“令史”列在“有秩之吏”后，说明令史属于“斗食佐史之秩”。⑥ 而《汉书·百官公卿表》云：“百石以下有斗食、佐史之秩，是为少吏。”⑦ 县廷吏员“佐史”秩次也在百石以下，故“主洎山史”应为东汉时期负责“山泽”事务的基层官吏。

另外，根据《汉书》卷 29《沟洫志》记载：“今濒河堤吏卒郡数千人，伐买薪石之费岁数千万，足以通渠成水门。”⑧ 可知掌管水利的职官亦常采伐山林用于修治河渠。东汉碑刻《河激颂》中见有：“往大河冲塞，侵啮金堤，以竹笼石，葺土而为竭，坏陨无已，功消亿万。请以滨河郡徒疏山采石，垒以为障。”⑨ 汉代取山林中木石来修筑河堤似为常用方法。现出土西汉印章中见有“张掖水章长”，孙慰祖认为“水章长”为地方掌管水利及材木的官员。⑩ 据《史记·货殖列传》载：“木千章，竹竿万个。”《集解》注引《汉书音义》曰：“章，材也。旧将作大匠掌材曰章曹掾。”⑪ 又《汉

① 安作璋、熊铁基：《秦汉官制史稿》下册，济南：齐鲁书社，1984 年，第 138—139 页。

② 《汉书》卷 19 上《百官公卿表第七上》，第 731 页。

③ （宋）洪适：《隶释·隶续》《南安长王君平乡道碑》（永元八年四月十日立），北京：中华书局，1985 年，第 395 页，

④ 睡虎地秦墓竹简整理小组：《睡虎地秦墓竹简·释文》，北京：文物出版社，1990 年，第 128 页。

⑤ 睡虎地秦墓竹简整理小组：《睡虎地秦墓竹简·释文》，第 27 页。

⑥ 高恒：《秦汉法制论考》，厦门：厦门大学出版社，1994 年，第 17 页。

⑦ 《汉书》卷 19 上《百官公卿表上》，第 742 页。

⑧ 《汉书》卷 29《沟洫志》，第 1695 页。

⑨ （清）严可均辑，计振生审订：《全后汉文》卷 62，北京：商务印书馆，1999 年，第 632—633 页。

⑩ 孙慰祖：《两汉官印汇考》，香港：大业公司，1993 年，第 131 页。

⑪ 《史记》卷 129《货殖列传》，北京：中华书局，1959 年，第 3274 页。

书·百官公卿表》载“将作大匠”属官有“东园主章”，颜师古注引如淳曰：“章，谓大材也。旧将作大匠主材吏名章曹掾。”且自注曰：“今所谓木钟者，盖章声之转耳。东园主章掌大材，以供东园大匠也。”另有“主章长丞。武帝太初元年更名东园主章为木工”，颜师古注曰：“掌凡大木也。”[①] 由此可见，“章”所指为“掌管材木”无疑，而“水章长”或为水利职官中掌管木材的官吏，孙慰祖之说应当准确。

如前所述，至战国时，各诸侯国对西周的林木职官制度有所继承，如各国均置有“虞人”一职，楚国亦存有“委人”等官吏，专管山林川泽以及苑囿中的林木。但与西周时只掌管各地山林川泽政令，使百姓按时渔猎的生态职官[②] 不同，这些职官已逐渐转型为管理君王私人财物的下属官吏。如《孟子·梁惠王》云：“文王之囿方七十里，刍荛者往焉，雉兔者往焉。与民同之……臣闻郊关之内，有囿方四十里，杀其麋鹿者如杀人之罪。”[③] 依引文可知，当时苑囿之利已从西周时的“与民共利”转化为国君私人财产。且前引《孟子·滕文公下》中赵岐注“虞人，守苑囿之吏也”，“虞人”即为当时管理国君苑囿中的官员。从上揭两条记载即可窥见战国时“虞”官性质，已与周代时存在一定的差异。

据史籍记载，林木职官的这种性质转变在春秋后期就已经发生了。如《管子·轻重甲》“为人君而不能谨守其山林菹泽草莱，不可以立为天下王”[④]，认为人君掌握山林川泽资源是成为霸王的必要条件。而在实际管理操作上，各国也均设有严刑峻法，如齐国“有动封山者，罪死而不赦。有犯令者，左足入，左足断，右足入，右足断”[⑤]。可想而知，当时国君对山林川泽资源的垄断，必然会促使山林管理的职官体系向“国君私人化”的方向转变。因此，我们认为，后来秦设立“少府”一职，某种程度上即是这种转变所形成的结果。

此外，前文已述，降至汉代，“虞人”职能已被分割。且其极少见诸记载，很有可能在当时已非常置职官。

确如李欣所言：

> 降至秦汉大一统政治体制的建立，先秦完善的山林职官体系已然消失。先秦

---

① 《汉书》卷19上《百官公卿表上》，第733—734页。

② 如《盐铁论·力耕》载古者“泽梁以时入而无禁”；《礼记·王制》中亦载“林麓川泽，以时入而不禁”。王利器校注：《盐铁论校注》卷1《力耕》，北京：中华书局，1992年，第27页；《十三经注疏》整理委员会整理：《十三经注疏·礼记正义》，第394页。

③ 《十三经注疏》整理委员会整理：《十三经注疏·孟子注疏》，第34页。

④ 黎翔凤撰，梁运华整理：《管子校注》卷23《轻重甲》，北京：中华书局，2004年，第1426页。

⑤ 黎翔凤撰，梁运华整理：《管子校注》卷23《地数》，第1360页。

“大司徒”及其所属职官构成的管理山林川泽的完善体系，在秦汉时期被彻底打散，由少府、水衡都尉、将作大匠等负责山林赋税、木材调用等具体事务，而且这部分官职的设置还带有一定的临时性，并非常置。

汉代山泽资源的管理权已不单为某一个职官所掌控，而是散置于多个职官当中，除地方政府及李氏所述的少府、水衡都尉、将作大匠三类官职外，还有前文所论及的汉代政府在各地所设的木官以及地方的水利官吏。

李欣又言：

秦汉时期虞、衡一类职官被代之以“少府”以及后来的“水衡都尉”，且其主要职责都是在于为皇帝敛财，而非国家事务范围内的保护山林川泽，实现有序利用。结果是，整个两汉期间都没有“虞、衡”类职官设置。①

这一说法，却有值得商榷之处。首先，上文已述，“少府”及“虞人”在秦汉时期同时并存，至汉代“虞人”职能被分散至多种掌管山泽资源的机构当中，故言其被“少府”及“水衡都尉”取代似并不恰当。其次，李氏所述“少府”及“水衡都尉”并非在国家事务范围内保护山泽，旨在说明汉代山林保护体系有所弱化。但据前文所述，汉代无论政府收入或皇室财产，均由地方政府收取后再行上缴至各部门，即开采及保护山泽资源本非“少府”之责，而是在地方政府的职权范围内。且据张家山汉简《二年律令·田律》所载：“禁诸民吏徒隶，春夏毋敢伐材木山林，及壅隄水泉，燔草为灰，取产麛卵鷇；毋杀其绳重者，毋毒鱼。”② 可知西汉初年，“春夏毋敢伐材木山林”的时禁仍是作为法律规定而执行的。在当时“虞”“衡”极少设置的情况下，全国范围内掌管时禁之责的必然是地方政府。因此，我们认为，取代“虞”“衡”的并非“少府”，而是地方政府。

但前引汉初“山川园池市井租税之入，自天子以至于封君汤沐邑，皆各为私奉养焉，不领于天子之经费”这一政策的施行，使全国范围内“王侯”所辖地区的山泽资

① 李欣：《由“律”“令”到“时令”——秦汉林业立法及森林保护体系变迁》，《北京林业大学学报（社会科学版）》2015年第4期，第5页。

② 张家山二四七号汉墓竹简整理小组：《张家山汉墓竹简［二四七号墓：释文修订本］》，第42—43页。该律文说明汉初时虽承袭秦代，将时禁列入法律条例中，但与秦代不同，汉代执行时禁政策的应当并非“虞人”。首先，前已述及，先秦“虞人”具有掌管山泽税收之权，而同书《金布律》却载该职权已归属地方政府。其次，“虞人”主管山林时禁，但汉代却常有违禁现象出现，如汉成帝阳朔二年（公元前23年）曾下诏曰：“今公卿大夫或不信阴阳，薄而小之，所奏请多违时政。传以不知周行天下，而欲望阴阳和调，岂不谬哉，其务顺四时月令”；汉哀帝时黄门李寻亦言：“今朝廷忽于时月之令，诸侍中尚书近臣，宜皆令通知月令之意。”凡此种种，说明汉初关于时禁的律令并未有效施行，这也从侧面说明“虞人”一职在汉代已有所衰落。

源均纳入自己财政收入内，而“不领于天子之经费”，亦可说明此类群体对山泽资源的管理应当与政府相别，自成体系。如景帝时期，吴王领地山泽“吴有豫章郡铜山，濞则招致天下亡命者盗铸钱，煮海水为盐，以故无赋，国用富饶”[①]。显然，其所辖范围内的山泽资源并不归地方管制，而是具有独立于政府的山泽管理体系——王国所设“少府”。出土封泥见有“菑川府丞”[②]，《封泥考略》一书考释“府”为“少府”，吴幼潜从其论。[③]“菑川府丞”指王国少府属官，其官秩西汉时为“千石”，东汉降至“比千石”[④]，可与文献所载相印证。此外，前文所言的“小府啬夫”是管理地方政府长官私奉养的职官，亦不在“少府”的职官体系当中。

综上，西汉时山泽物产的管理权可以划归为三个部分：一为中央政府因地所置的各类生态职官，如“木官”“云梦官”等，这类职官直接管理地方山泽中的物资产出；二为地方政府管理，收取山泽之税，将其利分缴于少府及地方长官；三为各地“王”“侯”下亦设有“少府”。至东汉时期，“皇帝财政”与“中央财政”趋于统一，“少府”职权大为削减，原中央政府在各地所设山泽职官亦归属于地方，可以说，当时山泽税收已基本纳入国家财政体系。

二、管理林木种植的官员

关于汉代以前桑树种植的管理情况，史籍鲜于记载。但在传统小农经济模式下，桑树的种植及保护，早已成为农业的重要组成部分。

据《礼记·祭义》所载，早在周代，统治阶层就有“蚕室”及“公桑”[⑤]，且当时周天子及诸侯夫人需要举行“亲蚕”的祭典。[⑥]此外，尚需“亲东乡躬桑……以劝蚕事”[⑦]。显而易见，统治阶层“亲蚕”“劝蚕”等行为，旨在劝化广大的劳动人民积极植桑养蚕。从这个角度上看，桑树的栽植培育在当时应已受到统治者的重视。其中，贵族阶层养蚕植桑的规模可能还比较有限，但当时蚕桑业已成为普通民户的重要家庭副业，则是可想而知的。这种情形在《诗经》中有所反映，如《鄘风·桑中》见有

---

① 《史记》卷106《吴王濞列传》，第2822页。
② （清）吴式芬、陈介祺：《封泥考略》卷2，第22页。
③ 吴幼潜：《封泥汇编》，上海：上海古籍书店，1984年，第30页。
④ （唐）杜佑撰，王文锦等点校：《通典》卷36，北京：中华书局，1988年，第985—987页。
⑤ 《十三经注疏》整理委员会整理：《十三经注疏·礼记正义》卷48《祭义》，第1330页。
⑥ 《十三经注疏》整理委员会整理：《十三经注疏·春秋穀梁传注疏》，第54页。
⑦ 《十三经注疏》整理委员会整理：《十三经注疏·礼记正义》卷15《月令》，第485页。

“期我乎桑中”；《魏风·十亩之间》中“十亩之间兮，桑者闲闲兮”[①]，说明当时桑树种植已较为普遍，很多地区确实已有成片的桑林存在。正如杨宽所指出的，“春秋前期以前，蚕桑事业的分布已很广泛”[②]。而植桑业的快速发展，应与当时政府的鼓励及管理有极大的关系。

中国古代农桑一体，民间的蚕桑业事宜均由农官兼掌。西周时期，涉及管理桑树种植的高级政务官员为大司徒，《周礼·地官司徒·大司徒》载其职为“周知九州之地域、广轮之数，辨其山林川泽丘陵坟衍原隰之名物”。“名物”即包含“山林”“川泽”等五种土地类型在内。“大司徒”需依据土地特点，适宜地安排农林牧各业，并在此基础上“辨十有二壤之物，而知其种，以教稼穑树艺”[③]，即“大司徒”负责对农夫的种植生产给予技术指导，这其中应包含桑树的种植。但由于史料阙如，其他农官是否与植桑业有所关联，尚不明晰。

降至秦代，从中央至地方均设有相应的农官，形成了一套卓有成效的农官体系。当时诸郡县中，除地方政府所设的专职农官外，亦有中央列卿设置于地方的分支机构——“都官”及“中都官”，如秦封泥中所见“小厩南田”“郎中西田”[④]等均属“都官”系统。但从现有资料来看，当时民间植桑事务主要由地方政府监督管理，中央职官应未有涉及。需要说明的是，秦时地方均设有田官，管理该地农事，如田官系统中见有“田官守”“田官佐”“都田啬夫”“田啬夫”“田守”“田部史”“田典”等职。吴晓懿认为“田典”辅佐田啬夫管理农桑。[⑤]从目前出土简牍所反映“田部”及“田典”的职责来看，此二者均虽以管理田事为主，但尚未参与管理林木的相关事宜。[⑥]吴晓懿对“田典”管理“桑”的说法并未提出相关根据，其说或为习惯之辞。

而涉及地方林木管理的则应由与“田部”职权不同的“乡部”负责。据《里耶秦简》8-455 号简：“贰春乡枝枸志。枝枸三木，☐下广一亩，格广半亩，高丈二尺，去乡七里。卅四年不实。”关于“枝枸”，胡平生详确地考证其为“枳椇”，即今之“木蜜”[⑦]。这条简文很可能是乡部职官对所辖地界果树情况所作的调查记录。此外 8-1527

---

① 《十三经注疏》整理委员会整理：《十三经注疏·毛诗正义》卷 3《鄘风·桑中》、卷五《魏风·十亩之间》，第 191、368 页。

② 杨宽：《战国史》，上海：上海人民出版社，2003 年，第 74 页。

③ （清）孙诒让撰，王文锦、陈玉霞点校：《周礼正义》卷 18《地官司徒·大司徒》，北京：中华书局，1987 年，第 689、712 页。

④ 徐畅：《先秦玺印图说》，北京：文物出版社，2009 年，第 103—104 页。

⑤ 吴晓懿：《战国官名新探》，芜湖：安徽师范大学出版社，2013 年，第 82 页。

⑥ 关于“田啬夫”“田典”等田系统职官从属问题学界尚有争论，如有“都官说”“乡吏说”“县吏说”等。但无论事实如何，田系统的官吏主要职责为管理农田以及督促农耕确是无有异议的，即此类职官主要职掌“农”一方面，并兼有其他行政职务，而并未涉及“林”木产业。

⑦ 胡平生：《读〈里耶秦简（一）〉笔记（一）》，简帛网，2012 年 4 月 20 日。

号简："贰春乡守平敢言之：贰春乡树枝（枳）枸卌四年不实。敢言之。平手。"[①]从上引两条简文内容来看，民间果树情况均需由乡部进行调查登记，而后由"乡守"将调查情况向县廷汇报。据此可以推论，桑木的种植、生产管理应当也在乡部的职掌范围之内。

此外，《里耶秦简》(8-1454+8-1629)："都乡被不以五月敛之，不应律。都乡守节谢曰：乡征敛之，黔首未肎（肯）入。"[②]"被"，《尔雅·释木》载："被，黏"，邢昺疏曰："被，一名黏，俗作杉。"[③]"被"应为今之杉木。这条简文所述为"乡守节"向上级解释为何违反五月收缴赋税的原因。说明当地"乡守"每年五月，需向县廷上缴一定量的木材作为赋税的一部分。除木材外，据《里耶秦简》8-518 号简文所载："见户廿八户，当出茧十斤八两。▨"[④]当时蚕茧属于政府所征收户赋中的一项，这点已是比较明确的。综上可知，关于林木的调查登记、汇报，以及与之相关的赋税的征收均由"乡部"来完成的，可以推测，"乡部"职官应是民间林业的主要管理者。

睡虎地秦墓竹简《法律问答》云："或盗采人桑叶，臧（脏）不盈一钱，可（何）论？赀繇（徭）三旬。"[⑤]盗采不足一钱的桑叶，即要受到三十天徭役的严厉处罚，这也从一个侧面反映了秦政府对于蚕桑业的重视，凸显出秦代蚕桑业在当时社会经济中的重要地位。除出土相关简牍的今湖南、湖北等地界外，春秋战国时的齐鲁地区植桑养蚕亦非常有名，曾出现"冠带衣履天下"[⑥]的情形。故当时桑树的种植在全国应有广泛的普及，而"茧税"作为户赋的重要一项，在全国范围内征收应当是没有疑义的。从这个角度出发，我们似乎可以做出这样一种推论，即《里耶秦简》所见"乡部"管理"桑林"事宜的现象，应属于全国性质的。

与秦代相比，汉代政府中央职官系统中即设有管理农桑的官吏。如《汉书·元后传》云："春幸茧馆，率皇后列侯夫人桑，遵霸水而祓除。"颜师古注引《汉宫阁疏》云："上林苑有茧观，盖蚕茧之所也。"[⑦]可知当时上林苑中有"茧观"，为皇室植桑养蚕之所。另见西安汉城遗址出土刘军山藏瓦文"监桑"[⑧]，郭俊然认为是管理"茧馆（观）"桑叶生产的官员。[⑨]郭氏之说较为合理。因"茧馆（观）"属"上林苑"，故

① 陈伟主编：《里耶秦简牍校释·第一卷》，武汉：武汉大学出版社，2012 年，第 350 页。
② 陈伟主编：《里耶秦简牍校释·第一卷》，第 331 页。
③ 《十三经注疏》整理委员会整理：《十三经注疏·尔雅注疏》卷 9《释木》，第 268 页。
④ 陈伟主编：《里耶秦简牍校释·第一卷》，第 172 页。
⑤ 睡虎地秦墓竹简整理小组：《睡虎地秦墓竹简·释文》，第 95 页。
⑥ 《汉书》卷 28 下《地理志下》，第 1660 页。
⑦ 《汉书》卷 98《元后传》，第 4030、4031 页。
⑧ 陈直撰辑：《关中秦汉陶录》，北京：中华书局，2006 年，第 270 页。
⑨ 郭俊然：《汉官丛考——以实物资料为中心》，华中师范大学博士学位论文，2013 年，第 75 页。

“监桑”一职应属“少府”。

关于另一重要的中央职官——大司农，王希亮及郑辉均将其列入汉代的林官系统当中[①]，其中郑辉更认为：

> 汉景帝时设大司农管理农林，汉平帝元始元年（公元 1 年）置大司农桑丞十三人，以劝农桑并教民植树。……农林业是基础产业，农林业主管机构属于政府的重要生产部门和掌管着国家经济收入主要来源，对政权稳定起着重要作用。大司农正是管理农林业的管理机构，掌管着农田、土地、林业等多种资源和相关的各种事务，……大司农职掌国家或政策林业事务。[②]

依郑氏所论，农业及林业均属汉代的基础产业，都由中央政府把控，此二者在汉代经济中的地位应当相近或相等。但据《汉书・百官公卿表》载：

> 治粟内史，秦官，掌谷货，有两丞。景帝后元年更名大农令，武帝太初元年更名大司农。属官有太仓、均输、平准、都内、籍田五令丞，斡官、铁市两长丞。又郡国诸仓农监、都水六十五官长丞皆属焉。搜粟都尉，武帝军官，不常置。[③]

汉代“大司农”为继承秦“治粟内史”而来，其主要职责为管理国家的农政及财政。从所载属官的职掌来看，大司农职官系统中似未有掌管林业的官吏。

而史籍中却常见有地方官员“劝课农桑”、鼓励民众种树养殖等的记载，如《汉书・循吏传》载黄霸为颍川太守，“劝以为善防奸之意，及务耕桑，节用殖财，种树畜养”；龚遂为渤海太守，“劝民务农桑，令口种一树榆”[④]；东汉茨充为桂阳太守，“教民益种桑柘，养蚕桑织履”[⑤]。在传统农耕社会中，衣食为生民之本，而地方官员为提升自身政绩，也必然会“劝课农桑”，使人民更好地从事农业生产和养蚕纺绩，劝民种植桑树也应是其中的应有之意。从这个角度上看，编户齐民种植桑树似乎都是由自己负责，政府官员可能更多是充当一种督导劝化的角色而已。从文献记载的情况来看，汉代植桑、种树等林业事务应主要由地方政府负责，而非“大司农”的职责。

此外，郑辉认为“大司农”有主管林业之职的另一重要依据为“大司农桑丞十三

① 王希亮：《中国古代林业职官考》，《中国农史》1983 年第 4 期，第 55 页。

② 郑辉：《中国古代林业政策和管理研究》，北京林业大学博士学位论文，2013 年，第 38—39 页。

③ 《汉书》卷 19 上《百官公卿表上》，第 731 页。

④ 《汉书》卷 89《循吏列传》，第 3629、3640 页。

⑤ （汉）刘珍等撰，吴树平校注：《东观汉记校注》卷 18《茨充传》，郑州：中州古籍出版社，1987 年，第 770 页。

人，以劝农桑并教民植树”，据《汉书·平帝纪》所载：“大司农部丞十三人，人部一州，劝农桑。”[①]又《后汉书·卓茂传》亦载：“王莽秉政，置大司农六部丞，劝课农桑。”[②]后者所记“大司农部丞”人数较前者少七人，对此问题，周天游认为平帝时所设的部丞制度并未完全施行，后至“新莽”时也仅达到六人。[③]无论如何，“大司农”所辖“劝课农桑”的职官，最早设置也在西汉晚期了，且处于王莽当政时期，其实施程度未达到统治阶层的预期，也是可以想见的。

至东汉，“大司农”职权有所削减，《后汉书·百官志》载：

> 大司农，卿一人，中两千石。本注曰：掌诸钱谷金帛诸货币。……丞一人，比千石。部丞一人，六百石。本注曰：部丞主帑藏。……郡国盐官、铁官本属司农，中兴皆属郡县。又有廪牺令，六百石，掌祭祀牺牲雁鹜之属。及雒阳市长、荥阳敖仓官，中兴皆属河南尹。[④]

东汉初，大司农下属“籍田令”“搜粟都尉”等均被撤销。且原职掌“劝课农桑”的部丞，改为“主帑藏”的国库主管，即其职能基本与林业脱钩。这也说明，有汉一代，“大司农”的职权也仅在个别时期与林业中的“桑树”种植有所关涉，故其应不属于林官之列。而郑氏的“大司农职掌国家或政策林业事务”之说，恐不准确。

此外，汉代郡府诸曹中见有户曹。《后汉书·百官志》载：“户曹主民户、祠祀、农桑”[⑤]，即地方政府中管理“农桑”的职能部门。如前所述，秦时直接参与林业管理的部门为乡部，汉从秦制，亦设有乡部，其长官为“乡啬夫”，《汉书·百官公卿表》载：“乡有三老、有秩、啬夫、游徼。……啬夫职听讼，收赋税；……乡、亭亦如之。皆秦制也。”[⑥]可知汉代乡部职责应与秦代并无太大差异，基层林业事宜亦由其掌管。

涉及林木种植的另一重要职官即前述的“将作大匠”。《后汉书·百官志》载：“将作大匠一人，二千石。本注曰：承秦，曰将作少府，景帝改为将作大匠。掌修作宗庙、路寝、宫室、陵园木土之功，并树桐梓之类列于道侧。”刘昭注引《汉官篇》曰：“树栗、漆、梓、桐”，胡广曰：“古者列树以表道，并以为林囿。四者皆木名，治宫室

① 《汉书》卷12《平帝纪》，第351页。
② 《后汉书》卷25《卓鲁魏刘列传》，第871页。
③ （晋）袁宏撰，周天游校注：《后汉纪校注》卷3《光武帝纪》：天津：天津古籍出版社，1987年，第77页。
④ 《后汉书》志26《百官志三》，第3590页。
⑤ 《后汉书》志24《百官志一》，第3559页。
⑥ 《汉书》卷19上《百官公卿表上》，第742页。

并主之。”[①]依照文意，汉代“将作大匠”有管理行道树之责，且“宗庙”“路寝”“宫室”“陵园”等地区的林木种植及养护或均由其负责。《汉书·百官公卿表》载：“将作少府，秦官，掌治宫室，有两丞、左右中候。景帝中六年更名将作大匠。属官有石库、东园主章、左右前后中校七令丞，又主章长丞。武帝太初元年更名东园主章为木工。”[②]按引文，秦时“将作少府”下属机构较少，而其职掌仅见“掌治宫室”，可知秦时“将作少府”职权相较汉代“将作大匠”要小。《后汉书》中所言“将作大匠”需掌管一些地区的林木之责，应为汉代所增设。秦时未知其是否掌管宫室中的林木。

如上所述，秦汉时期林木种植并非由中央政府管理，而归地方政府管制。如秦时将地方木材纳入郡县所需缴纳赋税的项目之中。此外，当时户赋中的“茧税”均是定量征收[③]，即意味着民间桑树的种植具有一定的强制性。该政策使得当时植桑业有一定成效，如睡虎地秦简《封诊式》载有某鞫者家前种有“门桑十木”[④]。至汉代，郡级亦增设户曹，管理劝课农桑等事宜。总之，秦汉时期林木的种植，并不是像一些学者所认为的由中央政府的机构管理，而是由地方政府负责。且当时林政相对独立，并不属于农政系统，即使林木中对国民经济最重要的桑木，中央政府也仅行劝勉、鼓励之责，具体管理仍归地方郡县。

三、苑囿中的林木职官

秦汉时期苑囿众多，分布广泛，上林苑事务，除西汉武帝元鼎二年（公元前 115 年）至新莽政权成立前由“水衡都尉”负责外，其他时期均归“少府”管理。出土秦封泥见有“坼禁丞印”“杜南苑丞”“白水苑丞”等多地苑囿的丞官[⑤]，汉代印章亦多见有此类职官[⑥]，其职责应是总管苑囿的各类事务，为“少府”及“水衡都尉”属官。除丞官外，秦代苑囿中亦常见有“苑啬夫”“苑吏”“虎圈啬夫”“弋丞”等职官[⑦]。汉代

① 《后汉书》志 27《百官志四》，第 3610 页。

② 《汉书》卷 19 上《百官公卿表上》，第 733 页。

③ 如上引《里耶秦简》中启乡二十八户出茧十斤八两，即相当于每户当出户赋茧六两。另，《里耶秦简》简 8-96 及 8-447 亦载有“茧六两”的简文，可知秦时每户所出“茧税”应为定量六两。

④ 睡虎地秦墓竹简整理小组：《睡虎地秦墓竹简·释文》，第 149 页。

⑤ 傅嘉仪编著：《新出土秦代封泥印集》，杭州：西泠印社，2002 年，第 61、68、72 页。

⑥ 如“宜春禁丞”印章，见罗福颐主编，故宫博物院研究室玺印组编：《秦汉南北朝官印征存》：北京：文物出版社，1987 年，第 9 页。

⑦ 参见王辉：《出土文字所见之秦苑囿》，雷依群、徐卫民主编：《秦都咸阳与秦文化研究》，西安：陕西人民教育出版社，2003 年，第 76—92 页。

在承袭秦制基础上，设有“右苑泉监”[①]，分管苑囿治安、鸟兽、泉水等。可知当时苑囿职官分工已然细化，各种官吏专管苑中某一方面的事务。

其中，涉及林木的官员见有“桑林丞”[②]。前文已述，上林苑有专供皇室植桑养蚕之地——“茧馆（观）”，并置“监桑”管理。陈直《关中秦汉陶录》云：“汉监桑残瓦，汉城出土，瓦有‘桑’字……皆为茧馆或蚕室之物。‘监’者官名。”[③]故“监桑”或为“桑林丞”之属官，而“桑林丞”应为统管上林苑中桑树林之长官。上林苑中还设有“禁圃”一职，《汉书·百官公卿表》载：“水衡都尉……有五丞。属官有上林、均输、御羞、禁圃、辑濯……九官令丞。”[④]关于“禁圃”的职责，史籍未见明确记载，《说文解字》云：“种菜曰圃。”[⑤]张天恩研究认为，“禁圃”官署间距离长约12.5公里，故除蔬菜外，苑中林木果树应均由其负责。[⑥]其说当为是。

总而言之，秦汉时期苑囿多设于林木葱茏之处，苑中天然林木似由禁苑之长官禁丞负责管理。此外，苑囿中亦多设有种植及养护人工林木的职官，如前文所述的“橘丞”，即为管理地方橘园中果木的官吏。

上林苑中，情况则有所不同。班固《西都赋》曾云上林苑中“离宫别馆，三十六所”[⑦]，宋敏求《长安志》中，实举多个以“林木”为名观，如“柘”“涿木”“樛木”等观[⑧]，此外亦包含前文述及的“茧”观。通过上述“茧”观为上林苑中专为皇室植桑养蚕之处可以推测，此类“观”应均因大片种植某一种树木而名，其长官均设有丞，如“茧”观即由“桑林丞”管理。关于“樛木”，《诗经·周南·樛木》载有“南有樛木”[⑨]，大致可以判定“樛木”为南方树种，而“柘”亦为南方树种，可知这类观中的树木很可能均由它处移植而来，并设观专养，成为观赏型林木。

此外，上亦述有“禁圃”，负责种植瓜果林木。“禁圃”设有专有官署，应与“观”相别，且其所种林木较为繁杂，与“观”中的单一树种差异较大。至东汉，上林苑移至洛阳，据《后汉书·和帝纪》所载：“二月戊戌，诏有司省减内外厩及凉州诸苑

① 罗福颐主编，故宫博物院研究室玺印组编：《秦汉南北朝官印征存》，第39页。

② 傅嘉仪编著：《新出土秦代封泥印集》，第74页。

③ 陈直撰辑：《关中秦汉陶录》，第270页。

④ 《汉书》卷19上《百官公卿表上》，第735页。

⑤ （汉）许慎撰，（清）段玉裁注：《说文解字注》，上海：上海古籍出版社，1981年，第278页。

⑥ 张天恩：《“禁圃”瓦当及禁圃有关的问题》，《考古与文物》2001年第5期，第55—59页。

⑦ 高步瀛著，曹道衡、沈玉成点校：《文选李注义疏》卷1《赋甲·西都赋》，第73页。

⑧ （宋）宋敏求撰，（清）毕沅校正：《长安志》卷4，《中国方志丛书》华北地方第290号，台北：成文出版社，1970年，第97—100页。

⑨ 《十三经注疏》整理委员会整理：《十三经注疏·毛诗正义》卷1《周南·樛木》，第41页。

马。自京师离宫果园上林广成囿悉以假贫民，恣得采捕，不收其税。”[①]可知东汉苑囿中应亦设有专种果木的果园，应当是继承了西汉制度，也置有专职官吏进行管理。

除苑囿外，汉代陵园之中的树木亦设有官吏管理，《长安志》引《关中记》载：“汉诸陵，皆高十二丈……守陵、溉树、扫除，凡五千人，陵令属官各一人，寝庙令一人，园长一人，门吏三十三人，候四人。”[②]可知汉代陵园长官为陵令，树种的种植及养护为其兼管。

四、管理林木利用的官员

如前引《汉书》所示，秦汉时期皇室的各类土建工程，先后由“将作少府”及“将作大匠”掌管。此外，汉代皇室近臣的宅邸及坟冢有时亦归“将作大匠”管理建造。如《汉书·孔光传》载：“将作穿复土……起坟如大将军王凤制度。”[③]又，《汉书·董贤传》载：“诏将作大匠为贤起大第北阙下。”[④]此外，参与京城陵墓建造的还有“少府”属官“左、右司空”，已有学者研究发现，其主职为烧造砖瓦[⑤]，应与木材使用无关。

现今考古发现有众多关于秦时“大匠”的封泥。[⑥]此外，秦遗址中亦见有“大匠”字样的砖瓦。[⑦]张家山汉墓竹简《二年律令·秩律》中有“大匠官司空”[⑧]，可知该职官在汉代亦被承袭。关于“大匠”职掌，《中国历代官制大辞典》一书认为是“木工的官长”[⑨]。刘庆柱则认为“大匠”掌管砖瓦建筑材料的烧造，与“木工”无关。[⑩]我们

① 《后汉书》卷4《孝和孝殇帝纪》，第175页。

② （宋）宋敏求撰，（清）毕沅校正：《长安志》卷14，第336页。

③ 《汉书》卷81《匡张孔马传》，第3364页。

④ 《汉书》卷93《佞幸传》，第3733页。

⑤ 如西安秦汉遗址附近出土多有“左司空”的铭文。按《汉书·百官公卿表》所载，少府属下有“左右司空令丞”。吴镇烽及孙慰祖均认为其主职皇家陵墓中的砖瓦的烧造。参看吴镇烽：《陕西历史博物馆馆藏封泥考（下）》，《考古与文物》1996年第6期，第57页；孙慰祖：《新见秦官印封泥考略》，《珍秦斋藏印：秦印篇》，澳门：临时澳门市政局，2000年，第54页。

⑥ 如现见有“大匠丞印”“□作□匠”“泰匠丞印”等封泥。参看刘庆柱、李毓芳：《西安相家巷遗址秦封泥考略》，《考古学报》2001年第4期，第437—438页；（清）吴式芬、陈介祺辑：《封泥考略》卷1，第46页。

⑦ 袁仲一编著：《秦代陶文》，西安：三秦出版社，1987年，第42页。

⑧ 整理小组认为其“似亦属少府令”，郭俊然则认为其为“将作大匠”属官。按前文所述，少府属下“左司空”与“大匠官司空”均主烧造砖瓦，如二者同属少府，则机构重叠，并不合理。故本文从郭氏之说。参看张家山二四七号汉墓竹简整理小组：《张家山汉墓竹简［二四七号墓：释文修订本］》，第78页；郭俊然：《汉官丛考——以实物资料为中心》，华中师范大学博士学位论文，2013年，第22页注释⑤。

⑨ 吕宗力主编：《中国历代官制大辞典》，北京：北京出版社，1994年，第35页。

⑩ 刘庆柱、李毓芳：《西安相家巷遗址秦封泥考略》，《考古学报》2001年第4期，第438页。

认为，“大匠”及“大”字的秦汉陶文均刻于砖瓦之上，这一现象应与“大匠”职掌相关，刘庆柱之说应更合理。①

秦时，掌治土建工程的另一重要官员为司空。睡虎地秦简《秦律杂抄》中载有“邦司空”，整理小组认为其为“朝廷的司空”②，宋杰、于豪亮均认为“邦司空”即《商君书》中所载的“国司空”。西汉初因避刘邦讳，古籍中“邦”多改为“国”字。③邹水杰提出不同看法，他以《里耶秦简》中的“邦司马为郡司马”为依据，认为“邦司空”即指“郡司空”。④因出土秦印中有“南郡司空”及“南海司空”⑤，可知秦时郡一级设有“司空”，另上引睡虎地秦简“县司空、司空佐史、士吏将者弗得，赀一甲；邦司空一盾”，从处罚内容来看，“县司空”与“邦司空”为上下级关系，如“邦司空”为中央职官，则“县司空”直属中央，不归郡级管制，似不合理，故邹氏“邦司空”即“郡司空”的说法应当可从，而“国司空”或属中央，与前者并不相同。这种情况表明，秦时从中央至郡县一级均设有“司空”，管理土木工程及水利等事务。

睡虎地秦简《秦律十八种·司空律》记载“县司空”负责登记管理造器所用的木材，如属下刑徒将木器损毁，亦由其负责进行相应的惩罚。另见有“令县及都官取柳及木楘（柔）可用书者，方之以书；毋（无）方者乃用版”⑥。因文书与“司空”无关，而制作木料则需由“司空”提供，可以推测地方政府平常所用木材亦多为“司空”所提供。

至汉代，“司空”⑦职权有所变化。对此，宋杰已有过详细可信的论述，他认为，中央职官中，秦至西汉初期时，除“中司空”外，九卿之下均设有“司空”。但自西汉中期起，九卿的下属“司空”部门均遭裁撤，且不再管理组织罪犯劳动，而“中司空”则在新莽及东汉被改置成为三公，总掌国家水土工程之事，以及“掌名山川，众殖鸟兽，蕃茂草木”。郡县的“司空”一职亦在东汉中后期被撤销，土木工程及道桥修建等事务均分由“将作吏”（一称将作掾）及“道桥二掾”负责。⑧

---

① 且因“大匠”司职为掌管砖瓦等建筑材料，故其在秦时应为“将作少府”的属官，至汉时应隶属“将作大匠”，故出土文献所载此职或可补史料之缺。

② 睡虎地秦墓竹简整理小组：《睡虎地秦墓竹简·释文》，第 82 页。

③ 参看于豪亮：《云梦秦简所见职官述略》，《于豪亮学术文存》，北京：中华书局，1985 年，第 95—96 页；宋杰：《秦汉国家统治机构中的“司空”》，《历史研究》2011 年第 4 期，第 24 页。

④ 邹水杰：《也论里耶秦简之“司空”》，《南都学坛（人文社会科学学报）》2014 年第 5 期，第 3 页。

⑤ 周晓陆、路东之编著：《秦封泥集》，西安：三秦出版社，2000 年，第 253 页；罗福颐主编，故宫博物院研究室玺印组编：《秦汉南北朝官印征存》，第 4 页。

⑥ 参看睡虎地秦墓竹简整理小组：《睡虎地秦墓竹简》，第 49、53、51 页。

⑦ 此处“司空”所指为“中司空”及众官所辖的“司空”。

⑧ 参看宋杰：《秦汉国家统治机构中的“司空”》，《历史研究》2011 年第 4 期，第 31—32 页。

需要补充说明的是，上已述及，秦及西汉初期乡级设有“乡部”与“田部”，据张家山汉简《田律》所载，“恒以秋七月除千（阡）佰（陌）之大草；九月大除道□阪险；十月为桥，脩波（陂）堤，利津梁”[①]，可知当时“田部”亦有管理“道桥”之责。但“田部”并不隶属于“县司空”，其主责为地方农事，而道路工程的事宜主要还是由“司空”掌管，故二者在管理“道桥”工作方面，应该是各自有所侧重的。至西汉中后期，“田部”并职于“乡部”，该职能转由“乡部”掌管。

此外，秦汉时期中央及地方均设有诸多的工官，其中多有负责木制器具制造的官吏，如秦时“少府”下属即有“少府工丞”“寺工”[②]。其中，后者主造兵器、车马配件、水壶等，经学者研究应为直属皇室的工官。[③] 另有“邯造工丞”[④] 的秦封泥，属郡之工官，其职或涉及木器的制作。至汉代，中央与地方均设有大量工官[⑤]，其中涉及木器制作的手工业，多由九卿属下的各种工官负责管理，如少府所辖考工、尚方令丞主造器具及车辆；都船和船司空主造船只；中尉下属寺工主造用具及兵器等。而汉代官府所用木器，陈直认为是由“将作大匠”的属官“木工令丞”主管。[⑥] 此外，今见有汉代印章“木工司马”[⑦]。《续汉书·百官志》云：“长史、司马皆一人，千石。本注曰：司马主兵，如太尉。”[⑧] 可知“司马”为军职，故“木工司马”应指部队中管理木器维修、制造的官吏。

总之，秦汉时期林业职官的设置，更多的是为了统治阶级专享林木之利，从而满足其私欲，这在很大程度上淡化了林木职官的环境保护职能与作用。但秦、汉作为中国最早的大一统帝国，所设立的林业职官制度及其管理思想为后世的林政制度奠定了基础，其管理体系的利弊，也为后世所借鉴。

---

① 张家山二四七号汉墓竹简整理小组：《张家山汉墓竹简［二四七号墓：释文修订本］》，第 42 页。

② 傅嘉仪编著：《新出土秦代封泥印集》，第 33、50 页。

③ 如陈平认为“寺工”属皇帝的掖庭机构；陆德富认为“寺工”专办皇室所需器物的手工业机构。参看陈平：《〈“寺工”小考〉补议》，《人文杂志》1983 年第 2 期，第 122—123 页；陆德富：《寺工续考》，《考古》2012 年第 9 期，第 53—57 页。

④ 傅嘉仪编著：《新出土秦代封泥印集》，第 91 页。

⑤ 相关方面郭俊然已做过详细的考证及论述，故不赘述。参看郭俊然：《汉官丛考——以实物资料为中心》，华中师范大学博士学位论文，2013 年，第 16—28 页。

⑥ 参看陈直：《两汉经济史料论丛》，西安：陕西人民出版社，1980 年，第 175 页。

⑦ 戴山青编：《古玺汉印集萃》，南宁：广西美术出版社，2001 年，第 235 页。

⑧ 《后汉书》志 24《百官志一》，第 3564 页。

汉代的“汉人”称谓与“汉人”认同*

刘志平
（西北大学历史学院）

学界虽对汉代的“汉人”称谓有过探讨①，但在“汉人”称谓何时具有族称含义的问题上存在分歧，对汉代“汉人”内涵的动态演进历程缺乏细致的历史分析，对汉代“汉人”认同的微观情境性考察亦显不足。鉴于此，笔者拟在前人研究基础上对汉代的“汉人”称谓与“汉人”认同做进一步的考察。

一、“汉人”称谓之始及以旧六国名号命名的人群称谓的含义

“汉人”之称始于楚汉相争之时。《史记·淮阴侯列传》载齐人蒯通游说韩信之言曰：“足下自以为善汉王，欲建万世之业，臣窃以为误矣。始常山王、成安君为布衣时，相与为刎颈之交，后争张黡、陈泽之事，二人相怨。常山王背项王，奉项婴头而窜，逃归于汉王。汉王借兵而东下，杀成安君泜水之南，头足异处，卒为天下笑。此二人相与，天下至欢也。然而卒相禽者，何也？患生于多欲而人心难测也。今足下欲行忠信以交于汉王，必不能固于二君之相与也，而事多大于张黡、陈泽。故臣以为足

---

* 本文为国家社会科学基金重大项目“秦汉时期的国家构建、民族认同与社会整合研究”（17ZDA180）、陕西省社科界2019年度重大理论与现实问题研究项目“东周秦汉关中人口迁移及其当代意义研究”（2019Z134）和西北大学2018年度“国家社科基金一般项目孵化计划”项目“东周秦汉族群称谓与族群认同研究”（17XNFH035）的阶段性研究成果。

① 如贾敬颜：《“汉人”考》，《中国社会科学》1985年第6期，第99—109页；周伟洲：《周人、秦人、汉人和汉族》，《中国史研究》1995年第2期，第11—18页；李禹阶：《华夏民族与国家认同意识的演变》，《历史研究》2011年第3期，第4—25页；李龙海：《汉民族形成之研究》，北京：科学出版社，2010年；李大龙：《从夏人、汉人到中华民族——对中华大地上主体族群凝聚融合轨迹的考察》，《中国史研究》2017年第1期，第13—22页；朱圣明：《华夷之间：秦汉时期族群的身份与认同》，厦门：厦门大学出版社，2017年。

下必汉王之不危己，亦误矣。大夫种、范蠡存亡越，霸句践，立功成名而身死亡。野兽已尽而猎狗亨。夫以交友言之，则不如张耳之与成安君者也；以忠信言之，则不过大夫种、范蠡之于句践也。此二人者，足以观矣。愿足下深虑之。且臣闻勇略震主者身危，而功盖天下者不赏。臣请言大王功略：足下涉西河，虏魏王，禽夏说，引兵下井陉，诛成安君，徇赵，胁燕，定齐，南摧楚人之兵二十万，东杀龙且，西乡以报，此所谓功无二于天下，而略不世出者也。今足下戴震主之威，挟不赏之功，归楚，楚人不信；归汉，汉人震恐：足下欲持是安归乎？夫势在人臣之位而有震主之威，名高天下，窃为足下危之。”[①] 蒯通所言“汉人”乃汉王刘邦一方人员之统称，是“汉”这一新诸侯王政权名号统摄下的包含“秦人”“楚人”“燕人”“韩人”“赵人”“魏人”“齐人”等在内的人群集合体[②]，还不是族群与文化意义上的“汉人”称谓。而所言“楚人”，为西楚霸王项羽一方人员之统称，也可理解为先秦以来形成的族群与文化意义上的“楚人”之称。

鲁西奇曾指出：“至项羽自立为西楚霸王、建立西楚国之后，分散于楚‘东国’故地的种种人群，遂以不同的政权为依托，成为不同意义上的‘楚国之人’。楚、汉交争之时，所谓‘楚人’，大抵皆指西楚国之人或依附西楚之人。”[③] 鲁西奇重视政治体在凝聚“楚人”族群认同中的作用的意见值得重视，但作为拥有久远历史和独特文化风貌的族群，“楚人”共同的祖先记忆和文化特质在凝聚其族群认同中的基础工具意义不容忽视。“楚人”之称首先是族群与文化意义上的人群称谓，然后因“楚国”这样的政治体的存在和发展，才有了政治上的“国族”含义。但“楚人”作为族群与文化意义上的人群称谓具有相对独立性，亦即可离开以“楚”为名号的政治体而独立存在。实际上，族群与文化意义上的“楚人”之称在西汉延续了很长时间。汉高祖十一年（公元前 196 年），王旧楚地的淮南王黥布谋反，刘邦亲征，张良对刘邦说道：“楚人剽疾，愿上无与楚人争锋。”[④] 张良以“剽疾”来概括“楚人”的特点，且“楚人”之称本身与“淮南王国”这一诸侯政权名号无涉，足见此处“楚人”之称是族群与文化意义上的人群称谓。汉武帝时，骑都尉李陵曾“将丹阳楚人五千人，教射酒泉、张掖以屯卫胡”。[⑤]

---

① 《史记》卷 92《淮阴侯列传》，北京：中华书局，1959 年，第 2624—2625 页。

② 《史记·高祖本纪》：“四月，兵罢戏下，诸侯各就国。汉王之国，项王使卒三万人从，楚与诸侯之慕从者数万人，从杜南入蚀中。”（《史记》卷 8《高祖本纪》，第 367 页）

③ 鲁西奇：《楚秦汉之际的“楚人”》，《敦煌吐鲁番文书与中古史研究：朱雷先生八秩荣诞祝寿集》，上海：上海古籍出版社，2016 年，第 369 页。

④ 《史记》卷 55《留侯世家》，第 2046 页。

⑤ 《史记》卷 109《李将军列传》，第 2877 页。关于“丹阳”，东汉时又有“丹阳越俗不好学，嫁娶礼仪，衰于中国”（《后汉书》卷 21《李忠列传》，北京：中华书局，1965 年，第 756 页）的观念。可见，丹阳“楚人”就是“越人”。

正是这支五千人的“楚人”军队在面对八万匈奴兵的围困时，“连斗八日”①，展现了“楚人”勇猛强悍的特点。王子今教授讨论过“楚骑”在秦汉战争中具有显赫威名的历史情形，并根据“秦汉文化地理语汇中，往往‘越楚’或‘楚越’并称”及“楚越”和“楚”互指的情形，推知“当时所谓‘楚骑’，有时也可以理解为包含有‘楚骑’和‘越骑’的含义”。②据此，“楚人”似也可理解为包含有“楚人”和“越人”的含义。可见，西汉的“楚人”之称的确具有鲜明的族别色彩。

与“楚人”称谓在西汉仍保持族称③含义不同，“齐人”“燕人”“赵人”“韩人”“魏人”称谓在西汉虽然存在，但已失去族别功能，更多的是表示某人的出生地域。“楚人”称谓的这种独特性或许既与“楚”与南方之“越”之间无像北方燕、赵故地与“胡”之间有“长城”这样的人为分界有关，也与楚故地无齐、韩、魏故地华夏化的程度深有关。同时，楚地之“蛮”“越”等异族的长期存在，也使得包括“蛮”“越”之“楚人”保留有异族性。

而“秦人”称谓的主导性在汉代更是遽然消失了④，取而代之的是“汉人”或“汉民”称谓的凸显，这是与关西之“秦”成为“汉”直辖的郡县相对应的。只是“汉人”或“汉民”称谓从“汉”这一区域性新政治体名号下的人群称谓过渡到整体意义上的完全具有族别功能的族群称谓经历了较长时间，而这又是随着政治、文化和族源历史的整合而逐步完成的。

二、汉初郡国并行体制下的“汉民”（“汉人”）称谓

汉初的郡国并行制是众所周知的政治文化现象，有学者认为这一体制“只施行于关东地区，而在汉王朝立国根基的关西地区则采取全面郡县的一元统治体制”，进而认为“汉代之天下可以明显区分为全面郡县制的关西，与郡县、封国并存的关东，这两个判然有别的地域版块”。⑤所谓“只施行于关东地区”“全面郡县制的关西”“与郡

① 《史记》卷109《李将军列传》，第2877页。

② 王子今：《汉王朝军制中的“越骑”部队》，《秦汉边疆与民族问题》，北京：中国人民大学出版社，2011年，第363—365页。

③ 所谓“族称”，即族群与文化意义上的人群称谓。当然，“楚人”称谓在西汉有时也表示某人是出生楚地之人，这在《史记》和《汉书》中亦多见，有学者认为“这是以战国国名为籍贯”（参看胡宝国：《〈史记〉与战国文化传统》，《汉唐间史学的发展（修订本）》，北京：北京大学出版社，2014年，第1页）。

④ “秦人”称谓只是在汉代的现实族群称谓表达中留下了些许印记，关于此，可参刘志平：《先秦秦汉“秦人”称谓与“秦人”认同研究》，第四届青年史学家论坛参会论文，上海，2017年8月。

⑤ 马孟龙：《西汉侯国地理》，上海：上海古籍出版社，2013年，第327—328页。

县、封国并存的关东”“判然有别”，让人感觉汉初郡国并行只是关东地区内部差异的表现，而与关西地区无关，从而掩盖了汉初郡国并行的本质——“东西异制”。[①]

汉初实行郡国并行体制，“在秦、韩、魏等西部地区设郡县‘奉汉法以治’，在赵、燕、齐、楚等东部地区则立王国”，诸侯王在制定和颁布本国的政策法令方面有一定的自主权，在一定程度上可依从本国礼俗进行治理。[②]这也使得汉初“汉人”或“汉民”称谓在较多场景只是与关东“诸侯人”相对的汉朝直辖地区的人群称谓。《汉书·淮南王传》：“王至长安，丞相张苍，典客冯敬行御史大夫事，与宗正、廷尉杂奏：‘长废先帝法，不听天子诏，居处无度，为黄屋盖儗天子，擅为法令，不用汉法。及所置吏，以其郎中春为丞相，收聚汉诸侯人及有罪亡者，匿与居，为治家室，赐与财物爵禄田宅，爵或至关内侯，奉以二千石所当得。’”[③]所谓“汉诸侯人”，即“汉人”与“诸侯人”。[④]张家山汉简《二年律令·贼律》有“诸侯人来攻盗”[⑤]的简文，所言“诸侯人”，亦应是与“汉民”（“汉人”）对应的。张家山汉简《奏谳书》所载“临菑（淄）狱史阑偕南归临菑（淄）”一案[⑥]，就明确说到“汉民”称谓。在此案件中，阑最后受到“黥为城旦”的处罚。彭浩认为“是按‘取亡人为妻’论罪的”。[⑦]可见，南犯了“亡之诸侯”罪。再结合“律所以禁从诸侯来诱者，令它国毋得取（娶）它国人也。阑虽不故来，而实诱汉民之齐国，即从诸侯来诱也”和“人婢清助赵邯郸城，已即亡从兄赵地，以亡之诸侯论”的内容可知：“汉国”（指汉朝直辖地区，与诸侯国相对而言）[⑧]禁止“诸侯人”引诱“汉民”（“汉人”）离开“汉国”而亡至其他诸侯国，

① 陈苏镇：《〈春秋〉与“汉道”：两汉政治与政治文化研究》，北京：中华书局，2011 年，第 66 页。此“异制”的“东西”为“赵、燕、齐、楚等东部地区”和“秦、韩、魏等西部地区”（参看陈苏镇：《〈春秋〉与“汉道”：两汉政治与政治文化研究》，第 107 页）。

② 陈苏镇：《〈春秋〉与“汉道”：两汉政治与政治文化研究》，第 107 页。

③ 《汉书》卷 44《淮南王传》，北京：中华书局，1962 年，第 2141 页。

④ 王先谦曾言：“‘汉诸侯人’，汉郡县及诸侯国之人。”参看（汉）班固撰，（清）王先谦补注，上海师范大学古籍整理研究所整理：《汉书补注》，上海：上海古籍出版社，2012 年，第 3527 页。

⑤ 彭浩、陈伟、[日] 工藤元男主编：《二年律令与奏谳书：张家山二四七号汉墓出土法律文献释读》，上海：上海古籍出版社，2007 年，第 88 页。

⑥ 彭浩、陈伟、[日] 工藤元男主编：《二年律令与奏谳书：张家山二四七号汉墓出土法律文献释读》，第 338—339 页。

⑦ 彭浩：《谈〈奏谳书〉中的西汉案例》，《文物》1993 年第 8 期，第 35 页。从张家山汉简《奏谳书》中“律：取（娶）亡人为妻，黥为城旦”（参看彭浩、陈伟、[日] 工藤元男主编：《二年律令与奏谳书：张家山二四七号汉墓出土法律文献释读》，第 341 页）的内容可知，彭浩的意见应是正确的。

⑧ 汉武帝还说到“汉国”称谓，所谓“洛阳有武库敖仓，天下冲阨，汉国之大都也。先帝以来，无子王于洛阳者”（参看《史记》卷 60《三王世家》褚先生曰，第 2115 页）。陈苏镇认为“这里的‘汉国’指的是汉朝直辖地区，是与诸侯国相对而言的”（参看陈苏镇：《〈春秋〉与“汉道”：两汉政治与政治文化研究》，第 87 页）。笔者从之。

其所辖“汉民”（“汉人”）与“诸侯人”不能通婚；“汉民”（“汉人”）也不能主动离开“汉国”而亡至其他诸侯国。可见，汉朝对“汉民”（“汉人”）有严格的人口管控，这种管控自然造成“汉民”（“汉人”）与“诸侯人”之间的人群区分和对立。

汉初“汉民”（“汉人”）与“诸侯人”之间的人群区分和对立，在一定层面又以“关中人”与“关外人”之区分的形式表现出来。有学者已注意到“张家山汉简《二年律令》中的《津关令》，数见‘关中’字样”的情形。[①]张家山汉简《二年律令·津关令》也多次提到与“关中”对应的“关外”，如“相国上中大夫书，请中大夫、谒者、郎中、执盾、执戟家在关外者，得私买马关中”[②]、“相国、御史请郎骑家在关外，骑马节（即）死，得买马关中，人一匹以补”[③]、“丞相上长信詹事书，请汤沐邑在诸侯属长信詹事者，得买骑、轻车、吏乘、置传马关中，比关外县”[④]等简文。此外，又有明确提到“关外人”的简文。[⑤]

虽说汉初“汉民”（“汉人”）与“诸侯人”之间的人群区分和对立在一定层面又以“关中人”与“关外人”之区分的形式表现出来，但有一点值得我们注意，即“汉民”（“汉人”）是包括“关中人”和“关外郡人”的[⑥]，而“关外人”是包括“关外郡人”和“诸侯人”的，显然，“关外郡人”是“汉民”（“汉人”）和“关外人”的交集。此外，《二年律令·津关令》所载汉初严格的津关制度针对的也是“关外郡人”和“诸侯人”。[⑦]不过，其主要目的应是防范“诸侯人”，正如贾谊所言：“所为建武关、函谷、临晋关者，大抵为备山东诸侯也。天下之制在陛下，今大诸侯而多其力，因建关而备

---

① 王子今、刘华祝：《说张家山汉简〈二年律令·津关令〉所见五关》，《中国历史文物》2003年第1期，第47页。

② 彭浩、陈伟、[日]工藤元男主编：《二年律令与奏谳书：张家山二四七号汉墓出土法律文献释读》，第315页。

③ 彭浩、陈伟、[日]工藤元男主编：《二年律令与奏谳书：张家山二四七号汉墓出土法律文献释读》，第320页。臧知非认为“得买马关中人一匹以补”应断读为“得买马关中，人一匹以补”（参看臧知非：《张家山汉简所见汉初马政及相关问题》，《史林》2004年第6期，第72页）。笔者从之。

④ 彭浩、陈伟、[日]工藤元男主编：《二年律令与奏谳书：张家山二四七号汉墓出土法律文献释读》，第322页。

⑤ 彭浩、陈伟、[日]工藤元男主编：《二年律令与奏谳书：张家山二四七号汉墓出土法律文献释读》，第313页。

⑥ 张家山汉简《二年律令·津关令》言及“关外郡”（参看彭浩、陈伟、[日]工藤元男主编：《二年律令与奏谳书：张家山二四七号汉墓出土法律文献释读》，第318页）。

⑦ 臧知非指出：“从地缘政治的角度看，西汉初期的国家结构分为关中、关外郡县、诸侯王国三个层次，汉在与王国边境设立亭障戍御系统的同时，更严格关塞制度，出入关塞的所有人、物，无论是属于诸侯王国还是属于关外郡县，都严格检查；既防止违禁物品流往诸侯王国，也防止流往关外郡县，目的是以关外郡县为缓冲，保证关中的中心地位不受王国威胁。”（参看臧知非：《张家山汉简所见汉初中央与诸侯王国关系论略》，周天游主编：《陕西历史博物馆馆刊》第10辑，西安：三秦出版社，2003年，第314页）

之，若秦时之备六国也。”[①]

综上所述，汉初“汉民”（“汉人”）与“诸侯人”之间的人群区分和对立是显而易见的，且通过严格的法律制度加以确定。在此意义上，“汉民”（“汉人”）的非族称性是很明显的。

当然，在此时期，在与塞内外之异族对言时，广义的“汉人”（即包括狭义的“汉人”和“诸侯人”的“汉帝国之人”，或言“中国人”）也有族称含义。陆贾曾对赵佗说：“足下中国人，亲戚昆弟坟墓在真定。今足下反天性，弃冠带，欲以区区之越与天子抗衡为敌国，祸且及身矣。……汉诚闻之，掘烧王先人冢，夷灭宗族，使一偏将将十万众临越，则越杀王降汉，如反覆手耳。”又对赵佗说：“皇帝起丰沛，讨暴秦，诛强楚，为天下兴利除害，继五帝三王之业，统理中国。中国之人以亿计，地方万里，居天下之膏腴，人众车舆，万物殷富，政由一家，自天地剖泮未始有也。今王众不过数十万，皆蛮夷，崎岖山海间，譬若汉一郡，王何乃比于汉！”[②]陆贾所言“中国”乃除“南越”之外的“政由一家”的“汉”，由此我们可将其所言“中国人”理解为“汉人”，而此“中国人”（“汉人”）又是与“反天性，弃冠带”的“蛮夷”相对的，故其是以政治体为外壳，以族群为内核的人群称谓。有学者指出：“陆贾以三种不同的方法围绕着‘中国人’这一集体的血缘概念说服尉佗。……有关陆贾这段历史的叙述，关键在于它在汉朝与南越国的交涉中，表明了司马迁有统一的汉帝国统治下的人民集体的概念（collective meaning），并且给予了一个‘中国人’的称呼。”[③]其实这是陆贾的观念，当然也间接反映了司马迁的观念。

晁错有言：“以蛮夷攻蛮夷，中国之形也。[④]今匈奴地形技艺与中国异。上下山阪，出入溪涧，中国之马弗与也；险道倾仄，且驰且射，中国之骑弗与也；风雨罢劳，饥渴不困，中国之人弗与也：此匈奴之长技也。………今降胡义渠蛮夷之属来归谊者，其众数千，饮食长技与匈奴同，可赐之坚甲絮衣，劲弓利矢，益以边郡之良骑。令明将能知其习俗和辑其心者，以陛下之明约将之。”[⑤]可见，在与“匈奴”“降胡义渠蛮夷”对应的场景中，广义的“汉人”（“中国人”）也有族称含义。

---

① （汉）贾谊撰，阎振益、钟夏校注：《新书校注·壹通》，北京：中华书局，2000年，第113页。当然，贾谊的理想是“定地势使无可备之患，因行兼爱无私之道，罢关一通，示天下无以区区独有关中”，从而“令诸侯之民，人骑二马，不足以为患，益以万夫不足以为害”（参看（汉）贾谊撰，阎振益、钟夏校注：《新书校注·壹通》，第113页）

② 《史记》卷97《陆贾列传》，第2697—2698页。

③ 吴淑惠：《〈史记〉论析六章》，桂林：广西师范大学出版社，2015年，第4—5页。

④ 颜师古注：“不烦华夏之兵，使其同类自相攻击也。”（参看《汉书》卷49《晁错传》，北京：中华书局，1962年，第2281页）

⑤ 《汉书》卷49《晁错传》，第2281—2283页。

《史记·朝鲜列传》记载：“会孝惠、高后时天下初定，辽东太守即约满为外臣，保塞外蛮夷，无使盗边；诸蛮夷君长欲入见天子，勿得禁止。”① 汉文帝前三年（前177 年），汉文帝言及“上郡保塞蛮夷”。② 所谓“塞外蛮夷”和“保塞蛮夷”③ 无疑是与广义的“汉人”相对而言的。

还有一点值得注意，即在与“诸侯人”相对而言的“汉人”内部，似还有与“蛮夷”相对的更狭义的“汉人”。张家山汉简《奏谳书》有“南郡夷道蛮夷”及“蛮夷律”的相关内容。④ 南郡属于汉朝直辖的关外郡，其地之人也属“汉人”范畴，但其内部又有“蛮夷”与“非蛮夷”之别，此“非蛮夷”可理解为更狭义的“汉人”，此更狭义的“汉人”因此也就具有了族称含义。⑤

可见，汉初“汉人”（“汉民”）称谓的含义是复杂的：在与“诸侯人”对言时，其不具族称含义；在与郡“道”之“蛮夷”对言时，其具有族称含义；在与塞内外之异族对言时，其亦具有族称含义。在这复杂多变的场景中，具有伸缩性的政治意义上的“汉人”（“汉民”）是以族属和文化意义上的“汉人”（“汉民”）为基本内核的。在汉初，由于与“诸侯人”相对而言的“汉人”（“汉民”）在当时观念和现实中的显著存在，“汉人”（“汉民”）作为真正整体意义上的完全具有族别功能的族群称谓还没有明晰的确定性。

随着西汉政治、文化和族源历史整合的推进，与“诸侯人”相对而言的狭义的“汉人”完全被融政治、文化、血缘和族群于一体的广义的“汉人”所取代。

三、政治、文化及族源历史的整合与“汉人”族称的确定

西汉政治、文化与族源历史的整合基本完成于汉武帝时代，但整合政治、文化的努力从文帝时代就开始了。陈苏镇对西汉政治、文化整合的历程就有精当的论断：

---

① 《史记》卷 115《朝鲜列传》，第 2986 页。

② 《汉书》卷 94 上《匈奴传上》，第 3756 页。

③ 朱圣明指出：“对于居住在塞内的‘保塞蛮夷’来说，一方面在政治上臣属于两汉政权，另一方面入居塞内的‘保塞蛮夷’通常只是塞外民族的某些部落，他们与留居塞外的其他部落存在事实上的‘同族’关系。这样，对于‘保塞蛮夷’来说，政治认同与族群认同是分开的。”（参看朱圣明：《华夷之间：秦汉时期族群的身份与认同》，第 321 页）

④ 彭浩、陈伟、[日] 工藤元男主编：《二年律令与奏谳书：张家山二四七号汉墓出土法律文献释读》，第 332—333 页。

⑤ 在汉初，汉朝直辖的郡中“道”的设置体现了汉朝直辖区“蛮夷”的分布情况，参看史党社：《日出西山：秦人历史新探》，西安：陕西人民出版社，2013 年，第 332—341 页。

“文、景之世，历史沿着既定方向继续向前发展，王国的独立性日益削弱，中央对王国的控制逐渐加强，朝廷的法令终于越过关中和关东、郡县和王国的界线，真正覆盖了东方社会。在这一变化中，汉初的东方政策悄然淡出，当年秦朝的东方政策表现出死灰复燃之势，东西方之间的文化冲突再次显现出来。于是，黄老道家逐步退出政治舞台，儒家学派则起而代之，为巩固汉帝国的统治寻找新的出路，提供新的方案。”[①]具体说来，汉文帝通过“易侯邑”和“令列侯之国”政策，分散和瓦解了淮南国和齐国这两支威胁最大的王国势力[②]，到“景帝平定七国之乱后，王国势力受到沉重打击”。[③]此外，汉文帝十二年（公元前168年）三月，“除关无用传”[④]，“此事意味着汉朝开始改变对关东的歧视态度和防范政策，将关东视同关中，在政治上取消了二者的内外远近亲疏之别，‘令似一家’”[⑤]。虽然景帝“四年春，复置诸关用传出入”[⑥]，但其“主要是一种治安设施，而非政治设施。文帝将关东视同关中的政策，在景帝以后继续执行，从而确立了汉朝对关东广大地区的直接统治”[⑦]。为了消除由政治的整合而带来的负面效应，即缓和“‘汉法’与关东民俗的冲突”，文景二帝对刑法进行了改革，虽然这“还不能从根本上解决问题”[⑧]，但还是减轻了关东人如贾谊所说的“苦属汉”[⑨]的感受。这无疑对超越“汉人”与“诸侯人”之区分的整体性的“汉人”认同的产生有重要促进作用。“景武之际，当历史在秦朝的老路上再次走入死胡同的时候，儒家便登上了政治舞台”[⑩]，儒术经学最终在武帝时代获得了独尊的地位，又逐步从根本上解决了关东和关中的文化冲突。[⑪]同时，武帝时期针对关东诸侯的政治整合有了更大的推进，

---

① 陈苏镇：《〈春秋〉与“汉道”：两汉政治与政治文化研究》，第107页。
② 陈苏镇：《〈春秋〉与“汉道”：两汉政治与政治文化研究》，第122页。
③ 陈苏镇：《〈春秋〉与“汉道”：两汉政治与政治文化研究》，第125页。
④ 《汉书》卷4《文帝纪》，第123页。
⑤ 陈苏镇：《〈春秋〉与“汉道”：两汉政治与政治文化研究》，第233页。
⑥ 《汉书》卷5《景帝纪》，第143页。
⑦ 陈苏镇：《〈春秋〉与“汉道”：两汉政治与政治文化研究》，第234页。
⑧ 陈苏镇：《〈春秋〉与“汉道”：两汉政治与政治文化研究》，第126—130页。
⑨ （汉）贾谊撰，阎振益、钟夏校注：《新书校注·属远》，第117页。
⑩ 陈苏镇：《〈春秋〉与“汉道”：两汉政治与政治文化研究》，第132页。
⑪ 王勇指出：“到武帝时，汉王朝最终采纳了‘《春秋》大一统’理论，重新关注文化的建设。汉文化的构建不仅在于构造汉代的政治活动与理论，而且塑了具体的社会生活，更为区域文化的整合确定了标准。武帝以后汉文化成为中国的主体文化，而楚文化的独立形态也在这一文化共同体逐渐形成的过程中消失了。”（参看王勇：《楚文化与秦汉社会》，长沙：湖南大学出版社，2009年，第129—130页）他还指出：“尽管有相当多的因素受到了压制，自成体系的楚文化在西汉中期以后即不再存在，但这并不意味着楚文化的个性从此消失了。实际情况是楚文化和其他区域文化一起，转化成为全国的共性凌驾于区域的个性之上的汉文化了。不仅楚文化的某些个性被承继强化，成为汉文化的共性，而且还有部分楚文化传统仍然顽强地留存于楚地民众的生活中。”（参看王勇：《楚文化与秦汉社会》，第147页）这样的分析是允当的。

“推恩令”的颁行[①]、“左官之律”与“附益之法”的制定[②]、“广关”政策的实行[③]，基本解决了关东诸侯威胁汉中央的问题，从而也逐步消弭了以前“汉人”和“诸侯人”的区分，加强了包括旧“汉人”和“诸侯人”的整体性的新“汉人”认同。与此同时，对周边异族政权的军事攻伐和征服，也加强了此整体性的新“汉人”认同。有学者指出：“武帝元朔至元封年间，是汉帝国疆域急速拓展的时期。这一时期的疆域拓展存在内、外两条战线，外线是通过兼并异族政权来扩大汉帝国的版图，内线则是通过削夺诸侯王国封域来扩大汉中央的直辖区域。”[④]诚然，随着这种内部政治整合的逐步推进和以此为基础所进行的外部扩展的完成，汉武帝有条件也有必要进行政治和文化的彻底整合，这集中表现在“十三部刺史”的设置[⑤]和“太初改制”上。[⑥]也正是在汉武帝时代，“汉人”的族源历史得到了最终确定：“五帝”是“汉人”的祖先。在

① 《史记·平津侯主父列传》：“偃说上曰：‘古者诸侯不过百里，强弱之形易制。今诸侯或连城数十，地方千里，缓则骄奢易为淫乱，急则阻其强而合从以逆京师。今以法割削之，则逆节萌起，前日晁错是也。今诸侯子弟或十数，而適嗣代立，余虽骨肉，无尺寸地封，则仁孝之道不宣。愿陛下令诸侯得推恩分子弟，以地侯之。彼人人喜得所愿，上以德施，实分其国，不削而稍弱矣。’于是上从其计。”（《史记》卷 112《平津侯主父列传》，第 2961 页）司马迁说道：“诸侯既强，七国为从，子弟众多，无爵封邑，推恩行义，其势销弱，德归京师。作《王子侯者年表》第九。”（《史记》卷 130《太史公自序》，第 3304 页）对“推恩令”颁行之后的效果，司马迁还说道：“诸侯稍微，大国不过十余城，小侯不过数十里，上足以奉贡职，下足以供养祭祀，以蕃辅京师。而汉郡八九十，形错诸侯间，犬牙相临，秉其阨塞地利，强本干，弱枝叶之势，尊卑明而万事各得其所矣。”（《史记》卷 17《汉兴以来诸侯王年表》，第 803 页）班固也说道：“不行黜陟，而藩国自析。”（《汉书》卷 14《诸侯王表》，第 395 页）

② 所谓“武有衡山、淮南之谋，作左官之律，设附益之法，诸侯惟得衣食税租，不与政事”（《汉书》卷 14《诸侯王表》，第 395 页）。

③ 《史记·平准书》：“益广关，置左右辅。”裴骃《集解》引徐广曰：“元鼎三年，丁卯岁，徙函谷关于新安东界。”（《史记》卷 30《平准书》，第 1435 页）《史记·梁孝王世家》：“汉广关，以常山为限，而徙代王王清河。清河王徙以元鼎三年也。”（《史记》卷 58《梁孝王世家》，第 2081 页）“广关”政策的推行，使“汉中央立足于幅员辽阔且凭据山河形胜之‘新关西’，在地域格局上占有全面优势，诸侯与天子‘分庭抗礼’的地域基础不复存在”（参看马孟龙：《西汉侯国地理》，第 328 页）。

④ 马孟龙：《西汉侯国地理》，第 224 页。

⑤ 《汉书·百官公卿表上》：“武帝元封五年初置部刺史，掌奉诏条察州，秩六百石，员十三人。”（《汉书》卷 19 上《百官公卿表上》，第 741 页）《汉书·地理志上》：“至武帝攘却胡、越，开地斥境，南置交阯，北置朔方之州，兼徐、梁、幽、并夏、周之制，改雍曰凉，改梁曰益，凡十三部，置刺史。”（《汉书》卷 28 上《地理志上》，第 1543 页）

⑥ 《史记·封禅书》：“汉改历，以正月为岁首，而色上黄，官名更印章以五字，为太初元年。”（《史记》卷 28《封禅书》，第 1402 页）司马迁还说道：“汉兴以来，至明天子，获符瑞，封禅，改正朔，易服色，受命于穆清，泽流罔极，海外殊俗，重译款塞，请来献见者，不可胜道。”（《史记》卷 130《太史公自序》，第 3299 页）马孟龙认为“汉武帝的‘太初改制’在中国历史上有着重要的地位，它标志着成熟的汉文化与汉制度的形成，特别是太初元年所建立的一套政治制度，被此后西汉历代帝王沿用”（参看马孟龙：《西汉侯国地理》，第 200 页）。此言不虚。

当时的精英知识阶层和基层民众中都有这样的认识。[①] 此后，虽然政治意义上的整体性“汉人”称谓仍然存在，但如前所述，具有伸缩性的政治意义上的“汉人”（“汉民”）是以族属和文化意义上的“汉人”（“汉民”）为基本内核的。因此可以这样说，此后，“汉人”作为真正整体意义上的完全具有族别功能的族群称谓有了明晰的确定性。以下将对此意义上的“汉人”称谓作一具体梳理。

《后汉书·西南夷列传》：“莋都夷者，武帝所开，以为莋都县。其人皆被发左衽，言语多好譬类，居处略与汶山夷同。土出长年神药，仙人山图所居焉。元鼎六年，以为沈黎郡。至天汉四年，并蜀为西部，置两都尉，一居旄牛，主徼外夷，一居青衣，主汉人。”[②] 所叙为汉武帝时事，“汉人”之称可视为西汉时人之族群观念。虽然此处“汉人”在一定程度上具有政治上的含义，但其与“徼外夷”对言，其族属和文化意义也是不容忽视的。在此，我们仍可以说，在当时人的观念里，具有伸缩性的政治意义上的“汉人”（“汉民”）是以族属和文化意义上的“汉人”（“汉民”）为基本内核的。另据《汉书·匈奴传下》记载，汉元帝时郎中侯应将“匈奴”称为“夷狄”而与“中国”对应，所言“汉人”乃与“西羌”对应。此外，其虽视“诸属国降民”与塞外“匈奴”有别，但在族属观念上还是有“本故匈奴之人”的明晰认定。[③] 可见，其所言“汉人”（“中国人”）确已具族称之义。又据《三国志·魏书·乌丸鲜卑东夷传》裴松之注引《魏略》所载，王莽时远在异域之人自称“汉人”，且与语言、风俗不同的“韩人”对应[④]，此“汉人”之族称含义也是明显的。

族属和文化意义上的“汉人”称谓在东汉有了更多的出现。据《后汉书·西羌传·滇良》记载，班彪明确说到“与汉人杂处”的是“习俗异”“言语不通”“被发左衽”的“羌胡”[⑤]，所言“汉人”无疑具有族称含义。另据《后汉书·南匈奴列传》记载，“汉人”既是汉人的自称，也是匈奴单于对汉人的他称，而“汉民”也是与“匈奴”和“羌”对言的。[⑥] 毋庸置疑，此处“汉人”与“汉民”同样具有族称含义。又据《后汉书·班超列传附子勇》记载，班勇所言“汉人”是与“西域”（“外夷”）、“胡虏”（“匈奴”）对应的[⑦]，其族属和文化意义也不言自明。

---

① 《史记·五帝本纪》：“太史公曰：学者多称五帝，尚矣。……余尝西至空桐，北过涿鹿，东渐于海，南浮江淮矣，至长老皆各往往称黄帝、尧、舜之处，风教固殊焉，总之不离古文者近是。”（《史记》卷1《五帝本纪》，第46页）所谓“学者”和“长老”，正分别代表了当时的精英知识阶层和基层民众。

② 《后汉书》卷86《西南夷列传》，北京：中华书局，1965年，第2854页。

③ 《汉书》卷94下《匈奴传下》，第3803—3804页。

④ 《三国志》卷30《魏书·乌丸鲜卑东夷传》裴松之注引《魏略》，北京：中华书局，1959年，第851页。

⑤ 《后汉书》卷87《西羌传·滇良》，第2878页。

⑥ 《后汉书》卷89《南匈奴列传》，第2957—2958页。

⑦ 《后汉书》卷47《班超列传附子勇》，第1588页。

东汉时“汉人”称谓具有族属和文化上的含义，还可从“夷汉”“蛮汉”“胡汉”等表述中体现出来。《后汉书·南蛮列传》：“建初元年，哀牢王类牢与守令忿争，遂杀守令而反叛，攻巂唐城。太守王寻奔楪榆。哀牢三千余人攻博南，燔烧民舍。肃宗募发越巂、益州、永昌夷汉九千人讨之。明年春，邪龙县昆明夷卤承等应募，率种人与诸郡兵击类牢于博南，大破斩之。”[①] 所谓“夷汉”，应是指“夷人”和“汉人”，“汉”无疑具有族属含义。《后汉书·南蛮列传》：“元初二年，苍梧蛮夷反叛，明年，遂招诱郁林、合浦蛮汉数千人攻苍梧郡。”[②] 所谓“蛮汉”，应是指“蛮人”和“汉人”，“汉”的族属色彩是浓厚的。《后汉书·刘虞列传》：“刘虞从事渔阳鲜于辅等，合率州兵，欲共报瓒。辅以燕国阎柔素有恩信，推为乌桓司马。柔招诱胡汉数万人，与瓒所置渔阳太守邹丹战于潞北，斩丹等四千余级。乌桓峭王感虞恩德，率种人及鲜卑七千余骑，共辅南迎虞子和，与袁绍将麹义合兵十万，共攻瓒。”[③] 所谓“胡汉”，应是指“胡人”（这里的“胡人”似指“乌桓人”和“鲜卑人”）和“汉人”，“汉”的族属色彩也是浓厚的。

四、结　语

“汉人”称谓始见于楚汉相争之时，其为汉王刘邦一方人员之统称，是“汉”这一新诸侯王政权名号统摄下的人群集合体，还不具有族属和文化含义。

汉初“汉人”（“汉民”）称谓的含义是复杂的：在与“诸侯人”对言时，其不具族称含义；在与郡“道”之“蛮夷”对言时，其具有族称含义；在与塞内外之异族对言时，其亦具有族称含义。在这复杂多变的场景中，具有伸缩性的政治意义上的“汉人”（“汉民”）是以族属和文化意义上的“汉人”（“汉民”）为基本内核的。在汉初，由于与“诸侯人”相对而言的“汉人”（“汉民”）在当时观念和现实中的显著存在，“汉人”（“汉民”）作为真正整体意义上的完全具有族别功能的族群称谓还没有明晰的确定性。

随着西汉政治、文化和族源历史整合的推进，到汉武帝时代，与“诸侯人”相对而言的狭义的“汉人”完全被融政治、文化、血缘和族群于一体的广义的“汉人”所取代。此后直到汉末，虽然由于汉帝国政治体的盈缩带来了政治意义上的“汉人”和

---

① 《后汉书》卷 86《南蛮列传》，第 2851 页。
② 《后汉书》卷 86《南蛮列传》，第 2837 页。
③ 《后汉书》卷 73《刘虞列传》，第 2363 页。

族属、文化意义上的“汉人”复杂交错的情形，但族属和文化意义上的“汉人”已经成为带有开放包容性的相对稳固的核心族群。[①]而在整体意义上完全具有族别功能的

① 王明珂从“华夏边缘”的角度对此也有阐述，他指出：“东汉时，在地理空间的分布上，华夏边缘便已推移至与今日中国‘汉族’边缘大致重叠的地区。”（参看王明珂：《华夏边缘：历史记忆与族群认同》（增订本），杭州：浙江人民出版社，2013 年，第 235 页）并进一步分析道：“在汉代，‘汉人’在亚洲大陆已扩张至其人类生态地理上的边缘。此后，除了对蒙藏等地区的政策性点状移民、近代东北成为汉移民之天堂，以及汉化造成的汉与非汉区分模糊的西南及南方华夏边缘外，‘汉人’没有进一步扩张，也没有让任何华夏之域脱离中国成为非汉人地区。也就是说，华夏一直有效地维持着形成于汉代的族群地理边缘。……因此，虽然‘华夏’之自称词在历史上有很多转折变化，但至今构成中国人的主体民族在面对中国边缘少数民族时仍自称‘汉人’。这种汉人或‘中国人’意象，在当代仍左右着居于地理核心之中国人与其边缘人群间的往来互动，并影响中国对边缘人群的政策。”（第 237—239 页）葛兆光也有大致类似的意见（不过他忽略了秦与汉的差别及汉初的具体整合进程），他说：“一般来说，帝国都有着广袤的疆域、众多的族群和不同的文化，但需要注意的是，秦汉帝国与其他世界帝国相当不同的是，具有制度、文化、族群同一性的核心区域，从一开始就相当稳定和庞大，从政治、制度和文化上看，它早早地形成了一个（此五字为笔者所加，原句不通顺）设立了中央统一控制的郡县（也包括汉代的同姓诸侯国）、实行了基本同一的律令制度、逐渐淡化了区域文化差异的核心区域，这形成了稳定的‘中国’，它也早早形成了具有历史同源感、语言同一性、文化相似性的族群共同体，也就是‘汉族’。……秦汉帝国奠定的这个被称为‘中国’的共同体始终存在，无论后来这个帝国是分裂还是统一，是缩小还是扩大，‘中国’始终存在于人们观念世界中，影响着这个自认汉族的人群的历史想像和文化认同。”（参看葛兆光：《历史中国的内与外——有关“中国”与“周边”概念的再澄清》，香港：香港中文大学出版社，2017 年，第 18—20 页）如果说汉代由于“汉朝”的存在而使得“汉人”称谓在保持族属色彩的同时不可避免地带有政治色彩的话，那么汉朝覆亡后仍然存在的“汉人”称谓无疑是带有纯粹的族属色彩的。如《旧唐书·穆宗本纪》：“陇山有异兽如猴，腰尾皆长，色青赤而猛鸷，见蕃人则跃而食之，遇汉人则否。”（《旧唐书》卷 16《穆宗本纪》，北京：中华书局，1975 年，第 497 页）《旧唐书·吐蕃传上》载吐蕃赞普之言曰：“外甥蕃中已处分边将，不许抄掠，若有汉人来投，便令却送。”（《旧唐书》卷 196 上《吐蕃传上》，第 5231 页）《宋史·兵志五·乡兵二·蕃兵》载王安石之言曰：“今以三十万之众，渐推文法，当即变其夷俗。然韶所募勇敢士九百余人，耕田百顷，坊三十余所。蕃部既得为汉，而其俗又贱土贵货，汉人得以货与蕃部易田，蕃人得货，两得所欲，而田畴垦，货殖通，蕃汉为一，其势易以调御。”（《宋史》卷 191《兵志五·乡兵二·蕃兵》，北京：中华书局，1977 年，第 4759 页）《辽史·太宗纪下》：“诏契丹人授汉官者从汉仪，听与汉人婚姻。”（《辽史》卷 4《太宗纪下》，北京：中华书局，1974 年，第 49 页）《金史·世宗纪中》载金世宗之言曰：“朕思先朝所行之事，未尝暂忘，故时听此词，亦欲令汝辈知之。汝辈自幼惟习汉人风俗，不知女直纯实之风，至于文字语言，或不通晓，是忘本也。汝辈当体朕意，至于子孙，亦当遵朕教诫也。”（《金史》卷 7《世宗纪中》，北京：中华书局，1975 年，第 159 页）《元史·世祖纪三》：“罢诸路女直、契丹、汉人为达鲁花赤者，回回、畏兀、乃蛮、唐兀人仍旧。”（《元史》卷 6《世祖纪三》，第 118 页）《明史·外国列传一·朝鲜列传》载明英宗之谕曰：“鸭绿江一带东宁等卫，密迩王境，中多细人逃至王国，或被国人诱胁去者，无问汉人、女直，至即解京。”（《明史》卷 320《外国列传一·朝鲜列传》，北京：中华书局，1974 年，第 8285 页）《清史稿·太宗本纪一》：“令汉人与满洲分屯别居。先是汉人十三壮丁为一庄，给满官为奴。至是，每备御止留八人，余悉编为民户，处以别屯，择汉官廉正者理之。”（《清史稿》卷 2《太宗本纪一》，北京：中华书局，1976 年，第 20 页）《清史稿·选举志一·学校》载乾隆之谕曰：“我朝崇尚本务，宗室子弟俱讲究清文，精通骑射。诚恐学习汉文，流于汉人浮靡之习。世祖谕停习汉书，所以敦本实、黜浮华也。嗣后宗室子弟不能习汉文者，其各娴习武艺，储为国家有用之器。”（《清史稿》卷 106《选举志一·学校》，第 3112 页）后世带有纯粹族属色彩的“汉人”称谓无疑是汉代已具族属色彩的“汉人”称谓的延续。

“汉人”认同产生的同时，“中国一体”的国家意识也开始凸显。[①]汉代“汉人”认同的这一特点，正体现了“华夏民族与国家的演进和互动走着一条与西方不同的发展道路，由此形成古代中国民族认同与国家认同的同一性传统及民族意识中的民族与国家认同相一致的深层价值结构”。[②]

还有一点值得注意，在汉代的族群认同格局中，虽然华夷之辨呈现出复杂性和工具性[③]，但政治意义上的“汉人”（“华夏”）始终是以族属和文化意义上的“汉人”（“华夏”）为基本内核的，而且两者皆具有开放、包容、变动的特点，即政治意义上的“汉人”（“华夏”）所含括范围随着汉帝国政治体的盈缩而盈缩，其在理所当然地含纳族属和文化意义上的“汉人”（“华夏”）的同时，可以不断含纳族属和文化意义上的“非汉人”（“非华夏”），而族属和文化意义上的“非汉人”（“非华夏”）可以不断转化为族属和文化意义上的“汉人”（“华夏”）。[④]这种转化，更多的情况是始于对汉帝国的政治归附，且其过程是长期、曲折的。也就是说，汉帝国外部边缘（边疆地带）和

① 关于汉代人的国家意识，可参看王子今：《“汉朝”的发生：国家观念的历史考察》《大汉·皇汉·强汉：汉代人的国家意识及其历史影响》，《秦汉边疆与民族问题》，第 391—405、406—420 页；刘志平：《从〈焦氏易林〉看汉代人的民族意识和国家意识》，陈峰主编：《周秦汉唐文化研究》第 9 辑，西安：三秦出版社，2016 年，第 60—71 页；彭丰文：《东汉士人的国家认同及其历史意义》，《河北学刊》2017 年第 6 期，第 75—80 页。需要补充的材料是汉代西北边塞简牍，居延新简有“有能生捕得反羌从徼外来为间候动静中国兵欲寇盗杀略人民吏增秩二等民与购钱五万从奴它与购如比”的简文（E.P.F22·233，参见马怡、张荣强主编：《居延新简释校（下）》，天津：天津古籍出版社，2013 年，第 776 页），此应为“捕反羌科赏”（E.P.F22·235，参见马怡、张荣强主编：《居延新简释校（下）》，第 776 页），此外还有“捕匈奴虏购科赏”（E.P.F22·231，参见马怡、张荣强主编：《居延新简释校（下）》，2013 年，第 776 页），具体内容见 E.P.F22·225—230（参见马怡、张荣强主编：《居延新简释校（下）》，第 775—776 页）可见，汉代西北边塞的防卫主要针对匈奴和羌，而与匈奴和羌对应的是“中国”，“中国一体”的国家意识在此得到了具体而生动的展现。敦煌汉简也有“今共奴已与鄯善不和则中国之大利也臣愚以为钦将兵北”的简文（66，吴礽骧、李永良、马建华释校：《敦煌汉简释文》，兰州：甘肃人民出版社，1991 年，第 7 页），此处与“鄯善”相对的“中国”，出自汉臣之口，亦可见“中国一体”的国家意识在汉代的凸显。而作为西汉后期至东汉通用的童蒙识字教材，《急就篇》有“酒泉强弩与敦煌”“居边守塞备胡羌”“远近还集杀胡王”“汉土兴隆中国康”（参看张传官：《急就篇校理》，北京：中华书局，2017 年，第 472—473 页）的内容，这可看作“中国一体”的国家意识下抵御异族侵犯的爱国主义教育在古代中国的早期实践。

② 李禹阶：《华夏民族与国家认同意识的演变》，《历史研究》2011 年第 3 期，第 4 页。

③ 朱圣明：《华夷之间：秦汉时期族群的身份与认同》，第 77 页。

④ 当然，还有族属和文化意义上的“汉人”（“华夏”）向“蛮夷”转化的情势也值得注意。胡鸿指出：“开拓山区的河谷可耕地，转化山地居民成为官府控制的人口，成为东汉以来南方开发的主要趋势。另一个趋势是不断有著籍的平原华夏人口不堪重负而逃亡入山，成为新的蛮夷，为山地抗拒华夏化增加力量。”（参看胡鸿：《能夏则大与渐慕华风——政治体视角下的华夏与华夏化》，北京：北京师范大学出版社，2017 年，第 78 页）虽然是从政治体的角度分析“华夏”向“蛮夷”的转化，离族属和文化意义上的“汉人”（“华夏”）向“蛮夷”的转化尚有一定距离，但族属和文化意义上的“汉人”（“华夏”）转化为“蛮夷”，更多的情况是始于对汉帝国（华夏帝国）的政治叛离或疏远。朱圣明探讨过汉代边民的“蛮夷化”，认为汉代边民的这种“蛮夷化”追求“总是带有强烈的政治色彩”，“很可能是一种政治诉求作用下有意识的‘身份建构’”，是“为其寻求政治独立张目”，结果是“其与中原华夏政权之间便渐行渐远”。（参看朱圣明：《华夷之间：秦汉时期族群的身份与认同》，第 280、298—301 页）

内部边缘（内地的边缘）[①] 的非汉族群对汉帝国的政治认同并不能在短时期内引起其族属和文化认同的整体变化，汉帝国外部边缘和内部边缘的非汉族群在族群和文化认同上保持有一定的相对独立性，这也成为后世中国在族群生态上的惯性特征。[②] 中国作为统一的多民族国家或许就是这样形成的，而对其根本历史原因的进一步探寻是值得我们深入研究的大课题。

---

① 鲁西奇受许倬云的启发，提出了“内地的边缘”这一概念。（参看鲁西奇：《中国历史的空间结构》，桂林：广西师范大学出版社，2014 年，第 231—232 页）

② 与笔者意见相似的有胡鸿和朱圣明两位学者，胡鸿指出：“华夏化应可区分出政治体与文化认同两个层面，政治体意义上的华夏化是指加入或建立华夏式帝国政治体，被制度承认为华夏国家的成员，略等于‘王化’；文化认同意义上的华夏化则涉及语言、习俗、祖源重构、心理认同等方面。这两者并非同步进行的，但一般来说，政治体意义上华夏化的完成基本可以宣告文化认同意义上华夏化的启动，只要不出现大的变故，两者间的差距只是时间。”（参看胡鸿：《能夏则大与渐慕华风——政治体视角下的华夏与华夏化》，第 164 页）朱圣明则认为“无论在理论上还是现实中”，“‘夷汉拉锯’的格局应不仅在历时中承续，更在共时中争衡并存；不仅在汉代贵州地域存在，也存在于其他西南地区，只是程度有所不同罢了”。（参看朱圣明：《华夷之间：秦汉时期族群的身份与认同》，第 280 页页下注③）

感生梦与西汉政治发微

崔立军
（山东理工大学齐文化研究院）

感生梦，是一种与帝王、妃嫔诞生有关的梦，具体表现为个别女性梦中感物，随后诞下帝王、妃嫔。感生梦在《诗经》《左传》等先秦文献中偶现踪迹。及至汉代，相关记载明显增多。此后历代沿袭成风，遂形成特殊的政治文化现象。因为以感生为基本内容，同时与最高权力存在联系，所以感生梦多被置于感生神话或政治神话的范畴内进行讨论。对于感生梦与政治的关系，学界多有关注，其中不乏洞见卓识。[①]但相关讨论多以类型分析的方式展开，个案分析与具体时空背景的结合尚嫌不足，对占梦行为背后更为复杂具体的时代观念、政治形势等问题讨论不够充分。汉代作为感生梦盛行的肇端，确立了感生梦书写的各项规范，为后世所遵。分析感生梦在汉代取得大发展的原因，并结合史实对感生梦与西汉政治的关系进行细致分析，有利于推进相关问题的研究。本文欲就上述两个方面着笔，以求加深对感生梦的认识，同时为理解西汉政治提供一个新的视角。不足之处，尚乞方家批评指教。

一、感生梦何以成立

目前已知的汉代记梦文献中，《黄帝内经》《论衡》《潜夫论》的涉梦文字以释梦理

① 何平先生的两篇论文《论政治神话及有关政治范式的神话——古代政治神话论纲之一》（《天津社会科学》1992年第1期）、《论圣人与圣王神话——古代政治神话论纲之二》（《天津社会科学》1993年第1期）对政治神话做出了深刻而精辟的分析，其中有涉及感生梦的部分。张荣明先生的专著《权力的谎言：中国传统的政治宗教》（杭州：浙江人民出版社，2000 年）对政治神话的类型做出了非常全面的概括，其中的“托梦型”与本文讨论有关。吕宗力先生的论文《汉代开国之君神话的建构与语境》（《史学集刊》2010 年第 2 期）及《感生神话与汉代皇权正当性的论证》（《汉代的谣言》，杭州：浙江大学出版社，2011 年，第 289—306 页）对本文的讨论亦有助益。

论为主，云梦睡虎地秦简、岳麓秦简及马王堆汉墓简牍中则有《占梦书》及类似占梦手册的内容。不过前举史料有其局限处：内容相对抽象、教条，没有记录具体时空背景下的占梦史事。与此相异，《史记》《汉书》等正史则多记情节详细的梦例，其中不少是感生梦，即本文的讨论对象。

西汉感生梦均发生在帝王家。最著名者当属刘邦母刘媪之梦：

> 其先刘媪尝息大泽之陂，梦与神遇。是时雷电晦冥，太公往视，则见蛟龙于其上。①

此事又与他事相连属，试图证明刘邦乃蛟龙之子。汉文帝的降生亦与此相近。史载：

> 汉王……怜薄姬，是日召而幸之。薄姬曰："昨暮夜妾梦苍龙据吾腹。"高帝曰："此贵征也，吾为女遂成之。"一幸生男，是为代王。②

此外，武帝之母王娡孕武帝时，"梦日入其怀"③；王政君之母李亲"任政君在身，梦月入其怀"④等。东汉承续这一传统，例如，和熹邓皇后"梦扪天"、汉献帝之母"梦负日而行"⑤。

感生梦与妇女妊娠有关，分为"感梦而孕"和"孕中得梦"两类情形。不可否认的是，感生梦的产生有其生理因素。妇女在妊娠期间，生理和心理较孕前会有所变化，具体反映在梦境中，便是出现与胎儿有关的场景。至今民间仍对此抱有极大兴趣，呼之为"胎梦"。因此本文所涉及的感生梦，可能即是胎梦。果真如此，事情将大大简化，几无讨论的必要。然而细究之下便可发现，一旦与政治发生联系，感生梦将具有更加丰富的内涵。那么先秦史籍中并不多见的感生梦何以会在汉代屡屡出现呢？窃以为原因有以下两点。

---

① 《史记·高祖本纪》，北京：中华书局，1959 年，第 341 页。《汉书》作"交龙"，参见《汉书·高帝纪》，北京：中华书局，1962 年，第 1 页。

② 《史记·外戚世家》，第 1971 页。

③ 《史记·外戚世家》："太子幸爱之（王娡），生三女一男。男方在身时，王美人梦日入其怀。以告太子，太子曰：'此贵征也。'未生而孝文帝崩，孝景帝即位，王夫人生男。……长公主日誉王夫人男之美，景帝亦贤之，又有曩者所梦日符，计未有所定。王夫人知帝望栗姬，因怒未解，阴使人趣大臣立栗姬为皇后。……景帝怒……遂案诛大行，而废太子为临江王。栗姬愈恚恨，不得见，以忧死。卒立王夫人为皇后，其男为太子，封皇后兄信为盖侯。"（第 1975—1977 页）。

④ 《汉书·元后传》："初，李亲任政君在身，梦月入其怀。及壮大，婉顺得妇人道。尝许嫁未行，所许者死。后东平王聘政君为姬，未入，王薨。禁独怪之，使卜数者相政君，"当大贵，不可言。"禁心以为然，乃教书，学鼓琴。五凤中，献政君，年十八矣，入掖庭为家人子。"（第 4015 页）。

⑤ 分别见于《后汉书·皇后纪》，北京：中华书局，1965 年，第 418、449 页。

（一）感生梦乃感生神话的变体

感生神话是始祖诞生神话的最常见类型，它赋予始祖以神圣血统，而神圣性经由血统的传递可以惠及始祖的后代，从而树立本部族的不凡和优越地位。这种从始祖那里寻找根据的思维方式与早期社会对血缘关系的极度重视息息相关。[①] 汉代虽已步入地缘社会，但这种思维方式仍深深镌刻在当时人的意识中。感生梦借用了感物而生的形式，并延续了感生神话的基本逻辑。其中感梦而孕与感生神话中的感物而孕相当接近，前者是对后者的模拟。在关注感生的相似之处时，我们应注意到两点不同：感物者的生理状态不同、所感之物不同。

首先，感生神话中，感物者，如简狄、姜嫄等，均是在意识清醒的状态下主动感触某物而有身孕，感物与有孕存在明确的因果关系。而感生梦中，感物者均是在梦境中被动感触某物，感触与怀孕之间没有直接联系，而且多数是女性在已有身孕的情况下发生了感生梦。很明显这是对感生神话改造之后的产物，女性先有身孕而后才有吉梦，使腹中胎儿父亲的身份得以明确。其次，感生神话中所感之物多为动物或神奇事物，如玄鸟、巨人迹等，多与部落崇拜有关。至今，国内一些少数民族还保留着以动物为祖先的观念。[②] 贞女怀孕、胎儿无父或为禽兽化育等是世界各地感生神话共有的特点，被视为圣人卓尔不凡的特征之一。然而随着人伦意识的增强，这些特征渐渐给圣人带来身份上的尴尬，改造势在必行。[③] 因此秦汉以后的感生神话包括感生梦在内，其中的动物角色基本被天神和祥瑞取代，而且因感生所诞的婴孩不再是天神之子，而是被天神赐予神圣特质的凡人之子，如此就摆脱了伦理上的困境。此外，感生梦相较于感生神话更具私密性，但神秘性并未因此减弱，这也是一个优势。

汉代的感生梦，其梦象基本不出龙、日、月这三种与天下至尊地位关系极为紧密的祥瑞，暗示所诞婴孩与帝位存在密切关系。此外，个别帝王诞生时伴随神奇景象，如刘秀出生时“有赤光，室中尽明”。感生神话原本并不涵盖婴孩出生这一环节。汉人注意到这一点，将婴孩出生的环节加入进来，使婴孩从孕育到诞生的全过程为神话所

---

① 日本学者高木智见关于先秦时期血族观念的探讨，与此有所关联，可参其［日］高木智见：《先秦社会与思想：试论中国文化的核心》一书，何晓毅译，上海：上海古籍出版社，2011 年。

② 如鄂伦春族的熊崇拜，畲族、瑶族、苗族等对盘瓠的崇拜，等等。

③ 在汉代，关于圣人是否无父而生已经有了分歧。“今文三家《诗》、公羊《春秋》，圣人皆无父感天而生为一义，古文毛诗、左氏，圣人皆有父不感天而生为一义”。（语出皮锡瑞：《经学通论》卷 3《论诗齐鲁韩说圣人皆无父感天而生太史公褚先生郑君以为有父又感天乃调停之说》，北京：中华书局，1954 年，第 38—41 页。）又《史记・三代世表》记载张夫子与褚少孙关于圣人有父无父问题的讨论，亦可参。吕宗力先生据纬书中的感生神话，认为汉代感生“是高贵血统和神圣权力的标识和象征”，甚为允当，但他同时又认为“汉代人对‘圣人皆无父，感天而生’的信仰是忠诚而坚定的”，窃以为失之偏颇。吕说详见吕勍：《汉代的谣言》，第 302 页。

笼罩，神圣色彩更加浓厚。汉代承先秦余绪，完善并确立了诞生神话的书写规则，为后世所宗。两汉以降，帝王的诞生神话多围绕孕前、孕中、诞生这三个阶段展开，即来源于两汉对感生神话的改造和规范。

感生神话原本是圣王和圣人的专利，在圣王、圣人和天之间建立起亲缘纽带。在极端重视血统论的先秦时期，与天存在亲缘关系，便意味着具有超然的政权合法性和不容辩驳的权力正当性。感生梦承感生神话的精神内核而起，也等于宣示自己占据了政治高地，在继承帝位方面拥有优先地位。而汉初统治者也急于摆脱自己的平民出身，这种需求也推动了感生梦在汉代的出现。

（二）汉人对梦的认知

感生梦之所以能够在汉代出现并站住脚，与汉人对梦的认知亦有很大关系。以往讨论汉人对梦持何种观念时，往往引述《黄帝内经》和《潜夫论》当中的释梦内容。《黄帝内经》论证了生理变化导致的各种梦象，以不同病症对应不同的梦象，比如“阴气盛，则梦涉大水而恐惧；阳气盛，则梦大火而燔焫；阴阳俱盛，则梦相杀”①。而王符在《潜夫论·梦列篇》中专门讲解梦的类别，强调梦的产生缘于人内在的原因，反对鬼神致梦说。②由于这两种文献所展现出的“理性主义”倾向，我们无法断定这种表述是否可以代表多数人的想法。实际上，我们是相当怀疑的，因为这与商周以降的“降祟说”“鬼神入梦说”反差强烈，且与汉代史书中的记载相冲突。出土文献为我们解决了这个困扰。20 世纪 70 年代出土的睡虎地秦简《日书》及马王堆汉墓医书《杂疗方》为我们提供了一些有关梦的材料，而岳麓秦简更是保存了一份颇有价值的《占梦书》残本。③这些更加贴近当时人日常生活的材料显然更有说服力。而且，出土文献直接对《黄帝内经》和《潜夫论》的观点构成了挑战。

睡虎地秦简《日书·诘篇》认为恶鬼能够致梦。匀鬼、图夫等被认为可导致噩梦，并带来疾病，甚至危及人的性命。例如：

> 一宅之中毋（无）故室人皆疫，多瞢（梦）米（寐）死，是是匀鬼貍（埋）焉，其上毋（无）草，如席处。屈（掘）而去之，则止矣。④

① 河北医学院校释：《灵枢经校释》（下），北京：人民卫生出版社，1982 年，第 19 页。

② （汉）王符著，（清）汪继培笺，彭铎校正：《潜夫论笺校正》，北京：中华书局，1985 年，第 315—324 页。

③ 本文虽旨在探讨汉人对梦的认识，但考虑到信仰一类的思想观念在短期内发生大波动的可能性不太大，故援引秦简中的相关内容以为佐证。

④ 睡虎地秦墓竹简整理小组编：《睡虎地秦墓竹简·释文》，北京：文物出版社，1990 年，第 212 页。

如果要禳除噩梦，还需要专门向食梦之神豹竒[①]祝祷，请求他除去噩梦。

而岳麓秦简《占梦书》同样认为人做梦有时与鬼神有关。如：

> 梦见羊者，伤（殇）欲食。[梦]见犬者，行欲食。[梦见]□□，灶欲食。⧄[梦见]□□，大父欲食。[梦]见马者，父欲食。梦见豕者，明（盟）欲食。梦见汲者，疠、租（诅）欲食。梦见斩足者，天閼（阏）欲食。[梦见]彭者，兵死、伤（殇）欲食。梦见贵（贲[②]）人者，遂欲食。[③]

其中“行”“灶”“盟”“疠”“诅”等皆为神，“殇”“大父”“父”“兵死”等可称鬼。刘邦以薄姬梦龙为“贵征也”，刘启亦以王娡梦日为“贵征”，结合简文，都说明在汉人的观念中，梦与神鬼是具有紧密联系性的，梦的背后经常有鬼神的影子。这与商周以降关于鬼神入梦的传统观念是基本一致的。而且这些占梦材料无不认为，梦中景象与人的现实生活的吉凶存在对应关系。除去鬼神托梦求食的部分，占梦书主要是回答关乎梦者自身的吉凶祸福。而其中相当数量事关个人及家人的生死[④]，这种危险的指示无疑表明当时人对梦象的不解和恐惧。在梦面前，人完全是被动的。是否进入梦境不由人决定，而一旦进入梦境，人的行为也不能完全自主。以当时的知识水平，鬼神控制梦境之说显然颇有说服力。在梦境中，人与鬼神之间是可以对话交流的。有了鬼神的参与，即便再离奇的事也会变得自然起来，鬼神的意志也可以经由梦境来展现。这正是感生梦得以产生的观念基础。

感生梦作为感生神话的变体，保留其神圣色彩，企图证明感梦而生的胎儿是未来君王的不二人选。同时汉人相信鬼神可以控制人的梦境，这就为感生神话借梦的躯壳在汉代复生打开了方便之门。

二、由感生梦看西汉立嗣过程中的子凭母贵

梦只是一种征兆或提示，本身不具有神奇效力，并不会对所谓“命运”产生任何

---

① 日书甲种作豹竒，乙种作“宛奇”，饶宗颐、赵平安认为从字形考虑二者一致。另《续汉书·礼仪志》与敦煌解梦书作“伯奇”。

② 此字简文残缺左半部，故不易辨识。整理者以为或是“贵”字，笔者以为当作“贲”，通作“奔”。

③ 朱汉民、陈松长主编：《岳麓书院藏秦简》（一），上海：上海辞书出版社，2010年，第170—172页。

④ 相关占梦条文如“梦夫妻相反负者，妻若夫必有死者”“梦身被枯，妻若女必有死者，丈夫吉”“梦身生草者，死沟渠中”“[梦]市人出亓（其）腹，其中产子，男女食力傅死”（朱汉民、陈松长主编：《岳麓书院藏秦简》（一），第155、161页。等均言及个人及家人的生死，笔者猜测可能与当时较高的死亡率有关，死亡常常不期而至，才导致占辞中多有死亡之语。这点与睡虎地秦简《日书》中言疾病、生育、死亡或有共通之处。

影响，因此，薄姬、王娡等人讲述自己的梦境，或者保持沉默，好像并不会对自己的未来产生什么影响。但依据当时的常识，她们知晓梦境之意味，希望被帝王倾听，才会讲出来。而且刘邦、刘启等亦以“贵征”视之，足见感生梦在当时已成为一种文化符号，参照日后局势的发展可知这象征着最高权力的归属。不过我们不能排除这样一种可能性：有不止一个妃嫔向皇帝讲述过类似的感生梦或与感生梦类似的神秘体验，但最终在编撰史籍时，胜利者的话语被传达，失势者被刻意抹去，甚至可能移花接木。历史的大门难以完全敞开，但仅据目前所见，仍能一窥汉代政坛的某些侧面。具体到感生梦，与之紧密相关的便是君主的立嗣问题。

妃嫔的感生梦是否能作为一种神启或预言，关键是看感梦而生的婴孩日后能否成为皇帝。这样一来就自然与帝国的传嗣问题发生了关联。选嗣乃国之大事，也是长期困扰中国的一大难题，这在西汉尤为明显。西汉诸帝①，除去文帝，其他都有过选嗣的苦恼：惠帝、昭帝、成帝、哀帝和平帝皆无嗣，故需从旁支中选取继嗣者；高祖、景帝、武帝和宣帝都有过改嗣之心，其中景、武二帝付诸行动，高、宣二帝因各自的原因中止了更换太子的打算。可见选嗣问题自始至终伴随着汉帝国，故不可不察。而感生梦在其中扮演的角色，颇可玩味。

感生梦由母亲来完成，然而主角却是因此而诞下的婴孩，给人的印象是，婴孩的命运是上天安排注定，而母亲不过是执行上天意志的工具，毫无主动性。这是一种错觉，切不可忽视妃嫔在其中发挥的作用。结合西汉诸帝选嗣的过程来看，其中免不了有一番政治博弈。有学者指出汉代的嫡长子继承制不甚严格，是比较准确的。嫡长子一般具有继嗣优先权，皇后无子的情况下诸庶子方有机会，不过皇帝也可以根据自己的意志来更换人选。总结起来，影响选嗣的因素主要有这样几点：皇帝的认可、后宫的争取、大臣的支持。这三者其实对应的是皇帝、外戚、权臣三股政治力量，选嗣实为这三种力量的相互制衡的结果。其中，后宫可以起到枢轴的作用，影响皇帝和大臣的态度。如果妃嫔能取得皇帝的宠幸，获取大臣的支持，那将胜券在握。反之，如果妃嫔不受宠，又得不到群臣的支持，必败无疑。以刘邦改嗣为例，因为刘邦不喜欢太子刘盈，欲立宠妃戚夫人之子如意为太子。吕后求助于众老臣，赢得他们的支持，最终迫使刘邦放弃改嗣之意。很明显，在选嗣过程中真正无用武之地的是感生梦，而妃嫔在此过程中扮演着关键角色，所以言子凭母贵，正源于此。

父系家长制条件下，父亲在家庭中的核心地位基本是固定的，母亲的地位可能升降并直接影响所生子女在家庭中的地位。此外，汉代诸皇子的区分，往往称母姓

① 吕后执政期间扶植的两位少帝暂不列入帝谱。

以别之，比如称呼栗太子、卫太子、史皇孙等。[①]众所周知，汉代妇女的家庭地位较后世为高，在家庭事务中拥有较大的话语权。[②]在“家天下”的政治体制下，皇室妇女参与政治事务便毫不足怪，如吕后、窦后对汉初政治的影响。具体到选嗣问题，与其说“母以子贵”不如说“子以母贵”。《公羊传》曰：“立嫡以长不以贤，立子以贵不以长。桓何以贵？母贵也。母贵则子何以贵？子以母贵，母以子贵。”[③]已经指出皇后的人选左右了太子的人选。不过考虑到后位并不稳固的情况下，太子之位随时可能易主。郭正凯先生在《汉代贵族“子从母姓”新探》一文中指出了嫡庶地位的变化与皇帝可以凭个人喜好废立皇后、太子，可为参考。[④]不过就后宫妃嫔在此变动中扮演的角色，郭文未及讨论，笔者深感有必要结合西汉政治演进的形势对此进行分析。

本文所言子凭母贵，并不仅仅指皇子因为其母的皇后身份而承嗣大统，它囊括了所有因为母亲的缘故而被立为储君或直接登基即位的情况。其情形有二：其一，皇帝出于感情考虑，可能会先立宠妃为后，再立其子为太子；其二，母家势力单薄的妃嫔容易获取皇帝和大臣的支持而脱颖而出，出于对外戚力量的猜忌，皇帝和大臣更愿意看到一个相对弱小的外戚。以上两种情形在西汉历史上均有表现。一般多注意到第一种，容易忽视第二种。其实反而是第二种情况在西汉的政治实践中居多。皇后和太子人选的变易固然有皇帝个人感情在其中，但其中的政治考量当为首要因素，切不可忽略了政治斗争的复杂和残酷。选嗣绝不是心血来潮的随意决定，乃是一番理性思考的结果。由于吕后弄权的教训，防范外戚是西汉政治家非常重视的问题。因此在考察继嗣人选时，母家势力的强弱、德行的高低是其中极为重要的一个因素。子凭母贵，实质上揭示的是皇族、权臣、外戚之间的微妙制衡。

当初周勃、陈平等人决定迎立代王刘恒入长安即位，而未选择其他刘氏子孙，很重要的一点就是：其他人的母家势力强大，又有恶人之名，恐日后难以控制；而刘恒母家薄氏势力甚微，且属温良之辈。因此之故，刘恒才能顺利成为皇位的最终人选。[⑤]而武帝刘彻即位得益于宫廷内斗。武帝母王夫人联合长公主嫖共同针对栗姬，而栗姬

① 详见（清）赵翼著，王树民校证：《廿二史札记校证》卷3“皇子系母姓”条，北京：中华书局，2013年，第62页；王子今：《张家山汉简〈秩律〉四“公主”说》，《古史性别研究丛稿》，北京：社会科学文献出版社，2004年，第213—218页。须指出的是，称母姓是为了区分异母兄弟姐妹，不是随母姓。

② 相关内容可参看彭卫：《汉代婚姻关系中妇女地位考察》，《求索》1988年第3期；贾丽英：《论汉代妇女的家庭地位》，《四川大学学报（哲学社会科学版）》2001年第6期。

③ 《十三经注疏》整理委员会整理：《十三经注疏·春秋公羊传注疏》，北京：北京大学出版社，第13页。

④ 郭正凯：《汉代贵族“子从母姓”新探》，《思想战线》1989年第2期，第78—81页。

⑤ 事在《史记·吕太后本纪》，第411页。

因度量狭隘惹怒景帝，终使景帝下了更立太子的决心。[①] 景帝改嗣是出于日后政局稳定考虑，担心栗姬强势而好妒，重演吕后一幕。而王夫人出身微贱，母家无甚势力，又颇得景帝宠信，遂立为后。王夫人立后，刘彻子以母贵，也就顺理成章地成为太子。武帝本人也清楚意识到了这个问题，因此才会道出：“往古国家所以乱也，由主少母壮也。女主独居骄蹇，淫乱自恣，莫能禁也。女不闻吕后邪？”[②] 在打算立幼子刘弗陵为太子后，武帝果断将弗陵之母钩弋夫人处死，正是出于这番考量。由于武帝“立子杀母”没有在西汉形成制度，所以对妃嫔个人德行以及母家势力的考量终究是重中之重。

选嗣过程充满各种政治利益的考量，感生梦难以参与其中。不过这并不意味着感生梦与选嗣毫无关系。实际上，感生梦的作用体现在选嗣结束之后，对既成事实进行追溯式论证。如前所述，感生梦等总是被政治斗争的胜利者所享有，而失败者或缺乏这方面的记载，或被噩梦缠身。这种被裁剪过的历史图像因其残缺，不能说明所有问题，但也为后来者提供了另一种认识思路。

一方面这种剪裁是胜利者意志的体现，所极力鼓吹颂扬的很可能恰是他们所缺乏的，所极力遮掩的可能恰是他们不愿示人的。西汉诸帝有神秘主义色彩者，多在诞生问题上做文章。其中高、文、武与感生梦有关，昭帝则居母腹十四月才出生，宣帝则有天子气及谶言之事。为何是这几位帝王呢？鄙意以为与他们继嗣的环境有关。高祖以布衣而为帝王，文帝本为偏居北地的藩王，武帝则是栗太子刘荣被废之后才被立为太子，昭帝也是卫太子被杀之后、武帝临终所立，宣帝则生而身陷牢狱、长于民间。相比其他帝王，这几位帝王的登基之路或偶然或艰险，都是在对手的虎视眈眈下登上皇帝宝座的。这种情势之下，势必要采取措施稳定自己的地位。秦二世之事可为资鉴：陈胜、吴广散播“二世少子也，不当立，当立者乃公子扶苏”，以此否定秦二世胡亥统治的合法性。汉昭帝时，曾有男子自称卫太子，造成了群臣的恐慌。说明这一问题亟待解决，否则一旦被政敌抓住这一弱点进行类似“胡亥不当立”的攻击，后果将不堪设想。而假借天命来为自己宣传张目是最佳方式，可以争取舆论的主动权，阻绝政敌的破坏。反观顺利即位者，很少有神迹与他们个人发生联系，因为不需要。所以我们有理由怀疑，帝王诞生形象迥然分为两类，实乃选嗣身份差异造成的结果。身份的劣势直接推动了神奇形象的塑造，而身份处于优势者却无须利用神秘事件神化自

① 事在《史记·外戚世家》，第 1975—1977 页；《汉书·外戚传》，第 3945—3946 页。栗姬善妒，与长公主嫖结怨，后者在景帝前进谗言贬损栗姬。而这正触怒景帝的是“景帝尝体不安，心不乐，属诸子为王者于栗姬，曰：‘百岁后，善视之。’栗姬怒，不肯应，言不逊。景帝恚，心嗛之而未发也”。由此一事可看出栗姬之败乃必然也。

② 《史记·外戚世家》，第 1986 页。

己。感生梦或其他神迹不过是政治宣传手段而已。

另一方面，失败者往往被描述为德行有亏或遭逢不祥，秦始皇、秦二世、霍光妻、王莽等遇噩梦，是他们失败的前兆。在有限的篇幅内，史家无法事事尽书，必有一番裁汰。所余诸事，彼此间往往相互佐证，共同构成具有某种必然指向的事件链。对胜利者而言，是必然的胜利；对失败者而言，是必然的失败。必然性赋予某些事件以象征意义，比如，感生梦这类吉梦基本与史家所要褒扬的人有关，象征着权力、福禄等；噩梦、凶梦则多与史家欲贬之人相关，象征着灾祸、凶险。虽不能判断有无“泼脏水”，但据此可知这些象征关系应是当时社会所认可的共识。

立嗣问题事关帝国未来，皇帝不敢轻易决定。感生梦基本对皇帝的意志构不成影响，乃后来居上者借以神化自己的宣传手段，但仍与立嗣问题密不可分。同时，在立嗣过程中真正发挥作用的反而是与感生梦有关的妃嫔，她们在后宫中打击竞争对手赢得皇帝的宠幸和信任，放松对其母家势力的戒备，从而占得通往最高权力的先机。栗太子之被废，乃其母栗姬不识大局所致也，从反面验证了“子以母贵”为西汉帝王选嗣的基调。

三、结　　语

刘氏以布衣身份继秦而起，为千古未有之变局，需要为自己的政权合法性进行辩护。深植于汉代社会土壤的感生梦成为不二选择，作为天命观的象征，它的兴衰与西汉政治形势的演进密切相关。当政者利用天命论来鼓吹自身统治的神圣性，一度因此而获益。却未料到思想的发展有其内在逻辑，并不完全依附于现实权力。最终天命观念在西汉后期获得强劲发展，转而侵蚀皇室统治的法理基础，成为反对者颠覆刘氏政权的重要武器。此外，汉代树立了感生梦的典范，后世君主，尤其是开国君主往往对此进行模仿以神化自身。这是西汉政治留给后世的一份政治文化遗产。

兴灭继绝

——东汉侯爵绍封制度再探*

尤 佳
（云南民族大学民族学与历史学学院）

一、问题的提出

在我国古代社会，封爵的承袭模式一般有两种：连续传袭的爵位继承方式（如“嫡子袭爵”“推恩分封”等[①]）与间断传袭的爵位继承方式（也被称为“绍封”或“绍封继绝”）。与连续传袭的爵位继承制度相比，绍封袭爵的实例不如前者多，似乎显得不如前者重要，学界对此关注度较为有限，评价也不甚高。如日本学者牧野巽认为，绍封是基于皇帝旨意的例外性、恩惠性的措施，绝非制度上的规定。[②]西嶋定生也赞同牧野氏的看法，他说：“（汉代）在制度上只承认儿子的爵位继承，疏远亲属自不用说，孙及兄弟之子也不被认可继承，他们间或也有被许可继承一事，是例外的、恩赏性的，决（绝）不是制度上的当然认许。”[③]两位日本学者都表达了这样一种看法：在汉代的封爵传递中，儿子对爵位的继承是常态化的，其他人等的“绍封”即国除后所发生的封爵继承行为则是例外性的。关于牧野巽与西嶋定生先生对绍封“绝非制度上的规定”的评价，我们认为应还存在商榷的余地。两汉时期封爵绍封的实例还是有一

* 本文为国家社科基金重大项目“秦汉时期的国家构建、民族认同与社会整合研究”（17ZDA180）阶段性研究成果。

① 列侯的推恩分封是侯爵继承制度的重要组成部分，其形式具体有两种：分户推恩与另立户邑。详见尤佳、周斌、代唯酝：《东汉列侯推恩分封问题辨正——东汉侯爵继承制度研究之一》，《古代文明》2013 年第 2 期。

② ［日］牧野巽：《西汉的封建相续法》，《支那家族研究》，东京：生活社，1944 年，第 416 页。

③ ［日］西嶋定生：《中国古代帝国的形成与结构——二十等爵制研究》，武尚清译，北京：中华书局，2004 年，第 58 页。

定数量的，更重要的是王朝在绍封的条件、范围及绍封者待遇等诸方面逐渐形成了一套执行的原则和方法，这在东汉表现得尤为典型。所以我们认为，绍封这种封爵继承制度在汉代，至少说在东汉业已制度化了。

同时，作为与连续传袭的爵位继承方式相并列的另一种袭爵模式，绍封在王朝的政策体系中发挥着十分重要的作用。以涵盖承嗣者的范围为例，它远比前一种模式要广，真正将嫡子、庶子以及其他亲族成员列为自己的研究对象。鉴于学界目前的研究状况，我们认为很有必要深入探讨这个有较大学术价值但关注度却不高的问题，希望就绍封制度的定义、特点及其历史演变得出一个较为公允、全面的评价和客观、准确的分析，本文主要以东汉侯爵为例①，谨据相关史料，略陈管见，疏失之处，祈请方家教正。

二、东汉侯爵绍封的对象

探讨绍封制度，首先需要搞清楚何为绍封。目前学界对它的解释并不一致，代表性的观点主要有以下两种。杨光辉认为，绍封是指以庶子孙或亲族子弟袭爵。②程维荣认为，所谓绍封即受封者无嫡子时，可以由庶子或侄子继承。③总体上看，关于绍封的这两种看法有一个共同点，即认为绍封者不会是除国侯的嫡子（孙），而是其庶子孙或其他亲族子弟。相较而言，杨光辉对绍封对象的范围界定得更大一些。

此外，学界还存在另一种意见，认为嫡子孙也有绍封资格，绍封并非仅涵盖庶子孙。如韩亚男认为，绍封是一种绝国后子孙或亲族子弟袭爵的现象。此处所言的子孙，韩氏并没有只限定为庶子孙，她认为还可以是嫡子孙。④韩亚男的这种看法与程、杨两人存在明显的区别，分歧的焦点在于嫡子孙是否能绍封袭爵。关于庶出候选人的范围界定，韩亚男与杨光辉几乎完全一致，皆认为是庶子孙或亲族子弟。那么，上述见解是否准确允当呢？“绍封”的含义到底是怎样的呢？笔者认为很有必要对这一概念进行辨析剖明。

对以上观点，我们首先想阐明的是，尽管在实践中侯爵的绍封往往表现为对某人

① 《后汉书》无表，虽然自宋代开始，陆续有学者为其做补表，但都不同程度存在着讹误遗漏，这无疑为我们的研究增加了不少障碍，学界对东汉封爵、职官等一些问题的研究也明显逊于西汉。有鉴于此，本文的讨论主要以东汉侯爵为例，希望能抛砖引玉，有助于学界加深对于这一研究薄弱环节的认识。

② 杨光辉：《汉唐封爵制度》，北京：学苑出版社，2002 年，第 142 页。

③ 程维荣：《中国继承制度史》，上海：东方出版中心，2006 年，第 148 页。

④ 韩亚男：《东汉列侯的等级、绍封及传袭特征探讨》，吉林大学硕士学位论文，2008 年，第 18 页。

授以侯爵，似乎属于列侯分封的一种形式。但如果我们从绍封前后相继的整个过程去考察，就发现它应当属于爵位的继承制度，只不过它有别于为人熟知的连续传袭的爵位继承制度。

封爵绍封得以发生是因为存在“国除”，或称之为“绝封”“绝国”等。经过一段绝国期后，少部分除国侯的后人有机会蒙朝廷特恩，复袭侯爵，侍奉先侯之祀，绍封中“褒显先勋、纪其子孙”① 的继绝、褒扬意味十分浓厚。

关于绍封的定义，既然学界分歧的焦点在于嫡子孙是否能绍封继绝，那我们首先就来分析嫡子孙有否成为绍封者的可能性。我们知道，绍封得以发生是因为存在“国除”，或称之为“绝封”“绝国”等。经过一段绝国期后，少部分失爵者的后人有机会蒙朝廷特恩，复袭封爵。而绝封的原因一般有两种：一是所谓“无子”，实际指的是封君没有嫡子；二是有罪除国，至于罪错的原因则多种多样。以列侯为例，对于第一种情形，除国侯既然没有嫡子，那么绍封对象只能是其庶子孙或亲族成员。若是第二种情况——列侯坐罪失国，其嫡子孙则完全有可能存在，常见的情形是嫡庶皆有，嫡子甚或不止一位。朝廷予以绍封时，会在除国侯的子嗣中选择适合的袭爵者，继承的优先级应当与连续传袭下的侯爵承袭制度一样，嫡子尤其是嫡长子享有最高的优先级。在此情形下，绍封侯完全有可能是嫡子。如果仅以“无子国除”情形下的绍封事例去解释整个绍封制度，忽视“坐罪除国”的绍封情况，结论恐怕会失于周全。为便于对绍封的概念进行界定，兹将东汉所有列侯绍封的事例列表 1 如下，以清眉目：

表 1　东汉侯爵绍封统计表

绍封时间		绍封侯	爵称	除国侯	爵称	始封侯	爵称	《后汉书》描述绍封侯身份的类型②	A：绍封侯与除国侯关系	B：绍封侯与始封侯关系	除国原因	列侯属类
明帝	永平十四年（71年）	窦嘉	安丰侯	窦穆	安丰侯	窦融	安丰侯	A	子	孙	坐事死狱中	功臣侯
章帝	建初元年（76年）	贾邯	胶东侯	贾敏	胶东侯	贾复	胶东侯	B	叔伯	子	坐诬告母杀人	功臣侯
	建初二年（77年）	耿盱	高亭侯	耿阜	莒乡侯	耿纯	东光侯	A	子	孙	坐同族耿歙与颜忠辞语相连	功臣侯

① 《后汉书》卷 26《韦彪传》，北京：中华书局，1965 年，第 917 页。

② 《后汉书》在描述绍封侯身份时，时而以除国侯为参照，时而又以始封侯为参照，故本表对不同的身份描述类型进行了区分。如《后汉书》从绍封侯与除国侯之间的关系来书写的（合计有 15 人），本表就用“A”表示；若由绍封侯与始封侯的角度去描述的（总计有 12 人），则用“B”表示；但对于少部分绍封侯（共计有 5 人），其侯邑之始封者与除国者为同一人，则对其身份的描述既可看作是以除国侯为视角，亦可视为以始封侯为参照，故以“AB”来表示。

续表

绍封时间		绍封侯	爵称	除国侯	爵称	始封侯	爵称	《后汉书》描述绍封侯身份的类型	A：绍封侯与除国侯关系	B：绍封侯与始封侯关系	除国原因	列侯属类
章帝	建初二年（77年）	耿腾	高亭侯	耿盱	高亭侯	耿纯	东光侯	B	不详	后裔	不详	外戚恩泽侯
	建初二年（77年）	曹湛	容城侯[1]	不详	不详	曹参	平阳侯	A	子	孙	追坐染楚王英事	外戚恩泽侯
	建初七年（82年）	萧熊	酂侯	不详	不详	萧何	酂侯	B	不详	后裔	不详	外戚恩泽侯
	不详	郭勤	伊亭侯	郭嵩	新郪侯	郭竟	新郪侯	A	弟	孙	无子	功臣侯
和帝	永元七年（95年）	冯劲	平阳侯	冯奋	平阳侯	冯奋	平阳侯	AB	兄	兄	无子	外戚恩泽侯
	不详	冯珖	杨邑乡侯	冯定	杨邑乡侯	冯鲂	杨邑乡侯	A	弟	孙	无子	功臣侯
安帝	永初二年（108年）	冯晨	平乡侯	冯普	平乡侯	冯异	阳夏侯	AB	子	子	坐罪	王子侯
	永初六年（112年）	邓康	夷安侯	邓良	夷安侯	邓珍	夷安侯	A	子	曾孙	有罪	功臣侯
	永初六年	朱冲	鬲侯	朱演	鬲侯	朱祐	鬲侯	A	弟	子	无子	功臣侯
	永初七年（113年）	杜奉	安乐亭侯	杜元	参蘧乡侯	杜茂	参蘧乡侯	A	子	曾孙	坐从兄伯为外孙阴皇后巫蛊事	功臣侯
	永初七年（113年）	马震	缪亭侯	马檀	杨虚侯	马武	杨虚侯	B	子侄辈	孙	坐与楚王英党王平、颜忠不道[2]	功臣侯
	永初七年（113年）	万丰	曲平亭侯	万亲	扶柳侯	万修	槐里侯	B	子侄辈	孙	坐兄伯济与楚王英党颜忠不道	功臣侯
	永初七年（113年）	盖恢	芦亭侯	盖侧	安平侯	盖延	安平侯	B	子侄辈	曾孙	无子	功臣侯
	永初七年（113年）	傅铁	高置亭侯	傅昌	关内侯	傅俊	昆阳侯	B	子侄辈	曾孙	坐与舅王平谋反	功臣侯
	永初七年（113年）	景遽	监亭侯	景临	余吾侯	景丹	栎阳侯	A	子	孙	以国贫不愿就封贬为关内侯	功臣侯

① 《后汉书》卷26《韦彪传》作“平阳侯”（第917页），然《后汉书》卷4《和帝纪》所载永元三年（91年）诏书却作“容城侯”。（第172页）钱大昭考证曰：“平阳公主，永平三年封。建初八年，子冯奋袭封。则建初二年不得有两平阳侯。……（曹湛）则为容城无疑。”详参（清）钱大昭：《后汉书补表》卷5《外戚恩泽侯》，（宋）熊方等撰，刘祐仁点校：《后汉书三国志补表三十种》（上册），北京：中华书局，1984年，第342页。钱说甚是，今从之。

② 《后汉书》卷22《杜茂传》云：“永平十四年，（杜元）坐与东平王等谋反，减死一等，国除。”（第778页）钱大昭认为此处记载有误，杜元应当是“坐与楚王英党王平、颜忠不道，减死，国除”。参阅（清）钱大昭：《后汉书补表》卷3《光武明章和安顺冲功臣侯》，（宋）熊方等撰，刘祐仁点校：《后汉书三国志补表三十种》（上册），第297页。

续表

绍封时间		绍封侯	爵称	除国侯	爵称	始封侯	爵称	《后汉书》描述绍封侯身份的类型	A：绍封侯与除国侯关系	B：绍封侯与始封侯关系	除国原因	列侯属类
安帝	永初七年（113年）	邳音	平亭侯	不详	乐陵侯	邳彤	灵寿侯	A	叔	孙	无子	功臣侯
	永初七年（113年）	臧由	朗陵侯	臧松	朗陵侯	臧宫	朗陵侯	AB	子	子	被诬自杀	外戚恩泽侯
	元初元年（114年）	马朗	合乡侯	马光	许侯	马光	许侯	B	兄弟	孙	无子	功臣侯
	元初三年（116年）	马度	颍阳侯	马遵	程乡侯	马廖	顺阳侯	B	子侄辈	孙	无子	外戚恩泽侯
	永宁元年（120年）	樊盼	燕侯	樊建	燕侯	樊宏	寿张侯	A	弟	玄孙	无子	外戚恩泽侯
	永宁元年（120年）	阴淑	原鹿侯	阴璜	原鹿侯	阴识	原鹿侯	A	弟	孙	与母别居	功臣侯
	永宁元年（120年）	刘瓌	朝阳侯	刘护	朝阳侯	刘匡	宜春侯	A	弟	孙	为奴所杀，无子	外戚恩泽侯
	延光中	刘嵩	西平侯	刘昱	西平侯	刘昱	西平侯	A	从兄	曾孙	无子	王子侯
顺帝	阳嘉三年（134年）	耿箕	牟平侯	耿宝	牟平侯	耿舒	牟平侯	A	子	曾孙	阿附嬖幸，共为不道，自杀	功臣侯
桓帝	延熹二年（159年）	马昌	益阳亭侯	马丑	棘陵侯	马成	全椒侯	B	祖父辈	玄孙	坐罪	功臣侯
	延熹二年（159年）	万恭	门德亭侯	万炽	曲平亭侯	万修	槐里侯	B	兄弟	玄孙	无子	功臣侯
	延熹二年（159年）	邓万世	南乡侯	邓遵	舞阳侯	邓遵	舞阳侯	AB	子	子	被诬自杀	外戚恩泽侯
	延熹二年（159年）	郑石雠	关内侯	郑安	鄛乡侯	郑众	鄛乡侯	B	子侄辈	曾孙	不详	宦者侯
献帝	建安中	王黑	安乐亭侯	王允	温侯	王允	温侯	AB	孙	孙	被杀	功臣侯

资料来源：《后汉书》、《后汉纪》、《三国志》、熊方《补后汉书年表》、钱大昭《后汉书补表》、万斯同《东汉诸王世表》、《东汉外戚侯表》、《东汉宦者侯表》、《东汉云台功臣侯表》与黄大华《东汉中兴功臣侯世系表》。

据表1对东汉列侯绍封情况的统计，在全部32个实例中，除去3例情况不详外，[①]因无子绝封的计有12例，因各种罪错而遭免爵或杀害的有17例。可见，列侯因无嫡嗣而绝封的情况在绍封中并不占多数，更多的是因坐罪除国。所以，多数绝国侯一般

① 除国原因不明的3个绍封实例中，其绍封侯分别为：高亭侯耿腾、酂侯萧熊、关内侯郑石雠。

会有嫡子，若蒙绍封时，这些故侯的嫡嗣自然会先于庶出或血缘关系更为疏远的亲族成员去承嗣原爵，所以绍封侯中应当有嫡子的存在。史籍也为我们的这一论断提供了证据，据《后汉书·宗室四王三侯列传·城阳恭王祉传》：

> （刘）祉以故侯嫡子，行淳厚，宗室皆敬之。及光武起兵，祉兄弟相率从军……更始立，以祉为太常将军，绍封春陵侯。[①]

观上可知，刘祉是以先侯嫡子的身份绍封春陵侯的。尽管这则史料反映的是两汉之交的封爵传袭情况，但此时距东汉甚近，制度上的因袭与可参照性仍非常大。所以，以刘祉的例子大略说明东汉，尤其是东汉初年的情形，应无大的问题。

另外，学界关于绍封者范围的界定还存在可商榷之处。在绍封者的选择范围上，杨光辉将程维荣的“庶子或侄子”扩大为“庶子孙或亲族子弟”，韩亚男又在杨光辉的基础上补入了嫡子孙，但我们认为，这样的界定仍不够准确，还有一些具有绍封资格的人群被遗漏了。

以上三位学者在界定绍封侯可能的人选时，皆以除国侯为参照对象去探讨与其有何种血缘关系的人拥有绍封资格。表 1 即详细罗列了绍封侯与除国侯的关系、绍封侯与始封侯的关系。之所以要补列后面一项，是因为史籍在描述绍封侯身份时，时而以除国侯为参照，时而又以始封侯为参照，选择不同的参照者会使绍封侯具有不同的身份表述，这种多重的身份界定有助于我们更清楚地探寻王朝对绍封继承人的选择倾向。

通过对《后汉书》中相关绍封史实的分析和统计，范晔只从绍封侯与除国侯之间关系书写绍封侯的实例有 15 个，仅由绍封侯与始封侯角度去描述的有 12 例。在属于前者的 15 位绍封侯中，确定为除国侯之子的有 7 人、兄弟有 6 人、从兄弟 1 人、叔 1 人。我们需要特别注意的是，绍封者并非只有除国侯的晚辈（如子）或平辈（如兄弟或从兄弟），还存在其长辈（如叔），这是一个非常有趣且鲜有关注的问题。一般来说，先侯爵位通常是由其晚辈或平辈来继承，能由长辈承嗣者较少，所以学界目前对绍封的定义中，多称绍封继爵者为先侯的子孙或亲族子弟，这种认识恐欠准确周全。我们细究东汉列侯绍封的实例会发现，绍封者为除国侯长辈的情形并非个案。如胶东侯贾敏坐诬告其母杀人除国，爵位后由其叔父贾邯绍封[②]；棘侯马丑坐罪失国，后来竟由其祖父辈的长亲马昌绍封为益阳亭侯。[③] 这种以先侯长辈绍封继统的情况在我们研究封爵继承制度时，具有重要的学术价值，值得我们在今后的研究中给予应有的重视。

---

① 《后汉书》卷 14《宗室四王三侯列传·城阳恭王祉传》，第 561—562 页。

② 《后汉书》卷 17《贾复传》，第 667 页。

③ 《后汉书》卷 22《马成传》，第 780 页。

《后汉书》仅由绍封侯与始封侯之间关系来论绍封侯的例子共计 12 个，其中绍封者为始封者之子的有 1 人、孙有 4 人、曾孙有 3 人、玄孙有 2 人、后裔有 2 人。如果我们以整体的眼光去考察这些绍封侯，将以上 12 位绍封侯亦以除国侯为参照来分析其亲缘关系便会发现，在东汉的 32 个绍封实例中亲缘关系明了的有 30 例，绍封侯明确为除国侯之子的有 10 人，子侄即可能为除国侯之子或是其侄的有 6 人、弟（含从兄弟）10 人、孙 1 人、叔伯辈长亲 2 人、祖父辈长亲 1 人。需要说明的是，关于容城侯曹湛与酂侯萧熊二人与距他们世代最近的除国侯的关系，囿于史料，目前我们还尚不清楚，所以本文暂未将这二人列入上述统计中。综上，在亲缘关系明了的 30 位绍封侯中，属除国侯子侄辈的有 16 人，占到了总数的 53%以上；兄弟辈的有 10 人，占到了总数的 1/3。此外，还有以孙、以叔伯和祖父绍封继统的，尽管他们的数量较少，但如前两类人群一样，他们也完全拥有绍封袭爵的资格。他们的存在大大拓宽了我们的研究视野，使我们了解到绍封者不仅可以是绝封者的子侄兄弟等，亦可以是其长辈。

通过以上考证和分析，笔者以为很有必要对“绍封”的概念重新进行界定。它应当是除国绝封后由失爵者的子孙或亲族成员在皇帝许可的情况下继承原爵主爵位的一种继承方式，其中绝封者的子孙既有嫡子孙，也有庶子孙，亲族成员的范围也相当广泛，包含绝封者的侄子、兄弟、从兄弟以及叔伯、祖父等。

三、东汉侯爵绍封的特点

（一）降等绍封

东汉侯爵绍封中有一个突出特点——降等绍封，即绍封侯与除国侯（或与始封侯）相比，存在着爵级的下降①或各项待遇的降低（如侯邑租入的减少、封域的缩小等），而且它在王朝封爵绍封承袭的实践运作中已开始逐步制度化。

首先，我们来观察绍封侯与除国侯相比，爵级上的变化。同时，我们也将结合绍封侯封域的盈缩变化来综合分析东汉列侯绍封降等的问题。

通过表 1，我们能发现东汉的 32 位绍封侯中，爵级与先侯爵级持平的有 17 人（15 人还继承了除国侯原来的爵称），爵级发生下降的有 14 人，还有 1 人的爵级获得

① 与绍封制度不同，在东汉列侯的推恩分封中，推恩侯的爵级多数与始封侯平级，少数会有所下降。参见尤佳、周斌、代唯酝：《东汉列侯推恩分封问题辨正——东汉侯爵继承制度研究之一》，《古代文明》2013 年第 2 期。

了提升。[1]表面上看，绍封的 32 人中，爵级未发生下降的共有 18 人，这似乎与我们以上所讨论的降等绍封问题有所抵牾，但若我们具体加以分析，会发现两者间其实并不存在矛盾。如安丰侯窦融因功高而食安丰、阳泉、蓼、安风四县，后其子窦穆嗣爵，坐事死于狱中，永平十四年（71 年），明帝绍封窦穆子窦嘉为安丰侯，食邑二千户。[2]虽然窦嘉与父、祖的爵称一样，但若结合食邑户数、封域大小等因素就会发现，窦嘉的实际等级及经济收益已大幅降低了。窦融食有四县，不排除还有尽食县邑全部民户的可能，其食邑户当以万计，而绍封后的安丰侯仅食邑二千户。前文已讨论过，食邑户数基本可用来表征封邑的大小。窦嘉绍封后食封户数的急剧减少表明，此时侯国的封域已大大缩小，其经济收益必定也大幅萎缩，其保有的县侯爵称相较于父、祖，无疑已经打了大大的折扣。类似的例子还有胶东侯贾邯。[3]

关于东汉列侯的食邑方式，学界主流的看法是，侯邑是以户数为限，即列侯受封于某县、乡或亭，往往会有一个确定的食封数，不尽食侯邑内全部封户。限于《后汉书》等史籍未尽载东汉列侯的食封情况，我们还无法确知每位列侯的食邑户数及其增减情况。但我们推测，在东汉的绍封侯中，类似于安丰侯、胶东侯这种情况的列侯绝不会是少数，其实际等级与身份地位的下降应当是较为普遍的情形。

相较于除国侯，东汉爵级发生下降的 14 位绍封侯中，有 11 人的爵级是亭侯，而除国侯的爵级则多为县侯，也有乡侯的情形[4]，可见绍封前后爵级发生下降的程度相当

① 获得爵级晋升的绍封侯为安帝时的颍阳侯马度，在此，我们未将高置亭侯傅铁计算在内。《后汉书》卷 22《傅俊传》载，安帝永初七年（113 年），邓太后绍封关内侯傅昌之子傅铁为高置亭侯。表面上看，傅铁的爵级获得了提升，但若从傅昌爵位变化的全过程及其变化原因进行分析，我们不宜将傅铁绍封为亭侯视为封爵的晋升。东汉，傅氏家族的始封侯为昆阳侯傅俊，建武七年（31 年），傅俊卒，其子傅昌嗣爵，并被徙封为芜湖侯。"建初中，遭母忧，因上书，以国贫不愿之封，乞钱五十万，为关内侯。肃宗怒，贬为关内侯，竟不赐钱。"（第 782 页）由上可知，傅昌本为县侯——芜湖侯，后被贬为关内侯。其爵级变化的原因在于傅昌嫌芜湖"国贫"而宁愿降爵也不愿就封，因此触怒章帝，遭到了贬爵的处罚。傅昌爵级的黜降其实带有较大的偶然性，其袭爵后虽被徙封，但朝廷仍授之以县侯爵级，其后如若没有"上书不就封"的变故，傅昌的爵级很可能会一直保持下去。我们在比较傅昌与其子傅铁的爵级升降时，应更多地从朝廷徙封傅昌与绍封傅铁时的爵级与政治初衷上去考量，不宜以非制度化的偶然性因素去分析。所以，我们将傅铁的绍封归于爵级下降的类别似更为妥帖。

② 《后汉书》卷 23《窦融传》，第 808—809 页。

③ 贾邯之父贾复于建武十三年（37 年）定封胶东侯，食六县：郁秩、壮武、下密、即墨、梃、观阳。贾忠、贾敏袭封时均未削邑，后贾敏因诬告其母杀人而除国，章帝时贾敏之叔父贾邯绍封为胶东侯，仅食胶东一县。绍封前后胶东侯国名称依旧，但封域已由六县剧减至一县。详见《后汉书》卷 17《贾复传》，第 667 页。

④ 关于东汉乡、亭侯爵设立的时间，学界的看法比较笼统，未能给出明确的设置时间。绝大多数学者主张"东汉说"，个别学者采用了顾炎武、俞正燮的"建武时期说"。据笔者的研究，乡侯之封在建武元年（25 年）已经出现，亭侯之制至迟在建武十年（34 年）也已存在。很可能在建武元年，汉廷设立乡侯爵的同时，亦设立了亭侯爵。详见尤佳：《东汉乡、亭侯爵设立时间新考》，《秦汉研究》第 7 辑，西安：陕西人民出版社，2013 年，第 108—114 页。

剧烈。当时，甚至还存在由乡侯直降为关内侯的实例[①]，绍封者直接跌出了列侯的范围，降等袭爵的意味更为明显。

东汉的绍封侯中有一个特例——颍阳侯马度，其在绍封中竟然颇为少见地获得了爵级的提升，我们有必要就此稍作阐析。《后汉书·马援列传》：“（马遵）徙封程乡侯。遵卒，无子，国除。元初三年，邓太后［绍］封廖孙度为颍阳侯。”[②]除国侯马遵爵为程乡侯，据钱大昭考证，程乡可能是当时的丹阳郡丹阳县之乡。[③]后来，马度绍封为颍阳侯，颍阳县属颍川郡，颍川为当时人口稠密、经济发达、地理位置优越的大郡。相较于程乡侯马遵，颍阳侯马度在爵级、封邑位置、封域大小等方面获得了全方位的提升，这与我们所分析的绍封的降等似乎存在很大的矛盾。在这里，我们需要特别注意的是，马度的绍封案例有其特殊的背景与原因。马度的祖父马廖、从祖父马防、马光皆为帝舅，而且马廖在当时还享有极高的声誉，本传称其“性质诚畏慎，不爱权势声名，尽心纳忠，不屑毁誉……每有赏赐，辄辞让不敢当，京师以是称之”。然马廖性格宽缓，不能教勒约束子孙、兄弟。其子马豫“投书怨诽。又（马）防、（马）光奢侈，好树党与”，这些直接导致了建初八年（83 年）马廖、马防、马光三兄弟受到了“遣就国”的处罚。永元四年（92 年），马廖亡故后，其子马遵袭其爵，并被徙封为程乡侯。[④]可以说，顺阳侯马廖与程乡侯马遵个人并无罪错，且马廖威望甚高，邓太后绍封马廖孙马度为颍阳侯之举带有强烈的政治补偿与褒奖恩幸的意味[⑤]，并不完全是制度本身的体现，我们不宜以这样附带强烈政治韵味的特例去否定东汉侯爵绍封制度的典型特点。

其次，列侯封域的盈缩变化与爵级的高低升降也有密切的关系，由县侯降至乡侯乃至亭侯，其封户数往往要下降，侯邑通常也会缩小。《后汉书·王允传》：

（初平）二年，（董）卓还长安，录入关之功，封（王）允为温侯，食邑五千户。固让不受。士孙瑞说允曰：“夫执谦守约，存乎其时。公与董太师并位俱封，而独崇高节，岂和光之道邪？”允纳其言，乃受二千户。……后迁都于许，帝思允忠节，使改殡葬之，遣虎贲中郎将奉策吊祭，赐东园秘器，赠以本官印绶，送

① 如鄳乡侯郑众以诛窦宪功获封，食邑一千五百户，后养子郑闳嗣爵，闳卒，子郑安嗣。郑安薨，国绝，绝封的具体原因不详。桓帝时，郑众曾孙郑石雠绍封为关内侯。参见《后汉书》卷78《宦者列传·郑众传》，第2513页。

② 《后汉书》卷24《马援列传》，第855页。

③ （清）钱大昭：《后汉书补表》卷五《外戚恩泽侯》，（宋）熊方等撰，刘祜仁点校：《后汉书三国志补表三十种》（上册），第342页。

④ 《后汉书》卷24《马援列传》，第854—855页。

⑤ 马廖薨后，朝廷对其优宠慰恤之意亦颇为明显。本传载，和帝以马廖为先帝之舅，遂厚加赗赙，以诸侯王主丧事，并遣使者吊祭。详见《后汉书》卷24《马援列传》，第855页。

还本郡。封其孙黑为安乐亭侯，食邑三百户。[①]

王黑绍封前后，爵级由王允始封时的县侯降至亭侯，随之而来的便是户数的大量削减，由2000户降至300户，相信王黑之封域应当也缩小了很多。所以，爵级的降低通常意味着封域的缩小、食邑户的减少，从而会进一步带来列侯经济收益与等级地位的下降。[②]

然后，我们再来看绍封侯租税收入降低的问题。反映东汉绍封侯经济待遇下降最典型的例子莫过于安帝时邓康绍封为夷安侯。《后汉书·邓禹传》曰：

> 夷安侯珍子康，少有操行。兄良袭封，无后，永初六年，绍封康为夷安侯。时诸绍封者皆食故国半租，康以皇太后戚属，独三分食二。[③]

文中明确讲到绍封侯循例只食故国半租，在田税收入这一项上，绍封侯就比先侯降低了一大截。目前我们尚不清楚绍封侯"食租减半"之制始于何时，但用其解释东汉一段时期内的绍封事例应当没什么大的问题。钱大昭云："建武之初，邓、贾、吴、窦兼食数县。降及后世，绍封者食故国半租，有功者食乡亭，得县益寡。"[④]可见，钱氏并不认为绍封"国租减半"之制是东汉开国便实行的制度，而是后世才有。结合邓后援引此制时已处于东汉中期，所以，我们大略推测，这项制度至迟在东汉前期的后半段应该就已存在。

另外，绍封侯经济待遇的下降还表现在其他方面，如朝廷赐赙。所谓"赙"，即亲

① 《后汉书》卷66《王允传》，第2175—2178页。

② 列侯的食邑户数与封域大小关系甚密，二者大概呈一种正比例关系，封户多，食邑面积应当也较大。宇都宫清吉说："当时反映侯国大小，仍是以户数多少来表示，已是明确的事实。……所以，以户数多少，直接显示侯领大小及收入多少，乃是最普遍的方法。"参见［日］宇都宫清吉：《刘秀与南阳》，刘俊文主编：《日本学者研究中国史论著选译》第3卷《上古秦汉》，北京：中华书局，1993年，第626页。尽管每名封户所耕种的田地面积不尽相同，但以封户数量大体表征侯国之幅员大小应当是没有问题。我们曾以侯国领亭的数目来衡量侯邑之大小，现在以食邑户数来表征亦是同样道理。而且，列侯食邑的大小也可以体现列侯等级的高低，这其中很重要的一个原因就是封域面积的大小对列侯的收入可以产生非常重大的影响。其中的道理是比较容易理解的，田租是列侯食邑收入中重要的一块，如果食邑面积较大，则封户拥有的垦田面积应该也较大，粮食的总产量就会比较高，列侯的田租收入自然也会提高。如阎显初袭父爵为北宜春侯，邑五千户，延光元年（122年）又徙封为长社侯，邑一万三千五百户。阎显的徙封发生在安帝亲政以后，作为安帝皇后之兄，这次徙封明显带有优宠之意。尽管从爵级上说，北宜春侯与长社侯同为县侯，但二者的食邑数差别很大，后者的封户比前者增加了一倍还要多，封域的面积应当也比前者大了不少，田租收入自然也获得了大幅度的增长，这些均能够反映出阎显地位的提升。

③ 《后汉书》卷16《邓禹传》，第606页。

④ （清）钱大昭：《后汉书补表》，（宋）熊方等撰，刘祜仁点校：《后汉书三国志补表三十种》（上册），第253页。

故以财物送丧家，有以钱者，有以缣帛者。[①]汉代诸侯王、列侯等亡故，朝廷一般会依爵位或官秩高低等行赙赠恤问之礼。《后汉书·光武十王列传·中山简王焉传》：

中山简王焉，建武十五年封左（冯）翊公，十七年进爵为王。焉以郭太后少子故，独留京师。三十年，徙封中山王。……立五十二年，永元二年薨。自中兴至和帝时，皇子始封薨者，皆赙钱三千万，布三万匹；嗣王薨，赙钱千万、布万匹。是时窦太后临朝，窦宪兄弟擅权，太后及宪等，东海出也，故睦于焉而重于礼，加赙钱一亿。[②]

又，《后汉书·章帝八王传·济北惠王寿传》：

（济北惠王）寿以永元二年封，分太山郡为国。和帝遵肃宗故事，兄弟皆留京师，恩宠笃密。有司请遣诸王归藩，不忍许之，及帝崩，乃就国。……寿立三十一年薨。自永初已后，戎狄叛乱，国用不足，始封王薨，减赙钱为千万，布万匹；嗣王薨，五百万，布五千匹。时唯寿最尊亲，特赙钱三千万，布三万匹。[③]

观上可知，始封王与嗣王的丧葬待遇明显有差，即使朝廷财政困窘，整体的慰恤力度有所降低，但二者的赙赠待遇还是判然有别。对于没有封爵的政府官员，朝廷的赐赙也有明确的规定。《后汉书·羊续传》云："旧典，二千石卒官赙百万。"[④]所以我们有理由相信，在赐赙的待遇上，始封侯与承嗣侯间应当也存在着差别。如寿张侯樊宏薨后，光武帝赐赙钱千万、布万匹。[⑤]樊宏所获的赐赙待遇与和帝及之前嗣王所享受的一样，相信这应该是依照当时对始封侯的相关规定执行的。但对于樊宏的待遇有可能较一般县侯为高，因为樊宏身为外戚，又兼功烈，出于光武帝的优崇，朝廷可能会一定程度提高对樊宏的赐赙级别。

反观西汉，封爵传递中虽也存在袭爵者待遇下降的情形，不过制度的规定似乎不如东汉细密周整。《汉书·宣帝纪》载宣帝地节二年（公元前68年）诏书曰：

大司马大将军博陆侯宿卫孝武皇帝三十余年，辅孝昭皇帝十有余年，遭大难，躬秉义，率三公、诸侯、九卿、大夫定万世策，以安宗庙。天下蒸（烝）

① 杨树达：《汉代婚丧礼俗考》，上海：上海古籍出版社，2009年，第158页。

② 《后汉书》卷42《光武十王列传·中山简王焉传》，第1449—1450页。

③ 《后汉书》卷55《章帝八王传·济北惠王寿传》，第1806—1807页。

④ 《后汉书》卷31《羊续传》，第1111页。

⑤ 《后汉书》卷32《樊宏传》，第1121页。

> 庶，咸以康宁，功德茂盛，朕甚嘉之。复其后世，畴其爵邑，世世毋有所与。功如萧相国。①

关于“畴其爵邑”，张晏注曰：“律，非始封，十减二。畴者，等也，言不复减也。”②可见，西汉对于侯爵的继承也有嗣封减等的规定，只不过降等的程度不似东汉那般剧烈，嗣爵侯较始封侯只削减了五分之一的利益所得，只有个别“功德茂盛”的元勋大臣蒙特恩才可使继承者完整地承袭自己的爵邑。所以，有学者说：“封爵的传递和推恩虽是等级权益的世袭，这种权益却并非一成不变，而是随世系的推移而逐渐减少。”③封爵的传袭自然也包括了绍封继绝这种间断传袭的类型，绍封侯与始封侯的待遇存在明显差别，这种差别不仅体现在租入、赐赙上，还体现在日常赏赐、列侯俸禄等诸多方面。相较而言，东汉的规定较西汉更为细密周详，降等的力度也更为明显。其中的原因应该是多方面的，值得我们做进一步深入的分析，但前后汉不同时期，中央与列侯或说皇权与贵族士大夫集团的力量对比与消长当为其中一个重要原因。

（二）选择性绍封

东汉侯爵的绍封还有一个显著特点：王朝绍封列侯带有明显的选择性。这种选择性主要体现于以下两个方面：绍封的覆盖面很有限与绍封的对象主要是功臣侯和外戚恩泽侯。

首先，我们看第一个方面，柳春藩认为，东汉分封的各类列侯共计 877 人④，其中因坐罪或无嫡子而遭免爵除国的列侯很多，但能够获得绍封机会的却比较少。据笔者的统计，东汉一朝获绍封继绝的列侯仅 32 位，更多的除国侯是没有机会延续国祚的。其例甚多，如《后汉书·王常传》载：

> （建武）十二年，（王常）薨于屯所，谥曰节侯。子广嗣，三十年，徙封石城侯。永平十四年，坐与楚事相连，国除。⑤

王广因罪而绝封，此外还有无嫡除国的事例。夜侯欧阳歙薨，子欧阳复袭爵，复薨，

---

① 《汉书》卷 8《宣帝纪》，北京：中华书局，1962 年，第 247 页。

② 《汉书》卷 8《宣帝纪》，第 247 页。

③ 杨光辉：《汉唐封爵制度》，第 153 页。

④ 柳春藩：《秦汉封国食邑赐爵制》，沈阳：辽宁人民出版社，1984 年，第 176 页。柳氏所据主要是钱大昭的《后汉书补表》，但钱氏的统计存在一些疏漏和讹误，东汉一朝所分封的列侯不止 877 人，据笔者的统计，总人数至少在 890 人以上。

⑤ 《后汉书》卷 15《王常传》，第 581—582 页。

无子而除国。[①]在石城侯国与夜侯国废除后，王广与欧阳复的亲族成员一直都未获得绍封继绝的机会。

其次，王朝有限的绍封对象多集中于功臣侯与外戚侯集团。据表 1 的统计，在东汉 32 位绍封侯中，功臣侯有 20 位，外戚侯有 9 位，二者合计 29 人，占到了总数的九成以上。再通过绍封侯与除国侯的爵级对比，我们能发现，20 位功臣侯中有 10 位在绍封前后爵级未发生变化；9 位外戚侯中有 6 人是这样，保有原爵级的比率最高，而且，外戚侯中有一人在绍封中还被提升了爵级。所以，绍封的外戚侯中，爵级保持不下降的比率竟高达 78%，这也从一个侧面体现出朝廷对外戚集团的重视与优宠以及皇权在爵位传袭过程中的重要作用，突显出“获得爵位的荣耀应当更多地来自当今皇帝，而不是归功于他们的父祖”[②]。

那么，朝廷在绍封中为何如此优遇功臣与外戚呢？官方的宣称多将绍封的动因归之于酬劳答勋与章功显德等。《后汉书·和帝纪》载和帝永元三年（91 年）诏书曰：

> 高祖功臣，萧、曹为首，有传世不绝之义。曹相国后容城侯无嗣。朕望长陵东门，见二臣之垅，循其远节，每有感焉。忠义获宠，古今所同。可遣使者以中牢祠，大鸿胪求近亲宜为嗣者，须景风绍封，以章厥功。[③]

又，《后汉书·冯异传》载安帝永初六年（112 年）诏书曰：

> 夫仁不遗亲，义不忘劳，兴灭继绝，善善及子孙，古之典也。昔我光武受命中兴，恢弘圣绪，横被四表，昭假上下，光耀万世，祉祚流衍，垂于罔极。予末小子，夙夜永思，追惟勋烈，披图案籍，建武元功二十八将，佐命虎臣，谶记有征。盖萧、曹绍封，传继于今；况此未远，而或至乏祀，朕甚愍之。其条二十八将无嗣绝世，若犯罪夺国，其子孙应当统后者，分别署状上。将及景风，章叙旧德，显兹遗功焉。[④]

那么朝廷行绍封的真实原因是所谓的“章德”“显功”吗？史籍中，我们能看到不少功臣诸将除国后未获绍封的实例，王朝实行选择性的绍封继绝似乎不仅仅是想章显列侯功烈这么简单。我们认为，其中的主要原因当与朝廷希望获得外戚、功臣等势力集团

---

① 《后汉书》卷 79 上《儒林列传上·欧阳歙传》，第 2556 页。

② 叶炜：《唐代异姓爵的袭封问题》，《国学研究》第 27 卷，北京：北京大学出版社，2011 年，第 182 页。

③ 《后汉书》卷 4《和帝纪》，第 172 页。

④ 《后汉书》卷 17《冯异传》，第 652 页。

的支持以增强统治基础有关。

东汉的功臣、外戚多为豪门大族，拥有雄厚的经济实力与政治影响力。虽然列侯中发生绝封的情况比较普遍，但朝廷往往以绍封制度为笼络的手段有选择性地向拥有强大实力的功臣与外戚集团倾斜，扶持他们的后嗣以继绝奉祀。这样一方面增强了功臣侯与外戚侯封爵的稳定性，延长他们的传国时间；另一方面也有利于皇室源源不断地获取他们的支持与拥戴，增强统治集团内部的凝聚力，从而达到稳固王朝封建统治的目的。

我们还能看到，相较于对功臣侯的绍封，朝廷对于外戚恩泽侯的爵位传延似乎给予了更多的利益保障与特别照顾。在绍封的绝对数量上，外戚侯虽不如功臣侯多，但考虑到东汉分封功臣侯明显多于外戚侯这一事实，外戚侯的绍封比例还是相当可观的。如前文所述，外戚侯绍封后其爵级保持不下降的比例竟接近八成，这明显高于功臣侯，体现出王朝对于外戚侯的特权待遇与利益满足相当重视。当然，这个特点也符合前面我们所阐述的原因，即最高统治者欲笼络外戚集团以长久地获取其支持。

再次，统治者对于功臣侯的绍封似乎还有一重原因，即通过较大数量的绍封功臣侯以淡化绍封外戚侯的色彩，便于朝廷更自然、更方便地绍封外戚。换句话说，王朝对功臣侯的绍封带有一种平衡各方政治势力、维护政局稳定的用意。

我们知道，东汉中后期，外戚与宦官迭掌权柄。其间，女主秉政、委事父兄之情形屡见不鲜，相较于功臣集团拥有深厚的历史渊源与政治根基，临朝辅政的太后就显得力单势孤了。《后汉书·周章传》载：

> 初，和帝崩，邓太后以皇子胜有痼疾，不可奉承宗庙，贪殇帝孩抱，养为己子，故立之，以胜为平原王。及殇帝崩，群臣以胜疾非痼，意咸归之，太后以前既不立，恐后为怨，乃立和帝兄清河孝王子祜，是为安帝。（周）章以众心不附，遂密谋闭宫门，诛车骑将军邓骘兄弟及郑众、蔡伦，劫尚书，废太后于南宫，封帝为远国王，而立平原王胜。事觉，策免，章自杀。①

和帝崩后，留有长子刘胜与仅百日大的幼子刘隆，邓太后却舍长立幼。群臣“意咸归之”“众心不附”的情形能反映出多数朝臣在抉立皇嗣的问题上与邓太后意见不合，而且邓太后也忌惮于群臣的力量，“恐后为怨”，乃立安帝，甚至有的臣子还欲发动宫廷政变来改变女主干政的政治局面。在此情势下，女主更倾向于倚重外戚集团，希冀通过他们的力量增长与政治支持以维护并巩固现有的政治局面。

---

① 《后汉书》卷33《周章传》，第1157—1158页。

邓太后秉政期间，大肆分封邓氏子弟为侯，如上蔡侯邓骘、叶侯邓悝、西华侯邓阊、阳安侯邓珍与武阳侯邓遵。邓氏外戚侯的食封数也较大，邓骘、邓悝、邓阊的封户数都达到了万户，邓珍与邓遵也分别有三千五百户与三千户。[①] 此外，邓后还分封了一些诸侯王的舅氏，如封清河王舅宋衍为盛乡侯，济北王舅申转为新亭侯等。[②] 同时，邓后还很重视分封或绍封前朝外戚及其子弟。如封安帝后父阎畅为北宜春侯，绍封樊宏、阴识、马廖及马光的后人相继为侯。当然，众皇亲国戚中，邓氏外戚无疑是最大的受益者。[③] 但大量封授外戚亦会带来群臣的猜忌并有可能导致政局的不稳，因而朝廷在分封当政外戚的同时，也兼顾到前朝外戚与功臣集团的利益，亦给予其爵位分封与继承方面的政策倾斜。如此这般，执政者就较有可能获取来自各方面的政治支持，平衡好各势力集团的力量，以稳定现行的统治秩序。

此外，王朝有选择地绍封还强烈地体现出这么一层用意：执政者在有意突显皇权在封爵封授予继承上的核心作用，通过降低依据血缘关系袭封的必然性，以显示爵位的荣耀应当更多地来自于皇帝，而非归功于他们的父祖。

四、两汉魏晋时期侯爵绍封制度的演变

两汉魏晋时期一直存在着侯爵的绍封，但在不同时期，其内容与特点亦存在差异。同时，嫡子承嗣与支庶袭封的侯爵继承方式也在不同时期以各自的特点存在着，它与绍封制度相互影响、消长，为我们呈现出这一时期封爵承袭制度的种种起伏变化以及值得我们探讨分析的诸多内容。

（一）两汉时期

两汉时期的绍封制度大略相似，汉廷重视嫡子的封爵继承权，严格地执行着列侯“无嫡子即除国”的规定，所以这一时期遭除国绝封的列侯较多，封爵传递的稳定性较差，史称：“（汉）不崇兴灭继绝之序，故下无固国。”[④] 守屋美都雄说：“在西汉的封建实践中，只有事先经由正规手续、并为国家认定其继嗣资格的亲生子，才被承认对

① 《后汉书》卷 16《邓骘传》，第 613、615 页。

② 《后汉书》卷 55《章帝八王传·清河孝王庆传》，第 1804 页；《后汉书》卷 55《章帝八王传·济北惠王寿传》，第 1806 页。

③ 自东汉建立以来，邓氏一门“累世宠贵，凡侯者二十九人，公二人，大将军以下十三人，中二千石十四人，列校二十二人，州牧、郡守四十八人，其余侍中、将、大夫、郎、谒者不可胜数，东京莫与为比”。详见《后汉书》卷 16《邓骘传》，第 619 页。

④ 《晋书》卷 46《刘颂传》，北京：中华书局，1974 年，第 1301 页。

封爵的继承；若无亲子，则将面临除国的严格规定。”[①] 他进一步指出，西汉时期封爵的继承被置于国家的强力控制之下，守屋氏的这一论断对东汉也同样适用。

由于统治阶级上层存在着较多“无子国除”的情况，汉廷遂采用绍封继绝的方式来延续部分封爵者的国祚。总体来说，两汉绍封列侯并不普遍，有幸获得绍封机会的只是绝封侯国中的一小部分，而且王朝选择的绍封对象主要是功臣侯与外戚侯。相较于西汉，东汉对于绍封制度的规定要更为细密周整，始封侯与绍封侯的等级与待遇差异也更加显著。

（二）曹魏时期

曹魏时期可以说是侯爵绍封制度变化最为剧烈的时期，也是一个具有承上启下作用的重要时期。学界论及曹魏时期的封爵继承制度时，往往认为该时期基本废止了“无子国除”之制，绍封普遍流行，支庶袭爵的方式亦非常普遍。[②] 我们认为这种看法堪容商榷。另外，曹魏的封爵继承程度也并非一成不变，其前期基本延续了东汉之制，中期以后才逐渐形成了自己的承袭制度，至晚期乃定型。下面，我们就来讨论一下学界某些值得商榷的观点。

杨光辉说：“魏晋之际，袭爵制出现变化，标志是无子国除基本废止，绍封继绝普遍流行。”[③] 程维荣亦持类似观点，“魏晋之际，封爵一般由嫡长子（嫡长孙）世袭传递，但绍封继绝普遍流行”[④]。两位学者都有一个共同的认识，即曹魏时期侯爵绍封很流行。相较而言，杨光辉阐述得更为翔实，他认为无子国除基本已经废止，曹魏关于“无子国除见诸史籍者，仅萧王曹熊一例”[⑤]，并列举了诸多史例以论证当时绍封继绝的普遍实行。笔者认为，以上观点与论述有值得取法之处，但也存在如下一些问题。

首先，曹魏时期“无子国除”不止一例，各个时间段基本都存在。守屋美都雄曾对该时期绍封的实例进行过统计，结果显示曹魏的侯爵绍封共有七例，亡故侯分别是武安侯曹爽、昌陵乡侯夏侯玄、陵树亭侯荀适、都亭侯任先、丰乐亭侯杜恕、颍阴侯陈恂和高阳乡侯常旹。关于他们绝封的原因，守屋氏只言明了曹爽与杜恕二人，皆为

① ［日］守屋美都雄：《中国古代的家族与国家》，钱杭、杨晓芬译，上海：上海古籍出版社，2010 年，第 179—180 页。

② 分别参见杨光辉：《汉唐封爵制度》，第 143 页；程维荣：《中国继承制度史》，第 149 页。

③ 杨光辉：《汉唐封爵制度》，第 143 页。

④ 程维荣：《中国继承制度史》，第 148—149 页。

⑤ 杨光辉：《汉唐封爵制度》，第 143 页。

遭诛而除国。[①] 关于其余五人，我们检核《三国志》相关纪传发现，夏侯玄与常旹两人也是坐法被诛的，剩余三人——荀适、任先与陈恂皆因无子嗣。而且我们还发现，守屋氏对曹魏时期侯爵绍封的统计并不全面，至少还遗漏了因无子绝封而后获绍封的兰陵侯国，除国侯为王恽。[②] 所以，曹魏时期蒙恩绍封的列侯至少有八人。

其次，杨、程两位学者似乎混淆了绍封袭爵与支庶袭爵两种封爵继承方式，这二者间存在一个很大的不同——爵位传递中是否出现过绝国。前文已述，绍封是在除国后所发生的一种爵位继承行为，属于出现中断的封爵传袭模式；而支庶袭封则是列侯在无嫡子的情形下，取其支庶子弟等承嗣继爵，其间不除国，是一种连续传袭的封爵继承方式。所以，不论是因为无子还是坐罪，只有当发生了除国的情形，绍封这种爵位继承方式才有可能会发生。也就是说，绍封大量出现的前提是有大量的列侯被免爵除国，倘若某时期无子国除之制基本废止了，那么绍封列侯相应地就会大量减少，怎么可能还会普遍流行呢？

以上是我们从理论层面所进行的分析，接下来，我们再通过一些实例来证明我们的观点。杨光辉在论证曹魏绍封制流行时，曾列举了一些例子，其言："任峻、田畴在建安中卒，均以无后国除。曹丕代汉后，无嫡长子而取支庶子嗣之例甚多，如任峻、田畴的中子或从孙分别赐爵关内侯，以奉其嗣。又刘廙以弟子嗣爵，荀攸先以次子袭，无子又以庶孙绍封；王肃以次子为嗣；苏则以次子袭封；文聘以养子嗣。"[③] 以上杨氏所举之例确实有属于绍封继绝的，如任峻、田畴、荀攸与王肃，但其中也掺杂了不少支庶袭封的例子，如所谓"刘廙以弟子嗣爵"。本传载刘廙"黄初二年卒。无子。帝以弟子阜嗣"。[④] 刘阜继承其叔父刘廙爵位前，侯国未曾遭废除，其嗣爵是在刘廙死后即刻进行的，很明显刘阜的承嗣属于支庶袭爵而非绍封。同样的，苏怡之弟苏愉袭爵的例子亦属于支庶袭封。[⑤]

在支庶袭封的过程中，曹魏时期甚至还存在以养子嗣爵的例子。《三国志·魏书·文聘传》："（文）聘在江夏数十年，有威恩，名震敌国，贼不敢侵。分聘户邑封聘子岱为列侯，又赐聘从子厚爵关内侯。聘薨，谥曰壮侯。岱又先亡，聘养子休嗣。"[⑥] 在汉代，除宦者侯外，列侯之爵若由养子承袭是一件令人难以想象的事情，但在曹魏

① ［日］守屋美都雄：《中国古代的家族与国家》，钱杭、杨晓芬译，第183页注①。

② 《三国志》卷13《魏书·王肃传》载，兰陵侯王恽"薨，无子，国绝。景元四年，封肃子恂为兰陵侯。"（北京：中华书局，1959年，第419页）王恽无子而除国，后由其侄王恂绍封继统，爵称如旧。

③ 杨光辉：《汉唐封爵制度》，第143页。

④ 《三国志》卷21《魏书·刘廙传》，第616页。

⑤ 《三国志》卷16《魏书·苏则传》云苏则左迁东平相，"未至，道病薨，谥曰刚侯。子怡嗣。怡薨，无子，弟愉袭封"。（第493页）

⑥ 《三国志》卷18《魏书·文聘传》，第540页。

时期，它却比较流行，早在曹丕代汉前就已存在这样的先例。《三国志·魏书·韩浩传》裴注引《魏书》曰："及薨，太祖愍惜之。无子，以养子荣嗣。"[①] 所以，守屋美都雄评价曹魏的继承制度时说："与前代相比，封建继承者的范围已有明显扩大。"[②]

观上可明，除国绝封在曹魏绝非个案，但数量并不多，故而绍封继绝的实例也不会多，其中因无子国除而获绍嗣的例子就更少了。整体来看，曹魏前期基本承袭了东汉旧制，严"嫡庶之辨"，任峻、田畴无嫡子而绝封的事实即是显例。但从中期开始，这项制度却大大松动了，在列侯无嫡子的情况下，庶出子弟纷纷承嗣，使得"无子国除"的实例大为减少。诚如守屋美都雄所言，"见之于明文的'无子国除'（爵绝、无子绝），有荀攸、任峻、温恢三例，自太祖、文帝以后就不再执行。……至魏末年，'无子国除'之制事实上几乎已成一纸空文"[③]。

综上，曹魏时期封爵的继承者不光有嫡子，还有一些非嫡子的人群，如逝者之兄弟、侄子、从侄、孙，甚至还包括养子，在绝大多数时候，这些人的嗣爵属于支庶袭封的形式。所以，曹魏时期普遍流行的并不是代际中断的绍封继绝，而是连续传袭的支庶袭封，后者的大量出现当与统治者欲照顾与满足功臣集团的利益有密切的关系。

（三）两晋时期

两晋则延续了曹魏后期之制，"无子国除"基本废止，绍封继绝亦极其有限，支庶袭爵则更趋普遍。列侯若无嫡子孙承嗣，则选立庶子孙；若无庶子孙，则以亲族成员递次为嗣。朝臣中很多人无嫡子便以庶子、庶孙为世子、世孙，甚至还有以外姓为嗣者。《晋书·贾充传》载贾充逝后，因无胤嗣，其妻便奏请朝廷欲"以外孙韩谧为黎民子，奉充后"，后竟获诏许，得以贾充外孙袭其爵。[④] 总之，晋代君臣对汉代"无嫡国除"之制基本持否定态度，不少时候将其视为有碍统治秩序稳定之弊政。《晋书·刘颂传》曰：

> （汉）不崇兴灭继绝之序，故下无固国。……今宜反汉之弊，修周旧迹。国君虽或失道，陷于诛绝，又无子应除，苟有始封支胤，不问远近，必绍其祚。若无遗类，则虚建之，须皇子生，以继其统，然后建国无灭。[⑤]

---

① 《三国志》卷9《魏书·韩浩传》，第270页。
② ［日］守屋美都雄：《中国古代的家族与国家》，钱杭、杨晓芬译，第181页。
③ ［日］守屋美都雄：《中国古代的家族与国家》，钱杭、杨晓芬译，第183—184页。
④ 《晋书》卷40《贾充传》，第1171页。
⑤ 《晋书》卷46《刘颂传》，第1301页。

刘颂所言的“苟有始封支胤，不问远近，必绍其祚”指的便是支庶袭封，文中的“绍”乃继嗣、承袭之意，非指绍封。[①] 刘颂奏章所反映的基本上是两晋封爵承袭制度的真实写照，该时期封爵的稳定性得到了明显加强，侯爵传袭的时间也延长了很多，这无疑与当时门阀士族势力强大、朝廷欲通过袭爵政策的倾斜以笼络他们有密切的关系。

综上所述，侯爵绍封制度在两汉魏晋时期的发展大致可以曹魏中期为界分为前后两段，前半段朝廷对“无子国除”之制执行得较为严格，尤以东汉为最。虽然存在绍封继绝之制，但相较于除国侯的总体数量，绍封侯所占的比例较低，王朝施恩绍封的机会多倾斜于势力强大的功臣与外戚集团。曹魏前期基本沿用汉制，尽管也存在支庶袭封的实例，但“无子国除”还是获得了很大的尊重与认可。中期以后重嫡之制明显松动，支庶袭爵获得了极大推行，“无子国除”现象大为减少，至曹魏晚期基本已不存在。晋代基本沿袭了曹魏后期之制，“无子国除”基本停废，支庶袭封更为流行，不光庶出子孙、亲族成员有机会承袭先爵，甚至连外姓子弟也可奉祀袭爵，与以上这些变化相伴，绍封继绝也就变得极其有限了。

五、余　论

通过以上对各朝绍封制度的梳理，不难看出，王朝在大多数时期重视“嫡子袭爵”的继承原则，不过在有的时期执行得非常严格，在某些时期则有所松动，变通机制较为发达。我们不禁好奇，如果逝去的王侯没有嫡子存在，那王朝的爵位继承政策该如何择定？这些选择又体现出什么样的深层原因呢？下文拟对这两个问题稍作阐发。

据前文的分析，我们能发现，在无嫡子的前提下，王朝通常会采取以下三种处理方式：无子国除、绍封继绝与支庶袭封。统治者在袭封政策的选择上往往表现出一种兼容性，通常会综合运用多种处理手段以达到最佳的运行效果，以应付更为复杂的局面和满足各种不同势力集团的利益诉求。

具体来讲，汉王朝基本采用的是无子国除与绍封继绝的政策组合，东汉体现得尤为典型，虽然间有以孙或以弟袭爵的现象，但此种实例数量极少且带有特殊的原因与

---

① 如《后汉纪》载张纯临终遗命曰：“司空无功劳于国，猥蒙大恩，爵不当及子孙，其勿绍嗣。”（（晋）袁宏撰，张烈点校：《后汉纪》卷 8《光武皇帝纪》，北京：中华书局，2002 年，第 154 页）文中之“绍嗣”亦与《刘颂传》之“绍祚”意义相同。

背景，不宜将其视为制度化的体现。曹魏则主要表现为三种继承政策的混合，但越往后期发展，“无子国除”的情形就越少，至魏末几至于无，支庶袭爵遂渐居主流。两晋则延续了魏代爵位继承制度的趋势并有了更大的发展，无嫡子时基本不见“国除”，绍封继绝遂也极其稀见，支庶袭封变得更为流行。两晋与两汉相比，尤其与东汉相比，就像处于政策选择杠杆的另一端，特点鲜明，风格迥异。魏制则处于这个杠杆的中部，实现着反差极大的两种爵位继承政策的调和与过渡。

那么，王朝在不同时期为何会有不同的政策选择呢？这应当和中央与封君或说皇权与贵族士大夫集团的力量对比有着非常密切的关系。守屋美都雄评析曹魏既有无子国除、又存在非亲子袭爵的继承现状时说：“在国家与封侯之间的实力对比关系上，国家控制力的持续后退确是不争的事实。”[①] 守屋氏的意思也就是说，王朝对爵位继承政策的选择要取决于国家与贵族豪门之间的力量对比。若中央具备强大的实力，对封君拥有较强的控制力，则利益趋向的天平就会向中央倾斜，反映在政策层面上，“嫡子袭爵”与“无子国除”的制度就会获得比较严格的执行，两汉多数时期如此。反之，贵族士大夫集团势盛，皇权衰微，王朝就极力笼络这些勋贵，以妥协利他的政策来换取对方的拥戴与支持。在此情势下，支庶袭爵的继承政策遂有了更大的实行可能与运作空间，两晋是也。

① ［日］守屋美都雄：《中国古代的家族与国家》，钱杭、杨晓芬译，第183页。

汉晋时期国家的经济政策与民众的生活选择*

苏俊林
（西南大学历史文化学院）

关于中国古代社会变迁的问题，历来是学界关注的重点。即便是在秦汉魏晋领域，也有不少研究成果。即便如此，关于秦汉魏晋时期的社会经济变迁问题，仍有进一步讨论的空间。加之简牍资料的出土，也让深入考察此问题成为可能。本文试图从经济视角出发，通过分析国家经济政策和民众生活选择之间的纷杂关系，从而探讨经济因素在汉晋社会变迁中的重要影响。

一、土地亩产量与田租制度之关系

汉晋时期土地亩产量呈整体提高的变化趋势，从秦汉之际的 2 石提高到魏晋时期的良田 10 石，田租制度也经历了秦汉的分成租到魏晋的定额租的制度转变。[①] 这两种重要的社会经济现象的发生时间非常一致，二者应存在着密切的内在联系。分成租制下田租按比率交纳，不论田亩多少，只看实际收获数量。提高亩产量需要采用新技术，以及需要投入更多的物力、财力和劳力，还需要更多的时间来学习，且增收部分依然要按比率向国家交租。扩大田亩数这种简单粗放的方式也能获得与提高亩产量大致相当的收获量，增收部分虽然也要交租，但不会多投入物力、财力和劳力。此税制

* 本文是中共中央宣传部马克思主义理论研究与建设工程重大项目“历史全视角下的‘中国特色’问题研究”（2016MZD007）、教育部人文社会科学研究规划基金青年项目“走马楼吴简与孙吴基层社会身份秩序研究”（19YJC770036）、西南大学 2017 年度中央高校基本科研业务费专项资金创新团队项目“中国传统文化与经济及社会变迁研究”（SWU1709112）阶段性研究成果。

① 参见苏俊林：《“二重证据”视野下汉晋时期土地产量考察》，“中国秦汉史研究会第十五届年会暨海昏历史文化国际学术研讨会”会议论文，南昌：江西师范大学，2017 年 10 月 13 日—17 日。

下民众容易“避繁就简”，更愿意采用粗放耕种的扩大土地亩数的行为。定额租制下每亩征收的田租固定不变。扩大土地亩数意味着要多交租税，但在原有土地上提高土地亩产量则不会增加应交田租数额。虽然提高土地亩产量意味着要在单位面积上投入更多的物力、财力和劳力，但“精耕细作”所多收获的部分都归自己所有，其远比扩大土地面积有利。有学者认为曹魏定额租给小农带来了三方面的好处：一是获得了低田租定额的好处，二是获得了增产不增租的好处，三是免去了估产时的额外盘剥。① 阐明了定额租的政策优势。定额租税制下，提高亩产量比扩大土地面积明智得多。

分成租和定额租这两种不同的税制，会导致民众两种不同的经济选择。由于人口增多、贵戚大族的土地兼并等原因，普通民众占有的田亩数额呈减少趋势，这要求他们在现有土地上精耕细作才能维持生活。加之牛耕、农具、农业技术等的推行，亩产量的逐步增加成为社会经济发展的必然趋势。分成租向定额租的税制转变，又会进一步促进亩产量的提高。税制的变化成为汉晋之际土地亩产量大幅提高的重要动力之一。

土地亩产量的提高又会进一步强化定额租的地位。一般而言，统治者更愿意向民众展示自己的“仁德”，而将自己对民众的剥削隐藏起来。三国时期全面推行的定额租，正是统治者隐藏较高田租率的关键手法。我们曾对秦汉三国时期的亩产量和田租进行分析②，相关数据见表 1)。为了说明问题，我们计算出相应时代的田租率，也纳入表 1 中，具体如下：

表 1　秦汉三国亩产量及田租率一览表

时代	亩产量	每亩所交亩租额	田租率
秦	1.5 石（迁陵）	粟 1.5 斗	什一之税
西汉	4 石（长沙）	粟 1.33 斗	三十税一
东汉	10 石（下邳）	粟 3.33 斗	三十税一
曹魏	（良田）10 石	粟 4 斗	二十五之一
孙吴	（良田）10 石	2.4 石（=1.2 斛米）	约四分之一

秦的田租是“什一之税”，按里耶秦简 8-1519 所反映的当时普遍亩产 1.5 石计算③，每亩所交亩租额为 1.5 斗。不过，里耶秦简 8-1519 所见迁陵县下的启乡、都乡、贰乡平均每亩的亩租额都不到 1.5 斗，应与 1.5 石为迁陵县的平均产量有关。两汉田租曾有短暂反复。汉初为十五税一，汉景帝改为三十税一，西汉末期或有变化但王莽又恢复

① 高敏主编：《中国经济通史・魏晋南北朝》，北京：经济日报出版社，2007 年，第 396 页。

② 参见苏俊林：《“二重证据”视野下汉晋时期土地产量考察》，“中国秦汉史研究会第十五届年会暨海昏历史文化国际学术研讨会”会议论文。

③ 该简简文载陈伟主编：《里耶秦简牍校释・第 1 卷》，武汉：武汉大学出版社，2012 年，第 345—346 页。

为三十税一，光武帝曾实行“什一之税”但不久就恢复“旧制”的“三十税一”，整体保持在三十税一的税制。[①] 虽然都是三十税一的税制，但因为东汉土地亩产量的提高，每亩需要交纳的田租额约为西汉时期的 2.5 倍。据《三国志·魏书·武帝纪》引《魏书》载公令记载，曹魏曾在冀州地区“收田租亩四升”（实际应是“亩四斗”）。[②] 这种带有优惠性质的临时税制是当时良田亩产量的二十五分之一[③]，田租率仍高于两汉时期。出土于长沙走马楼的孙吴简牍中，田租全是定额租，且亩租额都很高。定额租一定程度上能刺激民众的耕种热情，孙吴政府也试图通过多种途径来提高亩产量。吴简中的整修陂塘、养官牛等官方行为，为国家兴农之举，客观上促进了亩产量和农产品质量的双重提高。[④] 高产的亩产量既成为征收高额田租的经济基础，也成为孙吴社会较为稳定的重要保障。但也不得不承认，即便以当时良田 10 石为亩产量的参考标准[⑤]，孙吴时期普通民田的田租率约四分之一，比率非常之高。由表 1 可见，三国时期实行定额租的曹魏和孙吴，其田租率都较两汉时期有所提高。

这种与民争利的行为上不得台面，更不能在国家制度中明确体现。东晋成帝时曾炫耀其“十分取一”的田租标准，将其作为“仁政”的证据。不过“率亩税米三升”的记录暴露了“十分取一”的虚假性。[⑥] 于是，他们换了一种表现形式——定额租，来实现其加税的目的。虽然定额租实际多收了租税，但因为没有明言税率比例的多少，不能跟之前的税制直接比较，从而在一定程度上掩盖了加税的事实，又不落下加重民众负担的罪名。[⑦] 加之亩产量的大幅上涨，定额租下即便交完租税也能留下一定

---

① 两汉田租制度的变化分别参见：《汉书》卷 24《食货志》，北京：中华书局，1962 年，第 1127、1135 页；《汉书》卷 99《王莽传》，第 4156 页；《后汉书》卷 1《光武帝纪》，北京：中华书局，1965 年，第 50 页。

② 《三国志》卷 1《魏书·武帝纪》，北京：中华书局，1959 年，第 26 页。关于其中的“四升”，不少学者认为应是“四斗”，我们赞成此观点。参见贺昌群：《升斗辨》，《历史研究》1958 年第 6 期；周国林：《曹魏“亩收租四升”辨误》，《江汉论坛》1982 年第 1 期；周国林：《曹魏西晋租调制度的考实与评价》，《华中师院学报（哲学社会科学版）》1982 年第 S1 期；张学锋：《论曹魏租调制中的田租问题》，《中国经济史研究》1999 年第 4 期。

③ 曹魏时期良田亩产能达 10 石以上，时人多有论述。嵇康在《养生论》中言：“夫田种者，一亩十斛，谓之良田，此天下之通称也。”傅玄也曾上疏曰：“近魏初课田，不务多其顷亩，但务修其功力，故白田收至十馀斛，水田收数十斛。”分别参见（魏）嵇康：《养生论》，（清）严可均校辑：《全上古三代秦汉三国六朝文》，北京：中华书局，1958 年，第 1324 页；《晋书》卷 47《傅玄列传》，北京：中华书局，1974 年，第 1321 页。

④ 参见苏俊林：《吴简所见孙吴田租及相关问题》，《中国农史》2015 年第 1 期。

⑤ 良田亩产 10 石为我们的推算结果，参见苏俊林：《吴简所见孙吴田租及相关问题》，《中国农史》2015 年第 1 期，第 47 页。

⑥ 《晋书》卷 26《食货志》载：“咸和五年，成帝始度百姓田，取十分之一，率亩税米三升”（第 792 页）。按此计算，当时亩产额为 6 斗稻谷（谷、米折算率按 50%计算）。自战国以来就未曾出现过如此低的亩产记录，魏晋以来亩产 10 斛（石）的良田已很常见。可知其说“取十分之一”是虚假之词。

⑦ 据高敏先生《中国经济通史·魏晋南北朝》第五章中论述，西晋之后的魏晋南北朝时期在定额租制下农民的负担都有所加重。

数量的粮食，民众在短时期内能很快接受。这正是魏晋南北朝时期普遍实行定额租的重要原因。各政权征收标准在地（亩）、人（人、丁、口、室、床）之间的频繁变化，更显示出定额租具有符合统治者现实需要的巨大灵活性。

二、国家的重农政策与民众弃农从商的选择

在整个世界历史中，农业都曾是社会的主要产业。数千年的中国古代社会是一个农业为主的传统社会，重农也成为历朝历代统治者普遍推行的国家政策。春秋时期鲁国的“初税亩”开始了农业税制改革的步伐。战国时期各国的变法运动，不仅在税制上加以革新，在土地亩制等诸多方面都制定了相应的激励政策①，以调动农民的生产积极性。重农政策是中国古代社会中十分重要的国家政策。

秦国商鞅变法时，奖励耕战是其变法的主要内容。“僇力本业，耕织致粟帛多者复其身。事末利及怠而贫者，举以为收孥。”②勤劳耕种的人可以免除徭役。学者也都注意到，入粟拜爵也是农夫获得爵位、提升其社会等级地位的重要机会。西汉晁错曾言：“方今之务，莫若使民务农而已矣。欲民务农，在于贵粟；贵粟之道，在于使民以粟为赏罚。今募天下入粟县官，得以拜爵，得以除罪。如此，富人有爵，农民有钱，粟有所渫。”③晁错把入粟拜爵作为解决现实经济困境、强化农业地位的重要手段。类似重农政策是秦汉魏晋的长期国策。

作为重农政策的一部分，抑制商业发展、降低商人地位也曾是长期坚持的国家政策。睡虎地秦墓出土的《魏户律》中说：“叚（假）门逆吕（旅），赘壻后父，勿令为户，勿鼠（予）田宇。”④虽然这是魏国法律，但既然出土在秦国统治区，当有司法参考意义。⑤可见商人受到限制。晁错说秦代徭役征发，“秦民见行，如往弃市，因以谪发之，名曰‘谪戍’。先发吏有谪及赘壻、贾人，后以尝有市籍者，又后以大父母、父母尝有市籍者，后入闾，取其左”⑥。商人在谪戍之列。睡虎地秦墓中出土的《魏奔命

① 四川青川县曾出土秦国《更修为田律》，于豪亮、杨宽等学者认为其中体现的 240 步 1 亩的亩制跟商鞅变法有关。分别参见于豪亮：《释青川秦墓木牍》，《文物》1982 年第 1 期；杨宽：《释青川秦牍的田亩制度》，《文物》1982 年第 7 期。商鞅变法确立 240 步的大亩制，可能有以大亩制来激励农业生产的考虑。

② 《史记》卷 68《商君列传》，北京：中华书局，1959 年，第 2230 页。

③ 《汉书》卷 24《食货志》，第 1133 页。

④ 睡虎地秦墓竹简整理小组编：《睡虎地秦墓竹简・释文》，第 174 页。

⑤ 曹旅宁先生认为《魏户律》和《魏奔命律》并不适用于秦国，秦律中早已存在与魏律相似的法律。参见曹旅宁：《秦律新探》，第 64—67 页。

⑥ 《汉书》卷 49《晁错传》，第 2284 页。

律》载：

> ·廿五年闰再十二月丙午朔辛亥，告将军：叚（假）门逆旅，赘壻后父，或衛（率）民不作，不治室屋，寡人弗欲。且杀之，不忍其宗族昆弟。今遣从军，将军勿恤视。享（烹）牛食士，赐之参饭而勿鼠（予）殽。攻城用其不足，将军以堙豪（壕）。魏奔命律[①]

魏国有令商旅从军的法律。秦国引用魏律说明可能当时秦律中还没有类似的法律。现今公布的出土简牍中也未见不分给商旅田宅和命令商旅从军的秦律条文。之后秦朝是否制定了类似的法律还不得而知。不过，在秦国，娶商人子女为妻要被罚以戍边则有明确记录。里耶秦简 8-466 载："城父蘩阳士五（伍）枯取（娶）贾人子为妻，戍四岁☐"。[②] 秦代对商业的抑制，由此可见一斑。

西汉也继承了这种法律规定。汉武帝时曾发七科谪击宛和匈奴，张晏注曰："吏有罪一，亡命二，赘壻三，贾人四，故有市籍五，父母有市籍六，大父母有（市）籍七，凡七科。"[③] 商人依然在其中。不仅如此，西汉还在身份甚至服饰上对商人予以限制。"天下已平，高祖乃令贾人不得衣丝乘车，重租税以困辱之。孝惠、高后时，为天下初定，复弛商贾之律，然市井之子孙亦不得仕宦为吏。"[④] 抑商只是手段，目的在于重农。"贾人有市籍，及家属，皆无得名田，以便农。敢犯令，没入田货。"[⑤] 统治者试图通过多种重农抑商的政策，让民众乐于从事农业生产，从而达到巩固统治基础的目的。

不过，商人并没有因为受到国家政策的限制而停滞不前，反而有很大发展。晁错曾感叹：

> 今法律贱商人，商人已富贵矣；尊农夫，农夫已贫贱矣。故俗之所贵，主之所贱也；吏之所卑，法之所尊也。上下相反，好恶乖迕，而欲国富法立，不可得也。[⑥]

在政府抑制商人的时候，商人却取得了富与尊的社会地位。农、商之间虽被政府人

① 睡虎地秦墓竹简整理小组编：《睡虎地秦墓竹简·释文》，第 175 页。
② 陈伟主编：《里耶秦简牍校释·第 1 卷》，第 161 页。
③ 《史记》卷 123《大宛列传》，第 3176 页；《汉书》卷 6《武帝纪》，第 205 页。
④ 《史记》卷 30《平准书》，第 1418 页。
⑤ 《汉书》卷 24《食货志》，第 1167 页。
⑥ 《汉书》卷 24《食货志》，第 1133 页。

为地分为“本”“末”，但利益的产生却自有规律。正如司马迁所言：“夫用贫求富，农不如工，工不如商，刺绣文不如倚市门，此言末业，贫者之资也。”[①]商业远比农业容易生利，且所得利益也非农业所能比拟。于是，原本应该安守本业的农夫很容易选择弃农从商的道路。是故“民不齐出南亩，商贾滋众”。[②]《潜夫论·浮侈篇》也说道：

> 今举世舍农桑，趋商贾，牛马车舆，填塞道路，游手为巧，充盈都邑，治本者少，浮食者众。商邑翼翼，四方是极。今察洛阳，浮末者什于农夫，虚伪游手者什于浮末。[③]

王符所言虽不免夸张之辞，也可见当时商贾之盛。孙吴时期也有类似状况。永安二年（259年）三月诏书中言：

> 自顷年已来，州郡吏民及诸营兵，多违此业，皆浮船长江，贾作上下，良田渐废，见谷日少，欲求大定，岂可得哉？亦由租入过重，农人利薄，使之然乎！[④]

舍本趋末不仅是州郡吏民的生活选择，甚至诸营兵也未能免俗，个中缘由正在于“租入过重，农人利薄”。东晋应詹亦言：“军兴以来，征战运漕，朝廷宗庙，百官用度，既已殷广，下及工商流寓僮仆不亲农桑而游食者，以十万计。”[⑤]秦汉魏晋时期弃农从商始终是民众重要的生活选择之一。

岳麓秦简《为吏治官及黔首》载：“黔首不田作不孝。（1539）”[⑥]从事田作成为民众的道德行为准则之一。里耶秦简8-355载：“[黔]首习俗好本事不好末作，其习俗槎田岁更，以异中县。”[⑦]若不是生活所迫，“好本事不好末作”的黔首（多为农夫）大概不会选择背井离乡的商旅生活。“谷贱伤农”和“谷贵民流”是中国古代社会的两大现象。某种意义上讲，只要需要衡量价值，农业都无法与商业相比拟。弃农从商实为农夫的无奈选择。西汉时期贡禹曾言：

> 民心[动摇]，商贾求利，东西南北各用智巧，好衣美食，岁有十二之利，而

---

① 《史记》卷129《货殖列传》，第3274页。
② 《汉书》卷24《食货志》，第1166页。
③ （汉）王符著，（清）汪继陪笺，彭铎校正：《潜夫论笺校正》，北京：中华书局，1985年，第120页。
④ 《三国志》卷48《吴书·三嗣主传》，第1158页。
⑤ 《晋书》卷26《食货志》，第791页。
⑥ 朱汉民、陈松长主编：《岳麓书院藏秦简》（一），上海：上海辞书出版社，2010年，第114页。
⑦ 陈伟主编：《里耶秦简牍校释·第1卷》，第136页。

不出租税。农夫父子暴露中野，不避寒暑，捽中杷土，手足胼胝，已奉谷租，又出稿税，乡部私求，不可胜供。故民弃本逐末，耕者不能半。贫民虽赐之田，犹贱卖以贾，穷则起为盗贼。何者？末利深而惑于钱也。[①]

农业不仅利薄，且租税过重，又受到官吏商贾的多重盘剥，生活十分困苦。商业却是厚利，且可“因其富厚，交通王侯”[②]，生活非农夫所能比。两相权衡之后，民众不难做出明智的选择。

正因农、商之间面临的诸多经济差异，虽然历朝历代的统治者都强调重农抑商的政策，努力防止民间“舍本从末”，但依然难挡民众的从商之路。不过，中国传统社会中纯粹的商人并不多见。普通农家多以纺织等家庭手工业参与商业活动，大商人致富后也会购买土地（甚至爵位）。“以末致财，用本守之”[③]，是数千年中国传统社会中重要的农商关系模式。遗憾的是，大商人购买土地这种回归农业的选择并没有强化国家的农业基础，反而加剧了土地兼并的进程。东汉末年仲长统曾说：

豪人之室，连栋数百，膏田满野，奴婢千群，徒附万计。船车贾贩，周于四方；废居积贮，满于都城。琦赂宝货，巨室不能容；马牛羊豕，山谷不能受……此皆公侯之广乐、君长之厚实也。

井田之变，豪人货殖，馆舍布于州郡，田亩连于方国。身无半通青纶之命，而窃三辰龙章之服；不为编户一伍之长，而有千室名邑之役。荣乐过于封君，势力侔于守令。[④]

通过经商积累而成的“豪人”，不仅“连栋数百，膏田满野，奴婢千群，徒附万计”，享有“公侯之广乐、君长之厚实”，甚至因为其“馆舍布于州郡，田亩连于方国”，即便“身无半通青纶之命”“不为编户一伍之长”，也能“窃三辰龙章之服”“有千室名邑之役”，以至于“荣乐过于封君，势力侔于守令”。经商致富的大商人参与土地买卖，极大地加速了汉代土地兼并的进程，小农经济的地位受到严重冲击。于是，王朝就在农业的逐渐衰弱中走向末路。

---

① 《汉书》卷72《贡禹传》，第3075页。

② 《汉书》卷24《食货志》，第1132页。

③ 《史记》卷129《货殖列传》，第3281页。

④ （汉）仲长统撰，孙启治校注：《昌言校注》，北京：中华书局，2012年，第264—265、279页。

三、国家的管控政策与民众的逃离行为

自国家形成以来，土地与人口都是国家的主要构成部分。每个国家的统治者无不围绕着土地和人口进行着各种智力活动。围绕土地和人口的争斗，历来是国家之间政治活动的重要内容。如何管理本国的土地和人口，也成为国家的主要政治课题。

每个王朝建立之初，都会实行一套土地分配制度和人口管理政策。土地分配制度因时而异。秦汉时期实行以爵位为基础的土地分配制度，依据户主爵位分配土地。张家山汉简《二年律令·户律》中对土地分配有详细的法律规定。《二年律令·户律》载："受田宅，予人若卖宅，不得更受。"可见当时确曾分配土地。不仅如此，政府还对人们拥有土地的数额进行了限制。《二年律令·户律》："关内侯九十五顷，大庶长九十顷，驷车庶长八十八顷，大上造八十六顷，少上造八十四顷，右更八十二顷，中更八十（三一〇）顷，左更七十八顷，右庶长七十六顷，左庶长七十四顷，五大夫廿五顷，公乘廿顷，公大夫九顷，官大夫七顷，大夫五顷，不（三一一）更四顷，簪褭三顷，上造二顷，公士一顷半顷，公卒、士五（伍）、庶人各一顷，司寇、隐官各五十亩。"[①]关内侯至庶人可以占有 95 顷到 1 顷数额不等的土地，甚至司寇、隐官等也能拥有 0.5 顷的土地。[②]魏晋时期的土地分配制度与秦汉时期有所不同。《晋书·食货志》载：

> 男子一人占田七十亩，女子三十亩。其外丁男课田五十亩，丁女二十亩，次丁男半之，女则不课……其官品第一至于第九，各以贵贱占田，品第一者占五十顷，第二品四十五顷，第三品四十顷，第四品三十五顷，第五品三十顷，第六品二十五顷，第七品二十顷，第八品十五顷，第九品十顷。[③]

此时期不再是依据爵位分配土地，而是按人丁的年龄、性别和官位分配土地，每户土地多少直接与家庭成员的年龄、口数和官位高低相联系。不论土地分配制度如何，民众都要按照土地数额和人口多少缴纳赋税，并向国家服徭役。从土地分配到赋税缴纳

① 张家山二四七号汉墓竹简整理小组编：《张家山汉墓竹简［二四七号墓：释文修订本］》，北京：文物出版社，2006 年，第 53、52 页。

② 于师振波先生曾经指出，《二年律令·户律》中关于授田数额的法律标准可能只是一个限额，并不代表实际授田的数额。参见于振波：《张家山汉简中的名田制及其在汉代的实施情况》，《中国史研究》2004 年第 1 期，第 31—32 页，后收入《简牍与秦汉社会》，长沙：湖南大学出版社，2012 年，第 38—40 页。此观点值得注意。

③ 《晋书》卷 26《食货志》，第 790 页。

和徭役征发，也衍生出一系列国家政策。

严密的户籍管理制度是国家统治的基石，人口流动的严格限制是维护统治的重要方式。秦汉魏晋时期实行自行申报的户籍政策。秦王政十六年（公元前231年），“初令男子书年”。[①] 张家山汉简《二年律令·户律》也载：“民皆自占年。小未能自占，而毋父母、同产为占者，吏以□比定其年。自占、占子、同产年，不以实三岁以上，皆耐。”[②] 各户的人口多少、男女构成、老幼、爵位及身体健康程度等都要向政府如实报告，在里、乡登录造册后，逐级向上汇报。各户的土地占有及家产情况也在申报之列。地方官员有保境安民的职责，人口的增减和土地的垦、荒是政绩考核的主要内容。基层吏员负有核查职责，以确保民众都是如实申报。岳麓秦简《为吏治官及黔首》载：“案户定数。（1532）”[③]，“案户定数”即核查民户以确定人数。这成为基层吏员的重要职责内容之一。不过，基层官吏会有玩忽职守或徇私舞弊的行为，导致人口和土地等的登记不实，严重者会影响到国家的财政收入和社会的稳定。贡禹曾说汉武帝时“郡国恐伏其诛，则择便巧史书习于计簿能欺上府者，以为右职”。[④] 汉宣帝曾下诏言：

> 方今天下少事，繇役省减，兵革不动，而民多贫，盗贼不止，其咎安在？上计簿，具文而已，务为欺谩，以避其课。[⑤]

所谓“计簿”，《后汉书·百官志》注引胡广言：“秋冬岁尽，各计县户口垦田，钱谷入出，盗贼多少，上其集簿。”[⑥] 民户与土地是计簿的重要内容，却存在造假行为。汉宣帝时，胶东相王成因为“流民自占八万余口”，政绩优著，受到皇帝的褒奖，但后被人举报“伪自增加，以蒙显赏”，虚增流民占籍人数。[⑦] 基层的文书造假现象由此可见一斑。[⑧] 为了应对此类情况，国家制定了多种制度。汉代的“八月算民”是制度性的户籍核查。光武帝时的度田事件，魏晋南北朝的土断、括户和貌阅，是全国范围内核查

① 《史记》卷6《秦始皇本纪》，第232页。
② 张家山二四七号汉墓竹简整理小组编：《张家山汉墓竹简［二四七号墓：释文修订本］》，第53页。
③ 朱汉民、陈松长主编：《岳麓书院藏秦简》（一），第141页。
④ 《汉书》卷72《贡禹传》，第3077页。
⑤ 《汉书》卷8《宣帝纪》，第273页。
⑥ 《后汉书》志28《百官五》，第3623页。
⑦ 《汉书》卷89《循吏传》，第3627页。
⑧ 文书造假不仅秦汉时期存在，魏晋时期依然存在。我们曾对此进行讨论，详见苏俊林：《孙吴政治格局的初步形成——从孙吴前期的文书错误现象说起》，徐希平主编：《长江流域区域文化的交融与发展——第二届巴蜀·湖湘文化论坛论文集》，成都：四川大学出版社，2014年，第445—457页；苏俊林：《〈嘉禾吏民田家莂〉所见孙吴基层吏员的舞弊手法》，陈建明主编：《湖南省博物馆馆刊》第11辑，长沙：岳麓书社，2015年，第395—402页；苏俊林：《经济文书中的数据记载与汉、吴基层吏治》，“第五届中国古文书学研讨会——中国古代的社会经济文书”会议论文，北京：中国社会科学院历史研究所，2016年12月2日。

土地和人口的重大政治事件。甚至到隋朝统一天下之后，貌阅这种当面核查人口情况的行为依然难以避免。至于日常的核查行为，则是基层吏员的职责所在。走马楼吴简七·4466 号简载：“□曹言答府部吏区光等料实今年下户未讫事十一月廿日户曹掾兼□曹史赵野白。”①长沙郡下的临湘县（今临湘市）曾派部吏料实下户，并向上级汇报进展情况。基层吏员核查民户，应是汉晋社会的常态。民户的自行申报和官方的核查行为，成为国家土地和人口管理中两个至关重要的环节。

民众外出时需要各种凭证，凭证上写有县里爵名以及外出事由等。《史记·商君列传》记载：“商君亡至关下，欲舍客舍。客人不知其是商君也，曰：‘商君之法，舍人无验者坐之。’”②此验为一种证明合法身份的凭证。商鞅逃亡时因为“无验”而无法入住客舍，可见控制人口流动的严格程度。从张家山汉简《二年律令·津关令》等简牍可知，秦汉时期有十分严密的过关审查制度，过关人员需要出示符、传等官方凭证。③西北汉简中出土了很多符、传的简牍实物。这种用凭证来证明其身份的管理制度，不分官民都必须遵守，成为控制人口流动的重要手段。

人口的迁移并非绝对不允许。不过，除了政府组织的移民外，民众的自主移民尚属少见。这不只是“安土重迁”的观念问题，还与传统社会中民众的财产构成有关。土地、房屋等无法带走的固定资产在民众财产中占很大比例，迁移往往意味着这些财产的丧失。政府移民即便有赐予爵位、减免租税或给予安置物资等经济补偿，但这与所失去的东西相比得不偿失，故而民众并不乐意迁徙。出于经济的考量，以及传统社会中亲属间的地域联系，民众一般并不愿意离开故土。

国家有希望民众安居故土的政治诉求，民众有“安土重迁”的自我期望，这本该是一拍即合的两种社会心理并不是在所有时候都能很好地结合。王朝前中期两者尚能相安无事，中后期失去土地的民众的大规模流动往往成为政府的沉重负担。如何处理“流民”——多为失去土地而离乡背井的人——这个并不为统治者所乐见的社会群体，从汉武帝开始就成为两汉政府所面临的重要政治问题。东汉时期几乎每位皇帝都曾颁布与流民相关的诏书，政府也采取各种措施来处理流民问题。但是，对于不断增加的流民队伍而言，政府的临时性救济措施往往是杯水车薪，于事无补。④到了魏晋南北

① 长沙简牍博物馆等编著：《长沙走马楼三国吴简·竹简·第 7 卷》，北京：文物出版社，2013 年，第 839 页。

② 《史记》卷 68《商君列传》，第 2236 页。

③ 日本学者青木俊介对肩水金关汉简进行考察后发现，通关凭证中有不完备也被放行的现象，进而认为关所的检查并不十分严格。参见氏著《漢代の関所における馬の通行規制とその実態——肩水金関漢簡の分析から——》，鹤间和幸、村松弘一编：《馬が語る古代東アジア世界史》，东京：汲古书院，2018 年，第 199—238 页。

④ 王子今先生对两汉流民运动及政府的应对之策进行过论述，参见王子今：《秦汉社会史论考》，北京：商务印书馆，2006 年，第 86—101 页。

朝时期，流民及流民帅成为重要的社会势力，一定程度上影响着南北政治的走向。东晋门阀政治得以维持，刘宋政权得以建立，都与流民势力密切相关。①

流民只是古代社会中失去土地民众的一种求生选择，甚至是统治者较能接受的选择。因为安置妥当，流民或就地著籍，或返回故土，他们依然是国家民户——赋税徭役的承担者。有学者指出，原本为“转徙无定、生活毫无保障”的流民成为曹魏屯田民后，即便要忍受较重的经济剥削，但因为“有了自己的经济，生活穷困有所好转”，他们就表现出较大的生产积极性。② 这反映出民众对安定生活的强烈渴望。不过，大规模流民出现的时候，往往是王朝弊端百出的时期。除了极少数王朝能采取较为妥当的措施暂时安抚外，多数时候都不能妥善处理流民问题。为了生存，那些没有就地著籍和返回故土的流民大致会分化为两部分。一部分流民会选择投靠地方上的豪门大族，依靠他们的庇护来维持基本的生活。地方大族也会主动招纳流亡民众，以扩充私人势力。另一部分流民则可能会采取叛逃甚至武装反抗等极端方式来获取生活资料。走马楼吴简中有不少“叛民”“叛吏”“叛士”“叛走”等记录，表明孙吴时期有不少叛逃事件。投靠大族会丧失人身自由，成为与主人具有人身依附关系的客、部曲、奴婢等。叛逃可能会被没收财产，抓回之后不仅会被赋予“叛民”“叛士”等羞辱性称谓，依然要承担赋税徭役。③ 武装反抗有着巨大的生命危险，不到万不得已，民众宁愿牺牲人身自由去投靠大族也不愿意起来武装反抗。

投靠大族的民众不只是流民。为了逃避沉重的赋税徭役，有时候民众也会主动去投靠那些能让他们免除国家徭役的大族。这种主动式的投献往往以家、户为单位，带着自己的家产以及从国家分得的土地。周瑜死后，孙权素服举哀，并下令：“故将军周瑜、程普，其有人客，皆不得问。”④ 这道被“著令”的法令被不少学者解读为是魏晋南北朝时期复客制的起源。《晋书·食货志》具体规定了不同品级的官吏可以荫户的数额。⑤ 不过，享有荫户权的地方大族所庇护的民户一般会超出国家允许的标准。⑥“奴童千计”并不只是沈庆之个人财力的体现⑦，而是当时整个士族经济的反映。“百室合

① 魏晋南北朝时期流民及流民帅对南北政治的影响，详见田余庆：《东晋门阀政治》，北京：北京大学出版社，2012 年，第 43—49 页。

② 郑欣：《魏晋南北朝史探索》，济南：山东大学出版社，1989 年，第 92—93 页。

③ 走马楼吴简中有很多叛逃记录，学者已有论述，参见黎石生：《长沙市走马楼出土“叛走”简探讨》，《考古》2003 年第 5 期；沈刚：《长沙走马楼三国竹简研究》，北京：社会科学文献出版社，2013 年，第 31—39 页；凌文超：《走马楼吴简采集簿书整理与研究》，桂林：广西师范大学出版社，2015 年，第 154—169 页。

④ 《三国志》卷 54《吴书·周瑜传》，第 1264 页。

⑤ 《晋书》卷 26《食货志》，第 790—791 页。

⑥ 郑欣：《魏晋南北朝史探索》，第 128—130 页；高敏主编：《中国经济通史·魏晋南北朝》，第 621 页。

⑦ 《宋书》卷 77《沈庆之列传》，北京：中华书局，1974 年，第 2003 页。

户”“千丁共籍”，这种人口规模十分庞大的家庭，往往包含了众多的依附民、奴婢以及那些投献者。人们不只向大族投献，也有向寺庙投献。大族和寺庙逐渐成为依附人口众多、土地数额巨大的重要政治和社会势力。人口和土地的争夺，成为国家与大族之间以及国家与寺庙之间关系的重要内容。

流民的产生源自于土地的丧失。土地兼并是每个朝代都不可避免会出现并愈演愈烈的社会问题。虽然某些时候会有一些限制兼并的措施或议论，不过都无济于事。汉武帝时期，土地问题就已经开始出现。董仲舒曾批评道：

> 身宠而载高位，家温而食厚禄，因乘富贵之资力，以与民争利于下，民安能如之哉！是故众其奴婢，多其牛羊，广其田宅，博其产业，畜其积委，务此而亡已，以迫蹴民，民日削月朘，浸以大穷。①

西汉末期土地兼并更为严重。面对“田宅亡限，与民争利，百姓失职，重困不足”问题②，汉哀帝曾让大臣讨论。有司讨论之后，丞相孔光、大司空何武奏请：“诸侯王、列侯皆得名田国中。列侯在长安，公主名田县道，及关内侯、吏民名田皆毋过三十顷。”③试图将占田数额限制在30顷以内。这无疑是一个在“严峻的现实要求降低占田数额”的情况下，“一定程度上照顾了权贵的利益”的“折中方案”。④但是哀帝自己就没有遵守，赐予高安侯董贤田地二千余顷，“均田之制从此堕坏”⑤，其“限田”政策未能施行。东汉末年，仲长统曾提出“限夫田以断并兼”的主张⑥，但并未被政府采纳执行。西晋江统曾说：“秦汉以来，风俗转薄，公侯之尊，莫不殖园圃之田，而收市井之利。”⑦土地兼并是秦汉魏晋社会的普遍现象，且并未受到实质性的限制。程念祺先生认为：“对兼并的放任，乃当时国家政策的一种惯例。”⑧这不失为对某些王朝那种虚假的限田议论以及苍白无力的限田举措的精辟论断。土地兼并者往往是贵族、大臣、地方豪族以及封疆大吏。他们或是国家政策的决策者，或是政策的执行者，希望他们来限制兼并无异于“与虎谋皮”。

无法根治的土地兼并问题导致民众的大量流亡，流亡民众的规模化又会成为国家

---

① 《汉书》卷56《董仲舒传》，第2520—2521页。
② 《汉书》卷11《哀帝纪》，第336页。
③ 《汉书》卷24《食货志》，第1142—1143页。
④ 于振波：《简牍与秦汉社会》，第50—51页。
⑤ 《汉书》卷86《王嘉传》，第3496页。
⑥ （汉）仲长统撰，孙启治校注：《昌言校注》，第288页。
⑦ 《晋书》卷56《江统列传》，第1537页。
⑧ 程念祺：《国家力量与中国经济的历史变迁》，北京：新星出版社，2006年，第71页。

新政策的推动者。汉末大乱下的大量流民成为曹魏屯田的主要成员，孙吴社会中也有一个曾经流散他乡后来返还乡里的“还民”群体。[①]那些还保有少量土地的民众，在不断提高亩产量的同时也推动着从分成租到定额租的国家税制改革。“百室合户”“千丁共籍”这种现象也是推动古代中国“舍地税人”的税制变革的重要因素。中国古代社会、经济的变迁，正是国家经济政策和民众生活选择之间双向作用的结果。

四、结　　语

秦汉魏晋时期，中国从秦汉大一统时代走向魏晋南北朝的分裂时代。[②]这种时代交替的背后，既有土地产量的普遍提高，也有田租制度的显著变化。土地产量和田租制度的变化，既是民众生活选择与国家经济政策博弈的结果，也推动着民众在国家经济政策下进行多种生活选择。他们的选择受自身身份的影响，选择的结果往往也改变自己的身份。国家通过身份管理建立起户籍制度、土地制度、田租制度以及其他社会制度等，进而形成了较为完备的社会身份秩序。这种社会身份秩序的具体内容因时代不同而有所差异。其共同点在于：社会身份秩序将民众身份差异化和等级化，并依据身份的差异和等级进行差别管理。

社会身份秩序与民众的生活选择之间，存在相互依存、相互影响的密切关系。高欢曾对鲜卑人说：“汉民是汝奴，夫为汝耕，妇为汝织，输汝粟帛，令汝温饱，汝何为凌之？”其又对汉人说：“鲜卑是汝作客，得汝一斛粟、一匹绢，为汝击贼，令汝安宁，汝何为疾之？”[③]高欢对鲜卑和汉人相互关系的论述，同样适用于描述国家与民众之间的相互关系。国家将土地分配给民众并给予生命、财产等安全保护，民众以租税和徭役的形式回报国家。这种实际利益上的双向交换是任何道德言论都无法替代的。当其中一方无法满足另一方的要求时，矛盾就不可避免地产生，并冲击旧有的社会身份秩序。旧有的身份秩序无法缓解这种矛盾时，就将被新的社会身份秩序所取代。某种程度上可以说，正是社会身份秩序与民众的生活选择的相互作用，促成了秦汉魏晋南北朝时期的政权更迭、社会变迁。

---

① 关于走马楼吴简中“还民”问题，可参见苏俊林：《走马楼吴简所见“还民”及相关问题》，西南大学出土文献综合研究中心、西南大学汉语言文献研究所主办：《出土文献综合研究集刊》第 6 辑，成都：巴蜀书社，2017 年，第 182—195 页。

② 虽然西晋曾有短暂的统一，但就整个魏晋南北朝时期而言，分裂是主要特征。

③ （宋）司马光编著，（元）胡三省音注：《资治通鉴》卷 157《梁纪·武帝大同三年》，北京：中华书局，1956 年，第 4882 页。

中国古代几乎每个王朝或地方政权，都曾出现过如下两个导致衰亡的社会问题：①社会财富日益集中，土地兼并日渐严重；②国家政治日益腐败，赋税徭役更加沉重，百姓生活困苦不堪。这两大社会问题相互交织，成为中国古代王朝的两大“死症”，是任何君主专制王朝都无法回避的重要课题。王朝的更替并不能避免此类社会经济问题的再现，甚至王朝的兴衰历程都极其相似。原因无它，王朝的统治模式相似，民众的生活需求也不会有太大变化，国家经济政策与民众生活选择之间难以避免的矛盾，在不同时候有不同的表现形式，但从来都未曾消失。这正是形成中国传统社会近似“循环往复”的发展怪圈的根本原因所在。

北魏灵太后“转轮王”与“佛”形象的建构*

周　胤
（重庆大学人文社科高等研究院史学中心）

一、灵太后建构“转轮王”与“佛”形象的历史背景

北魏延昌四年（515 年）春正月丁巳，夜，宣武帝（483—515 年）崩于式乾殿。也正在此夜，孝明帝（510—528 年）即皇帝位。其登位之时，年仅七岁。同年“（二月）己亥，尊胡充华为皇太妃。……（八月）丙子，尊皇太妃为皇太后。……戊子，帝朝皇太后于宣光殿，大赦天下。……群臣奏请皇太后临朝称制。九月乙巳，皇太后亲览万机。”① 至此，灵太后胡氏（?—528 年）总揽朝政，成为北魏孝明帝朝的实际执政者。

《魏书·皇后列传》载，灵太后胡氏“临朝听政，犹称殿下，下令行事。后改令称诏，群臣上书曰陛下，自称曰朕”②。且其以肃宗冲幼，代之而行祭礼。灵太后的僭越行为，显然违背了儒家所提倡的“三纲五常”“三从四德”等原则。而在汉化后的北魏社会中，于“内外有别”“男尊女卑”的观念下③，欲以女性身份王诸天下更是阻力重重。如何突破儒家伦理的限制，在以男性为主导的社会中为自己的统治提供思想武器和理论依据，成为灵太后首要解决的问题。

学者杜斗城曾研究认为：

---

* 本文为国家社会科学基金青年项目“北魏平城、洛阳的城市空间与佛教信仰关系研究”（16CZJ0101）阶段性研究成果。

① 《魏书》卷 9《肃宗纪》，北京：中华书局，1974 年，第 1 册，第 221—222 页。

② 《魏书》卷 13《皇后列传》，第 2 册，第 337—338 页。

③ 颜之推在《颜氏家训》中提到，“邺下风俗，专以妇持门户，争讼曲直，造请逢迎，车乘填街衢，绮罗盈府寺，代子求官，为夫诉屈。此乃恒、代之遗风乎？”参见王利器：《颜氏家训集解：增补本》，北京：中华书局，1993 年，第 48 页。尽管北朝时期的女子，其社会地位相对较高于其他时代的女性，但以男性为主导的社会观念仍为主流。

> 中国的帝王，自古以来都以儒家宣扬的“圣王”作为效法的榜样，崇尚的是所谓文武、成汤、周孔之道，但自佛教传入中国之后，情况便有了变化。特别是“十六国时代”，天下纷崩，在北方地区，出现了很多“胡人”建立的政权，此类政权的统治者，虽然不同程度地受到中国传统文化的熏染，但毕竟旧习难易，所以，对这些尚武好杀，以掳掠攻战为习者来说，要做循规蹈矩的儒教“圣王”是很不容易的，而佛教的转轮王却很符合他们的口味，这是因为佛教中所说的转轮王虽可兵不血刃而统一天下，但实际上的转轮王——阿育王、迦腻色王等，那（哪）位不双手沾满别人的鲜血呢？他们有些人甚至还有杀害父母兄弟之嫌，但当他们一旦“放下屠刀”，就“立地成佛”了。正因如此，十六国时期的一些“胡族”帝王，往往在佛教中去寻找精神武器。稍后夺权篡位而统一中国的隋文帝及后来杀害父亲兄弟的隋炀帝也都以佛教中的“转轮王”来做护身符。这是因为他们都深知自己不配做儒教的“圣王”。至于武则天，走得就更远了，儒教最基本的原则，君臣、父子、夫妻之“三纲”，她一条也（站）不住脚，更不说仁、义、礼、智、信之类了。所以，硬要挤进儒教“圣王”的行列，也如同掩耳盗铃一般。因此她便数次给自己加号“金轮皇帝”，以此作为自己的精神武器，同时用其手法来蒙蔽天下。①

正如杜氏所言，自佛教传入中国后，儒家思想开始受到冲击。东晋十六国至南北朝时期，佛教势力发展迅速，北方的少数民族统治者尤为推崇此教。北魏文成帝即在其诏书中明言：“况释迦如来功济大千，惠流尘境，等生死者叹其达观，览文义者，贵其妙明，助王政之禁律，益仁智之善性，排斥群邪，开演正觉。故前代已来，莫不崇尚，亦我国家常所尊事也。”② 因此，佛教在彼时常为统治者服务，佛经中的一些观念和内容也常被其利用，譬如上文中提到的“佛教转轮王”形象。不少学者和杜氏一样，都注意到隋文帝与武则天曾经运用佛教转轮王的形象来宣示其权力的神圣性与合法性。③但二者只是在文献记载中最明显且直接地宣扬过他们所具有的这一身份和姿态。在隋文帝与武则天之前，“佛教转轮王”的形象其实早已为南北朝时期，甚至东晋十六国的帝王所熟悉并运用，譬如，北魏文明太后（下详）及南朝梁武帝等④。因此，隋文帝和武则天选择以“佛教转轮王”的身份来昭示天下，其做法并非空穴来风，而是有着深

① 杜斗城：《关于武则天与佛教的几个问题》，《宗教学研究》1994 年第 Z1 期，第 32 页。

② 《魏书》卷 114《释老志》，第 8 册，第 3035—3036 页。

③ 如矢吹庆辉、陈寅恪、康乐、古正美等学者都曾撰文提到或讨论过隋文帝和武则天运用佛教转轮王形象论证其权位合法性的情况。

④ 参见颜尚文：《梁武帝》，台北：东大图书股份有限公司，1999 年。

远的历史背景与渊源。本文所要探讨的灵太后，即是早于此二位而利用转轮王身份来论证其统治合理性的一个先例。

和武则天一样，灵太后生长在一个敬信佛教的家族中，其父胡国珍“年虽笃老，而雅敬佛法，时事斋洁，自强礼拜”①。灵太后的从姑则为比丘尼。②自幼信奉佛教的灵太后在临朝称制后，开始遵照佛经记载的转轮王模式推行一系列护法措施，亦即通过运用外来的转轮王观念，加强其权位之正当性。尽管现有文献和实物资料中并未见到灵太后曾公开或直接宣称自己是佛教转轮王③，但从其实际的护法活动来看，灵太后似正以此建构其转轮王之身份。也是通过这一身份，其意图从传统政治合法性论述框架（如“天命观”）外的其他角度，来告知天下她所具有的最高权力与地位。

另外，除了“佛教转轮王”的形象外，灵太后还似建构有“佛”之面貌。日本学者塚本善隆曾经研究认为：“道人统法果所打出的‘现在皇帝即是现在如来’的思想，长久以来为北朝佛教界、政治界所承续，渐渐强化了北朝佛教的国家性格。”④这种帝与佛结合的双重身份观念，曾经在北魏诸朝长期流行并且承续，灵太后对此当不陌生。为了借助这一政教传统，说明其所具有的最高权力和地位，灵太后除了利用佛教符谶来暗示天下其以女身成佛外，还与孝明帝并称“二帝”或“二圣”，同时在石窟中设计“二佛并立”的特殊布局。另外，在执政之初，她还诏请灵辨法师至洛阳宫中修撰《华严论》，并辗转于各殿讲演此经及《大品般若经》。其欲通过般若学“缘起性空”的理论，来肯定女性和男性一样享有成佛的平等权利，从而为自己建构“佛”之身份和面貌奠定理论上的基础。同时，灵太后还欲通过《华严论》的修撰，来具体阐释“转轮王即佛”的观念，并通过《华严经》的弘广，来为自己的统治提供神圣且合法化的支持。

由于目前学术界仍然停留在对灵太后崇奉佛教的表象研究上，并未具体探讨其种种崇佛事宜背后深层次的原因。因此笔者认为，北魏灵太后通过佛教王权观和理论来建构其权位合法性的情况，值得我们留意和探讨。

---

① 《魏书》卷71下《胡国珍传》，第5册，第1834页。

② “后姑为尼，颇能讲道，世宗初，入讲禁中。……太后性聪悟，多才艺，姑既为尼，幼相依讬，略得佛经大义。”参见《魏书》卷13《皇后列传一》，第337—338页。

③ 康乐认为，与灵太后同时期，且推行了一系列佛教相关措施的南朝梁武帝，亦未直接宣称自己的佛教转轮王身份。详见康乐：《转轮王观念与中国中古的佛教政治》，《“中央研究院”历史语言研究所集刊》，1996年第67本，第1分，第136页，注释56。

④ 参见［日］塚本善隆：《魏书释老志研究》，林保尧译，新竹：觉风佛教艺术基金会，2007年，第102—103页。

二、灵太后“转轮王”形象的建构

“转轮王”，梵曰斫迦罗代棘底曷罗阇 Cakravarti-raja，又作遮迦越罗、转轮圣王、转轮圣帝、转轮王、轮王。此王身具三十二相，即位时，由天感得轮宝，转其轮宝，而降伏四方，故曰转轮王。又飞行空中，故曰飞行皇帝。① 在佛教的教义中，以王者的身份宣扬佛教正理（“正法治化”），开导众生，使之离苦得乐者，即为“转轮王”。②

历史上著名的孔雀王朝阿育王，即是佛教转轮王之典范。如《杂阿含经》云：“阿难当知，于我灭度百年之后，此童子于巴连弗邑统领一方，为转轮王。姓孔雀，名阿育，正法（按：即佛法）治化。又复广布我舍利，当造八万四千法王之塔，安乐无量众生。”③ 阿育王之后的贵霜王朝迦腻色迦王，亦是著名的佛教转轮王，其被誉为“阿育王第二”。④ 灵太后所欲成就者，即上述阿育王和迦腻色迦王所代表之佛教转轮王。

1949 年前陕西省兴平县（今兴平市）曾出土了一尊北魏皇兴五年（471 年）的弥勒造像，造像背面第三行中间刻有一幅《转轮王七宝图》。⑤ 在图中，转轮王飞行于图格中间，其前由“主藏宝”和“主兵宝”引导。转轮王下方则为“轮宝”，“轮宝”之

---

① 参见丁福保编：《佛学大辞典》（下册），北京：中国书店，2011 年，第 2820 页中、下。康乐曾指出，梵文“转轮王”一词早期中文皆译为“遮迦越罗”，到了《长阿含·转轮圣王修行经》才用“转轮圣王”一词，此经在姚秦弘始年间（399—415 年）译出。参见康乐：《转轮王观念与中国中古的佛教政治》，第 118 页，注释 17。

② 参见吴汝钧编著：《佛教大辞典》，台北：商务印书馆，1992 年，第 547 页。事实上，在早期汉译佛典中，对转轮王的绍介并不系统，其形象多散见于各种佛传故事中。如《修行本起经》载：“尔时人民，寿八万四千岁，……圣王治正，戒德十善，教授人民，天下太平，风雨顺时，五谷熟成。”参见（后汉）竺大力、康孟详译：《修行本起经》卷上《现变品第一》，《大正藏》，第 3 册，第 463 页上。又，《增壹阿含经》载：“佛语阿难：‘我当为汝说，过去贤劫初，于此中间有转轮圣王，主四天下，名曰大天。长寿无病，端正勇猛，治以正法，不枉人民。有自然七宝，何等为七：一者轮宝、二者象宝、三者马宝、四者珠宝、五者女宝、六者主藏宝、七者典兵宝。’”参见（东晋）瞿昙僧伽提婆译：《增壹阿含经》卷 48，《大正藏》，第 2 册，第 806 页下、807 页上。

③ （刘宋）求那跋陀罗译：《杂阿含经》，《大正藏》，第 2 册，第 162 页上。

④ 范祥雍：“关于迦尼色迦王之记载及考证，极纷繁，不必广引。足立喜六《法显传考证》（何张合译本第 90 页）有简单注释，引之如下，‘腻迦王为罽腻迦王，又名迦腻色迦王。西历元年左右，统一国内，创建犍陀罗国（Gandhāra）。其领地西至大夏，东达恒河，北连葱岭，南界印度河口，声势赫奕，与阿育王并称，印度名王也。伊笃信佛教，努力于佛教之发扬，佛典之整理，会迦湿弥罗高僧五百人，举行《大毗婆沙论》之结集。’”范祥雍校注：《洛阳伽蓝记校注》，上海：上海古籍出版社，1978 年，第 338 页，注释 11。

⑤ 转轮王拥有七宝，除前述“轮宝”外，《长阿含·转轮圣王修行经》中提到转轮王尚有白象宝、绀马宝、神珠宝、玉女宝、居士宝和主兵宝。《修行本起经》里的七宝排列顺序与《转轮圣王修行经》不太一样，而且“居士宝”被换成“典宝藏臣”。有关转轮王“七宝”的详细论述可参见康乐：《转轮王观念与中国中古的佛教政治》，第 119—120 页。

前为“白象宝”和“绀马宝”。除此之外，“玉女宝”“神珠宝”亦紧随转轮王之后。此图中转轮王七宝具足，从其所表现的主题来看，有关佛教转轮王的形象与概念，在献文帝时应已为民间所了解或熟悉。事实上，在献文帝时期及孝文帝早期，当时的主政者文明太后冯氏正是利用了“佛教转轮王”的身份和观念，从宗教层面入手，说明和维护了其统治的权威性与合法性。如太和七年（483 年）《邑义信士女等五十四人造像记》载：

> 太和七年岁在癸亥八月卅日，邑义信士女等五十四人，自惟往因不积，生在末代，甘寝昏境，靡由自觉。微善所钟，□值圣主道教天下，绍隆三宝，慈被十方，泽流无外。……是以共相劝合，为国兴福，敬造石□□像九十五躯，及□□□。愿以此福，上为皇帝陛下，太皇太后，皇子德合乾坤，威踰转轮，神披四天，国祚永康，十方□伏。光扬三宝，亿劫不坠。①

这里所谓“□值圣主道教天下，绍隆三宝，慈被十方，泽流无外”，乃是指文明太后以佛教化四天下一事。所谓“威踰转轮”，则指冯太后之神威甚至超越了转轮王。因此，在灵太后之前，同为女性，且同样处于权力巅峰的文明太后，或已通过利用“佛教转轮王”的身份，从儒家伦理以外的角度，来告知天下她所具有的独特地位。所以到了灵太后掌政之时，其自然不会对“转轮王”的观念感到陌生。或许正是因为文明太后的这一先举，才促成了灵太后也选择运用“转轮王”的形象和佛教王权的相关理论，来宣示其权力与地位的神圣性和合法性。

那么，灵太后是如何构建其“佛教转轮王”形象的呢？

首先，在亲览万机之初的熙平元年（516 年），灵太后便开始了都城洛阳永宁佛寺的建设，而这座寺院中的九层大塔，即模仿自贵霜迦腻色迦王所建的西域第一浮图——雀离浮图。

雀离浮图位于犍陀罗国都城布路沙布逻内，是迦腻色伽王所建的著名佛教建筑。有学者认为，“所谓雀离浮图，意思应该就是轮王（Cakravartin）之塔。雀离就是 Cakri，也就是轮宝的意思”②。《洛阳伽蓝记》载：

> 推其本缘，乃是如来在世之时，与弟子游化此土，指城东曰：“我入涅槃后二百年，有国王名迦尼色迦在此处起浮图。”佛入涅槃后二百年，果有国王字迦尼色迦出游城东，见四童子累牛粪为塔，可高三尺，俄然即失。《道荣传》云：童子在虚空中向王说偈。王怪此童子，即作塔笼之。粪塔渐高，挺出于外，去地四百

① 韩理洲等辑校编年：《全北魏东魏西魏文补遗》，西安：三秦出版社，2010 年，第 423—424 页。
② 孙英刚：《七宝庄严：转轮王小传》，北京：商务印书馆，2015 年，第 126 页。

> 尺，然后止。王更广塔基三百余步。[①]

《大唐西域记》载：“迦腻色迦王以如来涅槃之后第四百年，君临膺运，统赡部洲，不信罪福，轻毁佛法。”[②] 王在听闻童子说偈之后，“喜庆增怀，自负其名大圣先记，因发正信，深敬佛法”[③]。迦腻色迦王后倾其全力弘传释教，与阿育王齐名，成为佛教转轮王的典范。灵太后所欲仿效者，即此迦腻色迦王。其似通过洛阳永宁寺塔的建造，来模拟迦腻色迦王所立之雀离浮图，从而说明自己所具有的佛教转轮王形象。

《洛阳伽蓝记》载，永宁寺“在宫前阊阖门南一里御道西。……中有九层浮图一所，架木为之，举高九十丈。上有金刹，复高十丈；合去地一千尺。去京师百里，已遥见之”[④]。郦道元《水经注》云：

> （谷）水西有永宁寺，熙平中始创也。作九层浮图，浮图下基，方一十四丈，自金露柈下至地四十九丈，取法代都七级而又高广之，虽二京之盛，五都之富，利刹灵图，未有若斯之构。[⑤]

学者在以《水经注》中提供的数据对永宁寺塔进行复原时，发现其计算得出的塔身比例与平城永宁寺塔大致符合[⑥]，且“同书所记‘浮图下基方一十四丈’业经遗址验证与北魏尺计量是相当接近的，有一定的可靠性”[⑦]。因此《水经注》中的相关记录，较为可信。又：

> （永徽）三年（652 年）春三月，（玄奘）法师欲于寺（慈恩寺）端门之阳造石浮图，……浮图量高三十丈，拟显大国之崇基，为释迦之故迹。……其塔基面各一百四十尺，仿西域制度，不循此旧式也。[⑧]

慈恩寺塔基每面各长一百四十尺（即十四丈），乃模仿西域建塔之制度，这与《水经注》中所言永宁寺塔基“方一十四丈”正好相符，证明了永宁寺塔亦是仿照西域寺塔

① （魏）杨衒之撰，周祖谟校释：《洛阳伽蓝记校释》2 版，北京：中华书局，2010 年，第 200—201 页。
② （唐）玄奘、辩机原著，季羡林等校注：《大唐西域记校注》上册，北京：中华书局，1985 年，第 238—239 页。
③ （唐）玄奘、辩机原著，季羡林等校注：《大唐西域记校注》上册，第 239 页。
④ （魏）杨衒之撰，周祖谟校释：《洛阳伽蓝记校释》，第 1—3 页。
⑤ （北魏）郦道元注，（民国）杨守敬、熊会贞疏，段熙仲点校，陈桥驿复校：《水经注疏》中册，南京：江苏古籍出版社，1989 年，第 1413 页。
⑥ 参见钟晓青：《北魏洛阳永宁寺塔复原探讨》，《文物》1998 年第 5 期，第 56 页。
⑦ 杨鸿勋：《关于北魏洛阳永宁寺塔复原草图的说明》，《文物》1992 年第 9 期，第 85 页。
⑧ （唐）慧立、彦悰著，孙毓棠、谢方点校：《大慈恩寺三藏法师传》，北京：中华书局，2000 年，第 160 页。

之形制而建。郦道元云：“按《释法显行传》，西域有爵离浮图，其高与此相状。东都、西域，俱为庄妙矣。”[①] 则永宁寺塔所欲模仿之对象，盖即雀离浮图也。

杨衒之曾在《洛阳伽蓝记》中按曰：“《惠生行纪》事多不尽录，今依《道荣传》《宋云家记》，故并载之，以备缺文。”[②]《洛阳伽蓝记》中所引五世纪中叶的《道荣传》，已将雀离浮图各部分的尺寸大小做了说明，可知灵太后在建造永宁寺塔时，已有了基本尺度及规制的参照。《洛阳伽蓝记》载：

> 至正光元年（520 年）四月中旬，入乾陀罗国。……复西行一日，乘船渡一深水，三百余步。复西南行六十里，至乾陀罗城。东南七里，有雀离浮图。……
>
> 《道荣传》云：三百九十步。从地构木，始得齐等。
>
> 《道荣传》云：其高三丈[③]，悉用文石为阶砌栌栱，上构众木，凡十三级。上有铁柱，高三百尺，金盘十三重，合去地七百尺。
>
> 《道荣传》云：铁柱八十八尺，八十围，金盘十五重，去地六十三丈二尺。施功既讫，粪塔如初，在大塔南三百步。[④]

永宁寺塔约在神龟二年（519 年）八月前完成了基本架构的建设，但在内部佛龛佛像的雕凿上，似仍未动工。《魏书·崔光传》记曰：

> （神龟）二年（519 年）八月，灵太后幸永宁寺，躬登九层佛图。（崔）光表谏曰：“……永宁累级，阁道回隘，以柔懦之宝体，乘至峻之重峭，万一差跌，千悔何追？《礼》，将祭宗庙，必散斋七日，致斋三日，然后入祀，神明可得而通。今虽容像未建，已为神明之宅。方加雕缋，饰丽丹青，人心所祇，锐观滋甚，登者既众，异怀若面。纵一人之身恒尽诚洁，岂左右臣妾各竭虔仰？”[⑤]

又，《洛阳伽蓝记》载：“装饰毕功，明帝与太后共登之。视宫中如掌内，临京师若家庭，以其目见宫中，禁人不听升之。”[⑥] 可知神龟二年（519 年）八月灵太后躬登九层佛图时，永宁寺塔的基架业已完成，但从“今虽容像未建，已为神明之宅”判断，当

---

① （北魏）郦道元注，（民国）杨守敬、熊会贞疏，段熙仲点校，陈桥驿复校：《水经注疏》，中册，第 1413—1414 页。

② （魏）杨衒之撰，周祖谟校释：《洛阳伽蓝记校释》，第 209 页。

③ 周祖谟按：此处数字疑有讹误。参见（魏）杨衒之撰，周祖谟校释：《洛阳伽蓝记校释》，第 201 页。

④ （魏）杨衒之撰，周祖谟校释：《洛阳伽蓝记校释》，第 194—202 页。

⑤ 《魏书》卷 55《崔光传》，第 4 册，第 1495—1496 页。

⑥ （魏）杨衒之撰，周祖谟校释：《洛阳伽蓝记校释》，第 11 页。

时塔内各层佛龛中的佛像尚未雕凿，而如何雕凿，则成为灵太后在神龟元年（518年）派遣宋云及惠生出使西域的目的之一。《洛阳伽蓝记》载：

闻义里有燉（敦）煌人宋云宅，云与惠生俱使西域也。神龟元年（518年）十一月冬，太后遣崇立寺比丘惠生向西域取经，凡得一百七十部，皆是大乘妙典。……至正光二年（521年）二月始还天阙。[①]

灵太后派遣宋云、惠生出使西域之意图，除了取经外，尚有包括摹写雀离浮图及北印度四塔的建筑规制等任务，特别是有关雀离浮图内部佛像的具体样式及造像内容等方面的记录。[②]所以，《洛阳伽蓝记》云：

塔内佛事，悉是金玉，千变万化，难得而称，……西域浮图，最为第一。……惠生初发京师之日，皇太后敕付五色百尺幡千口，锦香袋五百枚，王公卿士幡二千口。惠生从于阗至乾陀罗，所有佛事处，悉皆流布，至此顿尽。惟留太后百尺幡一口，拟奉尸毗王塔。宋云以奴婢二人奉雀离浮图，永充洒扫。惠生遂减割行资，妙简良匠，以铜摹写雀离浮图仪一躯，及释迦四塔变[③]。[④]

宋云、惠生在从于阗至乾（犍）陀罗的路上，于一切有佛像的地方，均流布了皇太后所敕付的五色百尺幡，又"减割行资，妙简良匠，以铜摹写雀离浮图仪一躯，及释迦四塔变"，最后返回魏土。可见宋云、惠生出使西域的一项任务即是观摩当地之佛像。而其中最重要的，乃是描摹雀离浮图及其内部佛像的具体雕凿方式。因此，综上来看，灵太后在掌政初期所建立的永宁寺塔，乃是模仿自乾（犍）陀罗国迦腻色伽王所建的雀离浮图。由于雀离浮图意为"轮王之塔"。因此这一做法的意义，似在告知天下灵太后所具有的佛教转轮王身份和形象。

其次，除了永宁寺外，灵太后还曾通过在各州兴建塔寺的方式来模拟佛教转轮王

① （魏）杨衒之撰，周祖谟校释：《洛阳伽蓝记校释》，第168—169、209页。范祥雍："宋云使西域之时期，魏收以为在熙平元年（五一六），李延寿等从之，费长房《历代三宝记》三亦云：熙平元年'遣沙门惠生使西域，取婆罗门经论'，《隋书·经籍志》谓：'熙平中，遣沙门慧生使西域，采诸经律得一百七十部。'本书以为在神龟元年（五一八），道宣等从之，司马光《资治通鉴》一四八梁武帝天监十七年（即魏孝明帝神龟元年）亦云：'魏胡太后遣使者宋云与比丘惠生如西域求佛经。'杨衒之书乃根据宋云《家纪》等书而录，如传写无误，所说当最为可靠。其余正光二年，大通元年都是后来辗转传讹，可以不论。"（范祥雍校注：《洛阳伽蓝记校注》，第256页。）笔者以为是。

② 此点也曾得到古正美先生指点。

③ 范祥雍："四塔变犹言四塔之故事画，似乾陀罗国旧有之，惠生摹写以归。窃疑变名或出于外来语译音。"参见（北魏）杨衒之撰，范祥雍校注：《洛阳伽蓝记校注》，上海，上海古籍出版社，2011年，第422页。

④ （魏）杨衒之撰，周祖谟校释：《洛阳伽蓝记校释》，第203—205页。

之行法。如《魏书·任城王传》载："灵太后锐于缮兴，在京师则起永宁、太上公等佛寺，功费不少，外州各造五级佛图。又数为一切斋会，施物动至万计。"[①]《佛祖统纪》载："神龟元年（518 年），诏诸郡立五级浮图。"[②]《释氏稽古略》亦载："（神龟二年，519 年），魏胡太后令诸州各建五级浮图。诸王贵宦各建寺于洛阳。太后勤设斋施。"[③] 在历史上，阿育王和迦腻色伽王都曾"通过在帝国范围内分舍利建塔的方式宣扬自己佛教转轮王的身分，分舍利建塔也因此逐渐被视为转轮王的一种仪式性的活动，或者说是一种政治惯例（practice）"。[④] 虽然文献记载未提及灵太后在诏诸郡立五级浮图时是否伴有分舍利的活动，然其令诸州建浮图的做法，仍应是在模仿阿育王和迦腻色伽王之行法。

另外，"北朝佛学从灵太后开始由孝文帝时的禅、理并重又回归到了禅学一统天下的局面"[⑤]。而这一局面的形成盖与灵太后遵循佛经记载的转轮王以"四禅""四无色定"等禅法教化众生的模式有关。灵太后曾于执政初期的熙平二年（517 年）诏请灵辨法师至洛阳宫中修撰《华严论》，并辗转于各殿讲演此经及《大品般若经》。《华严经传记》载：

> 华严论一百卷
>
> 后魏沙门释灵辨所造也。法师大原晋阳人也。……时后魏熙平元年（516 年），岁次大梁正月，起笔于清凉寺，敬造《华严论》。演义释文，穷微洞奥。至二年（517 年）初，徙居玄兑山嵩岩寺，注释同前。时孝明帝、灵太后胡氏，重道钦人，旨（召）请就阙……至十六日，进入东柏堂。寻迁式乾殿，后居徽音殿，缉论无辍。至神龟元年（518 年）夏，诏曰："大法弘广，敷演待人。今徽音殿修论法师灵辨，德器渊雅，早传令闻。可延屈趣宣光殿，讲《大品般若》。"于是四部交欢，十方延庆。讲讫，敕侍中大傅清河王允（元）怿，安置法师式乾殿楼上，准前修论。夏则讲《华严》，冬则讲《大品》。法师与弟子灵源，候时缉缀，忘寝与食。神龟三年（520 年）秋九月，其功乃毕。略经广论，凡一百卷。

---

① 《魏书》卷 19 中《任城王传》，第 2 册，第 480 页。

② （宋）志磐：《佛祖统纪》，《大正藏》，第 49 册，第 355 页下。

③ （明）觉岸编：《释氏稽古略》，《大正藏》，第 49 册，第 796 页下。

④ 孙英刚：《从"众"到"寺"——隋唐长安佛教中心的成立》，荣新江主编：《唐研究》第 19 卷，北京：北京大学出版社，2013 年，第 35 页。

⑤ 夏毅辉：《北朝皇后与佛教》，《学术月刊》1994 年第 11 期，第 67 页。《洛阳伽蓝记》载崇真寺比丘惠嶷借助阎罗王检阅京寺僧人的故事，来批判洛下当时盛崇讲论，忽视坐禅的宗教弊风。此事后传入宫中，灵太后"议曰人死有罪福。即请坐禅僧一百人常在殿内供养之。……自此以后，京邑比丘皆事禅诵，不复以讲经为意。"参见（魏）杨衒之撰，周祖谟校释：《洛阳伽蓝记校释》"崇真寺"条，第 59—62 页。

首尾五年，成就十帙。后属时多叠，法音中歇。法师息讲全真，避时养道。以正光三年（522年）正月八日，在融觉寺，迁神化往。时年四十有六。[①]

《大品般若经》在灵太后时代流行的译本应为后秦鸠摩罗什所译《摩诃般若波罗蜜经》。[②]该经卷第五《庄严品第十七》中载：

菩萨摩诃萨住尸罗波罗蜜，现生转轮圣王家，以十善道教化众生，有以四禅、四无量心、四无色定、四念处，乃至十八不共法，教化众生。众生闻是法者，至阿耨多罗三藐三菩提，终不离是法。[③]

这里，“四禅”“四无量心”“四无色定”均属“世间禅”之“根本味禅”[④]，是生起出世间善的根本。因此，《摩诃般若经》中说得很清楚，转轮圣王以十善道教化众生，以“四禅”等禅法教化众生。[⑤]既然灵太后曾经诏请灵辩法师至洛阳宫中讲演过《摩诃般若经》，则太后对此经典的内容当不会陌生，亦即对转轮王以十善道和禅学等教化众生的方式是具体了解的。那么，“从灵太后临朝称制开始，北方佛学的发展出现了回归，即又偏重禅道行业”[⑥]的原因便不难获知了。由于灵太后欲以王者的身份，宣扬佛教正理，以禅法等开导众生，使之离苦得乐，获得“阿耨多罗三藐三菩提”[⑦]（换句话说，即以佛教转轮王的身份或姿态化四天下），所以她按照佛经中记载的转轮王教化众

① （唐）法藏集：《华严经传记》，《大正藏》，第51册，第157页中、下。

② 西晋无罗叉、竺叔兰所译《放光般若经》与后来鸠摩罗什所译《摩诃般若波罗蜜经》为同本异译。在鸠摩罗什译出《摩诃般若经》（后秦弘始六年，公元404年）之前，《放光般若经》一直是社会上最流行的《大品般若经》译本。详见任继愈主编：《中国佛教史》（第二卷），北京：中国社会科学出版社，1985年，第38—41页。

③ （后秦）鸠摩罗什译：《摩诃般若波罗蜜经》卷5《庄严品第十七》，《大正藏》，第8册，第248页上。

④ “四禅”是厌弃欲界的散乱者所修；“四无量心”是欲得大福的人所修；“四无色定”是厌弃物质界者所修。此三者属“根本味禅”。“世间禅”的另一种是“根本净禅”，其与“根本味禅”都能发有漏智，故称“世间禅”。详见吴汝钧编著：《佛教大辞典》，第88页。

⑤ 在鸠摩罗什所译《大智度论》中，也提到禅定之重要：“如《经》中说：‘转轮圣王以十善教民，后世皆生天上；世世利益众生，令得快乐。此乐无常，还复受苦。’菩萨因此发大悲心，欲以常乐涅槃，利益众生。此常乐涅槃从实智慧生，实智慧从一心禅定生。……得禅定则实智慧生。……以是故，欲得净智慧者，行此禅定。”由此可见，转轮王以十善教民，欲令众生快乐，然此乐无常，还复受苦。若欲众生常乐涅槃，则禅定教化十分重要。参见（后秦）鸠摩罗什译：《大智度论》，《大正藏》，第25册，第180页中、下。

⑥ 夏毅辉：《北朝皇后与佛教》，《学术月刊》1994年第11期，第67页。

⑦ 即“无上正等正觉”“无上正真道”或简译“正等觉”，是指只有佛才能具备的智慧或觉悟。参见任继愈主编：《中国佛教史》（第二卷），第39页。

生之方法，推行和倡导禅道。[①] 也正因为此，“从此时开始，北魏‘京邑比丘，悉皆禅诵，不复以讲经为意。’以后北齐僧人于石窟中坐禅苦修者更多”。“北方著名禅师多在此时或以后纷纷涌现。如北魏末的达摩禅师，传授嵩洛，为中国禅宗之初祖，所传弟子慧可、道育、僧副、昙琳等皆为时名德高僧，精通禅法。北齐僧稠亦传禅学，影响甚广。”[②]

学者夏毅辉曾指出，北朝佛学风气由义学兴盛转而偏重禅道，是由于灵太后遣使宋云与惠生西行取经，带回了大量的大乘瑜伽行派学说，而瑜伽行派的主要著作，如《解深密经》《瑜伽师地论》等，都是以禅定为根本，讲究调息、静坐等修行方法。由于宋云、惠生的西行系北魏官方所派，所取得的大乘经典数量又较大，自然就成了当时的显学。加之已经来华的西域高僧菩提流支、勒那摩提、佛陀扇多等早已翻译了一部分瑜伽行派的著作，并经弘传产生了一定的影响。这样，以瑜伽行派为主的大乘禅法与北方早已流行的小乘禅法合流，形成了禅学一统天下的局面。灵太后面对北方佛学的这种发展形势，便不得不表态认可。且北魏后期飘摇的政治气候及寺院势力的恶性膨胀，也促使了她选择提倡坐禅苦修的佛学思想，以消弭来自佛教寺院的反对力量。[③] 夏毅辉虽然意识到了禅法的流行与灵太后的推行有关，但这种推行并不是被动的。事实上，正是因为灵太后欲按照佛经（《摩诃般若经》）中的相关记载，模仿佛教转轮王的教化模式教授众生，所以她才倡导禅法，甚至派出宋云、惠生西行西域和犍陀罗，取回大量以禅定为根本的大乘瑜伽行派学说，从而促进了禅学在北魏的回归和流行。

当然，其他有关佛教转轮王的护法模式，亦为灵太后所践行，譬如财物之布施。上述《摩诃般若经》卷2《往生品第四》载：

> 有菩萨摩诃萨，住檀那波罗蜜、尸罗波罗蜜中，作转轮圣王，安立众生于十善道，亦以财物布施众生。[④]

同样，在东晋佛驮跋陀罗所译的《大方广佛华严经》中，也载有转轮圣王“以善方

---

① 《中本起经》载：“遮迦越罗典领四域，飞行案行，七宝导从，虽寿千年，亦死过去。诸天食福，肴膳自然，至其禄尽，亦复磨灭。比丘破恶，一心思禅，荣利不移，志重若山，神通真人，犹复灭度。”该经中已提到，因转轮王（即遮迦越罗）教化之故，“比丘破恶，一心思禅，荣利不移，志重若山”。由此可见，作为转轮王，当教授比丘重视禅道。参见（后汉）昙果、康孟祥译：《中本起经》，《大正藏》，第4册，第160页下。

② 夏毅辉：《北朝皇后与佛教》，《学术月刊》1994年第11期，第67页。

③ 参见夏毅辉：《北朝皇后与佛教》，《学术月刊》1994年第11期，第67—68页。

④ （后秦）鸠摩罗什译：《摩诃般若波罗蜜经》卷2《往生品第四》，《大正藏》，第8册，第226页下。

便，令众生住十善道，为大布施而不穷尽"[①]的相关内容。因此，佛教转轮王除以十善道[②]化诸臣民外，还当以财物布施众生。灵太后由于曾在宫中请灵辩法师讲演《大品》与《华严》二经，因此对"布施"这一护法模式当不陌生。在前引《魏书·任城王传》中便有记载："灵太后锐于缮兴，……又数为一切斋会，施物动至万计。"[③]由此可见，其践行转轮王护法模式之一斑。

自西汉末、东汉初佛教传入迄北魏灵太后时期，汉译佛典中对"转轮王"概念的描述和介绍是一个逐渐丰富与扩展的过程。"以正法治""以十善化诸人民"，则是常见的有关转轮王教化模式的描述。虽然在现有文献和实物资料中，并未见到有关灵太后以十善法教化民众的具体记载，但自高祖孝文帝到肃宗孝明帝，都不乏禁止杀生、射猎等方面的记载，而这也是"十善道"中居于首位的一条。如《魏书·高祖纪》载："至年十五，便不复杀生，射猎之事悉止。"[④]《魏书·世宗纪》载："（永平二年·509年），十有一月甲申，诏禁屠杀含孕，以为永制。"[⑤]《魏书·肃宗纪》载："（熙平元年·516年）秋七月庚午，重申杀牛之禁。"[⑥]由此推测，灵太后在听政之初便延续了之前北魏帝王的止杀禁令，而这或许也是其欲行十善道，成就佛教"护法法王"的具体作为之一。

另外，在唐代法琳的《辨证论》中载：

魏侍中大（太）保司徒公、广阳懿烈王、魏广阳忠武王、魏司徒广阳王、魏广阳文献王、魏相国高王、魏汝南王、魏宜都王。

右七王，并敬信居怀，敦崇为业。或文或武，匡国匡家。叶柱石之风，有廊庙之德。知空云之遽变，识蜃气之非常。同悟己身，等归磨灭。乃回心佛理，共遵圣化。咸受八戒，俱持六斋。造寺度僧，设会崇善。[⑦]

上文所谓"共遵圣化"，应是指当时的北魏君主有以佛教教化天下的意思。而在上述七王中，广阳忠武王元深和汝南王元悦，均为灵太后时期的北魏宗室成员。因此在当时曾经施行"圣化"的君主中，应当包括有灵太后在内。这也从一个侧面反映出，灵太

① （东晋）佛驮跋陀罗译：《大方广佛华严经》，卷24《十地品第二十二之二》，《大正藏》，第9册，第550页上。
② 所谓"十善道"，是指十种道德规范：不杀生、不偷盗、不淫欲、不妄言、不两舌、不恶口、不绮语、不贪欲、不嗔恚、不愚痴。此"十善道"亦称"十戒"。
③ 《魏书》卷19中《任城王传》，第2册，第480页。
④ 《魏书》卷7下《高祖纪》，第1册，第187页。
⑤ 《魏书》卷8《世宗纪》，第1册，第209页。
⑥ 《魏书》卷9《肃宗纪》，第1册，第224页。
⑦ （唐）法琳：《辨证论》卷4《十代奉佛篇下》，《大正藏》，第52册，第514页中。

后或确曾在彼时有以佛教转轮王之姿态化四天下的情况。

综上来看，灵太后曾意图利用“佛教转轮王”的身份，来加强其权位的神圣性与合法性。她曾经模仿贵霜“轮王之塔”而建洛阳永宁寺塔；曾积极在各州兴建五级浮图以模拟阿育王和迦腻色迦王分舍利建塔之行法；同时，其亦遵循佛经的相关记载，学习转轮王以禅法教化众生；并“数为一切斋会，施物动至万计”。这些活动似都在说明，灵太后欲通过佛教转轮王的形象和观念，来为自己的擅政专权制造理论依据。尽管现有文献和实物资料中有关其建构佛教转轮王身份的记载并不系统全面，但从点滴零散的记录中，我们还是可以隐约感知和发现灵太后曾经以佛教王权观中的转轮王概念来论证其统治的合法性与权威性。

三、灵太后“佛”形象的建构

早在北魏道武帝时，便有释门法果，言太祖即是当今如来。[①] 这种帝与佛结合，“现在皇帝即是现在如来”的双重身份观念，在北魏诸朝长久承续并且流行。最著名的例子即是文成帝“诏有司为石像，令如帝身。既成，颜上足下，各有黑石，冥同帝体上下黑子”[②]。将佛像雕凿如帝王之身，且连身上的黑子（黑痣）亦表现得一模一样，这便是在表示“帝即是佛”的观念。孝文帝时期，“承明元年（476 年）八月，高祖于永宁寺，设太法供，度良家男女为僧尼者百有余人，帝为剃发，施以僧服，令修道戒，资福于显祖”[③]。孝文帝因具有佛之身份，因此可以为良家男女剃发，度之为僧尼。同样地，西河王元太兴欲舍王爵入道，“时高祖南讨在军，诏皇太子于四月八日为之下发，施帛二千匹”[④]。高祖孝文帝因南讨在军，无法亲自为元太兴剃度，因此只能由皇太子代理。这明显地说明了孝文帝与皇太子（未来的帝王）所具有的最高教主——“佛”之身份。因此，这种“现在皇帝即是现在如来”的观念自道武帝时便已流行，而灵太后作为孝明帝朝的实际主政者，不会不清楚北魏历代以来的这一政教传统。所以除了“佛教转轮王”的形象外，灵太后还很可能建构有“佛”的面貌，其正欲借此来说明她所具有的权力和地位。

《魏书·灵征志》载：“肃宗熙平二年（517 年）十一月己未，并州表送祁县民韩

① “法果每言，太祖明叡好道，即是当今如来，沙门宜应尽礼，遂常致拜。谓人曰：‘能鸿道者人主也，我非拜天子，乃是礼佛耳。’”参见《魏书》卷 114《释老志》，第 3031 页。

② 《魏书》卷 114《释老志》，第 8 册，第 3036 页。

③ 《魏书》卷 114《释老志》，第 8 册，第 3039 页。

④ 《魏书》卷 19 上《京兆王传》，第 2 册，第 444 页。

僧真女令姬从母右胁而生。灵太后令付掖庭。”[①] 众所周知，在佛传故事中，佛陀释迦牟尼是在蓝毗尼园（Lumbinī）内无忧树下（今尼泊尔鲁潘德希县 Rupandehi District），从其母摩耶夫人的右腋降生。熙平二年为灵太后称制之初年，而这一年中并州（治所约在今山西太原市西南晋源镇）出现了女子从其母右胁降生的灵异事件。这显然是一种用佛教符谶的方式，来暗指灵太后以女身成佛的情况。因此灵太后格外关注此事，甚至“令付掖庭”。

另外《魏书》中载，臣下多称孝明帝与灵太后为“二帝”或“二圣”。[②] 从实物资料来看，这一时期不少的佛教造像铭文中，也常提及“二圣”这一称呼。[③] 如北魏正光三年（522 年）《贾良造像记》载：

> 次愿皇帝陛下、皇太后，使二圣钦明，□同三光。增年益寿，万岁无疆。下及臣民，蠢动之类，永断五恶趣，常含六道形。[④]

又，孝昌二年（526 年）《元宁造像记》载：

> 大魏孝昌二年，岁次丙午，正月辛丑朔廿四日甲子，荥阳太守元宁，仰为二圣敬造石像一区。愿主上万祚，臣僚尽忠，后宫皆润。[⑤]

《金石萃编》记曰：“碑云‘仰为二圣敬造石像一区’。二圣者，时灵太后称制，谓肃宗及太后也。”[⑥] 除此之外，为适应当时政治之形势，偃师水泉石窟中还出现了二佛并立的新布局[⑦]，由此印证了灵太后与孝明帝具有同等之政治权力与地位，也印证了灵太后可能具有的“佛”的形象。

再者，前文提到，灵太后曾于执政初的熙平二年（517 年）诏请灵辨法师至洛阳

---

① 《魏书》卷 112《灵征志上》，第 8 册，第 2915—2916 页。

② “如《魏书·张彝传》记神龟二年（519），‘彝临终，口占左右上启曰……不负二帝于地下……伏愿二圣加御珍膳……’又如《魏书·高崇传附子谦之传》记‘孝昌初（525）……谦之乃上疏曰……今二圣远遵尧舜，宪章高祖……’”参见宿白：《洛阳地区北朝石窟的初步考察》，《中国石窟寺研究》，北京：文物出版社，1996 年，第 170 页，注释 62。

③ 事实上，“二圣”这一称呼并非灵太后时期的新创，早在文明太后掌政时期便已出现。北魏太和五年（481 年）《塔基石函铭刻》载：“二圣乃亲发至愿，缘此兴造之功，愿国祚延苌，永享无穷。”这里的“二圣”，所指当为文明太后与孝文帝。参见毛远明编著：《汉魏六朝碑刻校注》，北京：线装书局，2008 年，第 3 册，第 261 页。

④ 毛远明编著：《汉魏六朝碑刻校注》，第 5 册，第 159—160 页。

⑤ （清）王昶：《金石萃编》卷 29《北魏三》，《历代碑志丛书》，第 4 册，南京：江苏古籍出版社，1998 年，第 509 页。

⑥ （清）王昶：《金石萃编》卷 29《北魏三》，《历代碑志丛书》，第 4 册，第 510 页。

⑦ 参见宿白：《洛阳地区北朝石窟的初步考察》，《中国石窟寺研究》，第 167—168 页。

宫中修撰《华严论》，并辗转于各殿讲演此经及《大品般若经》。从东柏堂，寻迁式乾殿，后居徽音殿，缉论无辍。之后趣宣光殿，讲《大品般若经》。讲讫，又居于式乾殿楼上，准前修论。夏讲《华严》，冬讲《大品》。其中，宣光殿位于洛阳北宫内，为灵太后处理政务之主殿。① 那么，灵太后在临朝称制的初期，为何如此重视《华严论》的撰写和《大品般若经》的弘传呢？

首先，尽管早期佛教并不歧视女性，佛陀时代的女性同男性一样享受着修行与受教育的机会。但在佛教发展的过程中，逐渐产生了"女人不净"的观点。也正由于此，后续又产生了佛教部派间关于女人能否成佛的问题争论。② 在这些争论中，"一切有部以为，女人虽有不净的身体，她们凭过去的努力，现在的修行，未来都可以成佛。在这种信仰下，一切有部提出'转身论'（transformation of the body）的女人观，鼓励女人努力修行。他们相信，女人修行之后便能'转身成男子'，再由'男子身成佛'"③。不过，"初期大乘的学派当中，空系的学者（Śuñyavadino）对'转身论'的反应最强烈。……他们认为，女人修行最根本要解决的，并不是行'转身'成佛的练习；而是根本破除有男女之见的传统观。他们认为要有'无男女见'的修养才能真正的了解诸法是空的真义"④。

大乘空系（亦称"空宗"）是强调万有的本性为空的宗派，主要指龙树、提婆的"中观学派"，以至于阐发空观的大乘般若思想。⑤ 姚秦时代，翻译大师鸠摩罗什曾经大力弘传龙树的学说，以及大乘般若经典，如《大智度论》《大品般若经》等。大乘空系所主张的无男女观点和主"空"思想因此在中土得以传播。由于其赋予每个人成佛的权利，因此也为彼时的女子追求与男子的平等提供了理论的前提。

---

① 《魏书·肃宗纪》载："肃宗孝明皇帝，讳诩，世宗宣武皇帝之第二子，母曰胡充华。永平三年（510 年）三月丙戌，帝生于宣光殿之东北，有光照于庭中。"（《魏书》卷 9《肃宗纪》，第 221 页。）又，《魏书·于忠传》载："既尊灵太后为皇太后，居崇训宫。"（《魏书》卷 31《于忠传》，第 743 页）由此可以推测，灵太后早期曾居于宣光殿内，在尊为皇太后之后，则移居崇训宫中。另外，从其他诸多的文献记载中，可知在孝明之世，灵太后主要理政于宣光殿内。如《魏书·李平传》载："（李）平还京师，灵太后见于宣光殿，赐以金装刀杖一口。"（《魏书》卷 65《李平传》，第 1454 页。）《魏书·张普惠传》载："普惠以逆废非礼，上疏陈之。……书奏，肃宗、灵太后引普惠于宣光殿，随事难诘，延对移时。"（《魏书》卷 78《张普惠传》，第 1738 页。）《魏书·外戚下》载："（胡）国珍与太师、高阳王雍，太傅、清河王怿，太保、广平王怀，入居门下，同厘庶政。诏依汉车千秋、晋安平王故事，给步挽一乘，自掖门至于宣光殿得以出入，并备几杖。"（《魏书》卷 83 下《外戚下》，第 1833—1834 页。）《魏书·阉官传》载："（刘腾）废灵太后于宣光殿，宫门昼夜长闭，内外断绝。"（《魏书》卷 94《阉官传》，第 2027—2028 页。）《魏书·恩来传》载："灵太后乃引见廷尉卿裴延儁、少卿袁翻于宣光殿。"（《魏书》卷 93《恩来传》，第 2005 页。）

② 参见古正美：《佛教与女性歧视》，《当代》1985 年第 11 期，第 27—30 页。

③ 古正美：《佛教与女性歧视》，第 30 页。

④ 参见古正美：《佛教与女性歧视》，第 30—33 页。

⑤ 参见吴汝钧编著：《佛教大辞典》，第 280 页。

所以，灵太后诏请灵辨法师至洛阳宫中讲《大品般若经》并非随意之举，其背后有着深层次的意涵或者说意图。般若学所谓“缘起性空”的理论肯定了女性可以和男性一样享有成佛的平等权利，这为灵太后以女身成佛，登上最高教主地位，沿袭北魏历代以来的帝与佛结合、“现在皇帝即是现在如来”的政教传统奠定了理论基础。所以灵太后才会“重道钦人”，积极旨请诸如灵辩法师之类的高僧就阙，为自己建构佛之身份进行理论层面的铺垫和宣广。当这一时期北魏的普通女性还在为自己的“女人形”感到困顿时①，灵太后胡氏已在努力争取与男性平等的权利和地位。从这一角度来看，灵太后所具有的女权意识是十分值得留意的。②

其次，关于灵太后为何如此重视《华严论》的撰写以及《华严经》的弘广。学者古正美曾指出：《华严经》“是一部说明佛在法界（dharmadhatu）或成佛状态，如何以其神通变化同时示现无量身，教化众生的经典”。“《华严经·入法界品》是我们见到的最早说明转轮王与佛或菩萨同身信仰的经典。”③《入法界品》除了记载善财童子发阿耨多罗三藐三菩提心后，为学菩萨行、修菩萨道，从庄严幢沙罗林出发次第南游，参访五十三位善知识的故事，还记载了转轮王与文殊师利菩萨（Bodhisattva Mañjuśrī）同身④，转轮王与卢舍那佛（Vairocana）同身⑤，转轮王与普贤菩萨（Bodhisattva Samantabhadra）同身⑥等信仰内容。在《华严经》中，佛教转轮王已与佛或菩萨同身，并具有了佛与菩萨的能力，这即是《华严经》中所含摄的一个重要内容。⑦由此

① 《宋景妃造像记》载：“大魏孝（原刻脱“昌”字）三年，岁次/癸未，四月癸巳朔，八/日庚子，清信女宋/景妃，自惟先因果，/薄福缘浅，漏生于［阎］浮，受女人形。愿亡/母慈育恩深，淂/长轻躯。是以仰寻/勛养之劳，无以投/报。今且自割钗带之/金，仰为亡考比敬/造释加像一区，借此微功，愿令亡考比/托生西方妙乐国土，值佛闻法，见弥世/勒。一切有形，皆同斯/□。/”从碑刻内容可见，在当时的社会观念中，对女性信仰、修习佛教，似仍持歧视之态度。参见毛远明校注：《汉魏六朝碑刻校注》，第6册，第99页。

② 《全后魏文》载任城王元澄《上表谏加女侍中貂蝉》曰：“高祖、世宗皆有女侍中官，未见缀金蝉于象珥，极鼲貂于鬓发，江南伪晋穆何后有女尚书，而加貂珰，此乃衰乱之世，袄妄之服。且妇人而服男子之服，至阴而阳，故自穆、哀以降，国统二绝。因是刘裕所以纂逆。礼容举措，风化之本，请依常仪，追还前诏。（《北史》十八。神龟元年，诏加女侍中貂蝉，同外侍中之饰。澄上表谏。帝从之。）”由此可见，神龟元年（518年）灵太后曾经诏加女侍中貂蝉，同男侍中之服饰。这体现了她为当时女子争取与男子同等权利和地位的意识。参见（清）严可均校辑：《全上古三代秦汉三国六朝文》，北京：中华书局，1958年，第4册，第3595页上。

③ 古正美：《从天王传统到佛王传统——中国中世佛教治国意识形态研究》，台北：商周出版，2003年，第180、178页。

④ “尔时智慧转轮王者，岂异人乎？文殊师利童子是也。绍继转轮王，姓诸如来种，使不断绝。”参见（东晋）佛驮跋陀罗译：《大方广佛华严经》，《大正藏》，第9册，第728页下。

⑤ （摩耶夫人）答言：“佛子！……此转轮王乃至成佛，我为其母。善男子！……转轮王者，卢舍那佛是也。善男子！我从尔时发愿已来，卢舍那佛于一切有行菩萨行，教化众生，乃至最后受生，我常为母。”参见（东晋）佛驮跋陀罗译：《大方广佛华严经》，《大正藏》，第9册，第764页下。

⑥ “佛子！时，转轮王随彼如来，转正法轮，兴隆法者，岂异人乎？今普贤菩萨摩诃萨是也。”参见（东晋）佛驮跋陀罗译：《大方广佛华严经》，第739页上。

⑦ 参见古正美：《从天王传统到佛王传统——中国中世佛教治国意识形态研究》，第178页。

便可理解前文提到的为何灵太后会如此重视《华严论》的修撰，还敕请了灵辨法师在宫内缉缀并且讲说。因为除了“佛教转轮王”外，灵太后还具有“佛”的形象。其或欲通过《华严论》的修撰，来依据时势，具体阐释“转轮王即佛”的观念，同时通过《华严经》的弘广，来为自己的统治提供神圣且合法化的支持。

康乐曾研究认为，不管是在原始佛教或大乘佛教的经典里，转轮王与佛都是分得很清楚的（即“一佛一转轮王”模式）。然而，“转轮王观念传入中国之后，在传统政治思想与大乘佛教的影响下，终究还是发生了若干本质性的转变——此即‘转轮王即佛’的观念在中国的出现。”①但同时，康乐也认为，我们尚不能认定在北魏当时，“转轮王即佛”的观念已非常普遍，因为除了一些与造像相关的记载外，并没有其他直接宣扬此一观念的文献资料，“实际上，这个时期根本就没有任何一个皇帝公开宣称自己是转轮王的。……要到一代女皇武则天的身上，‘转轮王即佛’的观念才算有了具体的落实。此外，她也是第一个公开宣称自己就是转轮王的君主。”②但笔者以为，综前所述，尽管从目前已发现的文献与实物资料来看，诸如文明太后、孝文帝、灵太后等并未明言其具有“转轮王”与“佛”之身份，然“转轮王即佛”的观念在北魏诸帝中应该早已流行，并且有所承传。后期武则天的一些行法亦非其首创，如其重译《华严经》的做法③，其实是与灵太后诏请灵辩法师入宫辑缀《华严论》并无二致。因此，古印度“一佛一转轮王”的模式到中土“转轮王即佛”观念的转变，或在武则天之前的北朝甚至是十六国时期便已出现。

《华严经传记》后载：“后属时多叠，法音中歇。法师息讲全真，避时养道。”所言当是指在正光元年（520 年）至正光六年（525 年）间，灵太后为侍中元叉、中侍中刘腾幽闭于北宫之事。具有“转轮王”与“佛”之形象的女主既遭幽禁，则“法音中歇”，法师也只好因此而选择“息讲全真，避时养道”。其中微妙，则不难推知矣。

四、结　语

《魏书·李崇传》载，灵太后主政之初，李崇曾经表请罢减佛寺、石窟营建之功，

① 康乐：《转轮王观念与中国中古的佛教政治》，第 130 页。

② 康乐：《转轮王观念与中国中古的佛教政治》，第 135—136 页。

③ “《华严经》晋时即有译本，因其符合武则天的口味，武则天令其别译，这就是所谓‘新译’，新译改旧译第一品《世界净眼品》为《世主严妙品》，其为现实服务的意义更为明确。澄观解释这一品名时说：‘佛及诸王，并称世主’，也就是说，佛就是诸王，诸王也就是佛。这不正是‘皇帝是当今如来’的另一版本吗？”参见杜斗城：《关于武则天与佛教的几个问题》，《宗教学研究》1994 年第 21 期，第 30 页。

先行明堂修缮，及置国学之事。其文曰：

> 窃惟皇迁中县，垂二十祀。而明堂礼乐之本，乃郁荆棘之林；胶序德义之基，空盈牧竖之迹。城隍严固之重，阙砖石之工；墉堞显望之要，少楼榭之饰。加以风雨稍侵，渐致亏坠。又府寺初营，颇亦壮美，然一造至今，更不修缮，厅宇凋朽，墙垣颓坏，皆非所谓追隆堂构，仪形万国者也。伏闻朝议，以高祖大造区夏，道侔姬文，拟祀明堂，式配上帝。今若基宇不修，仍同丘畎，即使高皇神享，阙于国阳，宗事之典，有声无实。此臣子所以匪宁，亿兆所以失望也。……今国子虽有学官之名，而无教授之实，何异兔丝燕麦，南箕北斗哉！……臣以为当今四海清平，九服宁晏，经国要重，理应先营；脱复稽延，则刘向之言征矣。但事不两兴，须有进退。以臣愚量，宜罢尚方雕靡之作，颇省永宁土木之功，并减瑶光材瓦之力，兼分石窟镌琢之劳，及诸事役非急者，三时农隙，修此数条。使辟雍之礼，蔚尔而复兴；讽诵之音，焕然而更作。美榭高墉，严壮于外；槐宫棘宇，显丽于中。道发明令，重遵乡饮，敦进郡学，精课经业。如此，则元、凯可得之于上序，游夏可致之于下国，岂不休欤！诚知佛理渊妙，含识所宗，然比之治要，容可小缓。苟使魏道熙缉，元首唯康，尔乃经营，未为晚也。
>
> 灵太后令曰：“省表，具悉体国之诚。配飨大礼，为国之本，比以戎马在郊，未遑修缮。今四表晏宁，年和岁稔，当敕有司别议经始。”①

从奏表的内容可见，李崇认为，明堂为礼乐之本，国学为经国之要，“理应先营”。而灵太后却将永宁寺、瑶光寺以及石窟的营建，置于首位。诚知佛理渊妙，为有情众生所遵奉，然比起治国之要（明堂、国学）的建设，还是可以适当放缓推后。这从一个侧面也反映出，灵太后在掌政初期，最先进行建设的，是与佛教相关的建筑。另外，从《魏书》之后记载的任城王元澄的另一封奏表来看，直到灵太后执政的中期，明堂、辟雍似仍未得到“专力经营”。因太后“锐于缮兴”，从事各种佛教事宜的建设，因此“百姓疲于土木之功，金银之价为之踊上，削夺百官事力，费损库藏，兼曲赉左右，日有数千”②。

---

① 《魏书》卷 66《李崇传》，第 4 册，第 1471—1472 页。

② 《魏书·任城王传》载：“今墉雉素修，廨库崇列，虽府寺胶塾，少有未周，大抵省府粗得庇憩理务，诸寺灵塔俱足致虔讲道。唯明堂辟雍，国礼之大。来冬司徒兵至，请筹量减彻，专力经营，务令早就。其广济数施之财，酬商互市之弊，凡所营造，自非供御切须，戎仗急要，亦宜微减，以务阜积，庶府无横损，民有全力。……灵太后锐于缮兴，在京师则起永宁、太上公等佛寺，功费不少，外州各造五级佛图，又数为一切斋会，施物动至万计。百姓疲于土木之功，金银之价为之踊上，削夺百官事力，费损库藏，兼曲赉左右，日有数千。澄故有此表。虽卒不从，常优答礼之。”参见《魏书》卷 19 中《任城王传》，第 2 册，第 479—480 页。

综上来看，灵太后曾意图利用“佛教转轮王”和“佛”的身份，来加强和维护其权位的正当性。尽管如康乐所说，“诸如法律、典章制度、设官任职等等与实际治国之术有关的领域，就我们所知，始终是牢固掌握在儒家思想的支配下”[①]。但这并不妨碍灵太后运用“转轮王”与“佛”的形象和观念，来为自己的统治提供神圣且合法化支持。尽管从现有的资料来看，灵太后似并未公开宣称自己是“转轮王”或“佛”，但她推广佛教的一些措施，以佛教信仰教化天下的作为，都在实际上说明了她所努力的方向。从另一角度来说，在一个以男性为主导的社会中，这位颇具女权意识的实际君主[②]，正是运用了佛教王权的相关理论，来告知天下她所具有的最高政治权力与地位。灵太后在一个特殊的时代里创造了属于自己的辉煌，而这种辉煌在某种程度上也体现了本土宗教文化的高度繁荣，这是十分值得我们关注和留意的。

① 康乐：《转轮王观念与中国中古的佛教政治》，第130页。

② 灵太后是一位颇具女权意识的执政者，非常典型的一个事例即有关汝南王元悦杖打其妃之事。《魏书·汝南王传》载：“汝南王悦，好读佛经，览书史。为性不伦，俶傥难测。……又绝房中而更好男色。轻忿妃妾，至加捶挞，同之婢使。悦之出也，妃住于别第。灵太后敕检问之，引入，穷悦事故。妃病杖伏床蓐，疮尚未愈。太后因悦之杖妃，乃下令禁断。令诸亲王及三蕃，其有正妃疾患百日已上，皆遣奏闻。若有犹行捶挞，就削封位。”（《魏书》卷22《汝南王传》，第593页。）灵太后在一个以男性为主导的社会中就女性权利及权益方面的维护和追求，可见一斑。

唐代婢女与民间信仰

——从郑守澄买婢说起

谢　健
（哈尔滨工业大学　深圳人文与社会科学学院）

导　论

自 20 世纪 80 年代以来，学界对中国古代妇女的研究主要有三种路向。其一以郑慧生之《上古华夏妇女与婚姻》[①] 为代表。此书对妇女历史的研究偏重先秦史阶段，因此在该著述中不仅能看到丰富的历史传世文献，还可以看到丰富的考古资料，这为中国古代妇女史研究提供了史料文献与出土文献相互结合的范例。其二以人物传记的形式从上古至明清，论及历代妇女的经济政治状况、思想文化贡献等，是妇女史研究中较为传统的方法，以《中国古代妇女史》[②] 一书为代表。其三将妇女以阶层、名色、特长划分为不同群组，并以群组为章节划分依据，分门别类介绍妇女在社会、经济、文化、政治方面的贡献，这方面的研究以高世瑜《唐代妇女》[③] 为代表。这也成了 20 世纪 90 年代中国古代妇女研究的一个主要方向。到了 21 世纪初期，"性别已经松动了早期的史学常规和叙述，使之瓦解、不胜其扰，并且使某些包住一个论述世界的外衣清晰可见"。但是贺萧（Gail Hershatter）认为，性别研究领域并不能被当作一个有明确边界的空间来挖掘，性别研究是一种遇合[④]，它具有强烈的跨学科特质。因为

① 郑慧生：《上古华夏妇女与婚姻》，郑州：河南人民出版社，1988 年。
② 刘士圣：《中国古代妇女史》，青岛：青岛出版社，1991 年。
③ 高世瑜：《唐代妇女》，西安：三秦出版社，1988 年。
④ 贺萧（Gail Hershatter）：《研究领域内乾坤：女性、中国、历史与"之后又如何"问题》，余芳珍、叶毅均、莫亚军译，《近代中国妇女史研究》第 13 期，2005 年，第 198 页。

性别研究本身就是在“性别作为一种分析范畴的争辩中，及其与性和性态（sexuality）问题的不自在关系中，在关于……抗争、主体性和发声（voice）的跨学科讨论中，及在女权活动……及后殖民学术的发展中丰富起来的”①。

贺潇此番关于性别研究的论断主要针对近现代，尤其是有关20世纪之中国女性研究状况而发，着重强调人类学对于性别研究之贡献。他还提出主宰20世纪中国女性研究的三组主题搭配以便更充分地论证性别研究的跨学科性：女性与婚姻、家庭、性态，女性与劳动、女性与国家现代性。② 事实上，女性与医疗社会学的跨学科研究早在中国古代女性研究中有所体现。从医疗社会学的角度看，根据Freidson 1970年的看法，医生与病人存在着互相冲突的一面，医病关系是动态的。③ 而这种冲突往往以患者的身体来体现。这导致了医疗史向身体史学转向。而身体史学的研究实际上面临着两种取向，其一为再现历史，其二为感知历史，前者将身体视为象征符号，进入到历史叙述中④；后者则认为身体是表达“个人主义式的自我感的一个载体”⑤ 从后者延伸，对身体史学的探索终究会触及男女性别的探讨，这方面的代表性学者有李贞德等。在中国古代医疗史上，宗教是非常值得注意的元素。尤其是对中国古代女性与医疗史的关系进行研究时，往往会发觉女性在从事医疗工作的同时，如药婆、师婆、稳婆，也同时担任着驱邪赶鬼等工作。因此当我们在关注女性与医疗、疾病的关系时，也应当把更多的关注投向中国古代女性与宗教之间的关系。关于中国古代女性与宗教关系的研究，大致有三种研究主题：其一是宗教经典中如何看待女性得到救赎或者成圣，其二为女性在宗教组织中的地位，其三为宗教如何改变女性的生活。⑥ 中国古代宗教中关于女性神祇和女性信徒的资料甚多，能较好地回答前两个问题。对于中国女性神祇的研究，以观音为最，主要的学者有杜德桥（Glen Dudbridge）和于君方，前者主要从宝卷与其他文献资料关注妙善传说与观音信仰的关系，后者主要关注观音信仰在汉地的本土化转变。⑦ 对于女性信徒的研究，则注重出家女性与在家信徒的研究，

---

① Gail Hershatter，State of the Field：Women in China's Long Twentieth Century，*The Journal of Asian Studies* 2004，vol.63，no.4，p.991.

② 贺潇（Gail Hershatter）：《研究领域内乾坤：女性、中国、历史与“之后又如何”问题》，余芳珍、叶毅均、莫亚军译，《近代中国妇女史研究》第13期，第203页。

③ 刘仲冬：《医疗社会史、女性、历史研究》，《近代中国妇女史研究》1995年第3期，第207页。

④ ［美］费侠莉（Charlotte Furth）：《再现与感知——身体史研究的两种取向》，蒋竹山译，《新史学》1999年第4期，第130—131页。

⑤ ［美］费侠莉（Charlotte Furth）：《再现与感知——身体史研究的两种取向》，蒋竹山译，《新史学》1999年第4期，第134页。

⑥ 李贞德：《最近中国宗教史研究中的女性问题》，《近代中国妇女史研究》1994年第2期，第252页。

⑦ 李贞德：《最近中国宗教史研究中的女性问题》，《近代中国妇女史研究》第2期，第254—256页。

如比丘尼、道姑、独身不婚的妇女等。前两个主题都有着明确的研究对象，对于第三个主题，研究对象似乎带有更多的游离和不定性。因为妇女同时具有神圣与不洁双重特征，在中国古代社会中，女性与宗教之间存在着吊诡的关系。她们一方面可以利用宗教的有利之处为自己争取到一些好处，另一方面也间接认同了社会通过宗教赋予她们的消极看法。[①] 而本文所关注的，则是在特定现实处境下，社会如何向某一特定群体的女性赋予消极宗教看法的过程。

一、婢女与瘟疫

根据新史学代表人物哥特布鲁（Gertude Himmelfarb）的观点，新史学排斥宏大叙事，对历史中的寻常人、寻常事更为感兴趣，以事件为单元细微关注历史的“深层结构”。[②] 本文也从唐五代笔记小说集《稽神录》中的一则小故事《郑守澄》展开论述：

> 广陵裨将郑守澄，新买婢。旬日，有夜叩门者曰：“君家买婢，其名籍在此，不可留也。”开门视之，无所见。方怪之，数日，广陵大疫，此婢亦病，遂卒。既而守澄亦病卒。而吊客数人，转相染着，皆卒。甲寅岁春也。[③]

这是一位广陵副将买了一位婢女后数日，广陵发生瘟疫。这名婢女染上瘟疫死去，不久副将也死去，以致前来吊唁的人也染上瘟疫死去的事情。有唐一代共有五个甲寅年，分别是高宗永徽五年（654 年）、玄宗开元二年（714 年）、代宗大历九年（774 年）、文宗太和八年（834 年）和昭宗乾宁元年（894 年）。根据《旧唐书》所述，广陵原本为扬州大都督府。武德九年（626 年）由邗州改成，贞观十年（636 年）“督扬、滁、常、润、和、宣、歙七州。龙朔二年，升为大都督府。天宝元年，改为广陵郡，依旧大都督府。乾元元年，复为扬州。自后置淮南节度使，亲王为都督，领使；长史为节度副大使，知节度事”[④]。即天宝元年至乾元元年间（742—758 年）有广陵郡存续。因此文中所指的甲寅年，时间较为相近的有玄宗开元二年（714 年）与代宗大历九年（甲寅，774 年）两个年份。

① 李贞德：《最近中国宗教史研究中的女性问题》，《近代中国妇女史研究》第 2 期，第 264 页。

② 柳立言：Gertude Himmelfarb，The New History and the Old，《新史学》1990 年第 1 期，第 125 页。

③ （宋）李昉等编：《太平广记》卷 355，北京：中华书局，1961 年，第 2815 页。

④ 《旧唐书》卷 40，北京：中华书局，1975 年，第 1571—1572 页。

故事中提到了广陵地区曾在睿宗甲寅二年（714 年）瘟疫爆发，与唐代史料记载大致吻合。唐代有关瘟疫的记载集中在贞观十年（636 年）与大顺二年（891 年）之间。新旧唐书对瘟疫的记载共 21 次。其中贞观十年（636 年）至贞观二十二年（648 年）是瘟疫高发期，12 年内共发生六场大瘟疫，见于关内、庐州、卿州。永淳元年（682 年）六月与冬天相继发生两场大瘟疫，主要因为初涝后旱，蝗虫“食苗并尽，加以民多疫疠，死者枕藉于路”。[①] 景龙元年（707 年）夏天，瘟疫爆发，“山东、河北二十余州旱，饥馑疾疫死者数千计，遣使赈恤之”。[②] 从贞观十年（636 年）至景龙元年（707 年），瘟疫爆发集中于北方地区，多因旱灾饥馑而引发。而广陵位于江南鱼米之乡，发生瘟疫的可能性是很低的。然而从 752 年开始，瘟疫开始从西南地区蔓延至江南地区。南方（山南、江南、岭南、淮南、剑南五道）所发的瘟疫次数共 18 次，北方（河南、河北、关内、河东）所发瘟疫次数为 14 次，南方显著高于北方。天宝十二载（753 年）是大瘟疫从北方转向南方的转折时期，其后贞元六年（790 年）、元和元年（806 年）、太和六年（832 年）春，江浙一带都发生过大瘟疫。[③] 结合有唐一代瘟疫爆发之史实，考虑玄宗开元二年（714 年）广陵郡的称谓未在唐朝出现，《郑守澄买婢》的故事发生于代宗大历九年（甲寅，774 年），似更贴合史实。

笔记小说与史实相互呼应，与唐传奇延续魏晋时期志怪小说“实录”传统有关。事实上，唐传奇中常常使用“如是我闻”这一外部结构，也被认为是传承了《史记》中史学家听闻对历史事件的回忆，并将其作为史实记录下来的做法，可以视为是对史家笔法的一种继承。[④] 对瘟疫事件的描写，为《郑守澄买婢》一文奠定了写实的基本格调。

《郑守澄买婢》故事的叙事结构大致可以表现为：郑守澄买婢——广陵瘟疫——婢女染病身亡——郑守澄及旁人染病身亡。郑守澄刚买下婢女十日，夜半就听到了敲门声说道：“君家买婢，其名籍在此，不可留也。”郑守澄应声开门，却看不到敲门人。不久，广陵就爆发了大瘟疫。《太平广记》将这则故事收录在“鬼”一类中，表明这场瘟疫的出现乃是因为鬼作祟的缘故。在整则故事中，“鬼”是通过半夜的敲门声显现的。“只闻其声，不见其形”，是隋唐时期人对鬼的认识的一个共识。建中三年（782 年），杨府功曹王愬在冬季选调至京城做官，直到四月都杳无音讯。王愬的妻子窦氏是扶风人，非常担忧他的安危。适逢遇到从事占卜的女巫包九娘，于是把她请来家中占

① 《旧唐书》卷 5，第 110 页。
② 《旧唐书》卷 7，第 144 页。
③ 陈丽：《唐宋时期瘟疫发生的规律及特点》，《首都师范大学学报（社会科学版）》2009 年第 6 期，第 10、12 页。
④ 陈珏：《中唐传奇文“辩体”——从“陈寅恪命题”出发》，《汉学研究》2007 年第 2 期，第 83 页。

卜。女巫所请的神明为三郎。包九娘离去后，三郎又再次来到王愬家寄住，“作一小纸屋，安于堂檐。每食时，与少食，即足矣”。三郎常常与王愬家人说话，“虽有其音，却不见其形”。三郎实际是鬼，既可以赐福，也可以降祸，最后将王愬的两个女儿变成鬼媳妇，两个女儿都在大婚之日死去。[①] 因为疫鬼作祟而引起瘟疫，也非常符合隋唐五代时人对疫鬼的看法。根据《隋书》所述：

> 太清元年，丹阳（今南京）有莫氏妻，生男，眼在顶上，大如两岁儿，坠地而言曰：“儿是旱疫鬼，不得住。”母曰：“汝当令我得过。”疫鬼曰：“有上官，何得自由。母可急作绛帽，故当无忧。”母不暇作帽，以绛系发。自是旱疫者二年，扬、徐、兖、豫尤甚。[②]

鬼之降下瘟疫，乃是因为郑守澄错买了一名婢女。唐代买卖奴婢之风气极盛，《唐律》也曾明确指出“奴婢有价”，从法律上确认奴婢买卖的合法性。[③] 岭南、长安等商业大都市都有奴婢市场。高宗时期，长安还专门设立了中市专门作领口（奴婢）与牛马交易之用。[④] 郑氏所买的婢女引来了疫鬼，进而导致了瘟疫的发生。[⑤]《述异记》中记载了南北朝时期宋孝建年间庐陵人郭庆之的故事，更进一步揭示了婢女通过招惹鬼，进一步引来灾难的过程。郭庆之家在黄州治下，有一个丫鬟名叫采薇，年纪轻轻非常有姿色，长相非常俊俏。有一天，郭家忽然来了一个人，“自称山灵。如人裸身，长丈余，臂脑皆有黄色，肤貌端洁。言音周正，土俗呼为黄父鬼”。黄父鬼“常隐其身，时或露形。形变无常，乍大乍小。或似烟气，或为石，或作小儿，或妇人，或如鸟如兽。足迹如人，长二尺许，或似鹅迹，掌大如盘”。这个黄父鬼不仅变化多端，而且不管是“开户闭牖”，都随意出入。采薇与黄父鬼私通，调笑嬉戏。而黄父鬼正是当时人人惊怖的瘟疫鬼。根据当地的传说，黄父鬼“出则为祟。所着衣袷皆黄，至人家，张口而笑，必得疫疠”[⑥]。根据史料记载，孝建元年（454 年）钱塘县却发生了大瘟疫。有一家六七口，父子、夫妻同时得瘟疫而死去，造成无人发丧的惨剧。大瘟疫中吴逵一家“经荒饥馑，系以疾疫”，甚至于“父母兄弟嫂及群从小功之亲，男女死者十三

① （宋）李昉等编：《太平广记》卷 363，第 2883—2885 页。

② 《隋书》卷 23，北京：中华书局，1973 年，第 660 页。

③ 李季平：《唐代奴婢制度》，上海：上海人民出版社，1986 年，第 202 页。

④ （清）徐松撰，（清）张穆校补，方严点校：《唐两京城坊考》，北京：中华书局，1985 年，第 47 页。

⑤ 在太平广记所收录的笔记小说中，共有 23 则故事与瘟疫有关，其中讲述瘟疫起因的小说有 5 则。在这 5 则故事对瘟疫起因的追溯中，有 3 则与疫鬼直接相关，余下的 2 则是婢女招惹了疫鬼，进而导致了瘟疫。

⑥ （宋）李昉等编：《太平广记》卷 325，第 2579—2580 页。

人”。[①] 唐代黄州为今之湖北黄冈。黄州与钱塘虽有距离，整个南北朝（420—587年），瘟疫主要爆发于江南地区，湖北所受瘟疫之害甚少。黄州位于钱塘上游，采薇和黄父鬼调笑，无疑为当地引来了瘟疫的隐患，与钱塘大疫更有千丝万缕的关联。婢女这个群体与鬼、瘟疫的这种联系迫使我们只能从宗教层面去寻求答案。

《郑守澄》为《稽神录》所出。《稽神录》是五代遗臣徐铉所撰。徐铉在序中自称此书是“自乙未岁至乙卯，凡二十年”，笔录一百五十件怪诞之事撰成。书中所写为鬼神、因果之事。鲁迅对此书的评价为：“文平实简率，既失六朝志怪之古质，复无唐人传奇之缠绵，当宋之初，志怪又欲以‘可信’见长，而此道于是不复振也。”[②] 而唐笔记小说到宋初逐渐以“可信”为标准，主要因为唐代笔记小说很大程度上来源于士人们“昼宴夜话”的谈资。建中二年（781年）沈既济在《任氏传》中特意提到当时的情形：“建中二年，既济自左拾遗于金吾。将军裴冀，京兆少尹孙成，户部郎中崔需，右拾遗陆淳皆适居东南，自秦徂吴，水陆同道。时前拾遗朱放因旅游而随焉。浮颍涉淮，方舟沿流。昼讌夜话，各征其异说。众君子闻任氏之事，共深叹骇，因请既济传之，以志异云。”[③] 这些夜宴交谈的故事其后被记录和搜集，成为笔记小说，很能反映时人对故事中人的看法。

二、婢女与鬼魅

在六朝隋唐笔记小说中，包括婢女在内的女性都极其容易招惹鬼魅攻击。如《洛阳妇人》的故事：

> 玄宗时，洛阳妇人患魔魅，前后术者治之不愈。妇人子诣叶法善道士，求为法遣。善云：“此是天魔，彼自天上负罪，为帝所谴，暂在人间。然其谴已满，寻当自去，无烦遣之也。”其人意是相解之词，故求祐助，善云：“诚不惜往，乃携人深入阳翟山中。”绝岭有池水，善于池边行禁，久之，水中见一头髻，如三间屋，冉冉而出，至两目，睒如电光。须臾云雾四合，因失所在。[④]

这是玄宗时期的故事。洛阳一名女子因为患上魔魅之症，她的儿子拜见道士，请求做

① 《宋书》卷91，北京：中华书局，1974年，第2252、2247页。
② （宋）徐铉撰，白化文点校：《稽神录》，北京：中华书局，1996年，第5页。
③ 汪辟疆校录：《唐人小说》，上海：上海古籍出版社，1978年，第48页。
④ （宋）李昉等编：《太平广记》卷361，第2868页。

法驱邪。道士驱邪之后魔魅退去。故事情节非常简单，但当中反映出时人对魔魅的认识非常值得注意。其一，这个魔魅是天魔，来自天庭，因为犯罪而被谪贬下凡，成为魅。这是志怪故事中“谪仙”情节的一种体现。而且这个天魔并非有意加害妇人，谪贬期满就会自动离去，并不需要刻意做法除邪。其二，魔魅虽然使得洛阳妇人患病，但是它并不附在洛阳妇人的身上。相反它处于阳翟深山绝岭的水池里。在空间上和洛阳妇人是南辕北辙的。因此文中用“患病”来指示洛阳妇人的状况，而并非言其被“附体”或者是被妖魅所缠。其三，这里对魔魅的描写突出了其形状的怪异和体形硕大，“如三间屋，冉冉而出，至两目，睒如电光”。

婢女也极容易受到鬼魅的附体或者攻击。贞元六年（790 年）十月，范阳人士卢顼的钱塘家中有一名十五六岁的婢女小金就被一精魅反复攻击，几乎丧命。① 因为卢顼家贫，小金常常需要在郡内西堰为主人家酬借食物。在酬借食物的时候，常常有一位四十余岁的妇人，自称为朱十二娘，穿绿色衣裙，头发蓬松，穿着黑鞋，走到小金面前坐下，很久才离去。朱十二娘脾气十分暴躁，因为烧炭取暖和喂食狸猫的事情责打小金。小金一被朱十二娘打，就马上气绝倒地，“瞑然如睡，其身僵强如束”。卢家人为之延请巫师祝祷祭祀，才能恢复过来。其后卢家人就不再让小金去西堰主事。

卢生的妻子阳氏，杨氏的婆婆王氏早年出家在赡养寺，离卢生家不远。从西堰回来数天后，小金引船到赡养寺接王氏回家。船到了寺庙门外时，小金看到寺庙后的塔下有朱紫色的车马，阵容很盛。其后车马中出来一个紫衣人询问小金是何人，小金得知车马要去大云寺主家。车马一会儿就过完了。不久寺院中有人出来，发现小金倒在台阶上，又再度延请巫师祝祷才能苏醒。除夕之夜，朱十二娘又再度出现，惊扰小金。冬至天亮，那个朱十二娘又来。小金马上气绝倒地。卢生请了一名女巫来到，女巫“夹一枚馄饨，置户限上，祝之”。这个时候小金醒来，取笑朱十二娘吃馄饨的奇怪姿势：以两手拒地，合面于馄饨上吸之。卢生用古镜照着小金辟邪，小金被朱十二娘附体，道出自己的意图：“朱十二母在盐官县，若得一顿馄饨，及顾船钱，则不来。”卢生为朱十二娘焚烧完钱财时，小金才恢复过来。朱十二娘对小金反复纠缠，乃是卢生已故的舅舅杨郎索要小金母子的缘故。这个缘由是卢生家中已经死去的旧婢女花容附身于小金母亲身上道破的。杨郎将死去的花容收为婢女，现在又命令花容将小金母子带走。卢生不舍得小金母子，就备好传语，让花容送去给杨郎。其后花容回来，说杨郎不再要小金母子，但是要用纸人代替她们。于是卢生就剪好纸人，写上名字，焚烧给杨郎。花容还告知杨郎现在被供奉在养安塔寺院上，与杨二郎、木下三郎一同供

① （宋）李昉等编：《太平广记》卷 340，第 2695—2698 页。

奉。杨二郎等是神物，“出入如风如雨。在虚中，下视人如蝼蚁然，命衰者则自祸耳”，故而小金母子被鬼缠绕，乃是因为生命体征太弱的缘故。花容还进一步道出鬼朱十二娘实乃精魅，她原来是东邻吴家阿嫂朱氏，因为生性狠毒，被罚作蛇身，居住于天竺寺树木的洞穴中，“久而能变化通灵，故化作妇人”。其衣裳是从某家坟茔偷来。

然而小金最后是被普贤菩萨亲自解救才彻底摆脱了朱十二娘的纠缠。小金夜间梦见一位老者，“骑大狮子。狮子如文殊所乘，毛彩奋迅，不可视。旁有二昆仑奴操辔”。老者对小金曰：“吾闻尔被鬼物缠绕，故万里来救。汝是衰厄之年，故鬼点尔作客”，三言两语，点破了小金被困之缘由，与花容所述相似。为了帮助小金彻底度过衰弱苦难之年，令小金“绣取七躯佛子”，八口幡子，一伴四口，又截头发少许，赎香以供养之，如此这般，“其厄侧除矣”。其后老者又在小金背上点穴，小金的背疼症状马上消失。其后老者又指点小金须在三月末逃离杭州地界，投奔吉祥人家，才可以逃离鬼神的追捕，免除四月必死的命运。其后小金依照老者之言逃离杭州，朱十二娘就此消失了。

这段故事反映了时人对鬼的一种认识。其一，鬼神各有其镇守的辖区。只要逃离辖区就有可能逃离追捕。其二，鬼神的世界是互通的，因此小金逃到嘉兴的时候，老者让她不要去有丧的人家，因为“某家是孝，汝今避鬼，还投鬼家，何益也？”“凡孝有灵筵，神道交通，他则知汝所在。汝投吉人家，则可矣”。小金逃去吉利人家，乃是为了逃避鬼差兵丁的搜捕。也就是说，鬼之会在特定辖区的特定场合出现，并非无所不知，手眼通天。其三，鬼差捉人其实主要以衣服为依据。因为老者叮嘱小金临逃跑时要“脱汝所爱惜衣一事，剪去身，留领缝襟带，余处尽去之。缚一草人衣之，着宅之阴暗处”，如此这般瞒过鬼差的眼光，则可以“易衣而潜去也”。

婢女不仅容易被鬼所攻击，她们的身体还容易成为鬼神寄居之所。《乾月巽子》中一则关于文宗时期松江华亭令进士曹朗的故事也与婢女被附体有关。[①]曹朗任期将满的时候在吴郡购置一所宅邸，又买了一个小青衣花红，样貌俊俏，惹人怜爱。其后曹朗家人搬入吴郡的宅邸。冬至，曹朗和家人做饼，准备祭祀祝祷之事，独缺花红。曹朗将花红从房中唤出，花红又没有可作之事。曹郎盛怒之下鞭打花红。其后曹宅怪事连连。首先是“忽有大砖飞下，几中朗亲”，其后“又一大砖击油铛，于是惊散”。曹朗点燃了炭火，“俄又空中轰榻之声，火又空中上下”，其后又看到一名四五十岁的女子，丫鬟样貌，曹朗追踪踏之，就消失了。曹朗召请玉芝观顾道士作法，不果。其后请来女巫朱二娘来占卜。朱二娘把曹朗家人都叫了出去，唯独花红说头疼而没有出

① （宋）李昉等编：《太平广记》卷366，第2906—2907页。

现。朱二娘拽花红的胳膊，有青筋寸余隆起。女巫说："贤圣宅于此。夫人何故惊之？"原来花红的身体是鬼的聚居地，故而曹宅怪事连连。曹朗得知此事后将花红卖掉。花红每到一处，都出现类似的情况。后来无人敢收留花红，她只能被迫到寺院中做针线维生。其后包山道士申屠千龄经过东吴，就说花红本是洞庭山人共同买下来以守护洞庭山庙的女子。后来因为洞庭观向北拓展了二百余步，洞庭山庙就被废除了。花红被卖入曹家时，"庙中山魅无所依，遂与其类巢于其臂。东吴人尽知其事"。

婢女也容易被鬼魂附体，成为鬼魂说话之载体。唐代西京人士刘积中的妹妹犯了心痛病，最后被刘的同僚杜省躬的鬼魂治好。[①]一天，当他在阅读药方的时候，他的一名婢女小碧，从外面走来，"垂手缓步"，大声说道："刘四，颇忆平昔无"，然后自称为与刘积中同年及第的同僚杜省躬，言自已从泰山回来，"路逢飞天野叉，携贤妹心肝，我已夺得"。然后举起袖子，袖子中似乎有物体蠢蠢欲动。因举袖，袖中蠕蠕有物。刘感觉小碧似乎有所行动，连忙说"可为安置"，自觉袖子中有风，吹动帘幌。婢女进入堂中，坐在刘的对面，与刘闲话家常。小碧的言谈举止都与杜省躬如出一辙。不久，小碧说有事，不便久留，"执刘手呜咽，刘亦悲不自胜"。小碧忽然倒下，等她醒来的时候，什么都想不起来了。刘的妹妹的心痛病也痊愈了。

然而与其他女性不同的是，婢女往往还具有交鬼通灵的能力。晋朝升平元年（357年）的剡县陈素家的一名老婢就有见鬼通灵的能力。[②]陈家境富裕，然而娶妻十年没有生育。陈素妻子向神明祝祷，忽然有了身孕。邻居矮子的妻子也同时有了身孕。陈素的妻子希望有个男孩，就与邻家妇人约定，若自己生女儿，邻家妇人生男孩，就两家交换儿女抚养。其后陈素妻子果然生了一个女儿，邻家妇人果然生了一个男孩。于是陈素妻子就用女儿换回了男孩。陈素一直不知道这件事情。男孩长到十三岁的时候需要在家庙祭祀祖宗。陈素的一名老婢女，向来能见鬼，就告诉了陈素她所看见的场景：见府君家先人，来到门首便住。但见一群小人，来座所食啖此祭。陈素觉得奇怪，又叫巫师在祭祀的时候察看，和老婢所言如出一辙。陈素妻子这才说出了当年交换儿女的真相。在这个故事中，婢女的通灵能力与巫师不相上下。这使得在一些故事中，婢女是乐意与鬼交往的。元嘉年间，太山人巢氏曾任湘县县令，住在普陵。家中一个婢女出去砍柴的时候遇到一位男子，相互之间产生了感情。男子还跟着婢女回家，并且住下。婢女和那位男子谈笑唱歌，但是只有婢女能看见这位男子，巢氏及其家人只能听到男子的声音，不能见到男子的形貌。[③]

① （宋）李昉等编：《太平广记》卷363，第2888—2889页。
② （宋）李昉等编：《太平广记》卷319，第2527页。
③ （宋）李昉等编：《太平广记》卷324，第2574页。

婢女之所以被认为容易招惹鬼神，很大程度上是因为她们在某些特定的情况下被认为就是鬼魅所化。《博异记》中《张不疑》一文也以婢女买卖为语境详尽描述精魅化婢的故事[①]：张不疑是南阳人，唐文宗开成四年（839 年）科举考试因为文才出众被录取，任秘书官，想买一名婢女照顾自己的生活。有一个自称前浙西胡司马的人宣称手中有六七名婢女代售，于是张不疑就上门拜访他，其后将一名名叫春条的婢女买下。春条“善书录，音旨清婉，所有指使，无不惬适，又好学。……不疑深惜其才貌明慧”。其后一名道长指出张不疑眉宇之间有邪气，得知他新买了一名女婢后，就于次日早上去张家为之解灾。道长到了张家后，“尊师焚香作法，以水向东而噀者三”，春条仍然是旧貌，只是变得更矮小了。道长“复作法禹步，又以水向门而喷者三”，春条遂显出原形，原是一腐朽的陪葬明器，背上题有“春条”二字，“其衣服若蝉蜕然，系结仍旧”。道长又让不疑斩向明器，“腰颈间果有血，浸润于木矣。遂焚之”。道长说，若这个怪物的血遍布全身，则张不疑全家都有灾祸了。张不疑由此郁郁，其后被征召到江南免职，次年八月死去，他的母亲也随后死去了。

还有一种说法是，张不疑从崔氏寡妇处买下一名叫金釭的婢女，宠幸无比。“金釭美言笑，明利轻便，事不疑，皆先意而知。”不久，道士来访，看到张不疑后，不住叹息，只说“祸已成，无奈何矣。非独于君，太夫人亦不免矣”。其后道长得知张不疑买一婢，就要见金釭。道长见到金釭后，就用手杖击打金釭的头，金釭倒地，变成坟墓中的陪葬器物，背上写着“金釭”二字。张不疑大受刺激，数月后病逝，其母亲不久也死去了。

关于张不疑的买婢故事有两则，所述的都是坟墓中的陪葬物品化为貌美的婢女，被买入家中后深得男主人喜爱，不知不觉给主人全家带来灾祸的故事。故事的最后，明器所化的精魅终于被道长识破，打回原形，然而却不能挽回主人全家覆亡的命运。这使得买卖奴婢在宗教层面上变成了一件危险的事情，所购进的侍婢可能本来就是鬼魅精怪，随时会给自己和家人带来灭顶之灾。在唐代社会，掠卖、自买往往是私属奴婢的来源。农民因为高利贷、战乱、天灾，于“饥岁家室相弃，乞为奴仆”的事情时有发生。唐中后期，“货卖、掠卖良人为奴的事例，曾不断见于文献记载”[②]。凡此种种，使得奴婢被收纳的时候，其身世情况已经相当复杂，主人对于奴婢的过往也难以掌握。

有时候，精魅也乐于变成婢女的形象寄居人间。《异闻集》中提到了照妖宝镜清除

① （宋）李昉等编：《太平广记》卷 372，第 2958—2960 页。

② 李季平：《唐代奴婢制度》，第 132 页。

狐魅一事。[①]王度是隋朝人，曾拜汾阴奇士侯生为师学法。大业七年（611 年），侯生去世后，将一门照妖辟邪的古镜送给他。王度拿到古镜后，返回长安，寄宿在友人程雄家。程家有一名他人寄养的婢女，“颇甚端丽，名曰鹦鹉”。王度照古镜整理衣冠时，鹦鹉远远见到，就不住叩头以至流血，说不在这里住了。王度得知鹦鹉是一名客人寄养，来历不明后，“疑精魅，引镜逼之”，并让鹦鹉“先自叙，然后变形，当舍汝命”。鹦鹉就自述自己是“华山府君庙前长松下千岁老狸，大行变惑，罪合至死。遂为府君捕逐，逃于河渭之间。为下邽陈思恭义女，蒙养甚厚，嫁鹦鹉与同乡人柴华。鹦鹉与华意不相惬，逃而东出韩城县。为行人李无傲所执，无傲粗暴丈夫也，遂将鹦鹉游行数岁。昨随至此，忽尔见留。不意遭逢天镜，隐形无路”。鹦鹉本是千年老狐，变作人形美女，在男性中辗转流徙，本无害人之心。但是“逃匿幻惑，神道所恶，自当至死耳”，鹦鹉最终宴饮大醉，化为老狐而死。这种种例子都表明，不管是出于个人意向还是客观因素使然，婢女被认为是极容易招惹鬼神的一个群体。因此六朝及隋唐笔记小说中把婢女与瘟疫相互联系，也绝非偶然。

三、婢女与厉鬼

婢女之所以被认为与瘟疫有一定关联，其原因之一大概是婢女在家庭中常常被随意虐待乃至虐杀，死后鬼魂不受镇抚，由此成为厉鬼。而厉鬼往往是引起瘟疫灾害的主要原因。

婢女进入家庭后，容貌俊美者非常容易博得男主人的欢心，与男主人发生私情。大中四年（850 年）的国子博士王坤有一名婢女轻云。死后数年成鬼，来到王坤床榻之前与王坤重温旧情，还说道：“某自不为人数年矣，尝念平生时，若絷而不忘解也。今夕得奉左右，亦幸会耳。”[②]婢女与男主人私通，会进一步威胁到主妇及其主妇所生的孩子在家庭中的地位。《志怪》中记述了永嘉年间黄门将士张禹偶遇孙家女儿鬼魂的故事。[③]张禹在一个下雨天经过大湖时走进了一所大宅。进入大宅后看见了任城县孙家女儿的鬼魂。她的父亲是中山太守，其后嫁给了顿丘的李某，生育了一男一女。她死后，李某宠幸她的婢女承贵。承贵性情十分暴虐，经常将孙家女儿所生的儿子打得死去活来，“每被捶楚，不避头面”。

① （宋）李昉等编:《太平广记》卷 230，第 1761—1767 页。

② （宋）李昉等编:《太平广记》卷 351，第 2778—2779 页。

③ （宋）李昉等编:《太平广记》卷 318，第 2517—2518 页。

因此，主妇对貌美的婢女常常容易产生嫉意。这种嫉意甚至延续到主妇亡故之后。上文所提及的孙家女儿，面对自己死后儿女被承贵鞭打的惨状，“痛极心髓，欲杀此婢”。然而孙家女儿因为“亡人气弱，须有所凭”，故而需要向张禹求助，方能复仇。其后张禹自称能“为厌断之法”，并将此事告知李某，李某和承贵非常害怕，与张禹一同设祭禳除孙家女儿的鬼魂。正当祭祀之时，“孙氏自外来，侍婢二十余人，悉持刀刺承贵，应手扑地而死”。再如，宋太始末江安令王文明之妻子，久病之时，其女为母亲熬粥，快熟的时候变成血，反复多次仍是如此。不久，王妻病故，王文明就纳妻子生前的使婢为妻。这名婢女在王妻未病故的时候就与男主人私通并怀有身孕。王妻下葬之日，婢女留在家中守屋，“部伍始发，妻便入户打婢”。不久王文明就死了。[①]

主妇的嫉恨如此之深，在日常生活中就容易上演虐婢等残暴行径。如唐代名臣房孺复的妻子崔氏性嫉，“左右婢不得浓妆高髻见。给胭脂一豆，粉一钱”。有一个婢女新买了胭脂水粉，崔氏大怒，一边责骂婢女一边命人在婢女的眼角刻画，用青色填上；把铁柱烧红，灼烧婢女的眼角，直到皮肉被烧焦卷起，用红色填上。“及痂落，瘢如妆焉。”[②]不仅主妇因为嫉妒而虐婢，男主人也随意虐杀婢女。如《玉堂闲话》中的《马全节婢》就记述“魏帅侍中马全节，尝有侍婢，偶不惬意，自击杀之”这一事实。[③]

被虐待致死的婢女具有强烈执着的意志，化为厉鬼，向主人索命。婢女绿翘被鱼玄机笞杀前就大声发出“谁能抑我强魂”[④]的宣言。梁仁裕婢被李氏虐待致死后一个多月，通过叫唤李氏，使她头疼哀号，脓疮流遍而死。[⑤]凡此种种，都突出了婢女亡魂令施虐者惊怖的力量。

“厉鬼”若无宗教安抚，不仅会为生人带来困厄灾难，还会布下瘟疫、旱灾等灾难。西晋末年时人对于瘟疫的成因就明确指出是因为“六天故气，魔鬼之徒，与历代已来，将败军死，聚结为党，亦戕害生民。驾雨乘风，因衰伺隙，为种种病”[⑥]。即厉鬼聚结，做种种疾病，戕害生民。晋朝《搜神记》中的广陵人蒋子文是一个典型的厉鬼。蒋子文生于汉末，嗜好酒肉女色，轻薄放纵，“常自谓青骨，死当为神”。他当上了秣陵县尉后，一天追捕盗贼后被杀死。蒋子文死后为鬼，再度出现，与生前无异，并且更加跋扈，对看见他的人说：“我当为此土地神，以福尔下民，尔可宣告百姓，为我立祠。不尔，将有大咎。”当时正值夏天，有大瘟疫，“百姓辄相恐动，颇有窃祠之

① （宋）李昉等编：《太平广记》卷325，第2583—584页。
② （宋）李昉等编：《太平广记》卷272，第2145—2146页。
③ （宋）李昉等编：《太平广记》卷130，第923页。
④ （宋）李昉等编：《太平广记》卷130，第922—923页。
⑤ （宋）李昉等编：《太平广记》卷129，第916页。
⑥ （宋）李昉等编：《太平广记》卷15，第104页。

者矣”。其后蒋子文又说要为他立祠拜祭，否则降下火灾。[①]这都表明时人对厉鬼能带来瘟疫之说深信不疑。厉鬼与瘟疫在某种程度上紧密相连。若要保得太平，就必须让“鬼有所归，乃不为厉，宜有以抚之”。六朝时期奉被虐、被杀的女厉为神明，以避免女厉为祸的现象就已经十分突出。

淮南全椒县的丁氏新妇被虐死后成为神明就是一个典型例子。丁妇仅十六岁，嫁入全椒县谢家。“其姑严酷，使役有程，不如限者，仍便笞捶，不可堪。”丁氏妇不堪虐待，自杀身亡，“遂有灵响，闻于民间”。丁氏妇成鬼后，怜恤女性，“江南人皆呼为丁姑。九月七日不用作事，咸以为息日也。今所在祠之”[②]。紫姑从前是妾，“为大妇所嫉，每以秽事相交役”。紫姑不堪受辱，抑郁而死。在她死后，世人将她奉为神明，以酒果设祭请她降坛占卜蚕桑农事。[③]梅姑则是一位有道法的女子，被丈夫杀死，“投尸于水”，“随波漂流，至今庙处”。梅姑被埋在了祠堂下的方头漆棺中，遂成庙中神灵，在寺庙周围取鱼射猎者，“辄有迷径溺没之患”[④]。这些女性生前受虐打，地位卑微，死后成为女神，也可见民间对于女厉为祸的一种惊惧。被虐杀的婢女作为厉鬼的一种，却不接受宗教镇抚，如张景先欲“取其骸骨，香汤浴之，厚加殡葬”，但是被虐杀的婢女始终“不肯放，（张妻）月余日而卒”[⑤]，因此，婢女死后为厉，更加不祥，更容易被视为瘟疫等灾害的源头。

四、结　语

从上述例子可以看出，容易交鬼、给主人带来祸患的，一般以私属奴婢居多。唐代奴婢的名色分为官属奴婢和私属奴婢两大类。官属奴婢的主要来源是籍没，主要是官府将罪犯家属及其私属奴婢收纳为官奴婢。[⑥]《旧唐书》中《薛万彻传》《裴炎传》《狄仁杰传》《李敬玄传》等都可见名门望族因为叛乱或者政治倾轧而获罪，导致“家口籍没”，充当官奴婢的例子。对这些官奴婢的管理非常严密，《旧唐书·职官志二》所言：“（刑部）郎中、员外郎之职，掌配役隶，簿录俘囚，以给衣粮药疗，以理诉竞雪冤。凡公私良贱，必周知之。凡反逆相坐，没其家为官奴婢。一免为藩户，再免为

① （宋）李昉等编：《太平广记》卷293，第2329—2331页。
② （宋）李昉等编：《太平广记》卷292，第2326—2327页。
③ （宋）李昉等编：《太平广记》卷292，第2327页。
④ （宋）李昉等编：《太平广记》卷291，第2316—2317页。
⑤ （宋）李昉等编：《太平广记》卷129，第916页。
⑥ 李季平：《唐代奴婢制度》，第117页。

杂户，三免为良民，皆因赦宥所及则免之。年六十及废疾，虽赦令不该，亦并免为藩户，七十则免为良人，任所乐处而编附之。凡初被没有伎艺者，各从其能，而配诸司。妇人工巧者，入于掖庭。其余无能，咸隶司农。”[①] 对官奴婢管理严密，有尚书省刑部都官监管，亦有衣粮医药配给，能入掖庭都是经过精挑细选的乖巧之人，并无来历不明之隐患。《异闻集》《国史补》等笔记集子都记录官奴婢中的忠婢故事。以故事《上清》为例。上清本来是德宗年间丞相窦参的宠婢。窦参向来诚意接济穷人，一次误将仅存的一千匹丝绢赠予他人，其后被诬陷为“交通节将，蓄养侠刺”，被贬为柳州刺史的佐史。因为宣武节度使刘士宁与柳州节度使交通友好，德宗将窦参再度流放至驩州，家产全部没收，其后又下诏赐他自尽。在相府之时，窦参就预感自己有一天要“身死家破”，对上清说他日为宫婢之时，“圣居如顾问，善为我辞焉”。上清成为官奴婢后，善于应对和煎茶，深得德宗喜爱。上清也趁此机会为窦参诉说冤情。德宗得知真相后将诬陷窦参之人贬谪，永不回朝，并亲下丹书，度上清为女道士。[②]

与官奴婢忠贞护主的正面形象不同的是，私属奴婢对于主人而言，则是一个因为不明身份而有可能带来灾难的外来者。

唐代社会经济以均田制和租庸调法为基本经济制度。均田制解决了唐初户口隐漏的问题，更多的无主土地得到耕种，农民也由此固定在土地上，承担相应的租庸调义务。[③] 因此，整个唐代社会基本处于稳定的格局。然而，唐代社会中的奴婢数量是极大的。唐前期，王朝初步建立，中央朝廷对有军功的官员、贵族动辄赏赐大量奴婢。根据《旧唐书》的记载，李大亮一人就曾在武德年间（618—626 年）与贞观年间（627—649 年）先后因为镇压辅公祏和攻破吐谷浑有功，前后获得奴婢赏赐各一百余人。贵族、官僚和豪强所拥有的奴婢更是动辄以数百、数千人计。[④] 唐中后期，社会中奴婢的数量进一步膨胀，甚至连寺院也拥有大量奴婢。其中会昌五年（845 年），武宗下令“天下所拆寺四千六百余所，还俗僧尼二十六万五百人，收充两税户，拆招提、兰若四万余所，收膏腴上田数千万顷，收奴婢为两税户十五万人”。[⑤] 唐初期的奴婢来源为战俘，至于唐中后期，买卖和掠买良人为奴的风气日盛[⑥]，通过买卖形成的奴婢，则成了这个结构稳定的农耕社会中流动性最大的群体之一，也使得私属奴婢的来源和身份带有巨大的不确定性。

---

① 《旧唐书》卷 43《职官志二》，第 1838—1839 页。
② （宋）李昉等编：《太平广记》卷 275，第 2168—2169 页。
③ 李季平：《唐代奴婢制度》，第 10—11 页。
④ 李季平：《唐代奴婢制度》，第 35—36 页。
⑤ 《旧唐书》卷 18《武宗本纪》，第 606 页。
⑥ 李季平：《唐代奴婢制度》，第 32 页。

正因如此，唐代执行了严格的奴婢买卖制度，在最大限度上提高私属奴婢交易的安全系数。根据唐代法律诏令，奴婢买卖中必须同时经过“立券”和“过贱”这两个环节才可以视为合法。《唐大诏令集》言：“旧格买卖奴婢，皆须两市署出公券，仍经本县长吏，引检正身，谓之过贱，及问父母见在处分，明令文券，并关牒太府寺。”[①]唐代的私属奴婢买卖手续非常严格，所谓“过贱”，则是需要地方长官对奴婢验明正身，证实这是有主的奴婢，并非是诱拐良人而来。《郑守澄买婢》一文中，鬼用夜半敲门声告知郑氏这名婢女的户籍“还在我处”，则表明这名婢女实际上属于鬼类，不适宜留在阳间。在唐代社会中，若不按照程序非法买卖奴婢者，往往要受到严厉惩处。根据《唐律疏议》，“诸买奴婢、马牛驼骡驴，已过价，不立市券，过三日笞三十；卖者，减一等”[②]。根据《郑守澄买婢》一文中夜半敲门声所说，婢女的名籍在他处，故而不能留下，似乎在质疑郑氏买婢的合法性。郑守澄买婢没有与鬼类立公券，以致婢女之户籍仍在鬼处，故而招来了大瘟疫的惩罚，体现出鬼类世界实际是对人类世界的一种反映。由此我们可以认为，唐代社会中的婢女，尤其是私属婢女，被认为与鬼类、灾难等紧密相连，或是唐代奴婢买卖状况使然。私属婢女受虐杀而为厉鬼的转折，则进一步强化了时人对其引致瘟疫的宗教想象。

---

① （宋）宋敏求编，洪丕谟等点校：《唐大诏令集·改元天复赦》，上海：学林出版社，1992年，第29页。

② （唐）长孙无忌等撰，刘俊文点校：《唐律疏议·杂律上》，北京：中华书局，1983年，第500页。

略论抗战时期大后方的社会科学研究

——以重庆为中心的考察

常云平　聂　强
（重庆师范大学历史与社会学院）

1937 年抗战全面爆发后，国民政府迁都重庆，重庆成为中国抗战的战时首都。国民政府的西迁带动了东部沿海地区和内陆部分地区的高校、社会科学研究团体纷纷迁入重庆，使得重庆成了中国抗战的教育、文化和科研中心。大量的人口向重庆转移，其中很大部分是受过高等教育的知识分子和社会精英，重庆的人口素质与结构得到了极大的改善。重庆的文化事业呈现出空前繁荣的态势，也极大地推动了以重庆为中心的大后方社会科学事业的发展。关于抗战时期重庆社会科学发展，学术界专题研究比较少，或在研究大后方文化教育时一笔带过。这些方面的研究主要散见于一些抗战史和相关学科史著作。如周勇主编的《重庆抗战史：1931～1945》①和《重庆通史（一、二册）》②，邢元敏主编的《走向繁荣的重庆社会科学》③，仅是对抗战时期以重庆为中心的大后方社会科学发展状况进行了简要分析和特点概括。上海市社会科学界联合会编的《二十世纪中国社会科学》系列④，对 20 世纪中国社会科学各个学科发展情况进行了梳理和研究，但并未针对抗战时期大后方这一特定时间和地区进行研究。常云平等的《抗战时期大后方人口变迁——以重庆为中心的考察》⑤，认为沿海知识分子内迁对重庆地区社会文化教育等方面有重大的积极影响。

---

① 周勇主编：《重庆抗战史：1931～1945》，重庆：重庆出版社，2005 年。
② 周勇主编：《重庆通史（一、二册）》2 版（第二册），重庆：重庆出版社，2014 年。
③ 邢元敏主编：《走向繁荣的重庆社会科学》，重庆：重庆出版社，2002 年。
④ 上海市社会科学界联合会编：《二十世纪中国社会科学》（系列），上海：上海人民出版社，2005 年。
⑤ 常云平、沈双一、杜斗恒：《抗战时期大后方人口变迁》，北京：中国文史出版社，2013 年。

一、政府迁都后重庆社会科学的发展

随着国民政府西迁，东部地区的大中院校、文化机关、新闻出版机构、科研院所等单位纷纷迁往重庆，促进了以重庆为中心的大后方社会科学事业的大发展、大繁荣。抗战时期重庆地区初步建立起了全面的、系统的现代教育体系，“内迁重庆的高校达到了 39 所，加上原有的重庆大学和新办的若干院校，重庆的高校一度多达 50 多所，居全国之冠”。[①] 同时，“据 1945 年的统计，（重庆）有各类中等学校 72 所，有教职工 2045 人，在校学生达 20 054 人……战时重庆这教育发展状况，表明重庆科学文化的发展已具备可观的基础”[②]，“同时，西迁学校的到来，也活跃了重庆学术风气”[③]，使重庆的高等教育和学术研究空前地繁荣起来，其中也为重庆的社会科学发展培养和输送了大批人才。抗战时期在重庆不少的高校开设有社会科学学科专业。当时中央大学文学院分四系，其中就包括了哲学系和历史学系，法学院分三系法律、政治、经济，师范学院有教育和史地，此外还有文科研究所、法科研究所和师范研究所；中央政治学校大学部是政校的主干，共分有七系：行政、财政、经济、教育、新闻、法律、外交，各系的人数以行政系最多，经济、财政次之。[④] 复旦大学文学院有史地、职业教育系，法学院有法律、政治、经济、社会等四系，商学院有会计、银行、统计三系。[⑤] 重庆大学文学院有史学系，商学院有银行会计系。至此，重庆地区已建立起较为完整的社会科学学科的人才培养体系。当时重庆地区的哲学、政治学、经济学、社会学、历史学、法学等社会科学学科的研究在全国领先，大后方的社会科学事业呈现出欣欣向荣的景象。

抗战进入相持阶段以后，大后方社会秩序相对稳定，国民政府开始重视社会科学的发展。根据《战时各级教育实施方案纲要》第十二条规定“全国最高学术审议机关应即设立，以提高学术标准”[⑥]，1940 年国民政府教育部在重庆正式成立了学术审议委员会，聘任了一大批各学科领域有名望的专家学者制定了详细而全面的学术审查标准。学术审议委员会每年对哲学社会科学领域的论著进行评比，评奖等级分为一等

---

① 常云平、沈双一、杜斗恒：《抗战时期大后方人口变迁》，北京：中国文史出版社，2013 年，第 126 页。
② 邢元敏主编：《走向繁荣的重庆社会科学》，重庆：重庆出版社，2002 年，第 12 页。
③ 常云平：《试论抗战期间内迁重庆的高等院校》，《西南师范大学学报（哲学社会科学版）》1997 年第 6 期，第 50 页。
④ 《战时全国各大学鸟瞰》，重庆：独立出版社，1941 年，第 46 页。
⑤ 青年知识社编辑：《给投放大学的同学们》，上海：青年知识社，1947 年，第 6 页。
⑥ 浙江省教育厅编：《中等教育法令汇编》，浙江省教育厅，1944 年，第 10 页。

奖，二等奖，三等奖。“1941 年～1945 年，（学术审议委员会）在重庆共举办了五届学术评奖会，获奖论著共 86 部（篇）。”[①] 这一数据相比较于在抗战全面爆发前的重庆社会科学领域来说无疑是一次重大飞跃，抗战全面爆发前的重庆没有举行过具有重大影响力的学术评议会，亦无法评审出社会学科领域重大成就性著作，只是出版过少量的社会科学著作，如漆树棻的《经济侵略下之中国》[②]，该书运用马克思主义理论剖析中国当时社会经济现状，深刻揭露了西方帝国主义对中国进行经济掠夺的事实。1941 年社会科学获奖论著有 11 部，但没有社会科学论著获得一等奖。1942 年社会科学获奖论著有 14 部，其中冯友兰著述的《新理学》、汤用彤著述的《汉魏两晋南北朝佛教史》获一等奖。1943 年社会科学获奖论著有 17 部，其中有两部论著获得一等奖，分别是陈寅恪著述的《唐代政治史述论稿》、刘节著述的《中国古代宗族移殖史论》。1944 年社会科学获奖论著有 24 部，其中劳榦著述的《居延汉简考释》获得一等奖。1945 年社会科学获奖论著有 20 部，无论著获一等奖。从这五年学术论著获奖的数量中可以看出，自学术审议委员会设立以来，社会科学方面论著数量整体呈上升趋势，社会科学发展的质量越来越好。可以说，抗战时期大后方的社会科学事业并没有因战争而中断，反而在艰难的环境中不断发展，呈现出繁荣态势。

抗战全面爆发后，东部地区主要的新闻出版机构内迁至渝，一举改变了重庆之前出版事业落后的局面，促进了重庆出版事业的大发展。在全面抗战前期，重庆就有商务印书馆重庆分局、中西书局、重庆北新书局、大东书局、中华书局重庆分局、世界书局重庆分局等 6 家社会科学出版社。整个全面抗日战争时期（1937—1945 年），“重庆的出版社与书店已达 200 余家，出版的书籍达 1292 种”[③]，“1938～1945 年，在重庆的各出版社、书局共出版社会科学著作 668 种”[④]，社会科学类著作占比达 51%，显示了在全面抗战时期重庆的社会科学发展取得的成就突出，社会科学事业发展迅速。较为有影响力的出版机构，如中正书局、中国文化服务出版社、商务印书馆、中华书局、独立出版社、青年书店、国民图书出版社、生活书店、新知书店、读书出版社等，“先后内迁和新建的出版机构和出版的图书均占全国的 1/3 左右”[⑤]。

---

① 重庆市地方志编纂委员会编纂：《重庆市志·社会科学志》，重庆：重庆出版社，1999 年，第 348 页。

② 该书于 1925 年 10 月出版。参见重庆市新闻出版局编纂：《重庆市志·出版志（1840～1987）》，重庆：重庆出版社，2007 年，第 133 页。

③ 重庆市渝中区人民政府地方志编纂委员会编：《重庆市市中区志》，重庆：重庆出版社，1997 年，第 644 页。

④ 重庆市地方志编纂委员会编纂：《重庆市志·社会科学志》，第 327 页。

⑤ 重庆市新闻出版局编纂：《重庆市志·出版志（1840～1987）》，第 68 页。

二、大后方哲学社会科学的繁荣

（一）哲学

抗日战争全面爆发后辗转来到重庆的哲学家和学者们，并没有因为战争而停止哲学研究，相反他们笔耕不辍，在自身研究领域取得了一系列优秀的研究成果，重庆的各大出版社出版了众多的哲学著作。不仅如此，当时的哲学学者们还翻译介绍了多种的西方哲学著作，同时当时各大高校开设了哲学课程培养哲学研究人才。

抗战时期重庆的哲学研究得到了飞速发展，哲学研究成果很多，“据不完全统计，当时在重庆出版发行的各派中国哲学史著作有 30 余部”①，并且中国哲学研究领域涌现了一批重要的研究成果。其中有郭沫若的《墨子的思想》、杜国庠的《先秦诸子思想概要》和《先秦诸子的若干研究》、陈启天的《韩非及其政治学》、林石父的《汉代的伟大思想家王充》、杨天锡的《王船山思想评述》、侯外庐等的《中国思想通史》、胡绳的《思想方法论初步》、冯友兰的《新理学》和《中国哲学小史》、侯外庐的《中国古代思想学说史》等，这些哲学论著对中国古代哲学史做了系统的研究。

抗战后期，学者们对中国哲学史的发展阶段进行了讨论和划分，以向林冰和葛名中两人为代表提出了两种不同的观点。其中向林冰把中国哲学史的发展历程概括为史前发展阶段和四个发展阶段，即殷周时代是中国哲学发展的史前阶段；中国哲学史发展的四个阶段分别是春秋战国时代、秦汉至隋唐时期、宋代至清代后期、中日甲午战争后至现阶段。而葛名中则认为，社会发展阶段是哲学发展阶段的基础。“重庆抗日战争时期的中国哲学史研究，把当时的中国哲学向前推进了一大步，是中国哲学史研究工作中光辉的一页。由于时代的影响和研究工作的局限性，对于唯物辩证法则的实际运用非常不够，没有产生系统的理论著述，没有出现新的突破。”②

1942 年贺麟在其著述的《近代唯心论简释》中，试图将西方哲学思想和中国哲学思想融合，通过比较中西方哲学的异同，对中国哲学史提出了新的见解，形成了近代中国哲学史上独特的“新心学”哲学思想，使得中国的哲学具有了现代化的特色。

同时，重庆哲学界对马克思主义哲学的研究步入新的发展时期。这一时期，在中共中央南方局的领导下，在周恩来、郭沫若、杜国庠、胡绳等人的共同努力下，重庆的马克思主义哲学研究取得了很大的成绩。1939 年《新华日报》为广泛宣传和介绍马

---

① 重庆市地方志编纂委员会编：《重庆市志・社会科学志》，第 298 页。

② 重庆市地方志编纂委员会编：《重庆市志・社会科学志》，第 298 页。

克思主义哲学，在报纸上推荐了《大众哲学》《辩证唯物论和历史唯物论》《新哲学大纲》等哲学著作，使得重庆掀起了学习马克思主义的高潮。重庆生活书店、重庆商务印书馆等出版机构，出版了《辩证唯物论》《唯物史观》《马克思主义与社会史观》等几十种马克思主义哲学著作。这些哲学著作将马克思主义理论与中国国情相结合，为组织动员全民抗战做出了历史性贡献。

（二）政治学

全面抗战时期大后方政治学的研究机构主要有国民政府中央研究院、中国行政学会和中国政治学会等。其中，中国政治学会比较有影响力。该学会是民国时期由著名教育家、政治学家杭立武创办的第一个政治学家的团体组织，该团体组织结构和学会章程完备而规范。1942 年中国政治学会在重庆召开第三届年会，以战后重建世界和平与政治建设机构为主要议题，并推举王世杰为理事长。但抗战期间，受当时交通和经济等条件的限制，中国政治学会只能通过不定期举办年会的方法为学者进行学术交流、发表观点提供便利。然而就是在这种条件下也为学者们交流思想提供了园地，同时这种有益的交流也促进了中国政治学的健康成长。①

政治学研究和人才培养在这一时期有很大发展，在重庆的一些高校如中央大学、重庆大学、复旦大学等均设有政治学系，并且这些高校都聘请了当时的知名学者萧公权、胡继纯、张策安、樊德芬、赵泉天等前来任教。各大出版社出版了一批重要研究著作，如萧公权的《中国政治思想史》、陶希圣的《中国政治思想史》、周谷城的《中国政治史》等都是这些方面的代表性著作。其中陶希圣的《中国政治思想史》在当时学术界引起很大争议，他反对用“封建”一词来概括说明中国古代社会政治思想，引起了吕振羽等马克思主义政治学学者的反对，在大后方掀起了学术辩论的热潮。

与此同时，活跃在重庆的社会科学界人士通过发表文章，举办各种演讲、讲座、讨论会等形式研讨政治学问题，鼓舞民众坚持抗战，鼓励民众追求民主进步。1939 年郭沫若在《新民报》读书会举行的国际形势演讲会上提出了只要坚持持久抗战，日本就将崩溃的观点。1943 年民主人士张澜发表了《中国需要真正的民主政治》的论文，“尖锐地抨击了国民党一党专政的独裁统治，要求国民党立即结束党治，从速实施宪政”②。1944 年《宪政》月刊社举行了六次宪政座谈会，主要研讨中国宪政的问题，如何制定宪法，节制私人资本与保护私人企业，妇女与宪政，民生主义中保护私人企业问题，私人企业与宪政等问题。这六次宪政座谈会，反映了以重庆为中心的大

① 王邦佐、潘世伟主编：《二十世纪中国社会科学·政治学卷》，上海：上海人民出版社，2005 年，第 455 页。

② 林治理、王国洪、俞祖华主编：《中国民主党派简史》，南昌：江西人民出版社，1995 年，第 75 页。

后方地区民众急切渴望民主自由，迫切要求实行宪政，推动了大后方的民主运动的进一步发展。

总的来说，这一时期学者们的研究主要集中于抗战和民主运动、政治制度通史、断代政治制度等方面；出版了诸如侯外庐的《抗战建国论》、肖天石编的《宪政问题研究集》、肖文哲的《战时政治之改进》，蒋焕文编著的《战时政治建设》、钱端升的《建国途径》、刘静文的《中国宪政原理》、陶希圣的《中国政治思想史》、陈寅恪的《隋唐政治制度渊源略论稿》等著作。当时研究政治学的学者们不仅关注传统政治制度的研究，还注意到当时抗战以及未来政治建设的需要，对抗战建国和抗战胜利后实行民主运动等问题做了深入的研究。这些研究一方面动员了群众支援抗战，另一方面又为大后方民主运动提供了理论依据，推动了以重庆为中心的大后方政治民主化进程。

（三）经济学

当时随国民政府西迁来渝的经济机构和学术团体有中国国民经济研究所、财政部金融研究委员会、贸易研究委员会、中国经济建设协会、中国国民经济协会、中国经济学社、中国经济问题研究社等。与此同时重庆本地也建立了经济学研究团体：四川经济学会、中国经济学社重庆分社、中国农村经济研究学会重庆办事处等民间学术研究团体，同时重庆大学、中央大学、复旦大学等高校都设有经济类专业以培养经济学人才。当时居住在重庆的全国知名经济学家有重庆大学的马寅初、丁洪范、朱祖晦等教授，复旦大学的潘序伦、卫挺生、李炳焕等教授。在他们的努力下，重庆高校中涌现了一批高质量的经济学教科书，如张光禹的《经济学原论》，叶元龙、夏炎德的《经济学原理》等，这些教材后来也成了经济学学科的经典著作。马寅初对中国经济问题的研究在当时产生了较大的影响。他在其《通货新论》《中国经济之路》等主要著作中表达了反对帝国主义的侵略和倾销政策，反对官僚资本在经济上的垄断，维护民族资本的利益，维护中小企业主生存和发展等观点，引发了经济学界的热议。

当时的重庆经济学界在经济学理论、农业经济与土地问题、战时经济、财政学、金融学、物价学等方面取得了众多研究成果，具体如表1所示。

表1　重庆经济学界主要研究著作

	作者	年份	论著名称	出版机构
资产阶级经济理论研究	赵兰坪	1943	《经济学大纲》	重庆商务印书馆
	赵兰坪	1943	《经济学》	重庆中正书局
	马寅初	1943	《经济学概论》	重庆商务印书馆
	朱伯康	1943	《经济学纲要》	中国文化服务出版社

续表

	作者	年份	论著名称	出版机构
资产阶级经济理论研究	郑学稼	1943	《新古典派经济学》	重庆南方印书馆
	赵兰坪	1945	《经济学提要》	重庆商务印书馆
马克思主义政治经济学	胡绳	1939	《经济学初级读本》	重庆新知识出版社
	赵冬垠	1939	《经济学初步》	重庆生活书店
	沈志远	1939	《研习资本论入门》	重庆生活书店
	关梦觉	1940	《经济危机论初步》	重庆读书生活出版社
	郭大力、王亚南译著	1940	《资本论》	重庆读书生活出版社
	李承显	1942	《马克思及其地租理论》	重庆独立出版社
经济思想史	刘及辰	1939	《近代资本主义经济思潮批判》	重庆生活书店
	中央银行经济研究处编	1943	《十年中国经济史略》	重庆新中国文化社
	沈志远	1944	《近代经济学说史大纲》	重庆国讯书店
	罗仲言	1944	《中国国民经济史》	重庆商务印书馆
战时经济	潘应昌	1939	《抗战中之经济建设》	重庆独立出版社
	郑合成	1940	《战时经济理论与实施》	重庆青年书店
	徐鼐	1940	《抗战建国的农业政策》	重庆青年书店
	中国经济学社	1941	《战时经济问题》	中国经济学社
	翁文灏	1942	《抗战以来的经济》	重庆胜利出版社
	蒋良君	1943	《战时西南经济问题》	重庆中正书局
	许涤新	1944	《战时中国经济轮廓》	重庆中国文化服务社
财政学	闵天培	1938	《当前财政问题》	重庆中山文化教育馆
	闵天培	1940	《中国财政》	重庆中正书局
金融学	王烈望	1940	《外汇原理》	世界书局
	杨端六	1943	《货币与银行》	重庆商务印书馆
	侯厚培	1944	《银行学》	重庆中正书局
	高叔平	1944	《利用外资问题》	重庆商务印书馆
	童蒙正	1944	《中国战时外汇管理》	重庆财政评论社
	马寅初	1945	《通货新论》	重庆商务印书馆
物价学	王洪法	1940	《物价问题》	重庆青年书店
	伍启元	1941	《物价统制论》	重庆中正书局
	李应兆	1941	《物价变动及其统制问题》	重庆中国文化服务社
	伍启元	1943	《当前的物价问题》	重庆独立出版社
	杨湘年	1943	《物价与金融政策》	重庆商务印书馆
	孙义慈	1944	《战时物价管制》	重庆中华书店
	赵兰坪	1944	《通货外汇与物价》	重庆文化建设印务局

续表

	作者	年份	论著名称	出版机构
工业经济学	李熙蒙	1938	《战时民族工业》	重庆中正书局
	施建生	1940	《中国工业问题》	重庆青年书店
	喻志东	1940	《我国工业合作运动》	重庆黎明书店
	刘大钧	1941	《中国工业发展之方针》	重庆国民经济所
	钟兆璇	1941	《战时之后方工业建设》	重庆国民图书出版社
	张肖梅	1944	《实业概论》	重庆商务印书馆
	刘大钧	1945	《工业化与中国工业建设》	重庆中华书局
农业经济学	许性初	1938	《抗战与农业经济》	重庆商务印书馆
	王世颖	1940	《农业合作经济论》	重庆中正书局
	徐鼐	1940	《抗战建国的农业政策》	重庆青年书店
	吴文晖	1942	《中国土地问题及其对策》	重庆商务印书馆
	章柏雨	1943	《中国佃农问题》	重庆商务印书馆
	陈颖光	1944	《当前我国农村经济问题》	重庆国民图书出版社
	董时进	1944	《国防与农业》	重庆商务印书馆

资料来源：该表格依据《重庆市志·社会科学志》有关数据整理①

但是这一时期经济学著作中策论多，对基本经济理论的研究少。总体看来，经济理论的研究相对薄弱，创新研究成果较少，理论方面少有创新，学者们侧重应用性研究，针对当时社会的经济情况做出概述，并进行分析，提出解决方案。经济学著作特别是经济学基本理论著作大多是引进国外的研究成果，例如马寅初的《经济学概论》等。但是经济学者们不仅仅是简单地研究西方经济学理论，而是开始自发地将西方经济学理论与中国经济现实相结合，研究中国经济问题，寻找中国经济复兴的方案。

（四）社会学

1938 年国民政府教育部规定社会学为大学社会科学各专业必修科目，极大地推动了重庆社会学的发展，取得了不少研究成果。这时期社会学研究有一个十分突出的特点：重视对现实问题的研究，重视理论与实际的结合。当时重庆有众多知名的社会学专家如孙本文、晏阳初、童润之、费孝通等，他们在重庆以及周边地区乡村进行实地考察研究和乡村实验，写出了众多社会学的经典著作。这些著作从内容上看涵盖了社会学理论、社会行政研究、社会问题研究、社会事业研究等多个方面。在社会问题研究方面，学者们围绕当时西南大后方地区因抗战而导致的突出问题：人口、移民、农村和家庭等问题进行专门研究，形成了不少成果。在社会救济事业、社会行政研究方

① 表中部分论著不是经济学研究学者在重庆写作完成但都是由重庆出版机构出版的。

面也出版了像陈凌云的《战时社会救济》、曾友松的《战时社会行政研究》等紧密结合战时实际的著作。同时，无论是社会学研究还是高校的社会学教学都十分重视对社会的实地调查，产生了一批很有价值的社会调查报告，如《重庆大学新生活农村服务团总报告》《复旦大学学生暑期农村服务团工作报告》等。

抗战期间社会学研究的学者们关注中国本土实际情况，研究讨论多集中于为“抗战建国”这一中心服务。1939 年陶希圣在中国社会问题研究会上提出在抗战环境下的文化工作应该以国家民族为前提，围绕抗战建国这个中心，注重宣传国家观念。1943 年中国社会学社第七届年会同时在重庆、成都、昆明三地举行，主要讨论了战后社会建设纲领等问题。

（五）历史学

在抗战时期大后方史学领域，马克思主义史学发展迅速。翦伯赞 1938 年出版了《历史哲学教程》，该书就史学领域的理论研究而言，主要包括四个方面的内容：一是阐述了历史学的任务、历史学史的发展与历史学的阶级性；二是阐述了他对马克思主义历史理论的见解；三是对中国社会史论战与研究中的各种派别见解的批判；四是阐释他对中国历史若干理论问题的见解。[①] 同时，一些著名史学家如郭沫若、吕振羽、华岗等人所著的史学著作以马克思主义理论为指导对中国历史学进行了研究和探索，主要讨论了四个问题：一是中国奴隶制存在的时间问题，二是关于“亚细亚”社会问题，三是关于中国社会历史的发展阶段问题，四是关于中国社会发展阻滞的原因问题。[②] 这四个问题的讨论，促进抗战大后方史学研究的发展，影响十分深远。

总的来说，抗战时期重庆历史学研究取得了重大进步，具有非常强烈的时代特征。在民族危亡情况下，历史学家们面对国家生死存亡的危机，通过在报纸期刊发表文章和撰写论著，将历史学术研究服务于抗战，郭沫若认为“我们不仅是为要争取我们的生存权，为要保卫我们的祖国而抗战，我们并且是为要保卫全世界的文化，全人类的福祉而抗战”[③]，吕振羽表示抗日战争“是代表人类前进势力的中国民族和反动的垂死的日本帝国主义势力的斗争”[④]，宣传中国抗战必将胜利的观念，改变了人民对于民族国家命运的看法，提高了国民抗战的自信心，鼓舞了大后方人民抗战，也使得当时国人意识到本国历史的重要性。

---

① 罗志田主编：《20 世纪的中国：学术与社会・史学卷》（上册），济南：山东人民出版社，2000 年，第 157 页。

② 郭沫若：《古代研究的自我批判》，《群众》1944 年第 20 期；吕振羽：《“亚细亚的生产方法”和所谓中国社会的“停滞性”问题》，《理论与现实》1940 年第 2 期。

③ 郭沫若：《教材介绍：我们为什么抗战》，《甘肃教育半月刊》1940 年第 2 卷第 21/22 期。

④ 吕振羽：《日寇侵略中国之史的认识与历史给予我们的试炼》，《中苏月刊》1940 年第 4 卷第 1/2 期。

三、大后方社会科学研究发展的影响

（一）社会科学研究的大发展改变了大后方社会科学研究落后的面貌

抗战前重庆的社会科学研究比较匮乏，体现在研究活动少、研究成果少，并且主要局限于经济学、历史学等少数几个学科领域的研究。抗战前的经济学领域，早期学者们仅仅依托《渝报》《广益丛刊》《新蜀报》等几份报刊宣传西方经济思想，只是简单地介绍西方经济思想，并且局限于政治经济思想，并未进行深入的研究。1926 至 1927 年间，漆南薰担任《新蜀报》主笔期间撰写了大量的时评政论文章。1932 年重庆中国银行创办的《四川周报》和 1936 年四川经济学会和重庆合办的《经济杂志》以促进四川经济发展为宗旨开始针对经济理论进行研究，但由于人员知识能力有限和川内局势等原因无重大研究论著问世。在历史学方面，全面抗战前重庆史学界仅限于对经史书籍和地方志的研究，取得了一些成果，如《重庆府志》《潼南县志》《合川县志》等。抗战全面爆发后，特别是国民政府迁都重庆后，政府科研机构、民间社会科学研究团体、众多高校来到重庆，重庆的社会科学事业进入了飞速发展时期。首先，重庆社会科学学科体系基本建立，学科种类开始丰富，哲学、政治学、经济学、政治学、历史学、社会学、教育学等学科研究体系开始建立起来。随之西迁而来的中国知识分子精英使得重庆的社会科学研究力量大大增强，这些知识分子精英在重庆期间取得了大量的研究成果，出版了众多的研究著作。在抗战期间重庆的各出版社、书局共出版社会科学著作 668 部，其中经济类 146 部、文化教育类 137 部、政治类 127 部、哲学类 93 部、历史类 68 部、社会学类 49 部、法学法律类 48 部。[①] 在重庆的社会科学界人士还经常举办各种演讲、座谈会、讲习会、文化讲座等活动，宣传自己的学术观点。学者们还经常在各类刊物发表文章，宣传自己的学术研究成果。1939 年吴稚晖在中国教育学术团体学术演讲会上发表《门外汉意中之教育问题》[②]，阐述了教育中“教”与“管”的关系以及教育推行的重要性，当时到场的听众有 500 多人。1940 年周恩来受中华职业教育社邀约在重庆巴蜀小学广场发表演讲，他向广大听众分析当前国内外局势，呼吁团结抗战，坚持抗战，到场听众达 3000 多人。同年，重庆市民众教育馆举行“中国民族精神问题”演讲会，郭沫若向民众讲授中国民族精神的特性，鼓舞民众为抗战胜利做出更大进步，激发了民众的爱国热情，增强了民众的自信心。学

① 重庆市地方志编纂委员会编纂：《重庆市志・社会科学志》，第 327 页。

② 吴稚晖：《吴稚晖全集》卷 2《哲理与文教 2》，北京：九州出版社，2013 年，第 506 页。

者通过这样的方式，向重庆人民传播了新的知识、新的观念与风气、新的风俗与习惯，冲击着重庆地区落后、保守的风气。许多社会科学界人士、大学教授以及青年学生坚持开展抗战救国、反对专制独裁的活动，推动了大后方抗日民主运动的发展。这些活动启迪了思想，传播了文明，宣传了先进思想和文化，促进了大后方的社会科学文化的传播和人民认知水平的不断提高。社会科学界的学者们发表的文章和出版的论著既丰富了大后方人民的文化生活，又促进了重庆地区社会科学发展，加快了大后方思想近代化进程。

（二）形成了具有救亡图存民族性特点的大后方社会科学学术文化

抗日战争的爆发，中国面临生死存亡的危机。社会科学界人士为挽救民族危亡而奔走呼告。在“抗战建国”的旗帜下，社会科学界人士在各自学科领域探索救国救民的道路，在救亡图存的道路上努力探索，使社会科学研究打上了时代的烙印。

抗战时期重庆社会科学具有的民族性特征还体现在学者们在各自领域始终探寻符合中国学术发展的道路。当时在重庆的社会科学界人士侯外庐、吕振羽、潘梓年等纷纷针对“学术中国化”的问题展开讨论和研究。“抗战时期，‘学术中国化’讨论的主要目标是为抗战建国服务，为建设新民主主义国家服务”，沈志远在《理论与现实》创刊号发表了《实践唯物论讲话》一文，提出学术中国化现实化的主张；潘梓年在《新阶段学术运动的任务》一文中阐述了怎样开展“学术中国化”运动，“明确地指出：今后的学术是要中国化的学术，今天的学术运动是要使‘学术中国化’”。“当时重庆知识分子对‘学术中国化’问题的认识和分析较之以前有了进一步的深化，‘学术中国化’的理念因之也得以在抗战的后方广泛传播。”①

（三）为后来社会科学的发展奠定了坚实的基础

抗战时期重庆社会科学的大发展改变了以重庆为中心的西南大后方地区社会科学事业长期落后的局面，为后来重庆社会科学发展奠定了雄厚的人才基础和深厚的文化历史底蕴。中央大学、复旦大学、中央政治学校、重庆大学等高校在抗战期间为重庆的社会科学事业培养了一大批人才。中央大学设立了研究院，并在文科研究院下设哲学部、历史学部，法科研究所下设政治经济学部。在抗战的恶劣条件下，1944 年的中央大学哲学系相对于经济系、政治系、社会学系而言是一个相对冷门的专业，但仍有不少学生报考，“一二年级每个班都有十六、七位同学”，相对于中央大学刚迁至重庆

① 于文善：《抗战时期重庆知识分子群体对“学术中国化”研究的贡献》，《毛泽东邓小平理论研究》2011 年第 12 期，第 53、50、51 页。

时“整个哲学系总共也不过十来位”而言，说明重庆时期的中央大学培养的哲学人才数量是呈现出一个上升趋势。当时经济系是“最为火爆的专业，报考人数是异常拥挤”。[①] 由此可见，中央大学在重庆办学时期，面对敌人轰炸、教学环境艰苦的情况下一直在不断地为重庆的社会科学事业培养输送人才，助推大后方社会科学的发展，也为后来大后方的社会科学发展奠定了坚实基础。

综上所述，抗战时期国民政府的内迁使得重庆的社会科学事业出现了前所未有的繁荣景象，中国社会科学发展的中心从东部沿海转移到了以重庆为中心的大后方。重庆社会科学的大繁荣不仅推动了重庆文化事业的现代化，也改变了大后方地区社会科学发展落后的局面，大后方开始建立起全面的社会科学学科体系。社会科学学者在抗战时期外部环境如此艰难的情况下仍然坚持研究，并取得了高水平的成果，丰富了重庆的抗战精神，为西南地区社会科学发展留下了丰富的物质文化财富。

---

① 国立中央大学学生自治会编：《国立中央大学概况：二十九周年校庆纪念》，重庆：国立中央大学学生自治会编印，1944 年，第 39 页。